【臺灣現當代作家
研究資料彙編】40

# 鄭愁予

國立台灣文學館
出版

# 部長序

　　文學既是社會縮影也是靈魂核心，累積研究論述及文獻史料，不僅可厚實文學發展根基，觀照當代人文的思想脈絡，更能指引未來的社會發展。臺灣文學歷經數百年的綿延與沉澱，蓄積豐沛的能量，也呈現生氣盎然的多元創作面貌。近一甲子的臺灣現當代文學發展，就是華文世界人文心靈最溫暖的寫照。

　　緣此，國立臺灣文學館自 2010 年啟動《臺灣現當代作家研究資料彙編》，鉅細靡遺進行珍貴的文學史料蒐集研究，意義深遠。這項計畫歷時三年多，由文學館結合學界、出版社、作家一同參與，組成陣容浩大的編輯群與顧問團隊，梳理臺灣文學長河裡的各方涓流，共匯集 50 位臺灣現當代重要作家的生平、年表與作品評論資料，選錄其代表性的評論文章，彙編成冊，完整呈現作家的人文映記、文學成就及相關研究，成果豐碩。

　　由於內容浩瀚、需多所佐證，本套叢書共分三階段陸續出版，先是 2011 年推出以臺灣新文學之父賴和為首的 15 位作家研究資料彙編，接著於 2012 年完成張我軍、潘人木等 12 位作家的研究資料彙編；及至 2013 年 12 月，適逢國立臺灣文學館十周年館慶之際，更纂輯了姜貴、張秀亞、陳秀喜、艾雯、王鼎鈞、洛夫、余光中、羅門、商禽、瘂弦、司馬中原、林文月、鄭愁予、陳冠學、黃春明、白先勇、白萩、陳若曦、郭松棻、七等生、王文興、王禎和、楊牧共 23 位作家的研究資料，皇皇巨著，為臺灣文學之巍巍巨觀留下具里程碑的文字見證。這套選粹體現了臺灣文學研究總體成果中，極為優質的論述著作，有助於臺灣文學發展的擴展化與深刻化，質量兼具。在此，特別對參與編輯、撰寫、諮詢的文學界朋友們表達謝意，也向全世界愛好文學的讀者，推介此一深具人文啟發且實用的臺灣現當代文學工具書，彼此激勵，為更美好的臺灣人文環境共同努力。

文化部部長　龍應台

# 館長序

　　所有一切有關文學的討論，最終都得回歸到創作主體（作家）及其創作文本（作品）。文本以文字書寫，刊載在媒體上（報紙、雜誌、網站等），或以印刷方式形成紙本圖書；從接受端來看，當然以後者為要，原因是經過編輯過程，作者或其代理人以最佳的方式選編，常會考慮讀者的接受狀況，亦以美術方式集中呈現，其形貌也必然會有可觀者。

　　從研究的角度來看，它正是核心文獻。研究生在寫論文的時候，每在緒論中以一節篇幅作「文獻探討」，一般都只探討研究文獻，仍在周邊，而非核心。所以作家之研究資料，包括他這個人和他所寫的作品，如何鉅細靡遺彙編一處，是研究最基礎的工作；其次才是他作品的活動場域以及別人如何看待他的相關資料。前者指的是發表他作品的報刊及其他再傳播的方式或媒介，後者指的是有關作家及其作品的訪問、報導、著作目錄、年表、文評、書評、專論、綜述、專書、選編等，有系統蒐輯、編目，擇其要者結集，從中發現作家及其作品被接受的狀況，清理其發展，這其實是文學經典化**真正的**過程；也必須在這種情況下，作家研究才有可能進一步開展。

　　針對個別作家所進行的資料工作隨時都在發生，但那是屬於個人的事，做得好或不好，關鍵在他的資料能力；將一群有資料能力的學者組織起來，通過某種有效的制度性運作，想必能完成有關作家研究資料彙編的人文工程，可以全面展示某個歷史時期有關作家研究的集體成就，這是國立臺灣文學館從 2010 年啟動「臺灣現當代

作家研究資料彙編」（50 冊）的一些基本想法，和另外兩個大計畫：「臺灣文學史長編」（33 冊）、「臺灣古典作家精選集」（38 冊），相互呼應，期能將臺灣文學的豐富性展示出來，將「臺灣文學」這個學科挖深識廣；作為文化部的附屬機構，我們在國家文化建設的整體工程中，在「文學」作為一個公共事務的理念之下，我們紮紮實實做了有利文化發展的事，這是我們所能提供給社會大眾的另類服務，也是我們朝向臺灣文學研究中心理想前進的努力。

　　我們在四年間分三批出版的這 50 本臺灣現當代作家研究資料彙編，從賴和（1894～1943）到楊牧（1940～），從割臺之際出生、活躍於日據下的作家，到日據之末出生、活躍於戰後臺灣文壇的作家；當然也包含 1949 年左右離開大陸，而在臺灣文壇發光發熱的作家。他們只是臺灣作家的一小部分，由承辦單位組成的專業顧問群多次會商議決；這個計畫，我們希望能夠在精細檢討之後，持續推動下去。

　　顧問群基本上是臺灣文學史專業的組合，每位作家重要評論文章選刊及研究綜述的撰寫者，都是對於該作家有長期研究的專家。這是學界人力的大動員，承辦本計畫的臺灣文學發展基金會長期致力臺灣文學史料的蒐輯整理，具有強大的學術及社會力量，本計畫能夠順利推動且如期完成，必須感謝他們組成的編輯團隊，以及眾多參與其事的學界朋友。

國立臺灣文學館館長　李瑞騰

# 編序

◎封德屏

## 緣起

　　1995 年 10 月 25 日，在臺灣師範大學教育大樓的 201 室，一場以「面對臺灣文學」爲題的座談會，在座諸位學者分別就臺灣文學的定義、發展、研究，以及文學史的寫法等，提出宏文高論，而時任國家圖書館編纂張錦郎的「臺灣文學需要什麼樣的工具書」，輕鬆幽默的言詞，鞭辟入裡的思維，更贏得在座者的共鳴。

　　張先生以一個圖書館工作人員自謙，認真專業地爲臺灣這幾十年來究竟出版了多少有關臺灣文學的工具書，做地毯式的調查和多方面的訪問。同時條理分明地針對研究者、學生，列出了十項工具書的類型，哪些是現在亟需的，哪些是現在就可以做的，哪些是未來一步一步累積可以達成的，分別做了專業的建議及討論。

　　當時的文建會二處科長游淑靜，參與了整個座談會，會後她劍及履及的開始了文學工具書的委託工作，從 1996 年的《臺灣文學年鑑》起始，一年一本的編下去，一直到現在，保存延續了臺灣文學發展的基本樣貌。接著是《中華民國作家作品目錄》的新編，《臺灣文壇大事紀要》的續編，補助國家圖書館「當代文學史料影像全文系統」的建置，這些工具書、資料庫的接續完成，至少在當時對臺灣文學的研究，做到一些輔助的功能。

　　2003 年 10 月，籌備多年的「台灣文學館」正式開幕運轉。同年五月《文訊》改隸「財團法人台灣文學發展基金會」，爲了發揮更大的動能，開

始更積極、更有效率地將過去累積至今持續在做的文學史料整理出來，讓豐厚的文藝資源與更多人共享。

於是再次的請教張錦郎先生，張先生認爲文學書目、作家作品目錄、文學年鑑、文學辭典皆已完成或正在進行，現在重點應該放在有關「臺灣現當代作家評論資料目錄」的編輯工作上。

很幸運的，這個計畫的發想得到當時臺灣文學館林瑞明館長的支持，於是緊鑼密鼓的展開一切準備工作：籌組編輯團隊、召開顧問會議、擬定工作手冊、撰寫計畫書等等。

張錦郎先生花了許多時間編訂工作手冊，每一位作家的評論資料目錄分爲：

（一）生平資料：可分作者自述，旁人論述及訪談，文學獎的紀錄。

（二）作品評論資料：可分作品綜論，單行本作品評論，其他作品（包括單篇作品）評論，與其他作家比較等。

此外，對重要評論加以摘要解說，譬如專書、專輯、學術會議論文集或學位論文等，凡臺灣以外地區之報刊及出版社，於書名或報刊後加註，如中國大陸、香港、新加坡等。此外，資料蒐集範圍除臺灣外，也兼及中國大陸、香港、新加坡、日本、韓國及歐美等地資料，除利用國內蒐集管道外，同時委託當地學者或研究者，擔任資料蒐集工作。

清楚記得，時任顧問的學者專家們，都十分高興這個專案的啟動，但確定收錄哪些作家名單時，也有不同的思考及看法。經過充分的討論後，終於取得基本的共識：除以一般的「文學成就」爲觀察及考量作家的標準外，並以研究的迫切性與資料獲得之難易度爲綜合考量。譬如說，在第一階段時，作家的選擇除文學成就外，先考量迫切性及研究性，迫切性是指已故又是日治時期臺籍作家爲優先，研究性是指作品已出土或已譯成中文爲優先。若是作品不少而評論少，或作品評論皆少，可暫時不考慮。此外，還要稍微顧及文類的均衡等等。基本的共識達成後，顧問群共同挑選出 310 位作家，從鄭坤五、賴和、陳虛谷以降，一直到吳錦發、陳黎、蘇

偉貞，共分三個階段進行。

　　張錦郎先生修訂的編輯體例，從事學術研究的顧問們，一方面讚嘆「此目錄必然能成為類似文獻工作的範例」，但又深恐「費力耗時，恐拖延了結案時間」，要如何克服「有限時間，高度理想」的編輯方式，對工作團隊確實是一大挑戰。於是顧問們群策群力，除了每人依研究領域、研究專長認領部分作家外（可交叉認領），每個顧問亦推薦或召集研究生襄助，以期能在教學研究工作外，為此目錄盡一份心力。

　　「臺灣現當代作家評論資料目錄」專案計畫，自 2004 年 4 月開始，至 2009 年 10 月結束，分三個階段歷時五年六個月，共發現、搜尋、記錄了十餘萬筆作家評論資料。共經歷了三位專職研究助理，近三十位兼任研究助理。這些研究助理從開始熟悉體例，到學習如何尋找資料，是一條漫長卻實用的學習過程。

## 接續

　　「臺灣現當代作家評論資料目錄」的專案完成，當代重要作家的研究，更可以在這個基礎上，開出亮麗的花朵。於是就有了「臺灣現當代作家研究資料彙編暨資料庫建置計畫」的誕生。為了便於查詢與應用，資料庫的完成勢在必行，而除了資料庫的建置外，這個計畫再從 310 位作家中精選 50 位，每人彙編一本研究資料，內容有作家圖片集，包括生平重要影像、文學活動照片、手稿及文物，小傳、作品目錄及提要、文學年表。另外每本書分別聘請一位最適當的學者或研究者負責編選，除了負責撰寫八千至一萬字的作家研究綜述外，再從龐雜的評論資料中挑選具有代表性的評論文章，平均 12～14 萬字，最後再附該作家的評論資料目錄，以期完整呈現該作家的生平、創作、研究概況，其歷史地位與影響。

　　由於經費及時間因素，除了資料庫的建置，資料彙編方面，50 位作家分三個階段完成。第一階段出版了 15 位作家，第二階段出版了 12 位作家，此次第三階段則出版了 23 位作家資料彙編。雖然已有過前兩階段的實

務經驗，但相較於前兩階段，此次幾乎多出版將近一倍的數量，使工作小組在編輯過程中，仍然面臨了相當大的困難與挑戰。

　　首先，必須掌握每位編選者進度這件事，就是極大的挑戰。於是編輯小組在等待編選者閱讀選文的同時，開始蒐集整理作家生平照片、手稿，重編作家年表，重寫作家小傳，尋找作家出版品的正確版本、版次，重新撰寫提要。這是一個極其複雜的工程。還好有認真負責的雅嫻、崑婷、欣怡，以及編輯老手秀卿幫忙，讓整個專案延續了一貫的品質及進度。

　　在智慧權威、老練成熟的學者專家面前，這些初生之犢的年輕助理展現了大無畏的精神，施展了編輯教戰手冊中的第一招——緊迫盯人。看他們如此生吞活剝地貫徹我所傳授的編輯要法，心裡確實七上八下，但礙於工作繁雜，實在無法事必躬親，也只好讓他們各顯身手了。

　　縱使這些新手使出了全部力氣，無奈工作的難度指數仍然偏高，雖有前兩階段的經驗，但面對不同的編選者，不同的編選風格，進度仍然不很順利，再加上此次同時進行 23 位作家的編纂作業，在與各編選者及各冊傳主往來聯繫的過程中，更是有許多龐雜而繁瑣的細節。此時就得靠意志力及精神鼓舞了。我對著年輕的同仁曉以大義，告訴他們正在光榮地參與一個重要的文學工程，絕對不可輕言放棄。

## 成果

　　雖然過程是如此艱辛，如此一言難盡，可是終究看到豐美的成果。每位編選者雖然忙碌，但面對自己負責的作家資料彙編，卻是一貫地認真堅持。他們每人必須面對上千或數百筆作家評論資料，挑選重要或關鍵性的評論文章，全面閱讀，然後依照編選原則，挑選評論文章。助理們此時不僅提供老師們所需要的支援，統計字數，最重要的是得找到各篇選文作者，取得同意轉載的授權。在第一階段進度流程初估時，我們錯估了此項工作的難度，因為許多評論文章，發表至今已有數十年的光景，部分作者行蹤難查，還得輾轉透過出版社、學校、服務單位，尋得蛛絲馬跡，再鍥

而不捨地追蹤。有了第一階段的血淚教訓，第二階段關於授權方面，我們更是如臨深淵、如履薄冰，希望不要重蹈覆轍，第三階段也遵循前兩階段的經驗，在面對授權作業時更是戰戰兢兢，不敢懈怠。

除了挑選評論文章煞費苦心外，每個作家生平重要照片，我們也是採高標準的方式去蒐集，過世作家家屬、友人、研究者或是當初出版著作的出版社，都是我們徵詢的對象。認真誠懇而禮貌的態度，讓我們獲得許多從未出土的資料及照片，也贏得了許多珍貴的友誼。許多作家都協助提供照片手稿等相關資料，如王鼎鈞、洛夫、余光中、羅門、瘂弦、司馬中原、林文月、鄭愁予、黃春明及其子黃國珍、白先勇及與其合作多年的攝影師許培鴻、白萩及其夫人、陳若曦、七等生、王文興、楊牧及其夫人夏盈盈。已不在世的作家，其家屬及友人在編輯過程中，也給予我們許多協助及鼓勵，如姜貴的長子王為鎌、張秀亞的女兒于德蘭、艾雯的女兒朱恬恬、陳秀喜的女兒張瑛瑛、商禽的女兒羅珊珊、陳冠學的後輩友人陳文銓與郭漢辰、郭松棻的夫人李渝、王禎和的夫人林碧燕，藉由這個機會，與他們一起回憶、欣賞他們親人或父祖、前輩，可敬可愛的文學人生。此外，還有張默、岩上、閻純德、李高雄、丘彥明、朱雙一、吳姍姍、鄭穎、舊香居書店吳雅慧等作家及研究者，熱心地幫忙我們尋找難以聯繫的授權者，辨識因年代久遠而難以記錄年代、地點、事件的作家照片，釐清文學年表資料及作家作品的版本問題，我們從他們身上學習到更多史料研究可貴的精神及經驗。

但如何在規定的時間內，完成第三階段 23 本資料彙編的編輯出版工作，對工作小組來說，確實是一大考驗。每一冊的主編老師，都是目前國內現當代台灣文學教學及研究的重要人物，因此每位主編都十分忙碌。有鑑於前兩階段的經驗，以及現有工作小組的人力，決定分批完稿，每個人負責 2～4 本，三位組長的責任額甚至超過 4～5 本。每一本的責任編輯，必須在這一年多的時間內，與他們所負責資料彙編的主角——傳主及主編老師，共生共榮。從作家作品的收集及整理開始，必須要掌握該作家一生

作品的每一次的出版，以及盡量收集不同的版本；整理作家年表，除了作家、研究者已撰述好的年表外，也必須再從訪談、自傳、評論目錄，從作品出版等線索，再做比對及增刪。再來就是緊盯每位把「研究綜述」放在所有進度最後一關的主編們，每隔一段時間提醒他們，或順便把新增的評論目錄寄給他們（每隔一段時間就有新的相關論文或學位論文出現），讓他們隨時與他們所主編的這本書，產生聯想，希望有助於「研究綜述」撰寫的進度。

　　以上的工作說起來，好像並不十分困難，身為總策劃的我起初心裡也十分篤定的認為，事情儘管艱困，最後還是應該順利完成。然而，這句雲淡風輕的話，聽在此次身歷其境參與工作的同仁耳中，一定會恨得牙癢癢的。「夜長夢多」這個形容詞拿來形容這件工作，真是太恰當也沒有了。因為整個工作期程超過一年，在這段漫長的歲月中，因等待、因其他人力無法抗拒的因素，衍伸出來的問題，層出不窮，更有許多是始料未及的。譬如，每本書的的選文，主編老師本來已經選好了，也經過授權了，為了抓緊時間，負責編輯的助理們甚至連順序、頁碼都排好了，就等主編老師的大作了，這時主編突然發現有新的文章、新的資料產生：再增加兩三篇選文吧！為了達到更好更完備的目標，工作小組當然全力以赴，聯絡，授權，打字，校對，重編順序等等工作，再度展開。

　　此次第三階段共需完成 23 位作家研究資料彙編，年齡層較上兩個階段已年輕許多，因此到最後的疑難雜症，還有連主編或研究者都不太清楚的部分，譬如年表中的某一件事、某一個年代、某一篇文章、某一個得獎記錄，作家本人絕對是一個最好的諮詢對象，於是幾乎我們每本書都找到了作家本人，對解決某些問題來說，這是一個好的線索，但既然看了，關心了，參與了，就可能有不同的看法，選文、年表、照片，甚至是我們整本書的體例。於是又是一場翻天覆地的大更動，對整本書的品質來說，應該是好的，但對經過一年多琢磨、修改已近入完稿階段的編輯團隊來說，這不啻是一大挑戰。

　　1990 年開始，各地縣市文化中心（文化局），對在地作家作品集的整理出版，以及台灣文學館成立後對日治時期作家以迄當代重要作家全集的編纂，對臺灣文學之作家研究，也有了很好的促進作用。如《楊逵全集》、《林亨泰全集》、《鍾肇政全集》、《張文環全集》、《呂赫若日記》、《張秀亞全集》、《葉石濤全集》、《龍瑛宗全集》、《葉笛全集》、《鍾理和全集》、《錦連全集》、《楊雲萍全集》、《鍾鐵民全集》等，如雨後春筍般持續展開。

　　經過近二十年的努力，臺灣文學的研究與出版，也到了可以驗收或檢討成果的階段。這個說法，當然不是要停下腳步，而是可以從「臺灣現當代作家評論資料目錄」所呈現的 310 位作家、10 萬筆資料中去檢視。檢視的標的，除了從作家作品的質量、時代意義及代表性去衡量外、也可以從作家的世代、性別、文類中，去挖掘還有待開墾及努力之處。因此在這樣的堅實基礎上，這套「臺灣現當代作家研究資料彙編」，每位編選者除了概述作家的研究面向外，均有些觀察與建議。希望就已然的研究成果中，去發現不足與缺憾，研究者可以在這些不足與缺憾之處下功夫，而盡量避免在相同議題上重複。當然這都需要經過一段時間去發現、去彌補、去重建，因此，有關臺灣文學研究的調查與研究，就格外顯得重要了。

## 期待

　　感謝臺灣文學館持續支持推動這兩個專案的進行。「臺灣現當代作家評論資料目錄」的完成，呈現的是臺灣文學研究的總體成果；「臺灣現當代作家研究資料彙編」套書的出版，則是呈現成果中最精華最優質的一面，同時對未來的研究面向與路徑，做最好的建議。我們可以很清楚的體會，這是一條綿長優美的臺灣文學接力賽，我們十分榮幸能參與其中，我們更珍惜在傳承接力的過程，與我們相遇的每一個人，每一件讓我們真心感動的事。我們更期待這個接力賽，能有更多人加入。誠如張恆豪所說「從高音獨唱到多元交響」，這是每一個人所期待的。

# 編輯體例

一、本書編選之目的，爲呈現鄭愁予生平、著作及研究成果，以作爲臺灣
　　文學相關研究、教學之參考資料。

二、全書共五輯，各輯內容及體例說明如下：

　　輯一：圖片集。選刊作家各個時期的生活或參與文學活動的照片、著
　　　　　作書影、手稿（包括創作、日記、書信）、文物。

　　輯二：生平及作品，包括三部分：

　　　　　1.小傳：主要內容包括作家本名、重要筆名，生卒年月日，籍
　　　　　　貫，及創作風格、文學成就等。

　　　　　2.作品目錄及提要：依照作品文類（論述、詩、散文、小說、
　　　　　　劇本、報導文學、傳記、日記、書信、兒童文學、合集）及
　　　　　　出版順序，並撰寫提要。不收錄作家翻譯或編選之作品。

　　　　　3.文學年表：考訂作家生平所進行的文學創作、文學活動相關
　　　　　　之記要，依年月順序繫之。

　　輯三：研究綜述。綜論作家作品研究的概況，並展現研究成果與價值
　　　　　的論文。

　　輯四：重要文章選刊。選收國內外具代表性的相關研究論文及報導。

　　輯五：研究評論資料目錄。收錄至 2013 年 6 月底止，有關研究、論述
　　　　　臺灣現當代作家生平和作品評論文獻。語文以中文爲主，兼及
　　　　　日文和英文資料。所收文獻資料，以臺灣出版爲主，酌收中國
　　　　　大陸、香港、日本和歐美國家的出版品。內容包含三部分：

　　　　　1.「作家生平、作品評論專書與學位論文」下分爲專書與學位
　　　　　　論文。

　　　　　2.「作家生平資料篇目」下分爲「自述」、「他述」、「訪談」、
　　　　　　「年表」、「其他」。

　　　　　3.「作品評論篇目」下分爲「綜論」、「分論」、「作品評論目
　　　　　　錄、索引」、「其他」。

# 目次

# 輯一◎圖片集
## 影像◎手稿◎文物

學生時期的鄭愁予，離開北平之前，於北平頤和
園前留影。（鄭愁予提供）

鄭愁予（後排右三）就讀新竹中學時期。（目宿
媒體公司提供）

鄭愁予大學畢業照。（鄭愁予提供）　　　約1950〜1960年代，鄭愁予攝於中央山脈稜線。（鄭愁予提供）

1960年12月，美駐華大使莊萊德舉行酒會慶祝《中國新詩集》英譯本出版，與入選詩人合影。左起依序為鄭愁予、夏菁、羅家倫、鍾鼎文、覃子豪、胡適，立其後者為莊萊德大使、莊萊德夫人，立其後者為紀弦、羅門、余光中、范我存、蓉子，立其後者為楊牧、周夢蝶、夏菁夫人，立其後者為洛夫。（文訊文藝資料中心）

1968年，與文友合影於松山機場。左起：鄭愁予、左曙萍、鍾鼎文、蓉子、羅門。（文訊文藝資料中心）

約1960年代，鄭愁予與夫人余梅芳。（目宿媒體公司提供）

約1970年代，鄭愁予（左一）於前往耶魯大學的路途上留影。（目宿媒體公司提供）

1989年12月，與文友合影於花蓮天祥。左起：鄭愁予、許世旭、楚戈。（文訊文藝資料中心）

1990年6月4日，攝於波蘭華沙大學。（鄭愁予提供）

1992年1月13日，攝於三峽大壩。（鄭愁予提供）

1995年10月16日,應邀參加法國藍西學院研究院200週年慶典,攝於巴黎香蒂邑博物館前。左起:梅新、白先勇、鄭愁予。(文訊文藝資料中心)

1999年6月11日,與文友同遊雲南。左起:鄭愁予、余梅芳、聶華苓。(李渝提供)

2001年4月,應邀出席香港城市大學舉辦的「華文寫作與中國文化前景」研討會,與文友合影於會後宴席。前排左起:瘂弦、馬悅然、鄭愁予、夏盈盈;後排左起:潘耀明、劉建威、鄭培凱。(創世紀詩雜誌社提供)

2001年5月26日,獲北美華文作家協會「第五屆傑出華人會員」獎牌。左起:馬克任、林澄枝、夏志清、琦君、鄭愁予、王鼎鈞、符兆祥。(文訊文藝資料中心)

2002年,鄭愁予擔任東華大學駐校作家,與多位師生登鯉魚山。左起:顏崑陽、鄭愁予、顏訥。(東華大學數位文化中心提供)

2005年，於紐約長島慶祝聶華苓、劉賓雁80大壽。左起：朱虹、劉賓雁、聶華苓、蘇端儀、余梅芳、鄭愁予、聶華桐。（王曉藍提供）

2006年11月26日，中山大學文學院主辦「當代詩人系列——秋興動詩興」，鄭愁予與余光中（右）同臺對談「我的創作經驗」。（余光中數位文學館提供）

2006年11月26日，應邀赴中山大學文學院演講，當晚與文友於高雄中信飯店聚餐。左起：許寬佳、范我存、余光中、鄭愁予、丁旭輝。（丁旭輝提供）

2007年10月，愛荷華國際寫作計畫四十週年，與文友合影於Paul　Engle肖像前。前排左起：鄭愁予、余梅芳、聶華苓、瘂弦；後排左起：Chris　Merrill、李銳、西川。（王曉藍提供）

2007年，與文友同遊張家界。左起：鄭愁予、白丰中、余梅芳、楚戈、陶幼春、
趙玉明、陳雪美、蕭瓊瑞、趙玉明兒子。（陶幼春提供）

2007年，應Discovery頻道之邀，拍攝紀錄片《謎樣金門》。（鄭愁予提供）

2009年3月8日，獲頒元智大學第三屆桂冠文學獎，於福華國際文教會館舉行頒獎典禮。左起：彭宗平、鄭愁予。（元智大學提供）

2009年8月，與文友合影。後排左起：李渝、尉天驄、林美音、黃春明、聶華苓、余梅芳、鄭愁予、季季、管管；前排左二起尉任之、於梨華、陳安琪。（王曉藍提供）

2009年10月6日，鄭愁予偕同「他們在島嶼寫作——文學大師系列電影」工作
人員至葉泥（右）家中進行採訪拍攝。（目宿媒體公司提供）

2010年10月16日，應國立臺灣文學館之邀，演講「我的詩仍坐在無終站列車
上」。左起：鄭愁予、丁旭輝、陳慧津。（丁旭輝提供）

2011年5月17日，應邀出席趨勢教育基金會、文訊雜誌社於臺北中山堂共同舉辦的「百年文學新趨勢——向愛荷華國際寫作班致敬」文學茶會。前排左起：吳晟、應鳳凰、瘂弦、鄭愁予、余梅芳、白先勇、聶華苓、季季、楊青矗、向陽、董啟章、蔣勳；後排左起：格非、愛荷華大學校長Sally Mason、管管、尉天驄、方梓、王拓。（文訊文藝資料中心）

2011年12月20日，獲頒周大觀全球生命文學創作獎。左起：周進華、陳力俊、鄭愁予、余梅芳、單國璽。（清華大學提供）

2013年4月22日，應邀出席中興大學舉辦的中興大學惠蓀講座，演講「詩人從游世到濟世，從藝術回仁術」，並獲頒特製校友證。左起：林俊良、鄭愁予。（中興大學提供）

2013年7月9日，應中華文化總會、文訊雜誌社之邀，於國立臺灣教育廣播電臺錄製「為臺灣文學朗讀」節目，朗誦詩作並接受訪問。左起：鄭愁予、楊渡。（文訊文藝資料中心）

2013年7月20日，應邀出席林務局嘉義林區管理處於嘉義市檜意森活村農業精品館舉辦的「森林詩語」阿里山詩集新書發表記者會。（嘉義市政府提供）

2013年11月2日，獲頒中興大學傑出校友獎。左起：李德財、鄭愁予。（中興大學提供）

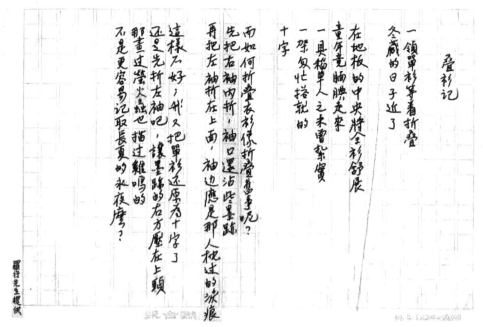

鄭愁予〈疊衫記〉手稿。（羅行提供）

疊衫記

一領單衫等著折疊
冬藏的日子近了

在地板的中央將全衫舒展
畫年竟晒腌走來
一具稻草人之未曾梨實
一架匆忙搭就的
十字

而如何折疊表衫像折疊舊事呢？
先把右袖向折，袖口還沾染墨跡
再把左袖折在上面，袖边應是那人挽述的淚痕
那畫过螢火蟲也描过雞鳴的右方壓在上頭
還是先折左袖吧，讓墨跡的右方壓在上頭
這樣不好，那又把單衫还原為十字了
不是更容易记取長夏的永夜麼？

羅行先生提供

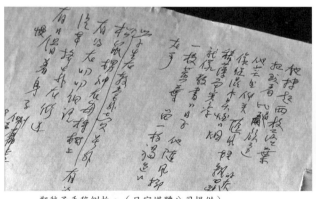

鄭愁予手稿側拍。（目宿媒體公司提供）

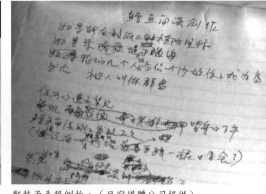

鄭愁予手稿側拍。（目宿媒體公司提供）

# 輯二◎生平及作品

## 小傳◎作品◎年表

# 小傳

　　鄭愁予，男，學名鄭文韜。籍貫直隸寧河，1933年12月4日生於山東濟南，1949年舉家來臺。

　　新竹中學、中興大學法商學院統計學系（現臺北大學）畢業。1967年應邀赴美參加愛荷華大學「國際作家寫作計畫」（IWPG），後陸續獲美國愛荷華大學英文系創作坊寫作美術碩士學位（MFA）、美國愛荷華大學新聞學院博士學位、美國加州世界文化藝術學院授文學博士（D.Litt.）。曾任基隆港務局管理員、陸軍工兵署烏日工兵站美軍顧問團聯絡官、陸軍供應司令部聯絡官室工兵少尉編譯官、中國青年寫作協會總幹事、救國團臺北文藝營主任、美國愛荷華大學東方語言文學學系講師、美國明尼蘇達大學「十大學術聯盟」暑期班講師、美國耶魯大學東亞語言文學學系教授／資深講席／終身駐校詩人／終生榮休教授、美國春寧地大學（Trinity Coll. Hartford, Ct.）中文學程創始教授、美國康州著名大學預備學校（Choate Rosemary Hall）中文課程創辦人及主持人、《聯合文學》總編輯、香港大學榮譽教授、東華大學榮譽教授與駐校詩人、清華大學榮譽講座教授等。現為金門大學專任講座教授。

　　曾獲臺灣現代詩獎、中山文藝獎、青年文藝獎、中國時報新詩推薦獎、中國文藝協會文藝獎章、海外華人文學貢獻獎（美國）、國家文藝獎新詩獎、香港國際詩人筆會現代詩魂獎、香港大學文學終身成就獎、國際詩

人筆會終生成就詩魂獎、第 19 屆金曲獎傳統暨藝術音樂類最佳作詞人獎、元智大學桂冠文學獎、中國海洋大學（青島）文學終身成就獎、周大觀文教基金會全球生命文學創作獎章等獎項。曾獲《文訊月刊》問卷選爲最受歡迎副刊作家、《文學家雜誌》問卷選爲最受歡迎十位作家之首、耶魯大學博嵐佛學院（Branford College）終身院士、耶魯大學終身講座榮譽退休（emeritus）保持研究室、新竹高中傑出校友、臺北大學傑出校友、中興大學傑出校友等榮譽，詩作被譜成歌曲是有新詩以來爲數最多者，而鄭愁予個人最感欣慰的是作品爲臺、港、星、大陸等地區選入官定華文教科書。

　　鄭愁予創作文類以詩爲主，其寫作風格隨時代變遷而有所不同，大致上可分三階段：早期詩風抒情婉約、浪漫唯美，多以家國、故土之思情爲主題，內容充滿流放意識，呈顯異地浪子的心聲，如《夢土上》、《窗外的女奴》；1970 年代後期，詩風漸趨成熟，穩重而內斂，如《雪的可能》、《刺繡的歌謠》；晚期詩風回歸自然平淡，冷靜而沉著，融合知性與感性，充分彰顯其豁然自適的人生觀，並充滿對社會、國家、人民、自然與和平等等的關懷，如《和平的衣缽：百年詩歌萬載承平》。他善於以細膩精緻的文字傳達豐沛的情感，並使用散文、口語化的語言技巧描繪詩中的形象，楊牧曾評：「他以清楚的白話……爲我們傳達了一種時間的空間的悲劇情調。」商禽也認爲：「愁予的詩在語言、節奏，及創造意象上，有極高的成就。」

　　鄭愁予的作品廣爲流傳，深受一般大眾的喜愛，可說是詩壇中傳唱度最高的詩人之一，其名作〈錯誤〉一詩，更被譽爲「現代抒情詩的絕唱」。其詩作融合現代詩的創意技巧與古典詩的韻味風情，不僅跳脫古典詩的傳統限制，更加深現代詩的美感，並重視詩的性靈，創造出獨樹一幟的嶄新詩風，也開啓詩壇上的另一種突破和創新，爲許多後起之秀帶來深遠的影響。瘂弦曾說：「鄭愁予的名字是寫在雲上，他那飄逸而又矜持的韻緻，夢幻而又明麗的詩想，溫柔的旋律，纏綿的節奏，與貴族的、東方的、淡淡的哀愁的調子，造成一種雲一般的魅力，一種巨大的不可抗拒的影響。」

# 作品目錄及提要

## 【詩】

### 草鞋與筏子

湖南：燕子社
1949 年 5 月

本書為鄭愁予生平第一本詩集，目前無傳本。

### 夢土上

臺北：現代詩社
1955 年 4 月，32 開，88 頁
現代詩叢

本書集結作者早期詩作，為其第一本在臺灣出版的詩集，分「雨絲」、「邊塞組曲」、「山居的日子」、「船長的獨步」、「夢土上」五輯。全書收錄〈雨絲〉、〈自由底歌〉、〈娼女〉、〈歸航曲〉、〈殘堡〉等 54 首。正文後有鄭愁予〈後記〉。

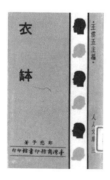

### 衣缽

臺北：臺灣商務印書館
1966 年 10 月，40 開，112 頁
人人文庫 131

本書集結作者以鄉土情懷、故國思情為題材之詩作，分「衣缽集」、「大韓集」、「燕雲集」、「想望集」四集。全書收錄〈革命的衣缽〉、〈召魂——為楊喚十年祭作〉、〈無終站列車——三二九前夜〉、〈垂直的泥土——記登山技術隊〉等 33 首。正文前有〈人人文庫序〉，正文後有鄭愁予〈後記〉。

### 窗外的女奴

臺北：十月出版社
1967 年 10 月，32 開，98 頁
十月叢書 1

本書集結作者抒情風格之詩作，分「採貝集」、「知風草」、
「右邊的人」、「五嶽記」、「草生原」五輯。全書收錄
〈晨〉、〈下午〉、〈草履蟲〉、〈靜物〉、〈採貝〉等 60 首。正
文前有〈「十月叢書」前言〉。

### 長歌

臺北：長歌出版社
1968 年 6 月，32 開，76 頁

全書收錄〈革命的衣鉢〉、〈仁者無敵〉等三首。正文後有
鄭愁予〈後記〉。

### 鄭愁予詩選集

臺北：志文出版社
1974 年 3 月，32 開，245 頁
新潮叢書 17

臺北：志文出版社
2000 年 11 月，32 開，271 頁
新潮文庫 22

志文出版社 1974 年

志文出版社 2000 年

本書集結《夢土上》、《窗外的女奴》、《衣鉢》三書之詩
作，分「雨絲」、「山居的日子」、「船長的獨步」、「夢土
上」、「醉溪流域」、「知風草」、「右邊的人」、「採貝集」、
「五嶽記」、「草生原」、「燕雲集」11 輯。全書收錄〈歸航
曲〉、〈雨絲〉、〈殘堡〉、〈野店〉、〈牧羊女〉等 114 篇。正
文前有楊牧〈鄭愁予傳奇（代序）〉，正文後有鄭愁予〈後
記〉。
2000 年志文版：內容與 1974 年志文版相同。

**洪範書店 1979**

**洪範書店 2003**

### 鄭愁予詩集 I（1951～1968）
臺北：洪範書店
1979 年 9 月，32 開，341 頁
洪範文學叢書 47

臺北：洪範書店
2003 年 8 月，25 開，333 頁
洪範文學叢書 47

本書集結作者 1951～1968 年之詩作，分「微塵集」、「邊塞組曲」、「我在山居的日子」、「船長的獨步」、「夢土上」、「採貝集」、「知風草」、「右邊的人」、「五嶽記」、「草生原」、「燕雲集」、「大韓集」、「衣鉢集」13 輯。全書收錄〈老水手〉、〈想望〉、〈旅夢〉、〈神曲〉、〈生命中的小立〉等 153 首。正文後附錄鄭愁予〈《夢土上》後記〉、鄭愁予〈《衣鉢》後記〉、鄭愁予〈《鄭愁予詩選集》後記〉、〈題目索引〉。
2003 年洪範版：以 1979 年洪範版爲基礎，刪去〈麥食館〉一首，另將輯名、篇目重新排序。正文前有鄭愁予〈脫序〉，正文後附錄鄭愁予〈《夢土上》後記〉、鄭愁予〈《衣鉢》後記〉、鄭愁予〈引言——九九九九九〉。

### 燕人行
臺北：洪範書店
1980 年 10 月，32 開，169 頁
洪範文學叢書 59

本書詩作內容包含時事批判、社會關懷與思鄉情懷等題材，分「燕人行」、「散詩紀旅」、「書齋生活」、「踏青即事」、「雨說」五輯。全書收錄〈燕人行——附紀事〉、〈讚林雲大喇嘛康州行腳〉、〈零的遞減〉、〈武昌街東坡〉等 33 首。

### 鄭愁予詩選
北京：中國友誼出版社
1984 年 9 月，32 開，161 頁

本書分「自由的歌」、「邊塞組曲」、「山居的日子」、「船長的獨步」、「鄉音」、「採貝集」、「天窗」、「右邊的人」、「五岳記」、「衣鉢集」10 輯。

### 雪的可能

臺北：洪範書店
1985 年 5 月，32 開，184 頁
洪範文學叢書 133

本書集結作者以日常生活記事爲題材之詩作，分「書齋生活」、「窗外春」、「佛芒特日記」、「愛荷華集」、「散詩紀遊」五輯。全書收錄〈貓與紅葉〉、〈一碟兒詩話〉、〈祝福楚戈〉、〈松生藍菱書齋留宿〉、〈管管五十肩〉等 59 首。

### 蒔花刹那

香港：三聯書店
1985 年 10 月，25 開，204 頁
海外文叢

本書分「雨說」、「零的遞減」、「書齋生活」、「愛荷華集」、「香港拾得」、「散詩紀錄」、「撿落穗（一）」、「撿落穗（二）」八輯。全書收錄〈身爲雪客〉、〈疊衫記〉、〈爬梯及雜物〉、〈人工花與差臣宣慰〉、〈甬廊〉等 80 篇。正文前有方籌〈前記（代）〉，正文後有〈鄭愁予小傳〉、〈鄭愁予的詩集〉。

### 刺繡的歌謠

臺北：聯合文學出版社
1987 年 7 月，25 開，89 頁
聯合文叢 2

本書集結以歌謠體風格爲主的創新詩作，分「寧馨如此」、「從內部雕刻」、「網球運動」、「刺繡的歌謠」四輯。全書收錄〈寧馨如此〉、〈談禪與微雨——另一種型式〉、〈秋分柳〉、〈陣雨和虹〉等 37 首。正文後有鄭愁予〈後記〉。

### 寂寞的人坐著看花

臺北：洪範書店
1993 年 2 月，25 開，227 頁
洪範文學叢書 242

本書集結作者 1990～1993 年之詩作，內容帶有豁達自適的
生命觀與濃厚的禪思，分「紐英崙畫卷」、「散詩記遊」、
「猜想黎明的顏色」、「烏蘭察布盟」、「書齋生活」、「寂寞
的人坐著看花」、「酒詩與琴詩」、「言笑禪」、「高速檔上的
風景線」、「愛荷華葬禮」十輯。全書收錄〈先以小城入
畫〉、〈靜的要碎的漁港〉、〈山越深〉、〈涼風起天末——遊
緬因州懷舒凡〉、〈深山旅邸 I 〉等 82 首。正文後有鄭愁予
〈後記〉。

### 夢土上

臺北：洪範書店
1996 年 9 月，50 開，56 頁
隨身讀 12

本書集結作者早期詩作。全書收錄〈殘堡〉、〈夜謌〉、〈如
霧起時〉等 26 首。

### 鄭愁予詩的自選 I

北京：生活・讀書・新知三聯書店
2000 年 3 月，25 開，266 頁
三地葵文學系列

本書分「夢土上」、「小站之站」、「邊塞組曲」、「船長的獨
步」、「山居的日子」、「知風草」、「度牒與梵音」、「談禪與
微雨」、「非吾鄉記」、「雪坡上的孩子」、「刺繡的歌謠」、
「五岳記」、「衣缽」13 輯。全書收錄〈雨絲〉、〈歸航
曲〉、〈鄉音〉、〈偈〉、〈定〉等 130 首。正文前有〈鄭愁予
小傳〉、「三地葵文學系列」主編群〈總序〉、鄭愁予〈做一
個單純的詩人恐亦難以為繼——書前自識〉，正文後有〈鄭
愁予年表〉。

### 鄭愁予詩的自選 II

北京：生活・讀書・新知三聯書店
2000 年 3 月，25 開，287 頁
三地葵文學系列

本書分「燕雲集」、「苦力長城」、「俄若霞」、「愛荷華集」、
「紐英崙畫卷」、「節操的造型」、「燕人行」、「猜想黎明的
顏色」、「寂寞的人坐著看花」、「酒詩與琴詩」、「高速檔上
的風景線」11 輯。全書收錄〈燕雲之一〉、〈嘉裕關西行〉、
〈夢斗塔湖荒渡〉、〈跫音橋〉、〈先以小城入畫〉等 106
首。正文前有〈鄭愁予小傳〉、「三地葵文學系列」主編群
〈總序〉、鄭愁予〈做一個單純的詩人恐亦難以爲繼——書
前自識〉，正文後有〈鄭愁予年表〉。

### 鄭愁予詩集 II（1969～1986）

臺北：洪範書店
2004 年 1 月，25 開，370 頁
洪範文學叢書 47

本書集結作者 1969～1986 年之詩作，分「談禪與微雨」、
「非吾鄉記」、「蒔花剎那」、「一碟兒詩話」、「散詩記旅」、
「愛荷華集」、「紐英崙畫卷」、「雨說」、「節操的造型」、
「書齋生活」、「燕人行」、「人工花」、「網球運動」、「刺繡
的歌謠」14 輯。全書收錄〈寧馨如此〉、〈對飲〉、〈秋分
柳〉〈陣雨和虹〉、〈持咒的微笑〉等 130 首。正文前有鄭愁
予〈借序〉，正文後附錄鄭愁予〈引言——九九九九九〉。

## 【合集】

### 和平的衣缽：百年詩歌萬載承平

臺北：周大觀文教基金會
2011 年 10 月，25 開，413 頁

本書爲詩文合集。全書分「讀了序言，讀《衣缽》之前，請
凝神片刻！」、「二〇一二和平！後內戰時代爲青年找使命？
對！投給和平一票」、「反戰情結出自性靈的人生」、「金門島
是反戰的前線？正是和平的起跑點！」、「金門島是反戰的前
線？正是和平的起跑點！」、「失鄉就是失去和平，鄉愁就是

和平在望」、「地球上：地震之驚，脈脈相通」、「我的詩是洪
流中的涉禽——華夏水的文明，是性靈之所本」、「游世的詩
VS.濟世的詩」九輯。正文前有星雲大師〈共生共榮〉、單國
璽〈化詩為愛〉、陳力俊〈聽見和平的鐘聲〉、李金振〈情歸
浯江 詩傳和平衣缽〉、周進華〈向仁俠詩人鄭愁予敬禮〉、
鄭愁予〈自序：為誰寫序？〉，正文後有鄭愁予〈後記〉、
〈出版人為鄭愁予尋蹤〉。

# 文學年表

1933 年　　12 月　　4 日，出生於山東濟南，學名鄭文韜，籍貫直隸寧河。遠
　　　　　　　　　　祖遷自閩臺，為明末暨有清一代世襲軍事家庭、鄭成功第
　　　　　　　　　　11 世孫。

1937 年　　本年　　就讀南京鼓樓小學，漢口路小學幼稚園，後陸續就讀山東
　　　　　　　　　　嶧縣私塾／小學、山東煙臺華僑學校／私塾、河北寧河縣
　　　　　　　　　　蘆臺鎮東大寺小學／寧河中學、山東德州縣中、天津金鋼
　　　　　　　　　　橋學校（借讀）、北平市立第五中學。

1947 年　　本年　　轉讀北平崇德學校。

1948 年　　本年　　參加北京大學暑期文藝班。

1949 年　　　春　　就讀湖南衡陽道南中學，與同學組織「燕子社」，創辦並
　　　　　　　　　　發行油印刊物《燕子》。

　　　　　　　5 月　　以「青蘆」為筆名，自費出版第一本詩集《草鞋與筏
　　　　　　　　　　子》。

　　　　　　　　　　隨家人來臺，居於新竹。

　　　　　　　　　　就讀新竹中學高中部三年級。

1950 年　　本年　　新竹中學畢業，考入中興大學法商學院（現臺北大學）統
　　　　　　　　　　計學系。

1951 年　　　9 月　　16 日，發表詩作〈老水手〉於《野風》第 20 期。

　　　　　　10 月　　1 日，發表詩作〈語海〉於《野風》第 21 期。

　　　　　　11 月　　1 日，發表詩作〈生命中的小立〉於《野風》第 23 期。

　　　　　　12 月　　1 日，發表詩作〈燈塔〉於《野風》第 25 期。

| 1952 年 | 1 月 | 1 日，發表詩作〈琴心〉於《野風》第 27 期。 |
| | | 16 日，發表詩作〈想望〉於《野風》第 28 期。 |
| | 3 月 | 16 日，發表詩作〈窗前小望〉於《野風》第 32 期。 |
| | 4 月 | 16 日，發表詩作〈早春花束〉於《野風》第 34 期。 |
| | 本年 | 中興大學法商學院（現臺北大學）統計學系畢業。 |
| | | 入中央陸軍軍官學校預備軍官班第 1 期，後陸續於國防部軍官外語學校聯絡官班第 3 期（被推選爲學員長）、陸軍工兵學校初級班（任命爲學員隊長）、交通部交通事業研究所結業。 |
| 1953 年 | 2 月 | 發表詩作〈雨絲輯〉於《現代詩》第 1 期。 |
| | 5 月 | 發表詩作〈愁予詩抄〉於《現代詩》第 2 期。 |
| | 8 月 | 發表詩作〈新作五章〉於《現代詩》第 3 期。 |
| 1954 年 | 2 月 | 發表詩作〈晨景到雪線〉於《現代詩》第 5 期。 |
| | 5 月 | 發表詩作〈港邊吟外三章〉於《現代詩》第 6 期。 |
| | 8 月 | 發表詩作〈十一個新作品〉於《現代詩》第 7 期。 |
| | 12 月 | 發表詩作〈歸去〉於《現代詩》第 8 期。 |
| | 本年 | 發表詩作〈錯誤〉，被譽爲現代抒情詩的絕唱。 |
| 1955 年 | 2 月 | 發表詩作〈捲簾格〉於《現代詩》第 9 期。 |
| | 4 月 | 詩集《夢土上》由臺北現代詩社出版。 |
| | 5 月 | 發表詩作〈藍窗（外一題）〉於《現代詩》第 10 期。 |
| | 8 月 | 發表詩作〈寄埋葬了的獵人〉於《現代詩》第 11 期。 |
| | 本年 | 任職基隆港務局管理員，後陸續擔任陸軍工兵署烏日工兵站美軍顧問團聯絡官、陸軍供應司令部聯絡官室工兵少尉編譯官。 |
| 1956 年 | 1 月 | 紀弦創立現代詩社，於臺北召開第一屆現代詩人代表大會，正式宣告成立現代派，鄭愁予爲九位發起人之一。 |
| | 2 月 | 發表詩作〈天窗〉於《現代詩》第 13 期。 |

| | | |
|---|---|---|
| | 6 月 | 發表詩作〈踱月集〉於《創世紀》第 6 期。 |
| | 本年 | 詩集《夢土上》獲臺灣現代詩獎。 |
| 1957 年 | 5 月 | 發表詩作〈厝骨塔（外二首）〉於《現代詩》第 18 期。 |
| | 12 月 | 發表詩作〈新作四篇〉於《現代詩》第 20 期。 |
| | 本年 | 獲現代詩獎盃。 |
| 1958 年 | 4 月 | 發表詩作〈晨〉、〈草履蟲〉於《創世紀》第 10 期。 |
| 1962 年 | 8 月 | 發表詩作〈草生原〉於《創世紀》第 17 期。 |
| | 本年 | 與余梅芳結婚。 |
| 1964 年 | 1 月 | 發表詩作〈一〇四病室〉於《創世紀》第 19 期。 |
| | 本年 | 擔任中國文藝協會文藝創作講座，至 1966 年。 |
| 1965 年 | 3 月 | 發表詩作〈招魂〉於《幼獅文藝》第 135 期。 |
| | 4 月 | 發表詩作〈三二九前夜〉於《幼獅文藝》第 136 期。 |
| | 6 月 | 發表詩作〈大屯山彙〉於《創世紀》第 22 期。 |
| | 7 月 | 發表詩作〈縴手〉於《幼獅文藝》第 139 期。 |
| | 9 月 | 發表詩作〈垂直的泥土〉於《幼獅文藝》第 141 期。 |
| | 10 月 | 〈革命的衣鉢〉獲全國青年學藝大競賽文藝創作比賽最佳新詩。 |
| | | 發表詩作〈薄月歸舟〉於《幼獅文藝》第 142 期。 |
| | 11 月 | 發表詩作〈革命的衣鉢〉於《幼獅文藝》第 143 期。 |
| 1966 年 | 3 月 | 發表詩作〈野柳岬歸省〉於《幼獅文藝》第 147 期。 |
| | 9 月 | 發表詩作〈一擲而已〉、〈北京‧北京〉於《幼獅文藝》第 153 期。 |
| | 10 月 | 詩集《衣鉢》由臺北臺灣商務印書館出版。 |
| | 11 月 | 發表詩作〈仁者無敵〉於《幼獅文藝》第 155 期。 |
| 1967 年 | 4 月 | 發表詩作〈春之組曲〉於《幼獅文藝》第 160 期。 |
| | 8 月 | 發表詩作〈春颭〉於《幼獅文藝》第 164 期。 |
| | 10 月 | 詩集《窗外的女奴》由臺北十月出版社出版。 |

發表詩作〈金門集〉於《幼獅文藝》第 166 期。

本年　擔任中國青年寫作協會總幹事（執行長）。

擔任救國團臺北文藝營主任。

獲中山文藝獎。

《衣缽》長詩獲青年文藝獎。

應邀赴美參加愛荷華大學「國際作家寫作計劃」（IWPG），後陸續獲美國愛荷華大學英文系創作坊寫作美術碩士學位（MFA）、美國愛荷華大學新聞學院博士學位、美國加州世界文化藝術學院授文學博士（D.Litt）。

1968 年　3 月　發表詩作〈梵音〉於《幼獅文藝》第 171 期。

6 月　自費出版詩集《長歌》。

11 月　發表詩作〈來鴻〉於《幼獅文藝》第 179 期。

本年　推讓十大傑出青年獎。

獲中國時報新詩推薦獎。

1969 年　本年　擔任愛荷華大學東方語言文學學系講師，至 1972 年。後陸續擔任美國明尼蘇達大學「十大學術聯盟」暑期班講師（1971 年）、耶魯大學東亞語言文學學系資深講席（1973 年）、美國春寧地大學（Trinity Coll. Hartford, Ct.）中文學程創始教授、美國康州著名大學預備學校（Choate Rosemary Hall）中文課程創辦人及主持人。

1970 年　4 月　發表詩作〈海的內層〉於《幼獅文藝》第 196 期。

本年　獲中國文藝協會文藝獎章。

1972 年　本年　獲海外華人文學貢獻獎（美國）。

1973 年　11 月　發表〈《鄭愁予詩選集》簡記〉於《幼獅文藝》第 239 期。

1974 年　3 月　詩集《鄭愁予詩選集》由臺北志文出版社出版。

| 1977 年 | 1 月 | 26 日，發表詩作〈馬蹄聲與玫瑰——分析兩首現代情詩〉於《聯合報》第 12 版。 |
| 1978 年 | 3 月 | 11 日，發表詩作〈手術室初冬〉、〈「手術室初冬」後記〉於《中國時報》第 12 版。 |
| | | 22 日，發表詩作〈旋轉橡木〉、〈「旋轉橡木」附後記〉於《中國時報》第 12 版。 |
| 1979 年 | 2 月 | 15 日，發表詩作〈讚林雲大喇嘛康州行腳〉於《中國時報》第 12 版。 |
| | 5 月 | 8 日，發表〈天下未覺詩先覺〉於《中國時報》第 12 版。 |
| | | 27 日，發表〈燕人行——附紀事〉於《聯合報》第 12 版。 |
| | | 28 日，發表〈欣聞楊牧推出「吳鳳」詩劇有贈〉於《聯合報》第 12 版。 |
| | 9 月 | 7 日，發表詩作〈爬梯及雜物〉於《中國時報》第 8 版。詩集《鄭愁予詩集 I 1951～1968》由臺北洪範書店出版，發行 200 餘版，後被選爲三十年來對臺灣最具影響力的三十本書之一、中原大學規定畢業必讀十本書之一，是唯一詩集；另被選爲二十世紀新文學經典之一，詩類得票最高。 |
| 1980 年 | 4 月 | 28 日，發表詩作〈雨說——爲生活在中國大地上的兒童而歌〉於《聯合報》第 8 版。 |
| | 5 月 | 27 日，發表詩作〈書齋生活外二題〉於《聯合報》第 8 版。 |
| | 6 月 | 14 日，發表詩作〈金山灣遠眺外二帖〉於《聯合報》第 8 版。 |
| | 7 月 | 11 日，發表詩作「散詩紀旅 1」：〈酋長的弓〉、〈查爾斯河左岸〉於《聯合報》第 8 版。 |

28 日，發表詩作「散詩紀旅 2」：〈青空〉、〈紐罕布什爾絕早過雙峰山〉、〈七夕〉於《聯合報》第 8 版。

8 月　15 日，發表詩作〈天涯踏雪記〉於《聯合報》第 8 版。

9 月　13 日，發表詩作〈夢斗塔湖荒渡〉於《聯合報》第 8 版。

19 日，發表詩作「詩二首」：〈贈一位同年遊美的舊友〉、〈晨雨，見飛機航過天際〉於《聯合報》第 8 版。

發表詩作〈讀信〉、〈守墓人偶語〉於《創世紀》第 53 期。

10 月　2 日，發表詩作〈愁予詩〉於《聯合報》第 8 版。

16 日，發表詩作〈密西西比源頭〉於《聯合報》第 8 版。

詩集《燕人行》由臺北洪範書店出版。

11 月　23 日，發表詩作〈受刑的羅丹〉於《中國時報》第 8 版。

1981 年　5 月　29 日，發表詩作〈獨樹屯〉於《中國時報》第 8 版。

8 月　5 日，發表詩作〈跫音橋外二章〉於《聯合報》第 8 版。

10 月　11 日，發表詩作「愛荷華集」：〈藍眼的同事〉、〈雪的可能〉於《聯合報》第 8 版。

1982 年　4 月　29 日，發表詩作〈詩文無助悼芥昱〉於《聯合報》第 8 版。

7 月　19 日，發表〈抒情的變遷——介紹蔣健飛的繪畫風格〉於《中國時報》第 8 版。

9 月　7 日，發表詩作「散詩紀遊」：〈飛躍聖海倫斯火山〉、〈大峽谷〉、〈在希臘餐廳早餐〉於《聯合報》第 8 版。

17 日，發表詩作〈遠道〉於《中國時報》第 8 版。

28 日，發表詩作〈重檢「雪的可能」〉於《中國時報》第 8 版。

10 月　13 日，發表詩作〈讀舊作竟不能自已〉於《中國時報》第 8 版。

18 日，發表詩作〈節操的造型〉於《中國時報》第 8 版。

11 月　4 日，發表詩作〈搬書運動〉於《中國時報》第 8 版。

8 日，發表詩作〈祝福楚戈〉於《中國時報》第 8 版。

本年　詩作〈錯誤〉由羅大佑改編爲歌曲，收錄於「之乎者也」
專輯。

入選《陽光小集》當代十大詩人。

1983 年　3 月　發表詩作「書齋生活」：〈曇花再開〉、〈衣物——題蒙內
畫〉、〈變形鏡〉、〈蒔花利那〉於《現代詩》復刊第 3 期。

4 月　24 日，發表詩作「書齋生活」：〈曇花再開〉、〈衣物——題
蒙內畫〉於《聯合報》第 8 版。

25 日，發表詩作「書齋生活」：〈變形鏡〉、〈蒔花利那〉於
《聯合報》第 8 版。

7 月　發表詩作「書齋生活」：〈松生藍菱書齋留宿〉、〈管管五十
肩〉於《現代詩》復刊第 4 期。後改題名爲「書齋生活二
章」，發表於 8 月 15 日《聯合報》第 8 版。

17 日，發表詩作〈人工花與差臣宣慰〉於《中國時報》第
8 版。

26 日，發表詩作「佛蒙特日記之七」：〈冰淇淩食者〉、〈面
向空寂的甬廊〉於《聯合報》第 8 版。

9 月　4 日，發表詩作〈山間偶遇〉於《聯合報》第 8 版。

13 日，發表詩作〈EXCALIBUR〉於《中國時報》第 8
版。

12 月　發表詩作「歲末即事」：〈身爲雪客〉、〈疊衫記〉於《現代
詩》復刊第 5 期。

本年　入選流沙河編著《臺灣詩人十二家》之一，書中收錄詩作
〈隕石〉、〈小小的島〉、〈如霧起時〉、〈鄉音〉、〈賦別〉、
〈厝骨塔〉、〈清明〉、〈右邊的人〉、〈浪子麻沁〉、〈邊界酒

店〉、〈燕雲集〉、〈旅程〉共 12 首。

1984 年　3 月　14 日，發表詩作「歲末即事」：〈身為雪客〉、〈疊衫記〉於
　　　　　　　　《聯合報》第 8 版。

　　　　　7 月　2 日，發表詩作「詩三首」：〈一碟兒詩話〉、〈對飲〉、〈驚
　　　　　　　　夢〉於《聯合報》第 8 版。

　　　　　8 月　3 日，發表詩作〈晨睡〉於《中國時報》第 8 版。
　　　　　　　　19 日，發表詩作〈窗外春〉於《中國時報》第 8 版。

　　　　　9 月　25 日，發表〈秋盛，駐足布郎街西坡〉於《中國時報》第
　　　　　　　　8 版。
　　　　　　　　詩集《鄭愁予詩選》由北京中國友誼出版社出版。

　　　　　10 月　27 日，發表〈為詩獎拔起高峰的一首詩——向陽的〈霧
　　　　　　　　社〉〉於《中國時報》第 8 版。

　　　　　11 月　發表詩作「佛芒特日記四帖」：〈穿霞彩的新衣〉、〈山
　　　　　　　　路〉、〈驚夢〉、〈席爾斯家庭〉於《聯合文學》第 1 期。

1985 年　3 月　發表詩作「佛蒙特日記」：〈山鬼〉、〈寺鐘〉、〈夜宴木積
　　　　　　　　屯〉於《現代詩》復刊第 7、8 期合刊。

　　　　　5 月　1 日，發表詩作〈三個美國〉於《中國時報》第 8 版。
　　　　　　　　21 日，發表詩作「新作二首」：〈從考場的窗子向外望〉、
　　　　　　　　〈教授餐廳午餐感覺〉於《聯合報》第 8 版。
　　　　　　　　25 日，發表詩作〈從感性到率性〉於《中國時報》第 8
　　　　　　　　版。
　　　　　　　　詩集《雪的可能》由臺北洪範書店出版。

　　　　　9 月　鄭愁予詩作八首〈錯誤〉、〈旅程〉、〈情婦〉、〈野店〉、〈牧
　　　　　　　　羊女〉、〈邊界酒店〉、〈天窗〉、〈雨絲〉，由李泰祥譜曲，
　　　　　　　　發行專輯「錯誤」。

　　　　　10 月　詩集《蒔花利那》由香港三聯書店出版。

1986 年　2 月　《文訊月刊》（第 22 期）問卷選為最受歡迎副刊作家，為

詩類之首，亦爲所有文類得票最高。

3月　　19 日，發表詩作〈夜宴木積屯〉於《聯合報》第 8 版。

20 日，發表詩作〈山鬼——佛蒙特日記〉於《聯合報》第 8 版。

8月　　26 日，發表詩作〈在飛機上觀影〉於《中國時報》第 8 版。

1987 年　5月　　31 日，發表詩作「鄭愁予新作四帖」:〈從內部雕刻〉、〈我被觀音坐著〉、〈留了短束〉、〈美的競爭〉於《聯合報》第 8 版。

發表詩作「鄭愁予詩二首」:〈讀禪與微雨——另一型式〉、〈寧馨如此——給梅芳〉於《現代詩》復刊第 10 期。

6月　　8 日，發表詩作「鄭愁予新作二帖」:〈訪友預備〉、〈紀念簿題歌——簿子打開了題些什麼才好呢?〉於《聯合報》第 8 版。

16 日，發表詩作「詩兩首」:〈來生的事件〉、〈不躲避的歌〉於《中國時報》第 8 版。

22 日，發表詩作「詩兩首」:〈高臺垰上門〉、〈佛外緣〉於《中國時報》第 8 版。

7月　　25 日，發表詩作〈諸葛勒王子十四行〉於《中國時報》第 8 版。

31 日，發表詩作「鄭愁予新作三帖」:〈流浪的天使〉、〈非吾鄉記〉、〈小燕〉於《聯合報》第 8 版。

詩集《刺繡的歌謠》由臺北聯合文學出版社出版。

8月　　4 日，發表詩作〈西頭嶼邀飲海明威〉於《中國時報》第 8 版;發表詩作「鄭愁予新作三帖」:〈茶花落〉、〈心上秋〉、〈持咒的微笑〉於《聯合報》第 8 版。

|  |  |  |
|---|---|---|
| | 9 月 | 16 日，發表詩作〈刺繡的歌謠〉於《聯合報》第 7 版。 |
| | 本年 | 以〈黃土地〉等十首詩作獲時報文學獎推薦獎。 |
| 1988 年 | 1 月 | 2 日，發表〈喜見，一九八八〉於《中國時報》第 18 版。 |
| | | 16 日，發表〈清醒的悲痛〉於《中國時報》第 18 版。 |
| | 2 月 | 24 日，發表詩作〈海洋春風〉於《中國時報》第 18 版。 |
| | 5 月 | 14 日，發表〈帶著沈從文的笑聲旅行〉於《中國時報》第 18 版。 |
| | 8 月 | 6 日，發表詩作〈晚風中的一排電桿木〉於《聯合報》第 21 版。 |
| | 10 月 | 12 日，發表詩作〈一諾──華山輯之一〉於《中國時報》第 18 版。 |
| | 12 月 | 發表詩作〈清晨與主日學〉、〈也是祝福〉於《現代詩》復刊第 13 期。 |
| 1989 年 | 6 月 | 8 日，發表詩作〈在冰凍的大江上〉於《中國時報》第 23 版。 |
| | | 21 日，發表詩作〈母親阿！兒子在自由的地方望著您〉於《中國時報》第 23 版。 |
| | 7 月 | 11 日，發表詩作〈望天塚〉於《聯合報》第 27 版。 |
| | | 21 日，發表詩作〈最集中的陽光〉於《聯合報》第 27 版。 |
| | 8 月 | 發表詩作〈紐約的六月三日〉於《創世紀》第 76 期。 |
| | 9 月 | 19 日，發表〈楓葉為詩魂而紅──美國桂冠詩人華倫逝世〉於《聯合報》第 29 版。 |
| | | 發表詩作〈冰雪在唱阿拉斯加〉、〈嘉峪關西行〉於《現代詩》復刊第 14 期。 |
| | 12 月 | 15 日，發表詩作〈酒詩與琴詩〉於《聯合報》第 29 版。 |
| 1990 年 | 1 月 | 3 日，發表〈恐龍迫害作家〉於《聯合報》第 7 版。 |

5月　26日，發表〈你為神愛顧人，神卻賜你死亡──給沉冬〉
　　　於《聯合報》第29版。

6月　4日，走訪波蘭華沙大學，見波蘭學子為六四天安門一週
　　　年進行追悼會。次日參訪「捷克斯拉瓦克」掙脫強權後的
　　　首度總統大選，為爭取民權自由的最高人類文明而感動。
　　　發表〈詩人在詩中的自我位置〉於《現代詩》復刊第15
　　　期。

12月　9日，發表詩作〈先以小城入畫〉於《中國時報》第27
　　　版。
　　　發表詩作〈猜想黎明的顏色──捷克斯拉瓦克之輯〉於
　　　《現代詩》復刊第16期。

本年　應邀擔任《聯合文學》總編輯，至1993年為止。

1991年　1月　5日，發表詩作「烏蘭察布盟輯」:〈草原歌〉、〈苦力長
　　　城〉於《聯合報》第25版。
　　　11日，發表詩作〈山越深〉、〈涼風起天末──遊緬因州懷
　　　舒凡〉於《中國時報》第27版。

2月　27日，發表詩作「紐英崙畫軸」:〈雪原上的小屋〉、〈夜樹
　　　十四行〉、〈鱈魚角談創作〉於《中國時報》第27版。

4月　8日，發表詩作「紐英崙畫軸」:〈深山旅邸〉於《中國時
　　　報》第27版。

5月　13日，發表詩作〈愛荷華葬禮〉於《中國時報》第27
　　　版。

6月　19日，發表詩作「烏蘭察布盟輯」:〈烤羊腿的程式〉、〈夜
　　　雨〉、〈草原上・觀天象〉於《聯合報》第25版。

8月　5日，發表詩作〈夜行船〉於《中國時報》第27版。
　　　14日，發表詩作「紐英崙畫軸」:〈大風中登頂・白山主
　　　峰・華盛頓〉於《中國時報》第27版。

20 日，發表詩作「瑞尼耳峰兩詩」:〈在回首中〉、〈在鬢邊〉於《聯合報》第 25 版。

發表詩作〈洋仙女與漢學〉、〈大學酒座即景〉於《現代詩》復刊第 17 期。

10 月　11 日，發表詩作「紐英崙畫軸」:〈耶魯果儒芙墓園〉於《中國時報》第 27 版。

1992 年　1 月　7 日，發表詩作「散詩紀遊」:〈冬至夜初雪車過咸陽〉、〈在長安過白色聖誕〉、〈西安旅次見電視映出三色旗升上克里姆林不禁肅然〉於《聯合報》第 8 版。

28 日，發表詩作〈自畫相〉於《聯合報》第 25 版。

2 月　14 日，發表〈酒‧使‧詩〉於《聯合報》第 25 版。

3 月　24 日，翻譯保羅‧安格爾詩作〈一滴水〉於《中國時報》第 27 版。

30 日，翻譯保羅‧安格爾詩作〈血滴〉於《中國時報》第 27 版。

6 月　4 日，發表詩作〈解「楓橋夜泊」——民生主義就是共產主義〉於《中國時報》第 27 版。

5 日，發表〈詩人生命中的距離〉於《聯合報》第 25 版。

6 日，發表詩作「臺北二題」:〈初陽〉、〈臺北街樓就像我的書架〉於《聯合報》第 25 版。

14 日，發表詩作「書齋生活三題」:〈推窗見塔〉、〈仙錄〉、〈火煉〉於《中國時報》第 27 版。

22 日，發表詩作〈美自八方來〉於《聯合報》第 25 版。

30 日，發表詩作〈聞北海先生笑拒談酒事有贈〉於《中國時報》第 27 版。

7 月　29 日，發表詩作〈漢城悟酒〉於《中國時報》第 27 版。

9 月　　發表詩作〈我彈響自己——遊蕭邦故居〉、〈旅行沒有回來
　　　　——乘蕭邦號夜快車赴維也納〉於《現代詩》復刊第 18
　　　　期。

11 月　　6 日，發表詩作「中臺灣小品二題」：〈夜宿谷關一未落成
　　　　的寺內〉、〈上佛山遇雨〉於《中國時報》第 27 版。

　　　　16 日，發表詩作「南臺灣小品三題」：〈北回歸線〉、〈苦
　　　　夏〉、〈窗前有鳳凰木〉於《中國時報》第 27 版。

　　　　23 日，發表〈液體面紗——記李錫奇紐約畫展〉於《聯合
　　　　報》第 25 版。

12 月　　2 日，發表詩作〈遠海如背立的婦人〉於《聯合報》第 25
　　　　版。

　　　　3 日，發表〈不關聯的三段論法——寫在世界華文作家會
　　　　議之後〉於《聯合報》第 25 版。

1993 年　1 月　　9 日，發表詩作〈太陽的假期——紐瑞夫在法蘭西辭世〉
　　　　於《聯合報》第 27 版。

2 月　　詩集《寂寞的人坐著看花》由臺北洪範書店出版。

　　　　發表〈發光的黑暗——讀零雨《消失在地圖上的名字》〉、
　　　　詩作〈蓮——為安穆先生（一）追思會而寫〉於《現代
　　　　詩》復刊第 19 期。

7 月　　4 日，發表詩作〈祝福七一〉於《中國時報》第 27 版。

　　　　發表詩作〈雪坡上的孩子〉於《現代詩》復刊第 20 期。

8 月　　13 日，發表詩作「張家界二題」：〈登頂黃獅寨霧消奇
　　　　觀〉、〈土家族山歌〉於《中國時報》第 27 版。

　　　　28 日，應邀出席《現代詩》於臺北誠品書店敦南店舉辦的
　　　　「慶祝四十週年活動」，與張士甫進行對談。

10 月　　9 日，發表詩作〈一九九三中秋又見子豪〉於《聯合報》
　　　　第 37 版。

10 日，發表詩作「臺北小品」：〈夜〉、〈觀音山與貓〉、〈機場辭行〉於《中國時報》第 27 版。

15 日，發表詩作〈小島上的荒原〉於《中國時報》第 35 版。

12 月　16 日，應邀出席聯合報系文化基金會於臺北圓山飯店舉辦的「四十年來中國文學會議」。

19 日，發表〈誰能改寫悲傷〉於《中國時報》第 39 版。

23 日，發表〈學子仰視的臉 VS.高簷低首的浮雕〉於《聯合報》第 35 版。

26 日，發表〈崑曲是最後的文化園圃？〉於《聯合報》第 35 版。

本年　擔任北美華文作家協會紐英倫分會會長。

1994 年　1 月　17 日，發表詩作〈匡廬八景俳句〉於《中國時報》第 39 版。

2 月　27 日，發表詩作〈仕女與傘〉於《中國時報》第 39 版。

發表詩作〈小島上的荒原——傷顧城之逝世〉於《現代詩》復刊第 21 期。

4 月　11 日，發表詩作〈在山中祭ⅣⅤ之神〉於《中國時報》第 39 版。

8 月　發表詩作〈我走下圓山的長階——在文學會議之後〉於《現代詩》復刊第 22 期。

本年　獲《文學家雜誌》問卷選為最受歡迎十位作家之首。

1995 年　8 月　15 日，發表〈我詩中的「旅」和「夢」——在聲籟中琢磨詩的智慧〉於《聯合報》第 35 版。

5 月　鄭愁予詩作由張世儫譜曲，民歌手李建復、陳儷玲演唱，發行專輯「旅夢」，並於 27 日在臺北誠品書店天母店舉辦

發表座談會。

7 月　13 日，《寂寞的人坐著看花》獲頒國家文藝獎新詩獎。

10 月　16 日，發表〈斑痕的重生力量——試為卓有瑞的繪畫定位〉於《中國時報》第 39 版。

1996 年　1 月　發表〈俄若霞與麥京立山〉於《幼獅文藝》第 505 期。

2 月　發表詩作〈大冰雕之消融〉於《現代詩》復刊第 26 期。

9 月　1 日，發表〈地圖以外的蒙古〉於《中國時報》第 19 版。
詩集《夢土上》由臺北洪範書店出版。

1997 年　2 月　1 日，發表〈你見過一隻叫皮諾查的候鳥嗎？〉於《中國時報》第 31 版。
詩作〈錯誤〉編入臺灣高級中學國文課本。作品為臺、港、星、大陸等地區選入官定華文教科書，是鄭愁予個人最感欣慰之事。

5 月　10 日，應邀出席行政院文建會策劃，於義大利翡比瑞亞的西維蒂拉蓉尼爾文化中心舉辦的「臺灣與歐洲當代詩人、翻譯家會談」，與會者有張錯、焦桐、李魁賢、許悔之等人。

12 月　發表詩作〈在你火葬之前〉於《現代詩》復刊第 30、31 期合刊。

1998 年　4 月　25 日，應邀出席北美作家協會於哈佛大學燕京大禮堂舉辦的「海華藝術季」，參加「史‧詩與小說」座談會，與會者有李昂、張大春、瓦歷斯‧諾幹等人。

5 月　5 日，發表詩作〈池之沿〉於《中國時報》第 37 版。

6 月　27 日，應邀出席中國青年寫作協會、輔仁大學外語學院於臺灣師範大學綜合大樓國際會議廳共同舉辦的「兩岸後現代文學研討會」，發表論文〈鄉土詩的火車頭——臺灣後

現代文學之起動〉。

10月　4 日，發表〈一個施愛的人——讀梅新的詩〉於《聯合報》第 37 版。

1999 年　本年　獲選為行政院文建會、《聯合報》共同舉辦的「臺灣文學三十位經典作家」之一，得票數為詩歌類之冠。

2000 年　3 月　詩集《鄭愁予詩的自選 I 》、《鄭愁予詩的自選 II》由北京三聯書店出版。

7 月　19 日，發表〈牢獄詩與生命的坦然〉於《中央日報》第 22 版。

發表〈《古詩十九首》的造化〉於《明報月刊》第 415 期。

8 月　20 日，應邀出席金門縣政府舉辦的「千禧年高粱酒文化節」。

11 月　詩集《鄭愁予詩選集》由臺北志文出版社出版。

本年　獲香港國際詩人筆會現代詩魂獎。

2001 年　4 月　應邀出席香港城市大學舉辦的「華文寫作與中國文化前景」研討會。

5 月　26 日，獲北美華文作家協會「第五屆傑出會員」獎牌，同時獲此榮譽的尚有琦君、夏志清、王鼎鈞。

本年　獲國際詩人筆會終生成就詩魂獎。

2002 年　5 月　發表〈引言——九九九九九〉於《聯合文學》第 211 期。

6 月　發表〈猜想黎明的顏色〉於《聯合文學》第 212 期。

7 月　發表〈祇園初燈——京都系列，一組靜的詩〉於《聯合文學》第 213 期。

8 月　發表〈白是百色之地〉於《聯合文學》第 214 期。

9 月　28 日，應邀出席於臺北中山堂光復廳舉辦的「加勒比海，我那遼闊的國土」詩歌朗誦會，與會者有奚密、廖咸浩

等。

10 月　3 日，發表詩作〈9／12 十四行〉於《中國時報》E4 版。

發表詩作〈加勒比海盆〉、〈三色旗〉、〈青，是距離的色彩〉於《聯合文學》第 216 期。

發表〈藍 V.S.綠〉於《聯合文學》第 218 期。

應聘擔任東華大學駐校作家。

2003 年　1 月　發表詩作〈刺繡的歌謠〉於《聯合文學》第 219 期。

2 月　發表〈典故的文學性與趣味性〉於《聯合文學》第 220 期。

3 月　發表〈我五十年前就骨董了〉於《聯合文學》第 221 期。

4 月　發表〈書齋生活〉於《聯合文學》第 222～223 期。

6 月　發表〈悼亡與傷逝〉於《聯合文學》第 224～225 期。

8 月　發表〈寄——鶴樓竣，連翠微〉於《聯合文學》第 226 期。

9 月　發表〈鄭愁予談自己的詩——鶴與寄〉於《聯合文學》第 227 期。

10 月　發表〈「即興」使用點擊的手法以攫取永恆——煙火是戰火的女兒，金門的詩〉於《聯合文學》第 228 期。

11 月　29 日，應邀出席嶺東人文社會學院於嶺東技術學院國際會議廳舉辦的「詩歌、自然與音樂研討會」，發表論文〈中國詩內的自然是人文思維的歸依〉。

12 月　發表〈詩的贈達與自我尋位〉於《聯合文學》第 230、232、233 期。

2004 年　1 月　詩集《鄭愁予詩集 II1969～1986》由臺北洪範書店出版。

5 月　發表〈山海，左右都是宜蘭〉於《聯合文學》第 235 期。

6 月　發表詩作〈贈達詩的再現〉於《聯合文學》第 236 期。

7 月　發表〈飲酒金門行〉於《金門文藝》第 1 期。

9 月　發表〈踏著珍珠的地毯進入西藏〉於《明報月刊》第 465
　　　期。

本年　獲美國耶魯大學終生榮休教授並聘為駐校詩人及博嵐佛學
　　　院（Branford College）終身院士，後另獲耶魯大學終身講
　　　座榮譽退休（emeritus）保持研究室。

2005 年　5 月　4 日，獲中國文藝協會榮譽文藝獎章，於臺北三軍軍官俱
　　　　　　　樂部舉辦頒獎典禮。

6 月　10 日，應邀出席雲林縣政府文化局舉辦的「文學名家講
　　　座」，演講「詩的蠟染手法」。
　　　21 日，應邀至中興大學圖書館國際會議廳演講「山水，是
　　　我詩中的人文思維」。
　　　24 日，應邀至金門金城國中演講「煙火是戰火的女兒」，
　　　同時應聘擔任金門大學專任講座教授。
　　　將戶籍遷至金門，獲金門縣政府頒贈榮譽縣民證書。

9 月　6 日，應邀赴德國出席「第五屆柏林國際文學節」活動。

11 月　發表〈回天國踐約的日子：呈巴金先生〉於《明報月刊》
　　　第 479 期。

本年　臺北教育大學臺灣文化研究所、《當代詩學》合辦票選，
　　　以高票獲選為「臺灣當代十大詩人」。
　　　應聘擔任東華大學榮譽教授。

2006 年　1 月　9 日，發表〈冰凍的季節，正是你選擇的——悼念劉賓雁
　　　　　　　先生〉於《聯合報》第 UN20 版。
　　　　　　　發表〈日月光華，且復旦兮〉於《明報月刊》第 481 期。

2 月　應聘擔任香港大學榮譽教授任教中文學院碩士班。

3 月　2 日，應邀出席香港大學中文系舉辦的「陳漢賢文藝講
　　　座」，演講「漢詩中的自然是人文思維的歸依」。

發表詩作〈三角形的波浪——給臺灣海峽的現代討海人〉
於《金門文藝》第 11 期。

4 月　8 日，應邀出席香港浸會大學文學院主辦的「獅子山詩歌
朗誦會——余光中、鄭愁予跟你分享新詩朗誦與欣賞」。

10 月　4～5 日，應邀出席吳景聰文化藝術基金會於花蓮松園別館
舉辦的「2006 第一屆太平洋詩歌節——海洋‧音樂‧
愛」。

11 月　26 日，應邀出席中山大學舉辦的「當代詩人系列——秋興
動詩興」，與余光中進行對談，主題爲「我的創作經驗」。

本年　應聘擔任林榮三文化公益基金會舉辦的「第二屆林榮三文
學獎」新詩決審委員。

獲香港大學文學終身成就獎。

2007 年　本年　應 Discovery 頻道之邀，拍攝紀錄片《謎樣金門》；於 12
月 20 日，應邀出席於臺北遠東飯店舉辦的 Discovery 頻道
六十分鐘紀錄片《謎樣金門》首映會。

2008 年　3 月　19 日，發表〈中華民國〉於《聯合報》第 A15 版。

4 月　13 日，應邀出席新加坡淡濱尼區域圖書館舉辦的「文學四
月天」講座，演講「你有詩人氣質嗎？」。

6 月　21 日，以〈一碟兒詩話〉獲第十九屆金曲獎傳統暨藝術音
樂類最佳作詞人獎，於臺北縣政府多功能集會堂舉辦頒獎
典禮。

8 月　23 日，發表〈史詩是這樣寫成的——八二三戰役五十周
年〉於《聯合報》第 E03 版。

11 月　7～8 日，應邀出席吳景聰文化藝術基金會於花蓮松園別館
舉辦的「2008 第三屆太平洋詩歌節——光‧影‧舞‧
動」。

20 日，應邀出席明道大學中國文學系於明道大學伯苓大樓

良知堂舉辦的「2008 濁水溪詩歌節：鄭愁予之夜」，朗誦詩作〈錯誤〉、〈天窗〉、〈卑亞南蕃社〉、〈邊界酒店〉、〈洗紅溪與女孩〉、〈最美的形式給予酒器〉。

| | | |
|---|---|---|
| 2009 年 | 1 月 | 21 日，發表〈骨子裡的前衛精神〉於《聯合報》第 E03 版。<br>發表詩作〈潭的邀請十四行〉於《印刻文學生活誌》第 65 期。 |
| | 2 月 | 14 日，應邀出席國家文化總會舉辦的「新春文薈」活動，朗誦詩作〈橋的邀請〉。 |
| | 3 月 | 8 日，獲頒第三屆元智大學桂冠文學獎，為首位詩人獲獎，於臺北福華國際文教會館舉行頒獎典禮，並與王蒙進行對談，主題為「發現文化的力量」。<br>26 日，應邀出席東海大學通識課程學術講座，演講「詩創作是一個人間意向，也是一種天工技巧」。 |
| | 5 月 | 2 日，應邀至新竹中學演講「中學教育為學子鋪下性向與人格的雙軌」。<br>7 日，應聘擔任清華大學第二十二屆月涵文學獎現代詩組評審，於人文社會學院演講廳舉辦決審會議及頒獎典禮。 |
| | 6 月 | 7 日，發表詩作〈長髮留不住指痕〉於《聯合報》第 D03 版。<br>8 日，發表詩作〈雲豹之鄉落到人間〉於《聯合報》第 D03 版。 |
| | 8 月 | 18 日，應邀出席於惠州舉辦的「第十二屆國際詩人筆會暨詩歌研討會」，獲頒中國當代詩魂金獎。 |
| | 9 月 | 23 日，應邀至陽明大學演講「詩人從游世到濟世，詩作從藝術回仁術」，並朗誦詩作〈潭的邀請〉、〈納木錯與念青唐古拉〉、〈天真娃兒的話令死神慚愧〉、〈雲豹之鄉落到人 |

間〉、〈舞在卿雲的天階下〉。

10 月　發表〈富有的寡人——說許水富《寡人詩集》〉於《幼獅
　　　文藝》第 670 期。

11 月　6～7 日，應邀出席吳景聰文化藝術基金會於花蓮松園別館
　　　舉辦的「2009 第四屆太平洋詩歌節——邊緣與世界」。

　　　20 日，應邀出席臺北市政府、文化局共同舉辦的「第十屆
　　　臺北詩歌節」。

　　　應聘擔任林榮三文化公益基金會舉辦的「第五屆林榮三文
　　　學獎」新詩決審委員。

12 月　12 日，應邀出席福建省文聯、《臺港文學選刊》雜誌社於
　　　福州共同主辦的「2009 海峽詩會暨鄭愁予詩歌研討會」；
　　　應邀出席福建海峽朗誦藝術團、福建師範大學共同承辦的
　　　「遊吟的詩錦——鄭愁予經典詩歌朗誦會」。

　　　13 日，應邀出席福建師範大學舉辦的「中國傳統文化精神
　　　與漢語現代詩」文學講座。

　　　獲中國海洋大學（青島）文學終身成就獎。

2010 年　1 月　4 日，發表詩作「縱谷拾蹤——散詩紀遊」：〈花兒〉、〈雲
　　　瀑〉、〈柚香〉、〈箭瑛〉、〈回歸〉於《聯合報》第 D03 版。

　　　18 日，發表〈黑暗之心不容易看見〉於《自由時報》第
　　　D11 版。

3 月　11 日，應邀至東華大學工三講堂演講「性與靈在詩中牽
　　　手」。

　　　30 日，應邀至臺南大學啓明苑演講廳演講「情詩與牧
　　　歌」。

4 月　2 日，發表〈時間的足跡——楚戈八十大展〉於《聯合
　　　報》第 D03 版。

5 月　發表〈最美的形式給予酒器〉於《聯合文學》第 304 期。

6 月　17 日，發表〈時不我予——時間美學的小漩渦〉於《中國時報》E4 版。

7 月　29 日，發表〈二十八宿自在歸天——不以悲愴送商禽、世旭〉於《聯合報》第 D03 版。

9 月　5 日，應邀出席北京國際圖書博覽會、北京大學哲學系、中國文化書院、大塊文化於北京大學英杰中心陽光大廳共同舉辦的「經典 3.0：兩岸名家講座系列」，演講「帝王詩人——《曹操集》」。

10 月　16 日，應邀出席國立臺灣文學館舉辦的「人文心靈的跨越與回歸——府城講壇」，演講「我的詩——仍坐在無終站列車上」。

12 月　2 日，發表〈大膽島童謠（另二首）〉於《中國時報》E4 版。

2011 年　3 月　9 日，應邀出席周大觀文教基金會、臺灣師範大學國文學系、化學系、公共關係室於臺灣師範大學教育大樓演講廳共同舉辦的「杜十三主義」分享座談會，與會者有白靈。

4 月　6 日，應邀出席目宿媒體公司策畫製作的「他們在島嶼寫作——文學大師系列電影」聯合發表會，此系列共拍攝六部文學電影，分別以周夢蝶、王文興、楊牧、鄭愁予、余光中、林海音六位作家為主題。鄭愁予部分為「如霧起時」。

7 日，應邀出席於國賓影城長春廣場舉辦的「他們在島嶼寫作——文學大師系列電影：如霧起時」首映會。

15 日，應邀赴香港出席「城市文學節 2011：與作家對話交流會」。

22～25 日，應邀赴中國江蘇姜堰市出席「世界華人詩人筆會」。

5 月　2～3 日,〈楚戈・畫緣的神來之筆──緣生而不滅,只是
　　　隱去〉連載於《中國時報》E4 版。

　　　10 日,應邀至臺灣師範大學林口校區演講「現代詩中的漢
　　　字意象」。

　　　17 日,應邀出席趨勢教育基金會、文訊雜誌社於臺北中山
　　　堂共同舉辦的「百年文學新趨勢──向愛荷華國際寫作班
　　　致敬」文學茶會。

　　　26 日,發表詩作〈楚戈託夢說──海葬是另一個夢〉於
　　　《聯合報》第 D03 版。

6 月　1 日,發表〈詩人的百歲並不只是時間的數碼──憶美國
　　　艾荷華城訪艾青 1980〉於《中國時報》E4 版。

　　　4 日,應邀出席於臺東鐵花村舉辦的「第二屆臺東詩歌
　　　節」,並朗誦詩作。

7 月　應邀擔任清華大學榮譽講座教授。

8 月　27 日,應邀赴馬來西亞出席星洲日報舉辦的「第十一屆花
　　　蹤文學獎頒獎典禮」。

　　　28 日,應邀出席於吉隆坡會展中心舉辦的「花蹤國際文學
　　　研討會」,進行「文學裡的原鄉與他鄉」座談會,與會者
　　　有焦桐、陳思和。

　　　詩作〈當撞響和平之鐘到八百二十三聲〉篆刻於金門和平
　　　鐘公園壁上。

12 月　13 日,應邀出席臺北經營管理研究院於臺北市立圖書館國
　　　際會議廳舉辦的「2011 企業人文講座」,演講「詩的寫
　　　作、欣賞與分享」。

　　　17 日,發表詩作〈壕〉於《聯合報》第 E03 版。

　　　20 日,獲周大觀文教基金會全球生命文學創作獎章,於清
　　　華大學進行頒獎典禮。

22 日，詩集《和平的衣鉢：百年詩歌萬載承平》由臺北周大觀文教基金會出版，於金門大學圖資大樓舉辦新書發表會。

2012 年　2 月　12～18 日，應邀赴尼加拉瓜出席「第八屆格瑞納達國際詩會」，於開幕典禮朗誦詩作〈當撞響和平之鐘到八百二十三聲〉、〈曆骨塔〉、〈曇花〉。

28 日，應邀出席胡思二手書店公館店舉辦的「胡思人文講座」，演講「衣鉢・青青子衿」。

3 月　4 日，應邀出席中華文化總會於臺北賓館舉辦的「新春文薈」活動。

4 月　13 日，應邀出席香港城市大學舉辦的「2012 城市文學節」開幕暨座談會及新詩組交流會。

5 月　10 日，應邀於中華大學舉辦的「第一屆香山文學獎決選暨頒獎典禮」，演講「一首詩的完成」。

25 日，應邀於中國科技大學通識教育中心演講「用詩表現對時間的感情」。

27 日，應邀出席福建省文學藝術界聯合會、中國作家協會港澳臺辦公室於福州西湖大酒店共同主辦的「2012 海峽兩岸作家論壇」開幕活動。

8 月　29 日，應邀出席於金革唱片於福華飯店舉辦的「旅夢二十音樂會」記者會。

9 月　7～8 日，應邀出席金革唱片於國父紀念館大會堂舉辦的「旅夢二十音樂會」，並朗誦詩作，與會者有李建復、周蕙。

10 月　6 日，應邀出席吳景聰文化藝術基金會於花蓮松園別館舉辦的「2012 第七屆太平洋詩歌節——海無垠・詩無限」，與白靈、楊小濱對談「向大師——鄭愁予致敬：詩歌鼎

談」。

2013 年　3 月　29 日，應邀出席金門大學、財團法人勇源基金會共同舉辦的「2013 臺灣文學巡禮」系列講座，與張世倫對談「流動光影的詩與歌」。

4 月　19 日，應邀出席香港城市大學舉辦的「2013 城市文學節」開幕暨座談會及新詩組交流會。

22 日，應邀出席中興大學舉辦的中興大學惠蓀講座，演講「詩人從游世到濟世，從藝術回仁術」，並獲頒特製校友證。

明道大學舉辦「鄭愁予八十壽慶」系列活動，內容包含「鄭愁予・詩作・書法展」、「鄭愁予先生詩作朗讀表演賽」、「鳳凰詩園揭幕儀式」、「《傳奇鄭愁予》新書發表會」及「鄭愁予八十壽慶國際學術演講會」，至 5 月 31 日止。

5 月　30 日，應邀出席彰化市公所、宜昌市海峽兩岸交流促進會、秭歸縣政府、明道大學於於彰泰國中共同舉辦的「詩歌的太陽——兩岸屈原文化交流及詩會」。

應美華僑界十個文化、學術、教育團體及大學邀請，由文化部支援，在美國加州、德州、賓州、華府鄰近的州及紐約等地，舉辦「詩與樂的邂逅——鄭愁予現代詩巡迴講座」及詩歌音樂演出，演講包含九個文化主題。

7 月　9 日，應中華文化總會、文訊雜誌社之邀，於國立臺灣教育廣播電臺錄製「為臺灣文學朗讀」節目，朗誦詩作並接受訪問。

20 日，應邀出席林務局嘉義林區管理處於嘉義市檜意森活村農業精品館舉辦的「森林詩語」阿里山詩集新書發表記者會。

21 日，應邀出席於交通大學舉辦的「第九屆海峽兩岸暨港
澳地區大學校長論壇」，以「海峽的涉禽」爲題，由鄭愁
予題詩、沈祖堯題字，將詩銘刻於石碑上，並進行「立石
揭碑」儀式。

10 月　1 日，發表詩作〈我穿花衫送你行，天國破曉了〉於《中
國時報》。

11 月　2 日，獲頒中興大學第十七屆傑出校友。

12 月　5 日，應邀出席彰化師範大學 102 年度運動會，並於通識
教育中心文藝沙龍講座進行專題演講。
《鄭愁予全集》正籌備出版中。

## 參考資料：

．鄭愁予提供。

．鄭愁予《和平的衣缽：百年詩歌萬載承平》，臺北：財團法人周大觀文教基金會，
2011 年 12 月。

．《臺灣文學年鑑》（15 冊），臺北：行政院文建會，1996～2010 年。

．新聞知識庫網站。

．國家圖書館——當代文學史料系統網站、臺灣期刊論文索引系統網站。

．華文文學資訊平臺網站。

輯三◎
研究綜述

# 鄭愁予研究綜述

◎丁旭輝

## 一、鄭愁予研究概況

　　鄭愁予一直是臺灣最迷人的詩人。高度的受歡迎及其衍生的影響力，使得他的詩作跨越臺灣，長期以來得到兩岸四地詩學界的熱情關注。鄭愁予的作品以詩爲主，其他幾乎都是論詩說詩所衍生出來的敘述文字，所以除了爲數不多的對鄭愁予本人的描述之外，「鄭愁予研究」幾乎也就等於「鄭愁予詩作研究」。這些研究資料大致上可以分爲四類：第一類是大篇幅綜合論述、涉及鄭愁予詩作研究多數面向的學位論文與專書著作；第二類是論述議題較爲單純的單篇學術論文；第三類是針對特定作品進行評論的賞析文章；第四類是其他，包括訪談、對談、年表、報導、書評，以及鄭愁予對自己的生平、作品與詩觀的敘述等。以下分別簡述這四大類的研究概況。需要先說明的是本研究資料之編輯屬選集而非全集，在篇幅有限的考慮之下，部分研究資料因爲作者本身已是名家，且作品流通甚廣、容易取得，爲節省篇幅，故不收入；也有部分研究資料因個人意願或其他因素無法獲得授權（例如大陸的資料），很遺憾無法收入本書；至於學位論文更是無法割裂，更多的單篇研究資料也因篇幅有限、無法納入。這些遺珠既屬無奈，本書也只能在研究綜述中盡量論述，略減遺憾。

### （一）學位論文與專書著作

　　先談學位論文。學位論文包含專論與兼論；「兼論」非指隨筆涉及，必須是以獨立一章的規模論述鄭愁予、或是以鄭愁予爲主要論述對象之一。

　　截至 2012 年 12 月爲止，專論鄭愁予的學位論文有張梅芳《鄭愁予詩的想像世界》（1997 年）、廖祥荏《鄭愁予詩研究》（1998 年）、高宜君《鄭愁予晚近詩作研究（1993 年迄今）》（2007 年）、陳依文《鄭愁予詩的「流浪」基調研究——從 1951～1968 年》（2008 年）、吳麗靜《鄭愁予詩的音律風格研究》（2009 年）等五本碩士論文。張梅芳的論文以現象學、詮釋學爲評論依據，先從「窗」、「女性」、「白色」等關鍵意象，作爲切入鄭愁予詩想像世界核心的三項重要依據，並分別舉例分析，展開並探究作者所洞見、經驗世界的狀貌。其次將鄭氏作品分爲早期、中期、近期等三個時期，透過圖表的繪製與說明，將詩內在視點及行經路徑的變化具體而微的呈現出來，以說明心靈曲線是如何的影響一首詩的機能以及閱讀者的主觀感受。最後綜論關鍵意象與心靈曲線的關係，發掘進入作品底層冥想整體的二條途徑，回歸讀者與創作者最初的觸動經驗，悠遊於鄭愁予詩的想像世界。廖祥荏的論文從簡歷與性格、創作淵源與論詩文字、與現代詩社的關係等面向探討鄭愁予的創作背景與詩觀，並把鄭詩分爲三期，包括《夢土上》時期（1947～1968 年）、《燕人行》時期（1969～1987 年）、《寂寞的人坐著看花》時期（1988～1993 年），然後著力分析鄭愁予愛情詩與浪子詩的內涵。高宜君的論文以鄭愁予距今最近的一本詩集《寂寞的人坐著看花》（1993 年）爲研究主軸，並旁及 1993 年以後陸續發表在報章雜誌上的零星詩作，針對其晚近詩作的主題內容、藝術手法與特色詳加探討。在主題內容上，作者探討鄭氏書寫人生哲思的生命詩、展露浪子意識與回歸情懷的鄉愁詩、抒發禪佛意味的禪思詩、兼容山水之美與道家意境的山水詩，以及頗具省思與人道關懷的寫實詩。在藝術手法方面，則探討其兼具音樂美、繪畫美、建築美與鎔鑄古典的語言特色，以及鮮明生動的意象、精巧多樣的表現手法、修辭技巧、陌生化設計等。在特色上，作者則提出鄭氏晚近詩作的特色在於主題更爲浩瀚、關注面向加廣、內涵更加深刻。陳依文之作以鄭愁予赴美前的詩作（1951～1968 年）爲研究範疇，掌握鄭愁予早年詩作的流浪情懷，從而深入了解詩人創作的情感及心靈本源。作

者以「流浪」基調作為主要脈絡，觀察鄭氏作品中「空間」與「時間」的流動表現，發現鄭愁予大量而反覆書寫死亡想像、宇宙想像，展現出浪漫執著、堅定無悔的「追尋」情懷，使鄭愁予詩的「浪子」成為現代詩中身影最鮮明的「流浪者」，也使鄭愁予早年詩作持續打動讀者的心靈，成為現代詩壇永懸的一頁傳奇。吳麗靜之作則藉由語言風格手法的分析方式，進入詩人的堂奧，一窺詩人創作的祕密，剖析鄭愁予在音律使用的獨特性。作者歸納出詩人在聲母、韻母、同字、聲調上手法的匠心獨具與特殊手法，藉以說明鄭愁予如何形成誦讀上的美感，以搏得詩評家對他詩作「聲籟華美」的讚賞。

　　兼論鄭愁予的學位論文有羅任玲《臺灣現代詩自然美學——以楊牧、鄭愁予、周夢蝶為中心》（2005 年）、籃閔釋《臺灣現代山岳詩發展研究——以 1949 年至 2011 年為範疇》（2012 年）等兩本碩士論文。羅任玲的論文以楊牧、鄭愁予、周夢蝶三位詩人為論述對象，其中第三章以「浪子與哲人」為標題論述鄭愁予，文中分別以「藍色美學」與「白色美學」的角度論述鄭愁予詩的自然美學。第一節以藍、綠、青三色為主，析論它們如何在鄭愁予的詩中開展、變化，而成其獨特的浪子美學，並深究藍色美學的特殊音樂性，以及「海」、「山」等藍色美學的重要自然意象。第二節以白色為主，詳論「荒原白」與「出世白」兩種「生命道場」的內涵，並討論「雲」、「雪」等白色美學的代表自然意象。籃閔釋的論文認為臺灣是一座多山的島嶼，然而相較於海洋詩、都市詩等文類，山岳詩卻鮮少受到重視，不僅創作量少，連相關研究也相當少見，這是一個很令人疑惑的現象。相對於此，鄭愁予卻創作了相當多的山岳詩作，對此，作者以第二章整章的篇幅加以論述，除了讚嘆鄭愁予的山岳探索，並把重點擺在《五嶽記》的研究，認為這是最早集中書寫的山嶽詩，同時也是臺灣登山史的見證，對鄭愁予而言，這也是他自己詩風的轉變點，對臺灣現代山岳詩的發展而言，《五嶽記》開拓了山岳詩書寫主題的多樣性與深刻性。

　　此外，中國大陸、香港、澳門，尤其是前兩者，也可以找到不少專論

鄭愁予詩作的學位論文。例如西南大學褚芝萍的碩士論文《論鄭愁予詩歌中的古典意蘊》（2008 年）專論鄭愁予詩的古典風格，認爲鄭愁予詩作中有一股獨特的魅力；同樣是西南大學的梁磊也撰就《默數念珠對坐千古－－論鄭愁予詩歌的佛理禪趣》（2009 年）的碩士論文，他認爲鄭愁予詩中除了屬於佛理的無常觀，道意禪思也相當豐富，而且往往與無常觀混融一體，形成他整體的生命觀照，而這樣的整體的生命觀照，與浪子意識也存在深層的關係，與鄭詩中的「孤獨感」也有深刻的關係。

　　至於專書寫作，唯一的一本張梅芳《鄭愁予詩的想像世界》是碩士論文出版所成，本文不再贅論。

## （二）單篇學術論文

　　單篇學術論文包括期刊論文、研討會論文。期刊論文的資料可以從「臺灣期刊論文索引系統」輸入「鄭愁予」的關鍵字，可以找到 88 篇相關評論，收錄時間最早爲 1965 年 10 月，最近一篇爲 2012 年 3 月。研討會論文則散見於兩岸四地各種相關研討會論文集中，2006 年 4 月 16 日在廣東茂名，由香港中文大學、武漢大學文學院、徐州師範大學聯合召開的「鄭愁予與二十世紀華文文學研討會」，更是專論鄭愁予詩作的學術會議，而且相當特別的是本次會議以日本土居健郎的「依賴心理學」和哲學文學上的孤獨感作爲大會研究主題。研討會共發表八篇論文，除蕭蕭的〈孤獨美學：現代主義理的古典文學情懷——以鄭愁予爲範式〉後來收入《現代新詩美學》專書外，白靈〈遊與俠——鄭愁予詩中遊俠精神與時空轉折〉、方環海與沈玲〈依賴心理與鄭愁予詩歌的孤獨感研究〉、溫羽貝〈表裡內外之失衡：測量鄭愁予詩歌的孤獨感〉、史言〈沮喪與孤獨的色彩空間：聞一多、鄭愁予詩歌「黑」、「白」特質下的孤獨感研究〉等四篇後來也刊登在臺灣出版的《明道通識論叢》、《臺灣詩學學刊》等學術刊物中。

　　這些單篇學術論文的論述涉及了鄭愁予詩作研究的諸多面向，整體看來主要集中在「浪子氣質」、「古典風格」與「生命觀照」等三個最重要的議題，以下筆者結合個人對鄭愁予詩作本文的細讀，說明在單篇學術論文

方面的研究概況。

## 1、浪子家譜

　　一般研究者都指稱鄭愁予「浪子」之名先是得之於余光中 1972 年〈小招‧歲暮懷愁予〉:「那浪子,像所有的浪子一樣／結局是清麗的失蹤／絕句絕,酒罈空／只留下炊煙嫋嫋的一縷美名」;再後則得之於 1973 年楊牧著名的〈鄭愁予傳奇〉一文中所說鄭愁予是 25 年(1949～1973 年)來「新詩人中最令人着迷的浪子」。此後「浪子」一詞遂成爲鄭愁予的代稱。在諸多「浪子」研究中,孟樊的〈浪子意識的變奏－－讀鄭愁予的詩〉可以代表,文中以「空間的飄泊感」與「時間的消逝感」詮釋鄭愁予的浪子意識,相當精闢。

　　這些對「浪子」的說法本身雖然沒錯,但卻也使得後來「浪子」一詞詞意縮小、偏移爲帶點通俗浪漫意義的「浪跡之子」,成爲個人的、小我的浪蕩不羈、率性多情之意。余光中與楊牧的「浪子」之稱來自鄭愁予本身的詩作,細究詩意,「浪子」一詞其實有更多含意。

　　「浪子」之名出現在鄭愁予的多首詩中,最早出現的是寫於 1958 年的〈野柳岬歸省〉:「浪子未老還家　豪情爲歸渡流斷／……浪子天涯歸省／諸神爲弟　我便自塑爲兄」,這最早的浪子,是一個浪跡天涯、思念家鄉的遊子。1961 年,在〈無終站列車——三二九前夕〉一詩,「浪子」之名有了更多的義涵:第一節的浪子,猶是浪跡天涯、思念家鄉的游子,而思念的核心對象,則聚焦爲母親。到了第二節,道出浪子浪跡天涯的原因,在於革命的抱負、犧牲小我的決心,「浪子」之名,突然有了異樣的光彩與內涵,在原先小我的浪漫之外,增添了大我的雄渾心志。第三節中,小我與大我、感性與理智的交融,遂創造出此詩最動人的結局,「浪子」的義涵,遂不只是浪跡天涯、思念家鄉的游子,還包括了爲國家民族大我,不惜浪擲小我之親情、青春、生命的烈士。

　　1962 年,在著名的〈浪子麻沁——雪山輯之二〉一詩中,鄭愁予首次將「浪子」一詞冠在人名之上,用以指稱他者。詩中的浪子,成爲一個部

落中傳奇故事的主角，懷抱著不爲人知、無人理解的心情與思想，消失在族人的探尋與與世人的視野中。從本詩作爲鄭愁予壯遊群峰的「五嶽記」諸詩之一，從詩中對文明（文明的登山客）、城市（從城市歸來）、制度（當兵退役）、俗世價值（當登山客的嚮導）的反逆，再從他是唯一識得攀頂雪峰獨徑的人、唯一了解神的性情的人來看，本詩人物純爲作者虛構的成分居多，「麻沁」甚至不是部落的傳奇人物，而只是作者面對山神樹靈的脫俗想像，當然，其中也不無作者自我崇高心志、脫俗靈魂的影射。「浪子」之名，在此多了浪漫想像之子、浪跡山水之子，浪蕩不羈、孤獨不群之子的綜合義涵。

到了 1964 年的〈縴手〉，浪子再度出現，詩中的浪子，又多了一些頹廢、流浪的情調。1973 年底，〈燕人行——附紀事〉中出現的浪子又更豐富了一些，慷慨悲歌、意氣風發、俠心劍氣、難以掩藏，呼應、發展了〈無終站列車〉詩中的浪子義涵。

11 年之後，1984 年在〈臨別一瞥馴獸人〉中，「浪子」之名又突然出現：「這一匹雛豹當你端詳／……對風塵這般地知心會意，除卻我／除卻浪子誰能識得？／／除卻浪子，又誰會／這樣的倥傯一瞥就又挑動了／遊思？便不禁夢起共驅馴獸的關外／……」，從理解風塵、挑動遊思兩句反推「浪子」，其內涵大抵不出前面所列舉的浪跡山水、浪蕩不羈。

從以上明白出現「浪子」之名的詩作中，我們可以爲「浪子」勾勒出豐富的家譜：包括浪跡天涯、思念家鄉的遊子，到爲大我犧牲小我的革命志士，到浪漫想像之子、浪跡山水之子，浪蕩不羈之子、孤獨不群之子，再加上一些頹廢、流浪的情調，以及慷慨悲歌、意氣風發的任俠之士，都是這浪子家譜中的一員；當然，更多的時候，「浪子」之名出現時，其實際內涵是包融諸多家譜成員特質於一身的。而從這浪子家譜出發，鄭愁予詩中除了明白出現「浪子」之名的詩作之外，更有相當多的詩作雖無「浪子」之名而其實有「浪子」之實，例如旅人、水手、船長、貶官、逐客、逃兵、戍卒、過客等，這些詩作與其中的隱性浪子，共同壯大了鄭愁予詩

中的浪子家譜，而從志士俠心延伸而出的烈士、壯士、遊俠也應該納入浪子家譜。早期研究者大抵都從小我抒情的角度切入「浪子」意識，論其飄零、流浪、孤獨的情懷，但後來的研究者已能用比較開闊的角度或擴及大我的角度加以立論，如白靈〈遊與俠——鄭愁予詩中遊俠精神與時空轉折〉，其中一半的立意便在討論鄭愁予詩中的浪子意識，白靈以「遊」稱之，說他從年幼開始，足跡便踏遍半個中國，來臺後又成為第一個攀登大山的詩人，去美後又因釣魚臺事件而展開壯遊，中晚年後仍自由自在的遊歷於國際之間，他的「遊」的能力顯然超乎同時代詩人，也因此，浪子意識始終能維持在迷人的高度；又如方環海與沈玲的〈依賴心理與鄭愁予詩歌的孤獨感研究〉，對浪子意識中的俠義精神面也有精彩的論述。

　　鄭愁予詩中的浪子意識與浪子家譜豐富而細膩，即使已經有過不少論述，但猶如寶山深礦，仍有可再開採之處，例如寫於 1951 年的〈殘堡〉，詩中那想像中百年前的征夫，無非是百年後凝望殘堡的我的投射，而這便是多年後浪子意識的萌發原點。又例如寫於 1987～1993 年之間的〈火煉〉，詩中那融入莊老道家境界、煉情煉性煉劍煉「火的自己」的我，似乎猶可見浪子身影，然而已是時間歲月、生命智慧、哲理道意陶鑄後的成熟圓融的浪子了。同樣的，寫於 1987～1993 年之間的另外兩首詩〈妙音——華山集之一〉、〈諾言——華山集之二〉，這已是鄭愁予（1933～）60 歲前後的作品了，猶有浪子風韻，如第二首中，俠客、亡人、琴音、諾言，浪子風情益增動人想像空間。又例如諸多飲酒詩的意義、心境之轉變，也可以浪子意識的角度重新審視；又或者諸多山嶽壯遊之作、海洋飄流歸岸之詩，也可以從浪子意識的角度再加深論，例如前引〈華山集〉諸作、〈浪子麻沁——雪山輯之二〉等詩便是山嶽壯遊之作；甚至鄭愁予在〈引言——九九九九九〉一文再三提及的人道關懷也可以在結合浪子意識而有新的論述可能，而人道關懷由俠義、志士、烈士等延伸而來，又與後文所要論說的「無常觀」有關，這浪子意識的論述可能便又更加豐富了。這些論述方向已見部分成果，但如果以一個更開闊的浪子家譜與更深刻的浪子意識觀

之，後來者當可醞釀新的論述角度，產出新的論述成果。

## 2、古典風格

　　鄭愁予詩作研究一直聚焦在兩個熱點，一個是浪子意識，一個便是古典風格。「浪子」之名先因余光中、楊牧而得名，早已成爲鄭愁予的代名詞，引起研究熱潮；「古典」之說則來自於鄭愁予詩作的獨特魅力，早年黃維樑〈江晚正愁予──鄭愁予與詞〉可以說是此中的代表作，楊牧〈鄭愁予傳奇〉、瘂弦〈兩岸蘆花白的故鄉──詩人鄭愁予的創作世界〉對此也多所著墨。一直到近幾年，這一個研究熱潮仍爲未嘗稍歇，例如蕭蕭在〈孤獨美學：現代主義理的古典文學情懷──以鄭愁予爲範式〉一文所論。

　　前此筆者曾經進行一系列對臺灣現代詩之古典傳承與開創的研究，發現對現代詩的古典風格進行論述時很難有一個客觀的依據，尤其在學術論文講究言而有徵、論而有據的要求之下，除非我們先爲此一論述定下基本的依循，否則往往無法彰顯其學術性、客觀性，而招來自由心證、感性想像之譏。於是，筆者化繁爲簡，從學術論文論據必須客觀可徵的立場出發，先定下一個基本的依循：所謂現代詩的古典風格，指的是詩中受中國古典典籍的影響。臺灣現代詩人往往以中國古典典籍內容作爲詩作的寫作題材，這些入詩的題材可以歸納爲古人、古詩、以及兩者之外的其他古籍內容等三個大的類別；而這些古典題材寫入現代詩後，其主要的表現內容則爲摹寫古人（以古人及其相關生平、事件、遭逢爲題材書寫爲現代詩作）、鎔鑄古詩（以古典詩之題目、內容、語句、意象、意境等爲題材書寫爲現代詩作）、驅遣古籍（以古人、古詩之外的其他古籍內容爲題材書寫爲現代詩作）。古典的傳承與開創是任何一個時代的文學都無可迴避的議題，古典與現代融合既能延續古典生命，同時又能創造現代詩史新頁。而現代詩的古典影響又可分爲兩種模式：一種是如余光中、洛夫、楊牧等人，作品中出現大量摹寫古人、鎔鑄古詩、驅遣古籍的實例，大量引用、變造、融鑄古典題材，且言而有徵，令研究者能具體從「古人」、「古詩」、「古籍」三方面指證其在詩中的傳承軌跡；另一種是在現代詩中使用諸如松、

月、柳、鏡等具原型意義之古典詩歌慣用意象，或是出現容易引起古典聯想的詞彙，在現代詩中營造出「古典氛圍」者，鄭愁予詩作中的古典風格多數便是屬於這一種表現模式。這一種表現模式的研究往往必須論述古典美學在現代詩中傳承轉化的綿長軌跡，而無法指證其傳承的特定對象，所以論述難度較高，一不小心便容易落入無憑心證，招來質疑。

　　鄭愁予詩作亦有少數例子是以中國古典典籍入詩、言而有徵、能指證其在詩中的傳承軌跡的，比較成功的例子是〈蘭亭序註〉：「酒字寫得飽滿／鵝字寫得歪斜／他執意如此／蘭亭之後　還有什麼諷諭能取代／蘸酒的書法／／起筆舉杯／酒卒於醉　鵝步而來的／鵝　風雅自若　全然是／捨我其誰的鳥／／他招宴諸賢／飲之以飽滿／餽之以歪斜／正合我輩一身俗骨／若不鵝步而去／又當如何」，古籍材料釀就今之佳釀，以古諷今、自我嘲諷，有古之芬芳，益見今之特出。此外，其他大多是簡單的用典，尚不足以融古入今，在詩中營造動人的古典風格，例如他早年的詩作〈非吾鄉記〉首尾兩段：「送你上了海線車／突來一隻蝴蝶的掠吻驚異了你／／……從此總念著把名號改作『周』／好變回蝴蝶　在夢中／掠吻你的面頰和那故意不說再見的／唇」，只簡單以《莊子》「莊周夢蝶」的典故入詩便屬此類。

　　鄭愁予詩中真正具備古典風格之佳作，多數當從他特有的、迷人的「古典氛圍」詩作中尋找。例如前文舉過的〈殘堡〉一詩，征夫、邊地、殘堡、戰馬、劍氣、月色、琴弦、琴聲，營造出迷離悲涼的古戰場詩意，無一可尋典籍來歷，卻也無一不是釀造古典氛圍的好材料。又如他的名作〈錯誤〉，江南、蓮花、東風、柳絮、跫音、春帷，或是古典詩歌慣用意象，或是容易引起古典聯想的詞彙，將一首無一字一詞可尋典籍來歷的現代詩作，型塑出陳大為〈〈錯誤〉的誤讀及其他〉一文所說的「一首融合古典於現代的閨怨詩」。再如〈踏青即事〉之三，同樣是無一字有來歷，但整首詩使用近於文言的文字，加上連續四對對仗句法，以及纖細、陰柔、迷離、悲涼的意象、場景，搭配淺塘、細泥、蓮、蒲等古典意象、詞彙，使

得這首詩所透顯而出的濃郁古典詞風比黃維樑〈江晚正愁予——鄭愁予與詞〉文中所舉的任何一首鄭愁予詩作還要更像詞，還要更具魅人的古典風格。

　　不論是言而有徵，能具體指證典籍在詩中的傳承軌跡，或是使用容易引起古典聯想的意象、詞彙在現代詩中營造出「古典氛圍」，從這兩個角度來看鄭愁予的古典風格，都可以提出明確客觀的論述；如果缺乏客觀憑證，只憑古典的感覺論定其古典性，或是過度解釋，從人文精神或文化意蘊立論，將無法提出令人信服的學術論述，論述鄭愁予古典風格的研究者不免多有此病。

### 3、生命關照

　　鄭愁予在不少文章、訪談、演講中多次提及他作品中的「無常觀」，2002 年的〈引言——九九九九九〉一文中他再度說到「自四九年開始時就綿延或隱現在作品中的『無常觀』」，而這無常觀到了後期作品中所呈現的「竟然只是一個靜字」；2004 年他出版《鄭愁予詩集 II》時在書前〈借序〉中再度提及，並說這是一種「佛理中解說悟境的『無常觀』」。

　　鄭愁予詩作對生命的整體觀照相當深刻，呈現動人的丰姿，如〈深山旅邸 I〉：「這樣純木的危樓　以其樸中／有華的構架　徵顯／生靈的習性我推門探望／山霧濕眉淘耳／忽而　身已危立在／樓邊高大的山松上／／用雙手捧起一枚／松果　而不果腹／投宿於霧的生靈／呼吸便是雲霧／身體已是松鼠／我的習性連我自己／亦無需知道」，道家的自然美學、佛家的無言禪意，隱然其中，將自己化入雲霧、化為松鼠，物化之意、忘我之趣、靜定之境、孤獨之樂，構成鄭愁予式的佛理無常、當下契入之體悟，而所有的一切悟境，在自然的演出中——透顯，不待人言指說。再如〈深山旅邸 II〉也是一樣，一字一句都鮮明的呈顯深刻的人生體悟與個人的生命美學。詩人把自己化為自然的一部分，人亦如雪，雪溶為水，人溶為土，人與自然，融合無間，無分彼此，表現出我在而猶如不在的藏我之思，這是鄭愁予式的佛理無常、當下契入之再度演出。又如〈夜〉，說無

常、道隨緣、倡自在、斷執著，人生翻到哪一頁，就算哪一頁，頁頁都是定數，都是因緣果報。這些無常、靜定、道意禪思所形成的整體生命觀照，除了與前文浪子意識、孤獨感有深刻的關係外，往往也因為詩中的道家典故運用或佛禪義理聯想，而營造出詩作的古典風格，所以鄭愁予的詩內涵是相當豐富的，往往同時指涉多方，分而析之是學術論證不得不然的權宜之計而已。針對此，方環海與沈玲的〈依賴心理與鄭愁予詩歌的孤獨感研究〉、史言的〈沮喪與孤獨的色彩空間：聞一多、鄭愁予詩歌「黑」、「白」特質下的孤獨感研究〉，以及溫羽貝的〈表裡內外之失衡：測量鄭愁予詩歌的孤獨感〉等三篇文章，對此都有深入頗析。

　　除了以上三個最重要的議題之外，也不乏學述論文針對鄭愁予詩作的技巧展現進行深入而系統的論述，張梅芳的〈鄭愁予詩語言的構成物件及其技法〉可為代表；或者從浪子詩作中凸出其山水書寫，如洪淑苓〈鄭愁予山水詩的特色〉與劉正偉〈《鄭愁予詩集》之山嶽詩析論〉等。

## （三）賞析文章

　　在所有鄭愁予詩作的論述中，最多的是對他詩作完美技巧的詮釋，有針對單篇的（尤其是他的名作〈錯誤〉），有針對多首詩作的。

　　針對單篇作品的賞析文章相當的多，其中大多數是針對鄭愁予詩作中的名作，例如最著名的〈錯誤〉一詩，幾十年來不但幾乎是臺灣現代詩的壓卷之作，所有高中職的國文課本都選入作為教材，在其他華人世界也是最為人傳頌的一首現代詩，光兩岸四地，最少有幾十篇的賞析文章專論此詩，例如何寄澎、張春榮、陳啓佑、黃維樑、林廣、吳當、落蒂、陳大為、丁威仁、任洪淵等人都曾為文賞析；如果要算入兼論此詩的文章，則更是多不勝數。多年前筆者也曾寫下〈讓〈錯誤〉更美麗〉（收入《左岸詩話》，後來修改為〈鄭愁予的美麗錯誤〉，收入《淺出深入話新詩》）一文詮釋此詩的完美技巧，並指出一個看似無關緊要、卻有極為重要影響的地方：即從過去的國立編譯館到後來民間編選的若干版本都拿掉詩作末尾的刪節號，嚴重「刪節」掉了此詩暗示讀者、邀請讀者加入想像與詮釋的

「意義功能」，與餘音裊裊、降低節奏、提升抒情意味的「節奏功能」，以及暗示馬蹄痕跡一點一點向前延伸，最後消失在暮色蒼茫之中的那種盤旋縈繞、纏綿不去、無限惋惜的「視覺暗示功能」。刪去刪節號的〈錯誤〉，其實是錯誤的〈錯誤〉，而這錯誤版的〈錯誤〉，一、二十年來已不知「教育」過多少初次接觸現代詩的青少年了。

〈錯誤〉之外，鄭愁予詩作中的名作還有很多，也都成為各家賞析論述的對像，最熱門的諸如〈天窗〉（如陳義芝〈〈天窗〉賞讀〉）、〈卑亞南蕃社〉（如羅青〈鄭愁予的〈卑亞南蕃社〉〉）、〈如霧起時〉（如楊子澗〈〈如霧起時〉解說〉）、〈賦別〉（如古遠清〈〈賦別〉賞析〉）、〈小小的島〉（如李敏勇〈〈小小的島〉作品導讀〉）、〈山鬼〉（如唐捐〈〈山鬼〉評析〉）、〈秋聲〉（如李翠瑛〈秋聲依舊自唱──談鄭愁予〈秋聲〉一詩〉）等。

針對多首詩作的賞析文章多數會選取題材、屬性接近的詩作加以賞析，如李元洛〈清新婉約，綺思無窮──臺灣詩人鄭愁予三首愛情詩欣賞〉（〈雨絲〉、〈錯誤〉、〈如霧起時〉）、李元貞〈從女性的觀點談鄭愁予兩首情詩〉（〈錯誤〉、〈情婦〉）、蕭蕭〈佛芒特日記四帖──蕭蕭賞析〈穿霞彩的新衣〉、〈驚夢〉、〈山路〉、〈席爾斯家庭〉〉等。

（四）其他

本類包括前面三類之外的所有相關資料，包括訪談、對談、年表、報導、書評，以及鄭愁予對自己的生平、作品與詩觀的敘述等，是了解鄭愁予詩作的重要參考。例如瘂弦的〈兩岸蘆花白的故鄉──詩人鄭愁予的創作世界（上、下）〉一文，透過訪談，詳細交代鄭愁予的成長過程、成學過程寫詩的過程，以及來臺後創作、發表、出版、與詩壇互動、交遊的種種情況，文中鄭愁予還首次深入談論自己「詩境三層界」的詩觀，並舉自己的作品以為印證。林燿德的〈河中之川──與鄭愁予對話〉則是一篇深刻的對談，從詩史發展、詩潮轉變、詩與政治、社會、藝術、權力乃至媒體的角力、交融等，無所不談，展現鄭愁予詩人之外的多面性與深刻性。在年表方面，張梅芳在她的碩士論文《鄭愁予詩的想像世界》所製作的〈鄭

愁予簡歷〉是比較詳實可靠的。報導方面，彭邦楨的〈雪鄉遇故知：訪鄭愁予〉是一篇溫暖的報導，寫下雪夜爐前的詩意，以及鄭愁予的美國生活切面。書評方面，以鄭愁予之大名，自是相當的多，其中楊佳嫻的〈過癮而不……焚身〉，可說是一篇契形入神的書評，作者評論鄭愁予詩集《寂寞的人坐著看花》，以詩人評詩人，頗得其精髓。至於鄭愁予對自己的生平、作品與詩觀的敘述，最完整、最重要的應該是 2002 年的〈引言——九九九九九〉與 2004 年的〈借序〉，這兩篇文章濃縮了過去鄭愁予對自己的生平、作品與詩觀的敘述，是研究鄭愁予詩作的人所不能忽略的，抽絲剝繭、按圖索驥，鄭愁予詩作的完整面貌就在其中。

## 二、現代詞人——鄭愁予研究的其他可能

讀鄭愁予詩，最大的享受與感動之一便在於體驗他豐富的音樂性，對此，詩人在《鄭愁予詩集 II》書前的〈借序〉中說：

> 每個字對我來說都有藝匠意義，一個以上的意義。它是圖畫，是雕塑，而最重要的是音符——音符的速度（一拍的、二分之一拍的、八分之一拍的）以及調性（高階與低階的、反覆和休止的等等）。……起初選字的潛意識音感便隨之流動，細潤地滑入內容與文字互動的機制中，這樣乃造成詩的節奏。……我不隱諱對自己節奏的自信。
>
> 讀我的詩，碰上「文言」、西化句法或是純口語的「的」「哎」「了」「嗎」，都是經過設計而使速度能急能緩，使情緒能凝能渙的機紐之所在。

可見雖然在讀者的感受中鄭愁予營造音樂性的技巧已是渾然天成，但對詩人而言，這一切都是切磋琢磨而來，非僥倖得之。這一點，詩評家們注意到了，寫作不少分析評論文章，路寒袖曾在〈詩與歌——召喚群眾的策略〉有所敘論，吳麗靜甚至撰就《鄭愁予詩的音律風格研究》的碩士論文

加以專論；連音樂家們也都注意到了。1982 年，羅大佑在他的第一張專輯
《之乎者也》中收錄了兩首現代詩改編的歌曲：余光中的〈鄉愁四韻〉與
鄭愁予的〈錯誤〉。余光中的詩早在 1970 年代的校園民歌風潮中就大出風
頭了，楊弦尤其傾心，1974、1975 兩年編寫了九首余光中的詩作成為經典
民歌；相對之下，這是鄭愁予的詩作首次進入流行歌曲之中。1984 年，李
泰祥發表《錯誤》專輯，由他本人親自演唱，內收〈錯誤〉、〈旅程〉、〈情
婦〉、〈野店〉、〈牧羊女〉、〈邊界酒店〉、〈天窗〉、〈雨絲〉等八首鄭愁予詩
作，成為現代詩人詩作的首張流行歌曲專輯，意義非凡（楊弦的余光中民
歌當年收入《中國現代民歌集》，並未以單獨的專輯形式發行）。1995 年，
鄭愁予詩作的第二張流行歌曲專輯《旅夢系列之一：牧歌》出版，由建築
家張世像譜曲，洛杉磯電影交響樂團伴奏、李建復演唱，除了演奏曲之
外，實質收錄了〈晨〉、〈牧羊女〉（專輯中改名為〈牧歌〉）、〈小河〉、〈一
碟兒詩話〉（專輯中改名為〈一碟詩話〉）、〈相思〉、〈情婦〉（專輯中改名為
〈青石小城的也許〉）、〈錯誤〉等七首詩作；同年，這個無與倫比的精采組
合再接再勵，推出鄭愁予詩作的第三張流行歌曲專輯《旅夢系列之二：相
思》，改由曾在前一張專輯〈青石小城的也許〉（即〈情婦〉）一首中與李建
復合唱的美聲女歌手陳儷玲獨挑大梁，主唱整個專輯的全部歌曲，陳儷玲
的歌聲宛如天籟，人間難得，與鄭愁予的詩交相輝映，美不勝收。在這個
專輯中，除了演奏曲之外，實質收錄了〈偈〉（專輯中改名為〈不再流
浪〉）、〈相思〉、〈戀〉、〈牧羊女〉（專輯中改名為〈牧歌〉）、〈下午〉、〈夜〉
等六首詩作。

　　從羅大佑、李泰祥到張世像，〈錯誤〉都是必選的經典之作，於是〈錯
誤〉就有了三個演唱的版本（網路上有第四個演唱版本）。羅大佑的〈錯
誤〉以吉他伴奏，離民歌風格未遠，唱完前兩行後樂音中斷將近十秒，形
成令人窒息的空白，用以模仿詩中女子因為長久的等待所形成的生命中之
巨大空白，對照原詩，女子心中的寂寞空虛呼之欲出：

我打江南走過

那等在季節裡的容顏如蓮花的開落

東風不來，三月的柳絮不飛

你底心如小小的寂寞的城

恰若青石的街道向晚

跫音不響，三月的春帷不揭

你底心是小小的窗扉緊掩

我達達的馬蹄是美麗的錯誤

我不是歸人，是個過客……

一直到十秒鐘之後，細小的吉他聲才漸漸淡入，唱出第二詩節，彷彿夢寐之中，漸次醒轉回神的微弱呼吸。唱完第二節之後，羅大佑在第三節的前後加入「哎呀妹子妳那如泣如訴的琴聲，可曾道出妳那幽怨哀傷的夢」、「哎呀妹子妳那溫柔纖纖的玉手，可曾挽住那似鐵郎君的心」兩段，用以表達詩人藏在最後一行刪節號中那詩中過客的無限惋惜與想像低吟的情感。李泰祥則不改一字，維持原作的完整性，只以幾近男高音的淒涼唱腔，貼切的詮釋詩中女子的落寞芳心，在結尾處，李泰祥特別以一唱三嘆的方式，反覆吟唱「我不是歸人，是個過客」，以表達隱藏在刪節號中惋惜不忍之意。至於張世儫譜曲的〈錯誤〉，在李建復完美的男聲與忽高忽低的寬闊音域表現下，也能以不同於羅大佑、李泰祥的風格，以詠嘆的方式，表白女子的等待、期待與絕望，結尾處刻意壓低的渾厚低沉的嗓音，對於表達過客在漸行漸遠中猶自低迴不已的情緒，有出人意表的絕佳效果。

　　三個專輯加上一首羅大佑版的〈錯誤〉，以及網路上流傳的不知名作者編曲的〈錯誤〉版本，鄭愁予可以說是一個現代詞人了！在過去的古典歲月裡，「詞」與「詞人」都曾經在文學史上煥發出無比光芒，想想歐陽修、蘇東坡、柳永，便能感受其風華，但是在消費文化當道的現代社會裡，歌

詞與文學似乎永遠只能屬於不同國度。鄭愁予的出現,或許是匯通二者的契機。正巧 2008 年,在發行了 13 年之後,《牧歌》專輯中的〈一碟詩話〉替鄭愁予贏得第 19 屆金曲獎的最佳作詞人獎,使得鄭愁予實至名歸的成為當代最佳「詞人」!除了〈錯誤〉,什麼樣的現代詩可以有如此豐富的聲音與魅力的語句呢?

> 風起六朝,/沙揚大唐,/宋秩一卷雲和月,/明清兩京清明雨……
>
> 風其實是風騷惟在園林,/沙卻是沙場臥有醉漢,/雲遮月　喪盧失墓之悲歌,/清明雨霏　天下盡是斷魂人……
>
> 然則　這五色作料/由書生主庖,/千古的氣候如火候,/文文地烹了一碟/甚麼?竟是使人相思不已的/南國生紅豆……
>
> 眼見這麼浪漫的一碟/中國詩話/千古詩人誰能消受得下/還是　還是到文學系請個小妹妹來/一顆一顆地嚼成紅茸吧!

音韻連綿、字句生姿,意象鋪天而來,典雅、浪漫、古典,千年漢詩與詩話盡化為一碟紅豆,千載而下,從古典入現代,其味不減,其韻猶在,現代詩人鄭愁予寫就一首好詩,現代詞人鄭愁予也寫下一首好詞。早年黃維樑〈江晚正愁予──鄭愁予與詞〉的文章只能說他的詩風像詞,而今他確確然是個真正的詞人了,而且這詞,也不是南宋以後的案頭詞,而是北宋以前可以水榭歌頭、可以披之管弦的本色之詞。

　　「現代詞人」或許是鄭愁予研究的下一個新的可能。

# 輯四◎
## 重要評論文章選刊

# 鄭愁予的美麗錯誤

◎丁旭輝*

鄭愁予，本名鄭文韜，1933 年生於河北，童年隨父親遷徙漫遊於大江南北；來臺後，成長於新竹，畢業於中興大學外文系，在基隆港口工作多年，後負笈美國，學成後任教於耶魯大學；晚年有落葉歸根之思，追尋其鄭氏先祖，入籍金門，傳為美談。鄭愁予從 1954 年開始在《現代詩》詩刊發表作品，以其飄逸、浪漫而古典的詩風，迅即走紅，五十多年來，他的《夢土上》、《窗外的女奴》、《衣缽》、《燕人行》、《雪的可能》、《刺繡的歌謠》、《寂寞的人坐著看花》等詩集，曾令無數人感動低迴，洪範版的《鄭愁予詩集》也成為臺灣現代詩壇最長銷、最動人的詩集。

鄭愁予名詩甚多，其中〈錯誤〉一詩，傳誦最廣、最久，幾乎可以稱為臺灣現代詩的壓卷之作，且曾三度以不同的面貌，傳唱於李泰祥、羅大佑、李建復之口，抒情動人，成為臺灣流行歌曲的異數，值得一談。原詩如下：

我打江南走過
那等在季節裡的容顏如蓮花的開落

東風不來，三月的柳絮不飛
你底心如小小的寂寞的城
恰若青石的街道向晚

*發表文章時為高雄應用科技大學文化事業發展系副教授兼系主任，現為高雄應用科技大學文化事業發展系教授兼人文社會學院院長。

> 跫音不響，三月的春帷不揭
> 你底心是小小的窗扉緊掩
>
> 我達達的馬蹄是美麗的錯誤
> 我不是歸人，是個過客……

〈錯誤〉發表於 1954 年，半個世紀以來，不知讓多少人為它沉吟低迴、墜入那古典淒迷的美麗錯誤中而流連忘返！而有關此詩的賞析評論，也與它的知名度成正比，在臺灣現代詩中，就單一作品的評論數量而言，〈錯誤〉即使不是最多，也必然是前幾名的，很多名家如蕭蕭、張漢良、楊牧、瘂弦、林綠、何寄澎、大陸學者沈奇等，對此詩都有精采深入的詮釋。不過好詩總是耐於咀嚼的，在咀嚼回甘、芬芳滿懷之餘，我們仍可找到一些未被充分詮釋的地方。每一首詩都像一塊璞玉，一次次的詮釋便是一次次的切磋琢磨，不斷揭去外在的障蔽，釋放出美玉溫潤通透的本色與光芒。以下我們將對〈錯誤〉詩中尚未被充分詮釋的地方進行更細膩的詮釋，就像對一塊已然成形的美玉，再多一次更細膩的琢磨一樣，期望她展現更耀眼的光芒。

## 〈錯誤〉的意象塑造

〈錯誤〉的第一節與第二節，焦點全集中在對詩中女主角的描寫：第一節寫其外貌，第二節寫其內心的變化；而所有的描寫，高明如鄭愁予者，只用了幾個簡單的意象，便道盡了千言萬語，營造了全詩的古典氣息。

鄭愁予在〈錯誤〉中，並未有一言一語道及詩中女子的外表，但第一節第二行一個簡單的「蓮花」的意象，卻帶給我們無窮的想像，所有的讀者都彷彿化身為那浪跡天涯的過客，親眼目睹了這位古典、優雅、潔淨、清新，帶點淡淡愁容的美麗的江南女子。早期徐志摩曾在〈沙揚娜拉十八

首〉的第 18 首裡，成功的創造了「水蓮花」的意象：「最是那一低頭的溫柔，／像一朵水蓮花不勝涼風的嬌羞，／道一聲珍重，道一聲珍重，／那一聲珍重裡有甜蜜的憂愁——／沙揚娜拉！」兩個「蓮花」的意象前後輝映，清新之極、美麗之極。不過相對於徐志摩「水蓮花」的嬌羞動人，〈錯誤〉裡的「蓮花」則多了一點神祕與哀愁。

　　第二節裡，鄭愁予以「柳絮」、「城」、「窗」三個意象來比喻詩中女子心情的變化，簡潔而精采。然而細讀之下，這三個意象出現的順序應該是由「城」而「柳絮」而「窗」的，作者在這裡為了避免結構因過度的流暢而反顯呆滯，使用了一點倒敘的技巧，使全詩產生時空交錯的變化。再加上第一行和第四行刻意使用「如果我不要……，你就不會……」的追悔式的寫法，使得這短短五行，變得複雜跌宕，寫盡女子心情的起伏變化。如果我們將這五行的詩意還原為散文的句法，則其前後關係便能一目瞭然：

> 如果東風（我）不要吹起的話，則三月的柳絮（你的心情）就不會飛揚起來了（但事實上因為東風已吹起，所以三月的柳絮也已飛揚起來了），那麼，你的心就像原來那個小小的寂寞的城；就像此刻，如果我的腳步聲不要在這鋪著青色石板路的黃昏街道上響起的話，則你三月的春帷就不會揭起了（但事實上因為我的腳步聲已響起，所以你三月的春帷也已揭起了），你的心也就不會成為一方緊掩的小小窗扉了。

　　在過客未出現前，女子因為長久的等待，將自己的心封閉成一個小小的城。「城」的意象成為女子心情的比喻，是因為「城」是一個方形封閉、獨立的物象，它四方有門，甚至四周築有深廣的護城河，可以完全將自己阻絕於世人，以此比喻詩中女子的心情，其哀愁便不言而喻了，而女子所有美好的記憶與悲傷的期待、寂寞的心情，也就全都閉鎖其中了。一直到這個春天，詩中男子的腳步聲隨著東風（春風）一起出現，女子誤以為她要等的人已經回來，心情瞬間如三月的柳絮，隨風飛揚，然而拉起窗簾一

看，四目接觸之際，這瞬間的希望卻轉為更深的絕望，猶如從山峰跌入谷底一樣，女子的心遂由「城」變成「窗」。「城」雖然封閉、雖然是「小小的」、「寂寞的」，但畢竟空間仍相當大；而「窗」，一扇小小的、緊掩的窗，不但跟城一樣，是個封閉的意象，更是一個小得不能再小的空間了。由一座「城」變成一扇「窗」，女子心情的轉變是極為劇烈的，這一陣無端的春風（過客），將女子早已習慣的小小的、寂寞的城，吹成一空花雨般的柳絮，卻又瞬間緊縮為禁錮生命的窗，其美麗也小，其錯誤則甚大！

在〈錯誤〉的詮釋中，第二節因為時空穿插倒敘、技巧比較複雜的緣故，經常被誤解為東風未來、柳絮未飛，所以女子的心情便寂寞如小城。但是如果我們仔細讀詩，就會發現一、二行與四、五行基本上是對仗的，那麼既然馬蹄、青石是真，既然錯誤已成，則跫音必響、春帷必揭、窗扉必掩，則與他們對仗的東風當然已來、柳絮當然已飛！鄭愁予不愧為大家，利用一個簡單的對仗技巧，讓整首詩顯得蘊藉深厚，充滿詮釋空間，而且對仗本身重複的文法結構，也增加了全詩的音樂性。

在第二節裡，還有一個值得注意的意象：「青石」。在色彩心理學上，「青色」屬於冷色系，相對於黃、橙、紅等暖色系的顏色所帶來的溫暖感，「青色」則給人清冷、淒涼的感覺，這種感覺搭配上黃昏時空蕩蕩（所以聽得到過客的跫音）的石板路（所以會有「達達」馬蹄聲），其清冷、淒涼，愈加強烈，為全詩伏下情感的基調。鄭愁予另一首名詩〈情婦〉也出現過這個意象：「在一青石的小城，住著我的情婦／而我什麼也不留給她／只有一畦金線菊，和一個高高的窗口」，一樣是等待，一樣是青石，一樣是小小的窗口，淒涼清冷的生命情調，成為所有思婦的宿命，在這樣的等待中，恐怕連夢境都是冷冷的青色吧！

## 〈錯誤〉的幾個技巧問題

在〈錯誤〉中，另有幾個值得探討的技巧問題。

第一節為何低二格排列？這個問題極少有人注意到，蕭蕭先生注意到

了，而且給了一個極佳的詮釋，他說：「這樣的形式設計，讓我們可以將這兩行詩另眼看待。將這兩行當作是此詩的『小序』，最爲恰當。」不過另外有一個問題卻沒有人注意到：第二行爲何特別的長呢？不管在視覺上或聽覺上、在閱讀時或朗誦時，長達 15 個字且中間沒有任何標點、中斷的詩行都是一個很大的負擔，大多數詩人都會避免這種情況的發生，但鄭愁予在這樣一首只有九行的短詩中卻沒有避開，而且因爲首節低二格排列的關係，跟二、三節的其他詩行比起來，它實際上等於 17 個字的長度，所以我們可以斷定這必是出於作者的刻意安排。就像周夢蝶在〈樹〉的第五行以特別長的詩行「甚至連一絲無聊時可以折磨折磨自己的」暗示種子對發芽的期待，詩行之長正暗示嫩芽的觸鬚之細長，可以深入泥土、提供日後衝破冷而硬的地層的力量；又像洛夫在〈寄鞋〉的第 13 行以特別長的詩行「有幾句藏在午夜明滅不定的燈火裡」暗示詩中女子因思念而獨對孤燈、徹夜不眠的悲傷，詩行之長正暗示思念之漫長與夜之漫長。鄭愁予在此，也以一個特別長的詩行，配合它本身的內容，從視覺上與聽覺上暗示詩中女子思念之漫長、等待之漫長與悲傷之漫長。

　　如果了解這一個詩行在文字外形排列上的暗示意義，就可以同時注意到一個爲一般讀者所忽略的問題：以「落」字結尾的伏筆安排。第一節的這二行既然是全詩的小序，則它除了交代全詩的背景之外，同時也隱涵了全詩的內容，而第二行的「落」字，正預先暗示了全詩的悲劇性結局：詩中的美麗女子勢必只能從花開等到花落，任蓮花般的容顏與年華，在等待中逐漸凋零、老去，美人遲暮，人間傷心事也！不只是在字義的閱讀上如此，任何人輕吟此詩，當他從「那─等在─季節裡的─容顏─如─蓮花的─開──」的美麗意象與開朗的聲韻中，一轉而掉入「落──」的低沉凝重，情緒必然爲之一震、爲之低迴、爲之同悲！

　　另外，還有一個技巧性的問題也值得注意。第二節的第三行是一個倒裝句。在現代詩裡，倒裝句的功能除了可以加強節奏感外，也有加強「陌生化」（反熟悉化）的功能。試比較下列倒裝句跟它們未倒裝前的樣子就可

以明顯感受到倒裝的功能：

1.向你訴說／隱奧，／蘊藏在／岩石的核心與崔嵬的天外（徐志摩〈泰山〉）

（向你訴說蘊藏在岩石的核心與崔嵬的天外（的）隱奧）

2.是火？還是什麼驅使你／衝破這地層？冷而硬的。（周夢蝶〈樹〉）

（是火？還是什麼驅使你衝破這冷而硬的地層）

3.恰若青石的街道向晚

（恰若向晚（的）青石的街道）

未倒裝前，節奏流暢，但純粹是散文式的語言；倒裝後，不但節奏迭宕，語言也因「陌生化」技巧的作用而擺脫了散文的平鋪直敘，充滿張力。「陌生化」是使現代詩避免散文化並增強詩語言張力的一個重要技巧，它指的是在創作中選用新鮮的、不落俗套的、甚至是不合規範的語言來取代陳詞濫調，破除形式上和語言結構上的慣性化，使語言變得陌生，或將詞類做不尋常的用法，或使不相干的事物產生新的關係，使習以為常的反應萌發新意，製造距離感、新奇感與驚喜感，表現新鮮的獨特性與新的美感，以建立我們對這個世界的全新感受。製造陌生化效果的方式非常多，「倒裝」是其中之一。

## 被「刪節」掉了的刪節號及其功能

〈錯誤〉一詩不但是所有詩選必選，過去的國立編譯館也將它選入高中國文教科書，後來開放民間編輯後，多數版本的高中國文教科書也都選入此詩，不過不管是原來的國立編譯館版，或者是後來的三民版、南一版，在引錄原詩時，卻將最後一行「過客」底下的刪節號「刪節」掉了。或許是疏忽，也或許是因為詩中前八行在該標點的地方，只有行中保留了標點，行末的標點一律省略，所以為求「統一」，遂將最後一行底下的刪節號也一併省略了。然而就詩論詩，這一個看似無關緊要的地方，卻有極為重要的影響，不可不辨。

在現代詩中，標點符號的使用原本極為自由，在大多數的情況下，用與不用並無太大關係。所以有整首使用的，有整首不用的，有行中用、行末不用的，也有大多數詩行不用，只有少數詩行使用的。標點符號在詩中的功能主要有幫助理解的「意義功能」與製造停頓、表達節奏的「節奏功能」二者，使用標點符號，可使這二個功能得到明確的強調，但不使用標點符號，也有它的好處：一則在視覺上看起來乾淨清爽，二則不用標點，可增加詩語言的豐富性，因為標點落地、節奏固定，語意也就沒有彈性了。另外，如果行末遇到跨行，也無法使用標點符號。基於此，大多數的現代詩都不用標點，或者只在必要時於少數詩行使用。但部分標點符號在詩人的巧妙運用下，卻往往超越原有的功能，而具備了一些令人驚喜的特殊功能，其中尤以刪節號最為精采，也最得現代詩人的青睞，特別是當刪節號出現在全詩之末或詩節之末時。則此時，用與不用便有極大的關係了。

刪節號在現代詩中的功能主要有三：一為「意義功能」，暗示原本應有而被作者刻意省略掉的某些詩意，使用刪節號正在暗示讀者、邀請讀者加入想像與詮釋的陣容，因此刪節號便有加強情境延伸、擴大詮釋空間的功能。二為「節奏功能」，當文字結束而刪節號出現時，其無限延伸的符號特性不但暗示詩意未完，而且似乎把最後一個字的尾音無限拉長，造成餘音裊裊、餘味不絕的想像，再加上當刪節號出現在詩中時，它本身刪節省略的符號意義在提供讀者猜度想像空間的同時，也足以將詩的節奏速度降到最慢，所以刪節號可以將詩的節奏降到最慢、最舒緩，詩的抒情意味也因此而提升到最濃郁的地步。三為視覺暗示：「意義功能」與「節奏功能」是所有標點符號都有，只是內涵未必盡同，第三個「視覺暗示」則只有部分標點符號才有，而〈錯誤〉中的刪節號正完全具備了這三個功能。所以，當〈錯誤〉詩中的男子慨嘆他的達達馬蹄竟然造成一個美麗的錯誤時，對於女子的心傷他未必不心懷愧疚，但如此一個錯誤的美麗，卻也令他不無惋惜的自言自語：為什麼我不是歸人，而只是個過客呢？而當這麼多的想

法徘徊在他內心時，「過客」底下的刪節號，正可以恰如其分的將男子心中的想法與情感，透過極其舒緩的節奏，緩緩流洩而出；此時，一方面全詩的抒情意味在此得到加強，一方面詩的文字雖然已經結束，但透過刪節號的流洩渲染，過客的輕喟、讀者的低迴與全詩的意境彷彿還隨著刪節號，一點一滴、如絲如縷的盤旋縈繞、纏綿不去。而當男子最後仍然不得不繼續他飄泊浪跡的宿命，騎著馬離開這江南小鎮時，刪節號本身一點一點的虛線，在視覺上正暗示著馬蹄的痕跡一點一點的向前延伸，最後消失在暮色蒼茫之中……所以〈錯誤〉詩末的刪節號，對全詩整體氣氛、韻味、意境之經營而言，實位居極為重要的關鍵，絕非僅僅是一個普通的標點符號而已，自不可輕易忽略。況且作者原詩既作如此安排，基於尊重作者之立場，也不應隨意更改。

　　其實像〈錯誤〉這樣的標點符號安排，在現代詩中並不少見，例如林泠〈微悟——為一個賭徒而寫〉的最後一行與夐虹〈水紋〉的最後一行都是類似的例子小小的標點符號，看似無關緊要，其實可能正是作者苦心之孤詣之處，讀詩之際、評詩之時，可不慎乎！

——選自丁旭輝《淺出深入話新詩》

臺北：爾雅出版社，2006 年 9 月

# 依賴心理與鄭愁予詩歌的
# 孤獨感研究

◎方環海*
◎沈玲**

## 一、深刻的「浪子」

　　鄭愁予（1933～）其人其詩常給人以一種神祕感，就如瘂弦（王慶麟，1932～）所言，「鄭愁予的名字是寫在雲上」[1]。因一些名作，像〈錯誤〉、〈水手刀〉等多以「旅人」爲象，集中於流浪和漂泊的主題，充滿無定的方向感和距離感[2]，又慣用第一人稱或第二人稱，從而贏得了「浪子詩人」之譽。有人認爲這是一個「錯誤」，一種「草率」；鄭愁予自己對「浪子詩人」的說法也不認同，他說「因爲我從小是在抗戰中長大，所以我接觸到中國的苦難，人民流浪不安的生活，我把這些寫進詩裡，有些人便叫我做『浪子』，其實影響我童年和青年時代的，更多的是傳統的仁俠的精神，如果提到革命的高度，就變成烈士、刺客的精神。這是我寫詩主要的一種內涵，從頭貫穿到底，沒有變」[3]。在鄭愁予眼中，浪子似乎是消極的名詞，所以要辯正，而用刺客、烈士代之[4]。我們覺得，如果細究起來

*發表文章時爲徐州師範大學語言研究所教授，現爲廈門大學海外教育學院教授。
**發表文章時爲徐州師範大學文學院副教授，現爲廈門大學嘉庚學院中文系副教授。

[1]轉引自蕭蕭（蕭水順，1947～），〈高中課文現代詩賞析教師學生必讀：賞析鄭愁予的〈錯誤〉〉，《中央日報：讀書週刊》，1997 年 3 月 12 日，21 版。
[2]廖祥荏，〈船長的獨步──鄭愁予海洋詩評析〉，《中國語文》第 533 期（2001 年 11 月），頁 73。
[3]彥火（潘耀明，1947～），〈揭開鄭愁予一串謎──海外華裔作家掠影之三〉，《中報月刊》第 39 期（1983 年 4 月），頁 62～63。
[4]廖祥荏，〈宇宙的遊子──愁予浪子詩評析〉，《中國語文》第 520 期（2000 年 10 月），頁 70。其

的話，「浪子詩人」的名頭對鄭愁予而言並無不妥。因為這是一種誠實、認真的評價。這裡的「浪子」並不是沒有目標、沒有理想、沒有責任的隨性遊蕩者，而是一個積極進取、永不言棄、永在跋涉的「過客」[5]。其實無論仁俠也好，浪子也罷，總而言之也都是廣泛意義上的「旅人」。

旅人，實際上就是最廣泛意義上人類的生存狀態。《周易正義》云：「旅者，客寄之名，羈旅之稱；失其本居，而寄他方，謂之為旅。」[6]《周易集解》引王弼（頁 226～249）曰：「旅者，物失其所居之時也。物失所居，咸願有所附。」[7]張衡（頁 78～139）《思玄賦》云：「顑羈旅而無友兮，余安能乎留茲？」[8]很顯然，從古到今，在人們心目中，旅人的羈旅過客生涯都充滿孤獨與鬱悶的情調，由於缺乏依賴[9]，沒有歸屬感，在其精神或肉體上構成苦悶、衝突甚至鞭笞，但又無力解決終止它[10]。也正是由於「旅」而難「居」的因素，在許多人的心裡，包括在鄭愁予的心目中，他所理解的「旅」都已不再局限於狹義的「行旅」，正如同李白（701～762）在〈春夜宴桃李園序〉中說的那樣，「夫天地者，萬物之逆旅」[11]，已完全將人生、萬物視作「行旅」之事。

---

實鄭愁予本人對這一說法的態度也存有矛盾，比如他認為自己早期的許多詩是很嚴肅的作品，但是也仍然延續了不被外人理解的「浪子情懷」——除了酒、流浪；還包括犧牲的抱負、路見不平的仗義，而革命正是一種俠義犧牲的事業。可能其他人說的「浪子」與鄭愁予本人認同的「浪子」，在內涵上怕是不對等的。參見沙笛（汪仁玠，1961～）：〈在傳奇的舞臺上〉修訂稿〉，《現代詩》復刊 10 期（1987 年 5 月），頁 44。

[5] 鄭愁予的旅人與浪子形象非常相似於魯迅（周樹人，1881～1936）〈過客〉中那位不知前面是鮮花還是墳墓而永在跋涉的過客，什麼時候才能休息一下呢？究竟要到哪兒去呢？這些是過客永遠的問題。參見土居健郎（DOI Takeo, 1920～），《依賴心理的結構》王煒（1948～2005）、范作申（1953～）、陳暉譯（濟南：濟南出版社，1991 年），頁 162；魯迅，《過客》，載《魯迅全集》第 2 卷（北京：人民文學出版社，1981 年），頁 188～194。

[6] 轉引自黃壽祺（1912～）、張善文（1949～），《周易譯注》（上海：上海古籍出版社，1987 年），頁 461。

[7] 同前註，頁 462。

[8] 張衡（78～139），〈思玄賦〉，《文選》第 15 卷（蕭統（501～531）編）（北京：中華書局，1977 年），頁 216。

[9] 「依賴」是為了否認人類生存過程中必然出現的分離事實，抑制分離帶來的痛苦，而產生的一種心理活動。參見土居健郎，頁 75。

[10] 白靈（莊祖煌，1951～），〈淺析鄭愁予的境界觀——中國現實與理想的藝術導向〉，《現代詩》復刊 1 期（1982 年 6 月），頁 37。

[11] 引自 http://dir.iask.com/search_dir/wx/zp/gd/st/l/libai。

　　在鄭愁予的詩中，旅人的心靈隨處可見，孤獨感如影隨形。「過客」、「旅人」在他那裡已成了一種表徵，追求的應該是生命永恆的價值，追問的也是人類生存永恆的意義。所謂的價值與意義，總是要有所附麗，不論是社會功能還是心理功能，只有如此孤獨感才會得以舒解。

　　在詩歌中，鄭愁予一以貫之地表達了自己做爲旅人對生命歸屬的尋求，那歸屬之處在那裡？是遠離的故土？無限的親情？自然的山水？甜蜜的愛情？還是永恆的時間？生命的死亡？好像都是，又好像都不是。浪子意識，只是詩的一種外在表現方法，內在的所謂「無常觀」[12]實際是直指生命的[13]，事實上，如果我們站在哲學本體的層面看，「浪子」應該說是人類對世界包括生命、存在等終極命題的最爲深刻的意義表達。[14]生命的本質是孤獨的，但人是追求依賴感和歸屬意義的動物，蘇格拉底（Socrates, 469BC～399BC）說未經省察的人生是沒有意義的，土居健郎（DOI Takeo, 1920～）認爲，人類意識的成長，根本就是源於對父母的心理依賴，而人類走入的正是這樣一個怪圈：尋找依賴──否定依賴──超越依賴，從而構成一個迴圈。[15]本文力圖通過分析鄭愁予的詩歌，來探討鄭愁予詩歌中獨有的一種永恆的孤獨、虛無的世界與追尋的意義[16]。

　　鄭愁予曾寫下這樣的詩句：「我在溫暖的地球已有了名姓／而我失去了舊日的旅伴，我很孤獨」[17]。旅人無伴，何其寂寞乃爾！這是一聲非常直露的告白，也是一句無奈的呢喃，而這樣的直露與淺白在鄭愁予的詩歌中是

---

[12]陳姿羽，〈鄭愁予：詩心・俠骨・觀無常〉，《天下雜誌》第 325 期（2005 年 6 月），頁 222～225。

[13]林麗如，〈人道關懷的詩魂──專訪鄭愁予先生〉，《文訊雜誌》第 205 期（2002 年 11 月），頁 86。

[14]包括山水在內，都具有某種哲學的意義在裡面，參見陳祖彥（1944～），〈山的詮釋者──詩人鄭愁予〉，《幼獅文藝》第 505 期（1996 年 10 月），頁 9。

[15]土居健郎，頁 98。

[16]有學者認爲，浪子意識已經成爲鄭愁予詩歌中的主題內容，對此我非常贊同，這裡浪子已經被提到意識的層次，事實上鄭愁予通過浪子通達虛無，無就是有，有也是無，正是鄭愁予的詩句所云，「處處非家，所以，處處家」。參見蕭蕭，〈情采鄭愁予〉，《國文天地》第 145 期（1997 年 6 月），頁 63～64。

[17]鄭愁予，〈鄉音〉，《鄭愁予詩集 I》（臺北：洪範書店，2003 年），頁 12。

不多見的。

　　考「孤獨」一詞，其意義本係合成，且歷史悠久。許慎（約 58～147），《說文解字》釋曰：「孤，無父也。」段玉裁（1735～1815）注：「孟子曰：『幼而無父曰孤。』引申之，凡單獨皆曰孤。」[18]獨，孤單之義。《說文解字》云：「羊爲群，犬爲獨也。」段玉裁注：「犬好鬥，好鬥則獨而不群。[19]」《字彙》云：「獨，單也。」《詩經‧小雅‧正月》：「念我獨兮，憂心慇慇。」鄭玄（127～200）箋：「此賢者孤特自傷也。」[20]其實，「孤獨」是同義複合詞，皆爲單獨、孤單、孤立無援之義，所以《廣雅‧釋詁三》曰：「孤，獨也。」[21]可見，古人心中的「孤獨」是一種由各種情感鬱積而成、帶有恆久性的心境狀態。一位道道地地被我們稱爲現代人者是孤獨的，且自古皆然。[22]應該說孤獨就是來自人類最爲深刻的無助感。

　　人類的孤獨感大致可以分爲人際孤獨、內心孤獨、存在主義孤獨三種形式[23]，其中人際孤獨和存在主義孤獨都是健康的孤獨形式，人際孤獨意味著缺乏關係或關係不合我意，存在主義孤獨是超越性孤獨，它的指向不是尋求關係，而是在一定程度上主動迴避關係、渴望獨處。薩特（Jean-Paul Sartre, 1905～1980）存在主義哲學甚至從生命的整體性方面否定了人的存在性：人的整個存在連同他對世界的全部關係都成爲可疑，一切理性的知識和信仰都已崩潰，留下的只是處於絕對的孤獨和絕望之中的自我[24]。內心孤獨卻是一種病態的孤獨，它意味著自己心理中有著內在的不統一，實際

---

[18]參見漢語大字典編輯委員會編，《漢語大字典縮印本》（武漢：湖北辭書出版社，1993 年），頁 426。

[19]《活大字典縮印本》，頁 577。

[20]同前註，頁 577。

[21]《活大字典縮印本》，頁 426。

[22]榮格（Carl Gustav Jung, 1875～1961）著；黃奇銘譯，《現代靈魂的自我拯救》（*Modern Man Sarch of A Soul*，北京：工人出版社，1987 年），頁 294。

[23]三種類型孤獨的重要區別是由亞隆（Irvin D. Yalom, 1931～）提出的。參見亞隆著；易之新譯，《存在心理治療》（臺北：張老師文化，2003 年）。
引自 http://www.xici.net/people/woman/b25569/d32391901.htm.

[24]鄭愁予自己承認曾經受到存在主義的影響，而 1966 年以後，才覺得需要現實，也要面對現實。參見彥火，頁 62。

上已經與外在關係沒有多少牽涉。

現代心理學的看法也與此相似，認爲孤獨感是在自我意識不斷增長的基礎上，因依賴的欲望不能滿足或自我受到威脅時而產生的一種心理狀態，許多現代科學家也不同程度地體驗到了這種本源性的痛苦。在當代社會中，人們常常因爲環境與人性需要之間的斷裂而感受到太多的孤獨感，迄今爲止，無論是在精神上還是在社會上，每個人都是獨立的，但誰能夠真的憑藉自己，給自己找到一個固定的位置呢？我們雖然也都明白那孤獨的本質，卻不得不在和他人的關係中苦苦尋覓活著和存在的意義。鄉愁、離別、情愛、死亡、自然山水中都含有孤獨的成分。人類的孤獨感既然是一種心理狀態，那就必然蘊含著多種情感，如果能夠獲得有效的藝術傳達，就會給人以撼人心魄的審美感受。

這樣看來，人類的孤獨感應該至少有兩個層次，一是情緒的孤獨，一是審美的孤獨。心理學認爲，孤獨感做爲一種情緒是不利於人的身心健康的，但做爲審美物件的孤獨卻具有永不衰竭的藝術魅力。[25]鄭愁予的詩既充滿了孤獨情調又給人一種智的啓迪與力的美感，致力突破時空的圍限，憑藉既有的智慧，去對抗先天受限於時間與空間的苦悶，宣洩那份悲劇性的憤慨[26]，我們認爲這是由「孤獨」做爲一種心理狀態的基本性質決定的。

## 三、存在的追尋：對世界認知的路徑

做爲一種生理上的病症，孤獨無所謂對象，但做爲對世界的一種意識，孤獨既有其物件，又有其原因，它非常明確地關涉著對世界的認知，具有非常明確的意向性。

---

[25]從某種意義上說詩歌是獨立於文學以外的，與美術、音樂同類。語言在詩歌中的作用已遠遠超出它原來的意義，這一點和散文、小說是完全不同，鄭愁予的詩就是詩心與攝影的結合。參見庫爾泰（Joseph Courtes, 1936～）；懷宇譯《敘述與話語符號學：方法與實踐》（天津：天津社會科學出版社，2001年），頁2～13。吳婉茹，〈詩中有影，影中有詩：詩人鄭愁予 Vs 攝影家柯錫杰〉，《中央日報》，1995年7月13日，18版。
[26]鄭愁予，〈止於大限〉，《幼獅文藝》第24卷第4期（1966年4月），頁18。

　　人類是因爲渴望突破時間、空間的局限，才採取流浪的行動。[27]但是孤獨感確實不應該是生命中的主旋律，太多的孤獨只能意味著社會存在關係之網的破碎。我們對世界的意識一直都具有一定的內容，姑且不論這些認識的內容是多麼混亂，多麼模糊。一般而言，心理學上也是如此，記憶與欲念、希望與信仰、憤怒與愛戀等，所有一切在某種意義上都要具有自己的客體。即使是在想像的情況下，人類認識的也不是什麼想像（imagination）之物，而仍是真實的事物。這就是說，單純討論鄭愁予詩歌的孤獨感是沒有意義的，鄭愁予單純地抒發對世界的孤獨感也是沒有意義的，他的感受必須依賴此物或彼物，愛戀某事或某人，對這一點或那一點有所認識等。[28]「咸願有所附」，這是一種不可缺失的世界的關涉性。

　　那麼詩人該如何承載這種孤獨感？在我們看來，鄭愁予既沒有像尼采（Friedrich Wilhelm Nietzsche, 1844～1900）那樣變成瘋子，也沒有像葉賽甯（Sergey Aleksandrovich Yesenin, 1895～1925）、馬雅可夫斯基（Vladimir Mayakovsky, 1893～1930）那樣以死來解脫，而是默默地承受著孤獨，在這一過程中他找到了詩。在詩的世界裡，他自由地遊弋，憑藉各種手段來排遣消解這種孤獨感。動力心理學認爲，孤獨本身是欲望受到挫折的結果，因而總伴隨著痛苦的情感。一切情緒甚至是痛苦的情緒，只要能找到正當的表現途徑[29]，都能最終導致快樂。詩人正是憑藉詩歌來充分表現孤獨情調，從而獲得生命的快感和勇氣以及奮發昂揚的意義，這意義，更是現時的人們應該深刻體會並追求的，也從而推動著詩人在存在意義的追尋中向前走去。

　　事物的存在本身不能得到把握，我們能夠分析把握的應該說只是認知

---

[27]林淑華，〈鄭愁予詩中的山水〉，《中國語文》第 558 期（2003 年 12 月），頁 73。

[28]丹圖（Arthur Coleman Danto, 1924～ ）著；安延明譯，《薩特》（北京：中國社會科學出版社，1992 年），頁 66。

[29]所謂表現主要有兩種形式：一種是指生命力在筋肉活動中和腺活動中得到宣洩，即機能表現；另一種是指情緒在某種藝術形象中，通過文字、聲音色彩、線條等象徵媒體得到體現，即藝術表現。鄭愁予在創作之前心理先有一個圖像世界。參見丁琬，〈我達達的馬蹄——鄭愁予先生訪問記〉，《明道文藝》第 104 期（1984 年 11 月），頁 107。

事物存在之外的所謂特質。我們歸屬其中，同時又置身其外。在鄭愁予的詩裡，旅人本身就是一種存在：我是誰？我從何處來？要到何處去？也許「我」只能是一種可能對自身是什麼做出疑問的一種存在。[30]這樣的虛無是通過現實而存於世的，各種價值也存在於人們生居的世界中。

　　由於我們的民族在漫長的歷史進程中經受了太多的創傷和苦難，一種浩茫深重的孤獨意識已經深深地積澱於我們的文化心理結構之中，並成為歷代文人進行創作的一種潛在心理動力。鄭愁予正是基於對山川故國的眷戀，對人生際遇的傷感、對生命無常的喟歎，再加上他對西方現代手法和中國古典手法的嫻熟運用，使得他的詩已進入人與自然合一的境界。縱觀鄭愁予的詩歌創作，以主觀精神把握客觀事物，取材大抵都是日常的生活現象，縱身到時代的大波巨瀾中擊水的情況很少，在文學中折射出的時代風雲也不多見。[31]但就在這瑣細裡，作者常能幻化出極為豐富的意象來。

## （一）故土親情在夢中

　　童年時隨家輾轉各地的經歷給鄭愁予留下了強烈而深刻的記憶，它幾乎影響了詩人的一生。詩人成年後所處的孤島臺灣，像棄兒似地孤懸於海中，遠離大陸，皈依無所。雖然它仍是大陸不可分割的一部分，兩者在海流深處相連，但臺海阻隔，兩處望遠，地域上的歸屬感似乎難以找尋，處於放逐的心態或邊緣文化情緒。為了擺脫這種對鄉土眷戀而帶來的孤獨感，他曾隻身飄洋過海，試圖在另一個世界裡找到自己的精神家園，但西方社會終究不是彼岸。當詩人越過高山大海的阻隔，又回到臺灣時，「而酒客的家，是無橋可通的」，類似「移民情結」的無可奈何[32]，那種被故土拋棄的失落感與恐懼感，仍潛伏在詩人的內心深處，它成了詩人心底一個

---

[30]丹圖，頁 88。

[31]現實與現時是不同的，現時屬於現象，屬於時間，而現實卻包容時空，它是現時的最高真實。藝術雖然不是人生，卻來自人生，只要掌握現實，一部藝術作品便不愁缺乏時代精神。參見辛鬱（宓世森，1933～），〈柔性的戰歌——談一首被忽略的詩〉，《中外文學》第 3 卷第 1 期（1974年 6 月），頁 205。

[32]徐望雲（1962～），〈悠悠飛越太平洋的愁予風——鄭愁予詩風初探〉，《名作欣賞》1994 年 2 期（1994 年 3 月），頁 109。

永遠的痛，始終難以找到歸屬的心態[33]。那麼，詩人又是如何表現這種地域
上難以歸依的孤獨情緒的呢？

　　這時候的鄉音，已經成為全人類的鄉音[34]，詩人面對故土親情，在傳達
自己的理性思索時，往往伴隨著濃濃的情感衝動，充滿邊緣感和移民情
調，意象所蘊含的理念（或叫意念）經由著憂鬱情感的浸潤。沒有情緒，
作者將不能探入物件裡面，沒有情緒，作者更不能把他所傳達的對象在形
象上、感興上、在主觀與客觀的融合上表現出來：「我乃有了一飲家鄉水的
渴欲……／乃拔動四肢／爬上去／……（而故鄉之野仍是不可企及的）」[35]
不直接點明題旨，而以深情的筆調反復抒寫「我」對「故土」的戀慕與認
同，雖然故鄉之野是那麼的不可企及，但一個「渴」字貌似生理，實是心
理，寫出了詩人的最為真切的遊子心態，貼切的比喻，散文式的自由抒
唱，使詩具有一種明麗顯豁的意境和迴腸盪氣的力量。尤其是〈來生的事
件〉的詩句，「我是十四歲的秋天，跟著部隊／離開動亂的家鄉／……是一
個來生的事件了」[36]，在詩人看來，今生是旅人，來生仍然還是流浪，這已
經成為一種宿命了。

　　「一夜的雨露浸潤過，我夢裡的藍袈裟／已掛起在牆外高大的旅人木
／……一種沁涼的膚觸，說，我即離去」[37]，寫著離愁。通過刻劃一個久居
異鄉、愁思輾轉、夜不能寐的遊子形象，把都市人的那種孤獨感傳神地表
達出來，準確，同時角度也較刁鑽。「啊，我們／我們將投宿，在天上，
在沒有星星的那面」[38]，則描摹出獨自在月下彷徨的旅人，別有一番孤獨感
襲上心頭的感受。正如〈客來小城〉所寫：「客來小城，巷閭寂靜／客來門

---

[33]廖祥荏，〈鄭愁予《夢土上》評析〉，《中國現代文學理論》第 8 期（1997 年 12 月），頁 547。

[34]李立平（1975～），〈鄭愁予的詩情世界與詩美追求〉，《世界華文文學論壇》第 2004 年第 3 期，
　　頁 50。

[35]鄭愁予，〈大峽谷〉，《鄭愁予詩集 II》（臺北：洪範書店，2004 年），頁 141。

[36]鄭愁予，〈來生的事件〉，《鄭愁予詩集 II》，頁 348、350。

[37]鄭愁予，〈晨〉，《鄭愁予詩集 I》，頁 94。

[38]鄭愁予，〈下午〉，《鄭愁予詩集 I》，頁 95。

下，銅環的輕叩如鐘／滿天飄飛的雪絮與一階落花」[39]，旅人在尋覓，而所尋覓的一切已經不在，留給旅人的只是一個空空的院落，是滿天飄飛的雪絮與一階落花，作品對孤獨的表達很有深度。「又是雲焚日葬過了　這兒／近鄉總是情怯的／而草履已自解　長髮也已散就／啊　水酒漾漾的月下／大風動著北海岸／漁火或星的閃處／參差著諸神與我的龕席／……」[40]，「且帶著屬於先知的悲憫／穿上滿鞋家園的荒涼／開始走著　走著　悟著宇宙悟著死／然而　所有的橋樑都跨過了／從這一異端　渡向　彼一異端」[41]，就在這故鄉的山光水色裡，孕育、表現詩人對故鄉綿長的思戀。

　　詩人寫到親情，從而讓我們感受到了人世間尚存的、不變的、永恆的溫暖，如：「暮鴉突然鼓噪疑是黃昏了／而末班車來的時候卻一切都是岑寂的」[42]；「該有一個人倚門等我，／等我帶來的新書，和修理好了的琴／而我祇帶來一壺酒／因等我的人早已離去」[43]，「如果，我去了，將帶著我的笛杖／那時我是牧童而你是小羊[44]，「啊，你已陌生了的人，今夜你同風雨來／我心的廢廈已張起四角的飛簷」[45]。這些詩歌單純、親切，但在單純、親切的背後，作者也時常嵌入一些孤獨的意象，如「暮鴉」、「廢廈」、「風雨」等。

　　由對故土親情轉而對人生的苦思冥想，在探索中溢滿了困惑和苦楚。一如〈殞石〉所寫，「這些稀有的宇宙客人們／在河邊拘謹地坐著，冷冷地談著往事／……自然，我常走過，而且常常停留／……記得那母親喚我的窗外／那太空的黑與冷以及回聲的清晰與遼闊」[46]。作者由外轉內的渴望、思考和體驗，能夠產生這種對「存在」的思考。只要不停下手中的

---

[39]鄭愁予，〈客來小城〉，《鄭愁予詩集 I》，頁 9。
[40]鄭愁予，〈野柳岬歸省〉，《鄭愁予詩集 I》，頁 282。
[41]鄭愁予，〈衣缽〉，《鄭愁予詩集 I》，頁 294。
[42]鄭愁予，〈夢回懷友〉，《鄭愁予詩集 II》，頁 299。
[43]鄭愁予，〈夢土上〉，《鄭愁予詩集 I》，頁 10。
[44]鄭愁予，〈小小的鳥〉，《鄭愁予詩集 I》，頁 69。
[45]鄭愁予，〈度牒〉，《鄭愁予詩集 I》，頁 112～113。
[46]鄭愁予，〈殞石〉，《鄭愁予詩集 I》，頁 54～55。

筆，只要不斷地對人生進行思考，即使是宇宙的匆匆客人，但靈魂深處的宇宙會因為詩歌的寫作，變得更加明晰。

正如詩人說的那樣，「也許什麼都比不了一個對飲的時刻」[47]，包括學問、考據、教育等等，都比不上暫時的飲樂，這是對人生的一種遊戲式的虛無態度，是看透人生後對生命的一種對抗與反彈。那故土是如此的不可企及，詩人情感的寄託與選擇還能是什麼？孤獨的旅人，好像永遠也沒有歸宿，沒有任何的目的地，甚至也忘記了他的根源，故鄉只在恍惚的夢中浮現，隨著歲月的消逝，和他愈離愈遠，而日復一日，他卻和孤獨愈來愈近，故鄉的陌生和孤獨的熟悉，被歲月劃成兩個不相連屬的時空，旅人成了浪子，而浪子只是個過客，不是歸人。[48]

## （二）空靈的自然山水

鄭愁予說：「人時常處於漂流狀態，人在異地帶著探險的心和一種尋幽訪勝追求美的意念，充滿了無限開拓的可能性，這是一種突破空間的企圖；另外，人在異鄉、身處異地總不可免的充滿懷舊、鄉思，這則是突破時間企圖，古代詩人的作品多數是在異地完成的，所以漂泊之域總不以為是絕地。[49]」確是如此，他的很多詩歌都涉及到異地的自然山水意象。當他面對雲彩或雷電沉思冥想時，大自然的美和神祕在他心中就已孕育了寫詩的欲望，無論是在空曠之地，還是在喧鬧都市，也無論是在山谷，還是在海濱，詩人都在俯首閉目默思，省察個人的靈明。[50]

無論是觀察自然、體驗自然，詩人追求的是能夠達到人與自然的合一的境界[51]。在自然之外再締造自然，在觀念的絕地再開闢觀念[52]，同時在物

---

[47]鄭愁予，〈欣聞楊牧推出《吳鳳》詩劇有贈〉，《鄭愁予詩集 II》，頁 89。

[48]孟樊（1959～），〈浪子意識的變奏：讀鄭愁予的詩〉，《文訊月刊》第 30 期（1987 年 6 月），頁 150。

[49]林淑華，頁 73。

[50]朱西甯（1927～1998），〈「長歌」的和聲——介紹鄭愁予的新詩集〉，《幼獅文藝》第 27 卷第 1 期（1967 年 7 月），頁 18。

[51]依賴的目的就是與對方的一體感，天人合一這種境界是對自然的感動，就體現了人們懷著深切的感情與物件溶為一體，可用「物哀」一詞統之。參見土居健郎，頁 83。

[52]鄭愁予，〈止於大限〉，《幼獅文藝》第 24 卷第 4 期（1966 年 4 月），頁 19。

我冥合的境界中，體現對宇宙生命的感悟。[53]詩人對世界終極意義的思考、情感和敘述一起流動，意象的質樸、語言的簡潔和沉靜的表達方式，實現了其「我思，我寫，我快樂」的詩歌理想。他的許多描寫自然山水風情的短詩語句簡練，意象具有極強的張力，許多平凡常見的意象一旦進入他的詩中就遠遠超出了人們想像的空間。他也特別善於捕捉剎那間的感受，從而把深刻的理性精神濃縮為詩篇。[54]如「我從海上來，帶回航海的二十二顆星／……赤道是一痕潤紅的線，你笑時不見／子午線是一串暗藍的珍珠／當你思念時即為時間的分隔而滴落」[55]鄭愁予的詩中出發前的抒情想像較多，歸來後的滄桑較少，流露出隨時準備離去的態度。[56]「春／春唱到五更已使夜蒼老／流過她魚肚色的皺紋／灰髮樣的黎明像淚那麼流／那麼波動／那麼波動後的無助／那麼樂著病死」[57]，在山水的深處，隨著你思考、冥想的深入，不可解的東西越來越多，這種自然的神祕是賦予人類的特別恩施。如「曾被旋轉地撫愛像一具／風車（那些風，留下些情話就下坡去了。）／無奈的一刻卻是雨後的小立／是不欲涉想收穫的／女性的玉米」[58]；「當轉身／驀見在客廳的立燈下／正危坐著一個唐代雍容的女子／……她神馳地告訴我　一面起座／衣帶飛天地探千東窗的外頭／是不是還有哥哥說的搗衣的月色」[59]。

這山水的神祕，只是外在的徵象，看鄭愁予在詩中寫道，「一庭銀閃閃飛墜的光芒，／是射向虛無的天空又彈回來達到箭矢麼？」[60]，「那些桃花都魂化仙去了麼？／那一畝菱塘本是倩女的／容鏡，一架秋千就占了／十

---

[53] 商瑜容，〈鄭愁予旅美前詩作研究〉，《文與哲》第 1 期（2002 年 12 月），頁 455。

[54] 大凡優秀的詩人，莫不善於扭曲詞性以應萬物的自然，參見楊牧（王靖獻，1940～），〈鄭愁予傳奇〉，《幼獅文藝》第 237 期（1973 年 9 月），頁 21。

[55] 鄭愁予，〈如霧起時〉，《鄭愁予詩集 I》，頁 76。

[56] 焦桐（1956～），〈建構山水的異鄉人：論鄭愁予《鄭愁予詩集》〉，《幼獅文藝》第 545 期（1999 年 5 月），頁 37～38。

[57] 鄭愁予，〈草生原〉，《鄭愁予詩集 I》，頁 210。

[58] 鄭愁予，〈玉米田〉，《鄭愁予詩集 II》，頁 154～155。

[59] 鄭愁予，〈寧馨如此〉，《鄭愁予詩集 II》，頁 2、3。

[60] 鄭愁予，〈爬梯及雜物〉，《鄭愁予詩集 II》，頁 312。

畝荒園……」[61]，「一手扶著虹　將髻兒絲絲的拆落／而行行漸遠了　而行
行漸渺了／……漂泊之女　花嫁於高寒的部落／朝夕的風將她的仙思挑動
／於是涉過清淺的銀河／順著虹　一片雲從此飄飄滑逝」[62]。在詩中，詩人
往往選擇某一具體形象如「箭矢」、「菱塘」、「秋千」、「荒園」等來托物寄
情，既不實寫，也不直抒胸臆，而是通過一些不同於常態的手段如聯想、
隱喻、幻覺、暗示等來營造出朦朧、神祕的色彩，以表現人生的幻滅感和
孤獨感。不過，詩人雖大量採用象徵意象，但因貼近主觀情緒，所以詩意
雖曲折、朦朧卻並不過於晦澀。[63]

　　中國文學源遠流長。在幾千年的發展過程中，中國古典詩詞對國人產
生了潛移默化的影響。比如，以「菊」、「松」、「梅」、「竹」這些古詩詞中
常出現的意象來比喻節操的高潔。古詩詞對新詩的影響是潛在的、自然而
然的，這就不難理解鄭愁予詩歌中所出現的許多似乎與主題無關的自然意
象，它們是詩人爲讀者精心構建的精神家園大自然的美麗幻象，只可意
會，不必執著去索解。詩人自己真正地溶於自然，游於自然時，如夢如幻
的天空、月亮、大地，這些才是詩人想看到的：「土地公公，讓我們躲一躲
吧，在這小小的土地祠／外面有追趕我們的暴風雨／……我是不能回家轉
了」[64]，「再無更高的峰頂可攀援，我們乃坐下／飲酒，等待落日之西垂
／……突然，阿德朗黛山發出／悽厲之一聲紅徹天地的呼嘯／此即是時間
之灼痛」[65]；「白塔喲／像紙幡兒般／在濃夜上挑著」[66]。

　　〈北京北京〉中的白塔，是「像紙幡兒般」這樣的意象，我想詩人用

---

[61]鄭愁予，〈舊港〉，《鄭愁予詩集 II》，頁 42。

[62]鄭愁予，〈風城〉，《鄭愁予詩集 I》，頁 190。

[63]在五四文學革命中，當新詩衝破舊詩的藩籬，占領中國詩壇的時候，世界文學中洶湧著三股詩
潮：現實主義、浪漫主義和現代主義，其中現代主義處於主導地位。1949 年後，現代主義在大
陸沉寂了 30 年，而臺灣卻形成了以「現代詩社」、「藍星詩社」和「創世紀詩社」爲主的臺灣現
代派，彌補了大陸詩壇的不足。參見沈謙（1947～），〈從何其芳到鄭愁予──比較評析《花環》
與《錯誤》〉，《中國現代文學理論》第 1 期（1996 年 3 月），頁 52。

[64]鄭愁予，〈土地公公，請讓我們躲一躲〉，《鄭愁予詩集 II》，頁 230。

[65]鄭愁予，〈落日〉，《鄭愁予詩集 II》，頁 198。

[66]鄭愁予，〈北京北京〉，《鄭愁予詩集 I》，頁 284。

的「眼睛」肯定與常人不同，只有萬物皆如死般虛無的「眼睛」才能夠看到這樣的獨特風景。[67]在自然山水的吟詠中，詩人這時的「自我」已經不是經驗現實中的自我，而是立足於萬物基礎上的永恆自我，它與世界本體打成一片，從存在的深淵裡發出呼叫，象徵性地說出了生命的原始痛苦。所以，他的詩很少歌唱純粹個人的悲歡，它們的主題是孤獨感、理想和超越、對永恆的憧憬這一類所謂本體論的情緒狀態，生命的意義問題自然而然地成了他思考的中心，熱愛人生，竭力為生命尋求一種意義，追究人生背後的所謂終極意義。

正因如此，他才用心去撫摸自然、用心智去感受自然[68]，源源不斷地寫出關於自己熟悉的存在空間的詩歌，其間看不到一點點的浮華和憤怒，看不到外界給詩人造成的焦慮和曲折，有的只是風雨過後隱隱的痛：「星星中，她是牧者。／雨落後不久，虹是濕了的小路，／羊的足跡深深，她的足跡深深，／便攜著那束畫捲兒，／慢慢步遠……湖上的星群。」[69]，「白雲是悠然的，如往常那樣／和平地坐下了不知憤怒的修墓人／坐下，想著，能從祈禱中／得來什麼樣的新信息／鳥聲是清亮的／祝詞的喃喃是綿長的」[70]，詩中描繪的是一幅江南行吟圖：在晨曦與暮靄中，隨著微風與細雨，一個可傷可憐的旅人走來，在一瞬間，詩人產生一種神祕的感覺。

很多情況下詩人拒絕對現實生活進行直接觀照而寄情於自然，但這種人生態度並非是對人世絕望，就如加繆（Albert Camus, 1913～1960）所陳述的「沒有生活之絕望就不會有對生活的愛」[71]。晚期鄭愁予的詩裡即有物化山水中、天人合一的傾向，人類已物化為虛無天地的一個部分[72]。

---

[67]現代詩歌是一個多棱鏡，各個角度有各個角度的感受，但是必須以詩之本體為依據，參見銀髮，〈現代詩初探──試簡釋鄭愁予的錯誤〉，《創世紀》第 37 期（1974 年 7 月），頁 97。
[68]彭邦楨（1919～），〈論《窗外的女奴》〉，《幼獅文藝》第 30 卷第 4 期（1969 年 4 月），頁 87。
[69]鄭愁予，〈牧羊星〉，《鄭愁予詩集 I》，頁 162～163。
[70]鄭愁予，〈獨樹屯〉，《鄭愁予詩集 II》，頁 179～180。
[71]轉引自余凌，〈陽光、苦難、激情〉，《讀書》1991 年第 10 期（1991 年 10 月），頁 72。
[72]林淑華，頁 76。

## （三）愛到濃時亦近無

　　愛情是生命發展的強大動力[73]，使人可以放棄一切，包括生命與宇宙，從而求得這份永恆[74]。《新約·哥林多前書》（"First Corinthians", *New Testament*）中說，「愛是恆久忍耐，又有恩慈」。愛情是什麼？當註定了那唯一的相屬後，又怎能沒有表白沒有追問？當對於愛情的描述一次又一次的從純粹降格而變得世俗化之後，也許我們應該領悟，孤獨的靈魂乃是愛情的悲劇，孤獨之於愛，何異於南轅而北轍。「我們將相遇／相遇，如兩朵雲無聲的撞擊／欣然而冷漠……」[75]。在鄭愁予的筆下，愛情都帶有一種孤獨感，甚至絕望感。那麼，愛情中的孤獨呢？辛棄疾（1140～1207）說，「少年不識愁滋味，愛上層樓，愛上層樓，為賦新詞強說愁。而今識盡愁滋味，欲說還休，欲說還休，卻道天涼好個秋。」[76]鄭愁予也在詩中說，「鴛鴦的一隻挽著一個男孩兒的手／鴛鴦的另隻挽著一個女孩兒的手／在一片紅霞的毯上／……兩對清淺的影子　各自地流開了／初夜卻在影間立一道光牆像銀河」[77]。

　　詩人書寫愛情的歡樂與痛苦，生命的悲劇意識和死亡意識；描繪自然景色和由自然引發的一種「新的顫慄」，「當晚景的情愁因燭火的冥滅而凝於眼底／此刻，我是這樣油然地記取，那年少的時光／……哎，那時光，愛情的走過一如西風的走過」[78]，愛情的命運像一陣風一樣，沒有歸屬地，滿貯著哀傷與悲苦，卻沒有人理解「我」的悲哀。「我」的孤寂而痛苦的心，在空蕩的山谷裡「往返」。「我」的內心充滿著悲哀與憂戚，而這哀戚卻無人理解和同情。

---

[73]黃坤堯（1950～），〈論鄭愁予詩的愛情主題〉，《藍星詩社》新 10 號（1978 年 12 月），頁 131。
[74]廖祥荏，〈一分鐘的星蝕——鄭愁予愛情詩評析〉，《中國語文》第 532 期（2001 年 10 月），頁 81。
[75]鄭愁予，〈採貝〉，《鄭愁予詩集 I》，頁 100。
[76]辛棄疾（1140～1207），〈醜奴兒·書博山道中壁〉，《全宋詞》（上海：上海古籍出版社，1982 年），頁 277。
[77]鄭愁予，〈初月〉，《鄭愁予詩集 II》，頁 32～33。
[78]鄭愁予，〈當西風走過〉，《鄭愁予詩集 I》，頁 109。

「我們底戀啊，像雨絲／斜斜地，斜斜地織成淡的記憶／而是否淡的記憶／就永留於星斗之間呢／如今已是捽碎的珍珠」[79]，一連串灑脫自然疊加的意象，呈現給大家的卻是一幅破碎的畫面：愛情的結局只是「捽碎的珍珠」。多麼淒美的故事，多麼感傷的詩情！在明白如話、如娓娓道來的輕輕絮語中，雖感傷卻不悲愴，雖淒美卻不絕望，鑄成了一種耐人回味、讓人流連的詩情美。

詩人以自己淳樸的心靈來寫詩，形成了「沒有詞藻」的散文美風格。[80]具有這種詩情美與散文美的作品還有：「你來贈我一百零八顆舍利子／說是前生火化的相思骨／又用菩提樹年輪的心線／串成時間絲替的念珠／／莫是今生要邀我共同坐化／在一險峰清寂的洞府／一陰一陽兩尊肉身／默數著念珠對坐千古／／而我的心魔日歸夜遁你如何知道／當我拈花是那心魔在微笑／每朝手寫一百零八個癡字／恐怕情孽如九牛而修持如一毛／而你來只要停留一個時辰／那舍利子已化入我臟腑心魂／菩提樹已同我的性命合一／我看不見我　也看不見你　只覺得／／我唇上印了一記涼如清露的吻」[81]，看到詩人走在夜空中的腳印，體驗詩人時而絕望時而自信的背影，感知詩人爲「生存」疲憊奔波的同時，爲「存在」的孤寂而苦苦思索，思想的小小燭光始終照耀詩人自己無限的靈魂空間……[82]

最爲人們稱賞的〈錯誤〉這樣寫道，「我打江南走過／那等在季節裡的容顏如蓮花的開落／／東風不來，三月的柳絮不飛／你底心如小小的寂寞的城／恰若青石的街道向晚／跫音不響，三月的春帷不揭／你底心是小小

---

[79]鄭愁予，〈雨絲〉，《鄭愁予詩集 I》，頁 2～3。

[80]Guy Cook: *Discourse and Literature*（Oxford: Oxford UP, 1994），pp.169–173.

[81]鄭愁予，〈佛外緣〉，《鄭愁予詩集 II》，頁 12～13。

[82]語感是詩的有意味的形式，符號學的出現，也恰恰證明了詞在藝術作品中的重要性。詩在具備語感、意象、內容、意義多義方面的成熟，這才能夠經得起分析。參見海德格爾（Martin. Heidegger, 1889～1976），〈荷爾德林與詩的本質〉（"Holderlin and the Essence of Poetry"），《西方文藝理論名著選編》，伍蠡甫（1900～）、胡經之編（北京：北京大學出版社，1985 年）下冊，頁 578。羅蘭‧巴特（Roland Barthes, 1915～1980），《符號學美學》，董學文（1946～）、王葵譯（瀋陽：遼寧人民出版社，1987 年），頁 34～35。鄭愁予也認爲，中國新詩人的詩，語言上的缺憾是最大的一個缺憾，彥火，頁 64。

的窗扉緊掩／／我達達的馬蹄是美麗的錯誤／我不是歸人，是個過
客……」[83]。整首詩結構完整，調子深沉，一次、二次……十次地讀，都覺
得不可刪一字一句，的確經典。詩歌所呈現的內在意旨是那麼深厚，美得
又是如此的神祕。「深沉」是一個很虛很大的詞，把握不好，會顯得特別
空洞，作者緊緊圍繞詩題做足了文章。「你們不知道／當你們自己閉上眼
的時候還有一種藍是／思念愛人的色彩麼？／有時是思念家鄉的色彩哩。
有時／是一支曲子從教堂中飄出／徐緩著／揉合年輕的憂傷飄入無際的藍
色的時間中／……我在眼瞳的埋葬中／禁不住地興起幻想來了／……孩子
們說的藍其實是母親長袍子的色彩呢／與這樣的藍訣別／不正是／很淒然
的而很幸福的麼？」[84]藍色的色調，與愛情的顏色彷彿。鄭愁予的詩中飽蘸
著一種經滄桑提煉後的純潔，一切外在的東西都被詩人排遣在詩外，我們
在他的大部分詩歌中看不到現代浮躁的填充物，看不到強烈物欲的東西，
有的是真實的體驗：能把人生的傷口化為一個不起眼的黑點，而我們讀者
卻能從這小小的黑點，感知作者巨大的傷口。鄭愁予詩這樣的語言給人帶
來莫大的審美快感。「一整日我越過你秀靜的面龐流覽風景／而已暗了／
讓我瑣碎耳語明天的事　或竟然是／來生的……」[85]「愛情的那端不再是空
盤，／獵人哪，你生命的天平已橫了」。[86]

　　威姆薩特（William Kurtz Wimsatt, 1907～1975）和比爾茲利（Monroe
Curtis Beardsley, 1915～1985）在〈傳情說的謬誤〉（"Affective Fallacy"）
說：「一首詩引起的感情越是敘述得具體入微，它越會接近關於產生這些
感情的原因的敘述，也更有把握成為這首詩可能在其他熟悉情況的讀者心
中引起的感情的敘述。事實上，這將會提供那種使讀者對這首詩能有所反
應的情況知識。[87]」

[83]鄭愁予，〈小城連作・錯誤〉，《鄭愁予詩集 I》，頁 8。
[84]鄭愁予，〈藍眼的同事〉，《鄭愁予詩集 II》，頁 159～161。
[85]鄭愁予，〈流浪的天使〉，《鄭愁予詩集 II》，頁 49。
[86]鄭愁予，〈寄埋葬了的獵人〉，《鄭愁予詩集 I》，頁 150。
[87]威姆薩特（William Kurtz Wimsatt, 1970～1975）、比爾茲利（Monroe Curtis Beardsley, 1915～

　　鄭愁予的愛情詩突現了對愛情觀念的顛覆性質疑和辯證式的拷問與思索，由此使他的詩不僅在藝術上，更在人生觀念與審美意識上具有經典價值；而詩人心靈的反詰與拷問，爲愛情詩注入了前所罕見的思辯性質與內在張力。在張揚現代理性的同時，努力克服過度沉抑甚或絕望的情緒，竭力以完美的現代詩藝形式，消弭其晦澀難解的負面作用。

## （四）拷問時間永恆

　　做爲一個沐浴過歐風美雨的現代詩人，鄭愁予的詩歌觸角已伸到人類靈魂的最深處：生命本體。如果說詩歌描寫的具像是生命的現實存在，那麼對人生的體悟則是生命的意識存在。

　　生命始終伴隨著自我意識的不斷增長，當這種意識從自在狀態上升到自爲狀態時，自我就能感受和體味到這種生命本身的痛苦。浪子存在的虛無意識如果只是由空間的漂泊感呈現，似乎不夠完全與徹底，畢竟空間的流離須加上時間流逝的無情，虛無的旅人情懷才更爲深刻[88]。「時間的臉是黝洞一樣不可究測嗎？／淚聲還是泉聲這麼滴達滴達的吐字／一千年的長在不是人生——那泉聲不是：／一分鐘的分別才是——那是淚聲……」[89]。因爲生命本是一種處於永恆展開的時間序列，是一個由低到高進化發展的無窮延展過程，其間必然伴之以自強不息的生命追求。然而，這種崇高的生命追求又必然要受到生命本身（終極意義上）的阻遏，產生最具永恆意義的深刻的生命悲涼感。在鄭愁予的孤獨裡，生命的悲涼感已經成爲一種難以抹去的情感底色。生命的理想境界是存在的，但必須用自己的灰白去襯映，〈偈〉：「不再流浪了，我不願做空間的歌者，／寧願是時間的石人。／然而，我又是宇宙的遊子／地球你不需要我」[90]，詩人在這裡告訴我們，生命只不過是永恆的時間之犁軛下的一頭牛，它的盡頭便是頹然地倒下。

---

　　1985），《傳情說的謬誤》，大衛・洛奇編；黃宏煦譯，《二十世紀文學評論》上冊（上海：上海譯文出版社，1987年），頁608。
[88] 廖祥荏，〈鄭愁予《夢土上》評析〉，《中國現代文學理論》第8期（1997年12月），頁550。
[89] 鄭愁予，〈鐘的問候〉，《鄭愁予詩集II》，頁31。
[90] 鄭愁予，〈偈〉，《鄭愁予詩集I》，頁6。

表現出一種與生俱來的生命淒涼感以及對宇宙生命的終極拷問。

「我將使時間在我的生命裡退役／對諸神或是魔鬼我將宣布和平了／／……對星天，或是對海，對一往的恨事兒，我瞑目。／宇宙也遺忘我，遺去一切，靜靜地，／我更長於永恆，小於一粒微塵」[91]，此時詩人卻體悟到了生命的永恆歸宿，這種痛苦的生命體驗，與俄國詩人馬維可夫斯基自殺前的體驗有相似之處。可以肯定地說，馬維可夫斯基的自殺並不是來自世俗生活的痛苦，而是源於生命內在的意志衝突所產生的本源性痛苦，而且這種痛苦已經超出了詩人的承受限度。「星期一的岑寂／星期二的岑寂／星期三的重岑寂」[92]，時間的力量是多麼強大與永久，而個體生命在它面前顯得如此脆弱和短暫，再加之以外在的戰爭、疾病和各種自然災害對生命的摧殘，使對生命的悲歡久久地迴盪在詩人的心靈深處。

對詩人而言，意象就是其藝術思維的語言，詩人的情感必須借助意象這一語言載體才能獲得充分有效的藝術傳達。[93]鄭愁予非常善於用意象的反差來傳達複雜的憂鬱情調，因為那種單色調的意象，或意象與情感間單一的對應模式，已經無法傳達處於交織狀態下的生命悲哀，而不同甚至對立的意象組合在一起，便可形成意象間闊大的藝術空間，用以容納或承載創作主體豐富的情感流量，從而獲得特有的效果。「酉時起程的篷車，將春秋雙塔移入薄暮／季節對訴，以顛簸，以流浪的感觸／這是一段久久的沉寂／……久久的沉寂之後，心中便孕了／黎明的聲響，因那是一小小的驛站／……那時間的弦擺戛然止住／頃刻，心中便響起了，黎明的悲聲一片」[94]，這種對立的意象組合，不僅表達了詩人在追隨時間過程中所引發的生命悲涼感，同時意象間形成的空間，使詩人形成了強大的情感張力場，這就

---

[91]鄭愁予，〈定〉，《鄭愁予詩集 I》，頁 7。

[92]鄭愁予，〈網〉，《鄭愁予詩集 II》，頁 270。

[93]斯拉夫斯基（Y. Slavonski），〈關於詩歌語言理論〉（"Problemy Teorii Literatury"），波利亞科夫（M. IA Poliakov）編；佟景韓譯，《結構——符號學文藝學》（北京：文化藝術出版社，1994年），頁 247～252。

[94]鄭愁予，〈左營〉，《鄭愁予詩集 I》，頁 107。

使詩的內部蘊含了震撼人心的生命力感，增加了情感含量，獲得了很強的審美效果。值得注意的是，此類結構在鄭愁予的詩中並非個別現象，而是詩人的自覺追求。

詩人傳遞的憂鬱情調幽深曲折：「果真你的聲音，能傳出十里麼？／與乎你底圖畫，能留住時間麼？／……你當悟到，隱隱地悟到／時間是由你無限的開始／一切的聲色，不過是有限的玩具」[95]，錯落有致、長短不一的詩句，從時間序列上保證了詩人情感的充分鬱積和充分表達。「我們，已被寫進賣身契了／「當然，他們已支付了他們的年華／春的質料是時間，永遠兌換，絕不給予」／春神，這一等狠心的神」。[96]應該說，這種心靈孤獨感使鄭愁予的詩充滿痛苦、焦灼、掙扎、難以平衡的矛盾心態，使他詩中的抒情主人公往往不完整、不穩定。他的詩特別強調自我的變幻和破碎，表現出對既有價值的懷疑、否定，乃至不斷放棄當前的自己，反省自身，再加不斷地毀滅自己。

無疑，這一主題只能出現在不可逆轉的時間觀念之中，也只能做為對終極永恆的批判出現。現在的人們不可能依賴過去，而是與痛切的孤獨同在，生命對於時間永恆的意義是二重的，因此鄭愁予詩涉及到生死分別的模糊性。「死還是生」、「死也是生」、乃至是「生中之死，死中之生」等，都是現代人們的絕望和孤獨之情的藝術再現。

在這個迴圈的虛無世界中，詩人得到了與無限交往的豐富立體空間，但又給人們「豐富的痛苦」的存在，即那種由個體生存反省和懷疑帶來的孤獨和痛苦。

### （五）死亡：生命的不歸路

鄭愁予的詩歌在題材上有一個比較凸出的特點就是他對生命極限的關注，涉及到死亡的篇什很多。死亡與我們同在，我們永遠揮之不去，也是最後能夠看到的目標，在我們接觸的一刹那，一切都消失。關注死亡，其

---

[95]鄭愁予，〈崖上〉，《鄭愁予詩集 I》，頁 42～43。
[96]鄭愁予，〈神曲〉，《鄭愁予詩集 I》，頁 248

實是在關注生命、關注人類，鄭愁予對死亡的抒情很沉著，冷靜的語境很濃鬱，斷腸刻骨，震撼人心。

　　人與生命一旦隔絕，死亡的法則便進入人間，死神的降臨一定是無聲無息的，「小教堂的鐘，／安詳地響起，／穿白衣歸家的牧師，／安詳地擦著汗，／我們默默地聽著，看著／安詳地等著……／終有一次鐘聲裡，／總有一個月份／也把我們靜靜地接了去……」。[97]這首詩，寫得安詳而又平和，靜靜地接受死亡的降臨，語調出奇的冷靜更加顯出孤獨之濃烈，這可以說是生命醒悟的一大境界[98]。人是永遠無法看清自己的命運的，無論迷惘地抗爭，還是清醒地抗爭，在求生存的過程中未必能求得生存；追求生存的過程，或許就是走向死亡的過程。正如〈生命〉所詠歎的，「滑落過長空的下坡，我是熄了燈的流星／正乘夜雨的微涼，趕一程赴賭的路／……夠了，生命如此的短，竟短得如此的華美！／……算了，生命如此之速，竟速得如此之寧靜！」[99]時間飛逝，人生是永遠的賭博，結局已經確定，肯定是輸局，但唯有時間是永恆，境界似乎與泰戈爾（Rabindranath Tagore, 1861～1941）的「使生如夏花之絢爛，死如秋葉之靜美[100]」相似。再看〈甬廊〉：「禁門喲／深鎖／在空寂的四限之內／光在充滿／這光／多麼適於一嬰兒的獨泳／當我凝神　當唯我的石門寸寸自啓／生命脫出　如脫繭的絲逐漸／抽長／而終將抽盡／我亦看見死亡蜷伏的／蛹的原始」[101]，詩人自己說：我面向長的甬道，感覺時間沿廊而逝，惶然不知所以……有限與無限契合，這不正像教徒的肉身與聖靈契合而驟現得救的歡喜嗎？

　　人類從來不是從消極意義上看待自己的生命，而是以積極的態度審視它，超越它，以發掘它的意義。詩人面對死亡，心中的痛苦是難以言表

---

[97]鄭愁予，〈鐘聲〉，《鄭愁予詩集I》，頁90～91。
[98]商瑜容，頁467。
[99]鄭愁予，〈生命〉，《鄭愁予詩集I》，頁111。
[100]泰戈爾（Ranbindranath Tagore, 1861～1941）；鄭振鐸（1898～1958）譯，《飛鳥集》（上海：上海譯文出版社，1981年），頁13。
[101]鄭愁予，〈甬廊〉，《鄭愁予詩集II》，頁38～39。

的。正如叔本華（Arthur Schopenhauer, 1788～1860）所說，面對痛苦的人生，只有三條路可供選擇：自殺、出家、審美。詩人就是將自己美麗的人生理想，人格意志和執著堅定的生命信念寄予在自己的詩歌中，在審美中完成對現世的超脫：「一株樹已死／……有一巨靈的嬰體今夜誕生／步著／卻是靈魂的腳步／躍躍地登上輪迴……一株樹茁生」[102]。

　　鄭愁予將現實存在的孤獨感賦予本體意義，成為思索的哲學命題，意蘊深奧，但詩語言卻非常淺顯、自然。詠唱的旋律，沉鬱的聲調，似乎看到了詩人對語言近乎神奇的運用以及對語言內蘊諸多可能性的更深發掘。「就這麼著／要把我的鼾聲／擊碰成／死亡的回音麼」[103]，體現出詩人一時處境的尷尬以及強烈的內心衝突和由此帶來的孤獨感。

　　「我會索航洄轉的黑潮／不然你搬回海盜的彼岸／我便祭起貿易風／掛起骷髏帆／……也許你羽化成浮游的鳥／我又有一片雲彩　隨你上鵲橋」[104]，「山中有一男　日間在一學校做美術教員／晚間便是鬼　著一身法蘭絨固坐在小溪岸／因為是鬼　他不想做什麼／也不要碰到誰」[105]，還有特別讓人欣賞的〈茶花落〉：「你以茶花猝然的墜落／淒美的死在異國／炊煙環繞在晨昏／／遺言竟是一首我的無題詩／竟漂泊歸來」[106]。詩人在處理意象時，有節奏、有質感、有聲音，那種深沉的感覺，內容上推到極致——死亡，命運始終是出現在詩歌中的一個主題，不曾刻意要去渲染它，但已是生存的背景，難免不透露出冥冥之中的此類資訊。

　　因詩而更加寂寞，因寂寞而更加苦苦地思考，用心去體驗「存在」的一切。只有存在主義哲學對它研究是最透徹的，對人性的自然傾注是詩人最基本的，自己一個人走在黑黑的世界裡，只有擁有一顆博大的詩心才會讓寫者永久走下去，「我走出自己的葬禮／伸出手，誰來跟我握一握」

---

[102]鄭愁予，〈耶誕之樹——我是那樹〉，《鄭愁予詩集 II》，頁 256～257。
[103]鄭愁予，〈守墓人偶語〉，《鄭愁予詩集 II》，頁 282。
[104]鄭愁予，〈訪友預備〉，《鄭愁予詩集 II》，頁 344～345。
[105]鄭愁予，〈山鬼〉，《鄭愁予詩集 II》，頁 186。
[106]鄭愁予，〈茶花落〉，《鄭愁予詩集 II》，頁 28。

[107]，作者與意象保持一段距離，顯示黑色幽默的色調，並折射出生命的寒光，當然這類題材的詩如果處理不好，就會不經意間露出「狐狸的尾巴」，詩歌就會顯得很空洞，喪失詩歌的魅力。[108]

　　對生命的關注隨著鄭愁予的寫作歷程顯示了豐富性和複雜性。「不能窮展／殞石赴死的光明／……而仍需傳宗的我們／親親／就像鼠之外的生靈只得穿起／永白的喪服布」[109]。他的這首詩也可以說是特別具有內省精神的現代主義作品，強調自我的破碎和變換，顯示內察的探索。他詩歌中的主人公，有時扮演著「每個人」，有時出現詩人本身的「我」和另一個虛構的「我」的互相交織，有時甚至在詩中被省略。關於主人公的不確定性，毋寧說是他的詩歌對現代世界和其所屬環境的確切把握。[110]顯然，他詩歌裡的「我」顯出了從自我破碎和對自身的反思到絕望的歷程，只剩下不斷的質疑，「我活著嗎？我活著嗎？我活著爲什麼？」這個世界不再是我們的家鄉，正因爲我們的家鄉在別處。

## 四、無處是歸屬：世界虛無的本質

　　「鄭愁予幼年時期跟隨父親四處轉戰，長年的軍旅生活在他潛意識裡形成一種不安定感」。[111]逃難、流浪的經驗，深深烙印在他純真童稚的心靈，鄭愁予自己也認爲，「在抗戰中度過的幼年，……遭遇到中國巨大的破壞和災難，在我心裡留下很深的印象」[112]，他的詩歌處處流露出淡淡的哀愁和蒼茫，滿紙的流浪與漂泊精神。鄭愁予的心靈活動是超現實而富於感性的，詩人常透過某種自然現象或現實的人、事、物，經過縱的演繹和橫

[107]鄭愁予，〈落馬洲〉，《鄭愁予詩集 II》，頁 40。
[108]阿恩海姆（Rudolf Arnheim, 1904～），《藝術與視知覺：視覺藝術心理學》（北京：中國社會科學出版社，1984 年），頁 616～627。
[109]鄭愁予，〈鼠年餘寒——悼亡是不得已的〉，《鄭愁予詩集 II》，頁 254～255。
[110]凱西爾（Ernst Cassire, 1874～1945）；於曉譯，《語言與神話》（北京：三聯書店，1988 年），頁 164～165。
[111]陳大爲（1969～），〈《錯誤》的誤讀及其他〉，《明道文藝》2000 年 1 月號，頁 153。
[112]宋裕、李冀燕，〈現代詩壇的謫仙——鄭愁予〉，《明道文藝》第 275 期（1999 年 2 月），頁 31。

的聯想，以他特有的情感和抒情的筆觸，揮灑出一種虛無的美。[113]詩重意象、重情緒，含蓄而至於朦朧，關注民生，揭示生活本質，選取生活細節，抒發真情實感，具備極強的哲學批判意識，便成為基本特色。「如果我漫行／倒影獨行於無塵的／深處。……看來一切都是一個／無」[114]，這是鄭愁予在〈冬──悼芥昱〉中的宣言，全詩以「無」貫穿，潛藏於天地萬物中的「無」最後一筆勾出[115]，非常集中，也特別顯著地說明瞭主人公「我」做為一個旅人對世界、生命等「現實存在」（"conscious being"）的看法，揭示追求的最終都是「虛無」（"nothingness"）的旨歸，僞著泳裝的遊客都是冒瀆了靈魂的。[116]

　　存在主義告訴我們，虛無做為一個哲學範疇，與「有意識的存在」具有非常密切的關係，「有意識的存在」通過其自身的虛無，進入到我們關於世界的表述中。[117]虛無並不是某種特殊的事物，它甚至不是一種事物。真正能夠將虛無展示在我們面前的，不是那種普遍的體驗，而是日常生活中真切存在的一些瑣細的體驗。[118]將生活中最關注的細節凝聚起來，繽紛的色彩使物象遊走離位變換形貌，產生超現實的意味[119]，這裡的否定不同於懷疑和空虛感，而且也不是一種精神狀態。在這一意義上說，虛無並不是一種絕對的空缺，一種無內容的烏有，而是一個及物的烏有。[120]

　　但在現實與本體之間，如缺乏必要的仲介，沒有主體情感的介入就無法形成一個有機的藝術整體，也就不會具有藝術審美價值。[121]有研究者認

---

[113]世堯，〈欲擱的頭顱──「燕人行」印象〉，《現代詩》復刊 5 期（1983 年 12 月），頁 94。

[114]鄭愁予，〈冬──悼芥昱〉，《鄭愁予詩集 II》，頁 303～304。

[115]鴻鴻（閻鴻亞，1964～），〈顏色與形式──試讀鄭愁予作〉，《現代詩》復刊 18 期（1992 年 9 月），頁 34。

[116]黃梁（1958～），〈裸的先知〉，《國文天地》第 12 卷第 10 期（1997 年 3 月），頁 86。

[117]丹圖，頁 65。

[118]丹圖，頁 94～95。

[119]鄭愁予，〈鄭愁予談自己的詩，色（四）藍 Vs.綠〉，《聯合文學》第 218 期（2002 年 12 月），頁 10。

[120]丹圖，頁 101。

[121]瑞恰茲（Ivor Armstrong Richards, 1893～1979）；楊自伍譯，《文學批評原理》（南昌：百花洲文藝出版社，1992 年），頁 101～118。

為，鄭愁予的詩歌創作有三境界，也就是三個層次：個人自我、社會民族、天地宇宙。究其實，也就是一般所說的個人、自然、社會三層關係。古來寫詩者大都從第一層次進入第二層次，而是直接進入第三層次，由個人自我而推演為天地宇宙[122]。在我們看來，做為一種現實存在，鄭愁予詩中的孤獨感是一種多層次聚合的結構形態，至少可有三個層面：存在的歸屬感、自我的孤獨感和生命的悲涼感。其中，生命悲涼感處於顯性狀態，也最為引人注目；存在的歸屬感處於隱性狀態，最易為人們所忽視：而處於這兩者之間的自我孤獨感，則成為聯繫存在的歸屬感與生命悲涼感的中介和紐帶[123]：

生命的悲涼感（現實）→　自我的孤獨感（仲介）→　終極的歸屬感（本體）

　　「潛積於思維中屬於生命的或美感的經驗，提出總是處於一種朦朧未察的狀態中，而瞬間受到點擊，如同火鏈將黑暗擦亮造成頓悟那樣的光明」，「潛積的生命感慨與美感經驗便閃耀而出」[124]，生命悲涼的現實存在和終極歸屬的本體存在都具有客觀意義，似乎是不以人的意志為轉移的。然而，當作為一個個不同的生命個體去體驗與感受這些客觀而又抽象的痛苦時，便會產生巨大的差異，因為這與個體生命本身的性格、氣質、生活經歷、文化修養和審美情趣等具有密切關係。正是這種個性色彩相當濃厚的主體自我情感對生活存在實用層面的滲透與投入，使詩人的孤獨成為一

---

[122]白靈，頁 34～36。

[123]中國文人追求所謂「修齊治平」，大都具有強烈的歷史使命意識和社會責任感，然而中國知識分子從來就不是一種獨立的政治力量，這一悖論是相當尷尬的。

[124]鄭愁予，〈「即興」使用點擊的手法以攫取永恆──煙火是戰火的女兒，金門的詩〉，《聯合文學》第 228 期（2003 年 10 月），頁 24。

個有機的藝術整體，超越抒情而具有知性力量[125]，獲得巨大的審美價值。

　　詩歌裡，我們可以看到「永恆浪子」孤獨的化身，預示著詩人所經歷的生活（或經驗）是曖昧的、複雜的、甚至是分裂的、自我放逐的，而詩歌本身所關注和尋求的，則是人的內心世界，建構一個與現實的生存世界相對抗的詩的世界，是穿過種種有限的、暫時性的因素的掩蓋、束縛，去尋找人的靈魂的歸屬和位置，使人的靈性得到發揮，人的心靈自由得到確立，使生存個體從暫時性的生存體制中得到解脫的世界。對現實生命悲涼的不斷探索，不斷的被否定，不斷的拷問，寧靜中回味酸甜苦辣，寧靜後更多的是思考，還必須繼續趕路，這就是旅人的狀態。[126]始終詢問「我們向著什麼方向走呢？……我們是不是必須無休止地走下去呢？……我們是否在無限之中徘徊呢？我們不是感到了虛空的空間的氣息了嗎？」[127]，這就是「上窮碧落下黃泉，兩處茫茫皆不見」的悲哀，也是「路漫漫其修遠兮，吾將上下而求索」的執著。

　　詩人是這個世界的觀察者、認知者、表達者和領引者，我一直相信詩歌不是指向當下的，而是形而上的；詩歌可以涉及當下事物，但永遠是朝向不為常人所知的領域。當我們經由詩人的私密經驗所引爆的詩意，引領我們更貼近人類情感的普遍性。[128]鄭愁予不斷地進行思考，在自己的心靈深處、在生命的黑夜裡翱翔，體驗生命與存在的極致。在不斷的飛翔中，對終極存在的拷問越來越強烈，對內在神祕的世界越來越接近，但神祕的世界也越來越大，孤身置於這個如宇宙般的孤獨世界裡，只有旅人生命的頑強才會溫暖日日夜夜。他的詩歌側重內心世界的思考。鄭愁予說，「在我寫詩的時代，正是存在主義最流行的時候，有些人寫詩很明顯可以看出

---

[125]鄭愁予，〈鄭愁予談自己的詩，色（一）白是百色之地〉，《聯合文學》第 214 期（2002 年 8 月），頁 10。

[126]生命價值的差異，並無道德判斷之有別。參見鄭愁予，〈悼亡與傷逝（2）〉，《聯合文學》第 225 期（2003 年 7 月），頁 79。

[127]土居健郎，頁 174。

[128]施靜宜，〈當那魅誘蠱惑如此巨大如此逼臨自身——鄭愁予《邊界酒店》評析〉，《笠詩刊》第 245 期（2005 年 2 月），頁 121。

是用知性構成，以刻意表現『存在』的意識」，人生的短暫，生活的無奈及深處邊緣地帶而引起的敏感，即使他也用一些時代特徵的意象，也是爲了表達生存的孤獨和生命體驗的需要，也許正是由於生命短暫又充滿風險，所以更顯得珍貴，生命其實更是痛苦與孤獨的昇華，其本質就是抽象存在的本質。

這就要求詩人從自己的生存經驗出發，堅持精神的獨立，充分體味孤獨個體的生存處境，並自覺地吸納來自外部世界的種種複雜的、多樣性的生活現象，把它們熔鑄成真正的詩歌。在這裡，「生活」與「活著」是完全不同的，從人類生命的本體來說，「生活」無非是寄附在「活著」這一物理運行中的現象，而在物理之外，「生活」尙具有人文意義的「生機活動」[129]。在另一意義上，對時代與現實的孤獨感也還可能意味著詩人對詩人、詩歌和時代關係的獨立見解，反映出做爲人的體驗，也展示了人類存在的最深層的法則，有依賴，才會產生自我，沒有依賴，就會失去存在的自我。[130]

## 五、永遠的過客：不是結語的結尾

瑞士人奧特（Heinrich Ott, 1929～）曾在他的一部研究基督教的著作《不可言說的言說：我們時代的上帝問題》中指出：「上帝就是上帝，上帝永遠是更大的真理，永遠是更大的奧祕——它從四周環繞圍浸著我們的靈魂。」「我們不是在一種無意義的現實裡獨自尋求意義的孤獨的生物，而是置身於一個球體之中。」上帝引導人們永遠向前[131]，這其中就包含著某種尋覓的意義，人們沿著這一途徑能夠找到所謂上帝，其關鍵與其說在於「找到」，不如說在於「尋求」。這使人們產生無窮無盡的孤獨感和絕望

---

[129] 鄭愁予，〈書齋生活（2）〉，《聯合文學》第 223 期（2003 年 5 月），頁 86。
[130] 土居健郎，頁 152～153。
[131] 奧特（Heinrich ott, 1929～）；林克、趙勇譯，《不可言說的言說：我們時代的上帝問題》，（北京：生活・讀書・新知三聯書店，1994 年），頁 28～29。

感。因此，超越處於異化狀態的自我的孤獨感，而渴望跟曾經與自己隔離的物件重新「融合」是人的生存的最為迫切的欲求[132]。這個「屬於存在」和「不屬於存在」的二重矛盾使人類擺動於兩者之間，選擇了死亡的終極歸屬，這種選擇多少還有些被迫的意味[133]。我們永遠不過是世界的旅客，因為我們的歸屬並不在此世。生命是感覺的載體，凡是熱愛生命者不能、也不可能拒絕孤獨，歸屬感勝過痛苦[134]，鄭愁予寧願在詩裡以清醒的感知去面對生命歷程中的榮與枯，寧願報孤獨以灑脫，報痛苦以微笑。

　　家國無處，彭殤俱往，愛情風逝，虛山空山，四顧維我。這是何等的孤獨之態！在絕望的深淵裡，激起人們無限的共鳴。[135]在這樣尋找生命終極歸屬意義的過程中，過客、旅人的腳步始終沒有停止，同時詩人的腳步也沒有停駐。可以說鄭愁予是一個勇於探索、不斷創新的詩人，這種藝術探險的精神本身就彌足珍貴，而他在新詩創作上的成功實踐，特別是他對中、西兩種藝術源流的調和與整合所獲得的成功，應該說極典型地反映了臺灣詩壇三十多年的基本走向：縱向繼承，橫向移植，為新詩發展開闢道路。[136]這種努力與自覺不僅確立了他在中國現代詩歌史上的重要地位，而且對當下中國漢詩寫作也具有重要的啟示作用和借鑒價值，這或許就是鄭愁予詩歌的重要意義之所在。

## 參考資料

・阿恩海姆（Arnheim, Rudolf），《藝術與視知覺：視覺藝術心理學》（*Art and Visual*

---

[132]陳敬介，〈一個著人議論的靈魂——鄭愁予「浪子麻沁」探析〉，《中國現代文學理論》第 7 期（1997 年 9 月），頁 467。

[133]參見蒂利希（Paul Johannes Tillich, 1886～1965），〈上帝之上的上帝〉（"The God beyond Existence"），《二十世紀西方宗教哲學文選》，胡景鍾、張慶熊（1950～）編；尹大貽等譯（上海：上海人民出版社，2002 年），頁 311～320。

[134]土居健郎，頁 147。

[135]吳當（1952～），〈是錯誤，但並不美麗——《錯誤》賞析〉，《書評》第 7 期（1993 年 12 月），頁 29。

[136]林路，〈在「橫的移植」和「縱的繼承」的交點上——臺灣詩人鄭愁予的創作道路及風格論〉，《上海師範大學學報》1988 年第 1 期（1988 年 3 月），頁 46～48。

*Perception: a Psychology of the Creative Eye*）（北京：中國社會科學出版社，1984
年）。

· 奧特（Ott, Heinrich）；林克、趙勇譯，《不可言說的言說：我們時代的上帝問題》
（*Speeches of the Inexpressible One: The Question about God in Our Time*）（北京：生
活‧讀書‧新知三聯書店，1994 年）。

· 巴特（Barthes, Roland），《符號學美學》（*Elements of Semiology*）（瀋陽：遼寧人民出
版社，1987 年）。

· 白靈，〈淺析鄭愁予的境界觀——中國現實與理想的藝術導向〉，《現代詩》復刊 1 期
（1982 年 6 月），頁 34～42。

· 陳大為，〈《錯誤》的誤讀及其他〉，《明道文藝》2000 年 1 月號，頁 148～154。

· 陳敬介，〈一個著人議論的靈魂——鄭愁予《浪子麻沁》探析〉，《中國現代文學理
論》第 7 期（1997 年 9 月），頁 466～477。

· 陳姿羽，〈鄭愁予：詩心‧俠骨‧觀無常〉，《天下雜誌》第 325 期（2005 年 6 月），
頁 222～225。

· 陳祖彥，〈山的詮釋者——詩人鄭愁予〉，《幼獅文藝》第 505 期（1996 年 10 月），頁
8～10。

· 丹圖（Danto, Arthur Coleman）；安延明譯，《薩特》（*Sartre*）（北京：中國社會科學出
版社，1992 年）。

· 蒂利希（Tillich, Paul Johannes），〈存在之上的上帝〉（"The God beyond Existence"），
《二十世紀西方宗教哲學文選》，胡景鍾、張慶熊編；尹大貽等譯（上海：上海人民
出版社，2002 年），頁 311～320。

· 丁琬，〈我達達的馬蹄——鄭愁予先生訪問記〉，《明道文藝》第 104 期（1984 年 11
月），頁 105～110。

· 黃粱，〈裸的先知〉，《國文天地》第 12 卷第 10 期（1997 年 3 月），頁 83～86。

· 黃坤堯，〈論鄭愁予詩的愛情主題〉，《藍星詩社》新 10 號（1978 年 12 月），頁 129～
139。

· 黃壽祺、張善文，《周易譯注》（上海：上海古籍出版社，1989 年）。

· 鴻鴻,〈顏色與形式——試讀鄭愁予近作〉,《現代詩》復刊 18 期（1992 年 9 月）,頁 33～34。

· 焦桐,〈建構山水的異鄉人：論鄭愁予《鄭愁予詩集》〉,《幼獅文藝》第 545 期（1999 年 5 月）,頁 35～42。

· 凱西爾（Cassirer, Ernst）；於曉譯,《語言與神話》（*Language and Myth*）（北京：三聯書店,1988 年）。

· 庫爾泰（courtes, Joseph）；懷宇譯,《敘述與話語符號學：方法與實踐》（*Introduction to the Semiotic Narrative and Discourse*）（天津：天津社會科學出版社,2001 年）。

· 李立平,〈鄭愁予的詩情世界與詩美追求〉,《世界華文文學論壇》2004 年第 3 期,出版月份不詳,頁 49～53。

· 廖祥荏,〈船長的獨步——鄭愁予海洋詩評析〉,《中國語文》第 533 期（2001 年 11 月）,頁 70～75。

—— ,〈一分鐘的星蝕——鄭愁予愛情詩評析〉,《中國語文》第 532 期（2001 年 10 月）,頁 80～87。

—— ,〈宇宙的遊子——愁予浪子詩評析〉,《中國語文》第 520 期（2000 年 10 月）,頁 69～73。

—— ,〈鄭愁予《夢土上》評析〉,《中國現代文學理論》第 8 期（1997 年 12 月）,頁 544～559。

· 林麗如,〈人道關懷的詩魂——專訪鄭愁予先生〉,《文訊雜誌》第 205 期（2002 年 11 月）,頁 84～87。

· 林路,〈在「橫的移植」和「縱的繼承」的交點上——臺灣詩人鄭愁予的創作道路及風格論〉,《上海師大學報》1988 年第 1 期（1988 年 3 月）,頁 46～48。

· 林淑華,〈鄭愁予詩中的山水〉,《中國語文》第 538 期（2003 年 12 月）,頁 69～84。

· 魯迅,〈過客〉,《魯迅全集》2 卷（北京：人民文學出版社,1981 年）,頁 188～194。

· 孟樊,〈浪子意識的變奏：讀鄭愁予的詩〉,《文訊雜誌》第 30 期（1987 年 6 月）,頁 150～163。

· 庫薩（Cusanus, Nicholas）；李秋零譯，《論隱祕的上帝》（*Hidden God*）（北京：三聯書店，1996 年）。

· 彭邦楨，〈論「窗外的女奴」〉，《幼獅文藝》第 30 卷第 4 期（1969 年 4 月），頁 86～94。

· 榮格（Jung, Carl Gustav）；黃奇銘譯，《現代靈魂的自我拯救》（*Modern Man Sarch of a Soul*）（北京：工人出版社，1987 年）。

· 瑞恰茲（Richards, Ivor Armstrong）；楊自伍譯，《文學批評原理》（*Principles of Literary Criticism*）（南昌：百花洲文藝出版社，1992 年）。

· 沙笛，〈「在傳奇的舞臺上」修訂稿〉，《現代詩》復刊 10 期（1987 年 5 月），頁 40～45。

· 商瑜容，〈鄭愁予旅美前詩作研究〉，《文與哲》第 1 期（2002 年 12 月），頁 449～475。

· 沈謙，〈從何其芳到鄭愁予——比較評析《花環》與《錯誤》〉，《中國現代文學理論》第 1 期（1996 年 3 月），頁 39～60。

· 施靜宜，〈當那魅誘蠱惑如此巨大如此逼臨自身——鄭愁予《邊界酒店》評析〉，《笠詩刊》第 245 期（2005 年 2 月），頁 121～128。

· 世堯，〈欲擲的頭顱——「燕人行」印象〉，《現代詩》復刊 5 期（1983 年 12 月），頁 86～98。

· 斯拉文斯基（Slavonski, Y.），〈關於詩歌語言理論〉（"Problemy Teorii Literatury"），《結構——符號學文藝學》（*Structuralism*），波利亞科夫（M. IA Poliakov）編；佟景韓譯（北京：文化藝術出版社，1994 年）。

· 宋裕、李冀燕，〈現代詩壇的謫仙——鄭愁予〉，《明道文藝》第 275 期（1999 年 2 月），頁 30～35。

· 泰戈爾（Tagore, Ranbindranath），《飛鳥集》（*Stray Birds*）（上海：上海譯文出版社，1981 年）。

· 土居健郎（DOI Takeo）；王煒、范作申、陳暉譯，《依賴心理的結構》（*The Anatomy of Dependence*），（濟南：濟南出版社，1991 年）。

‧威姆薩特（Wimsatt, William Kurtz）、比爾茲利（Monroe Curtis Beardsley），《傳情說的謬誤》（*Affective Fallacy*），黃宏煦譯，《二十世紀文學評論》上冊（上海：上海譯文出版社，1987 年），頁 591～616。

‧吳當，〈是錯誤，但並不美麗——《錯誤》賞析〉，《書評》第 7 期（1993 年 12 月），頁 29～30。

‧吳婉茹，〈詩中有影，影中有詩：詩人鄭愁予 VS.攝影家柯錫杰〉，《中央日報》，1995 年 7 月 13 日，18 版。

‧蕭蕭，〈高中課文現代詩賞析教師學生必讀：賞析鄭愁予的《錯誤》〉，《中央日報：讀書週刊》，1997 年 3 月 12 日，21 版。

‧蕭蕭，〈情采鄭愁予〉，《國文天地》第 145 期（1997 年 6 月），頁 58～65。

‧辛鬱，〈柔性的戰歌——談一首被忽略的詩〉，《中外文學》第 3 卷第 1 期（1974 年 6 月），頁 204～209。

‧徐望雲，〈悠悠飛越太平洋的愁予風——鄭愁予詩風初探〉，《名作欣賞》1994 年 2 月，出版月份不詳，頁 106～110。

‧亞隆（Yalom, Irvin）；易之新譯，《存在心理治療》（*Existential Psychotherapy*）（臺北：張老師文化，2003 年）。

‧彥火，〈揭開鄭愁予一串謎——海外華裔作家掠影之三〉，《中報月刊》第 39 期（1983 年 4 月），頁 59～64。

‧楊牧，〈鄭愁予傳奇〉，《幼獅文藝》第 237 期（1973 年 9 月），頁 18～42。

‧銀髮，〈現代詩初探——試簡釋鄭愁予的錯誤〉，《創世紀》第 7 期（1974 年 7 月），頁 92～98。

‧張衡，〈思玄賦〉，《文選》15 卷，蕭統編（北京：中華書局，1977 年），頁 213～222。

‧鄭愁予，《鄭愁予詩集 I》（臺北：洪範書店，2003 年）。

——，《鄭愁予詩集 II》（臺北：洪範書店，2004 年）。

——，《鄭愁予談自己的詩：色（一）白是百色之地》，《聯合文學》第 214 期（2002 年 8 月），頁 10～15。

──，《鄭愁予談自己的詩：色（四）藍 VS.綠》，《聯合文學》第 218 期（2002 年 12月），頁 10～14。

──，〈「即興」使用點擊的手法以攫取永恆──煙火是戰火的女兒，金門的詩〉，《聯合文學》第 228 期（2003 年 10 月），頁 24～28。

──，〈悼亡與傷逝（2）〉，《聯合文學》第 225 期（2003 年 7 月），頁 78～83。

──，〈書齋生活（2）〉，《聯合文學》第 223 期，（2003 年 5 月），頁 86～89。

──，〈止於大限〉，《幼獅文藝》第 24 卷第 4 期，（1966 年 4 月），頁 18～19。

・朱西甯，〈「長歌」的和聲──介紹鄭愁予的新詩集〉，《幼獅文藝》第 27 卷第 1 期，（1967 年 7 月），頁 16～18。

・Cook, Guy: *Discourse and Literature*. Oxford: Oxford UP, 1994.

# 遊與俠

## 鄭愁予詩中的遊俠精神與時空轉折

◎白靈[*]

## 一、引言

　　2005 年 11 月，臺北教育大學臺文所與《當代詩學》（年刊）合辦「臺灣當代十大詩人」票選，並舉行「臺灣當代十大詩人學術研討會」，由臺灣壯年及青年兩代詩人及學者選出第三度的「臺灣十大詩人」[1]，其前七位的結果，與 1999 年 3 月臺灣舉辦過的 30 本「臺灣文學經典」中篩選出的七位詩人完全雷同，鄭愁予均以高票入選，其餘六人是周夢蝶（1920～）、洛夫（莫洛夫，1928～）、余光中（1928～）、瘂弦（王慶麟，1932～）、商禽（羅燕，1930～）、楊牧（王靖獻，1940～）等[2]，而且均是成名於 1950、1960 年代的詩人，聲名迄今高踞不墜，可說是臺灣新詩的奇特現象。鄭愁予也是唯一曾一度因政治原因長期逗留海外的臺灣詩人，他是這七位「經典詩人」中移居美洲時間最長、而且創作火力始終不熄的詩人。他也是七

[*]本名莊祖煌，臺北科技大學化學工程與生物科技系副教授。

[1]第一度見 1977 年源成版的《中國當代十大詩人選集》一書，是由張默、張漢良、辛鬱、菩提、管管共同編選（五人皆為「創世紀」詩社同仁），主動選出臺灣（當年稱為中國）十大詩人為：紀弦、羊令野、余光中、洛夫、白萩、瘂弦、羅門、商禽、楊牧、葉維廉。第二度在 1982 年，由《陽光小集》詩社舉行「青年詩人心目中的十大詩人」票選，自有效票 28 張選票中選出「新十大詩人」：余光中、白萩、楊牧、鄭愁予、洛夫、瘂弦、周夢蝶、商禽、羅門、羊令野。209 封記名選票，回函 84 封，有效票 78 張，無效票 6 張、得出「十大詩人」名單：洛夫（49 票）、余光中（48 票）、楊牧（41 票）、鄭愁予（39 票）、周夢蝶（37 票）、瘂弦（31 票）、商禽（22 票）、白萩、夏宇（同為 19 票）、陳黎（18 票）。參見楊宗翰〈曖昧流動，緩慢交替──「臺灣當代十大詩人」之剖析〉一文，「臺灣當代十大詩人學術研討會」論文（2005 年 11 月）。

[2]代表了臺灣 20 世紀下半葉在文學方面的成績，小說選出十本，散文七本、評論與戲劇各三本，新詩部分七本。見陳義芝主編，《臺灣文學經典研討會論文集》（臺北：行政院文化建設委員會、聯經出版公司，1999 年），頁 507。

位中迄今仍然最「暢銷」的男性詩人，其語言風格也是最奇魅的一位。但更重要的，他是一位對詩——語言及其形式始終保有高度自覺力和創作力的詩人。

　　若把這七位「經典詩人」稱為 1949 年之後 30 年中海峽兩岸詩壇的「偏安七子」或無不可，當然這是相對於同時期大陸的新詩發展而言。因為當時臺灣詩壇得幸處於較為穩定、能夠向上躍升的特殊「時空因緣和合」之中，而得以成就此項新詩的奇蹟。但因個人和群體基於地域相隔所生的「孤獨感」相較於承平時期的鄉愁必然更為深重，個人站在時代的浪頭上，對於「時空」之變動、不確定感、和可能去向的感知也必然極為敏銳。由於此一時代的因緣際會，致使眾多詩人（當然此一時期的極傑出詩人至少有二、三十位，上述七位只能說是他們的代表）埋頭「挖深自己人格的洞」[3]，並以數倍乃至數十倍於承平時期的傷痕和痛苦予以填補，試圖以詩去安頓（或始終無以安頓）備受折磨的身心靈，因而各自發展出自身特殊的、孤獨的、過此即不知死所的生命美學，在他們的詩中留下大量「時空變動」的見證。而在眾多傑出詩人中鄭愁予的「時空錯失感」是最嚴重的一位，也是第一位由臺灣二度流放出去的傑出詩人，其所產生的「雙重放逐」、「雙向投射」[4]，深深影響他兩度流放前後的語言風格。童年到少年在大陸隨家人及學校遊走、少年到青年在臺灣隨詩人群和文友流盪、青年到壯年到老年在美國孤默而居，由此種失卻其最想立足的「空間」（被動的「遊」），到不得不擁有「無特定年月」、也「無所不在的時間」[5]，其借助文字書寫凝聚出的「孤獨感」和「時空知覺」必然迥異於其他詩人。

　　由兩度空間上「被逐的遊」——「被動的自由」——到調整、追求自

---

[3] 宮城音彌，《天才的心理分析》（李永熾譯，臺北：牧童出版社，1975 年），頁 24。指出創造需要有人格變化的洞，天才本身即有挖洞之力，且有把習得的材料填在洞上的能力。

[4] 簡政珍，《放逐美學》（臺北：聯合文學出版社，2003 年），頁 11。指出大陸人士遷臺，再到國外定居，則成雙重放逐者。而一旦離臺，既思大陸，又念臺灣，則成雙向投射。

[5] 同前註，頁 17～18。

身「主動的自由」，其對時間深沉的凝視，加上個人命運與上下幾代人的命運相繫相連，抑鬱之「儒」難發則成「俠」，「俠」而難發則「遊」，此即古代「憂」（時間）與「遊」（空間）的傳統，如此錯綜的由「被動的遊」、到「俠的難發」、再到「主動的遊」，則「此遊」已非「彼遊」，如何將「遊」（自然）與「俠」（人間）建構、綻放出冥合的生命境界，達到神祕的「『俠』之最高形式的『遊』」，成了鄭氏一生追尋的高峰經驗。當然如何能保有一點靈犀的孤火而不致寂滅，隱身洞穴般的書齋生活以及小心維護「止於大限」的一點信念[6]，鄭氏乃以其詩作和美學觀，與傳統的文化時空和氛圍遙遙相望，因而在後半生離鄉最遠之際，卻又能持續發展其離傳統最近的語言天分、填補自身命運的隙縫和缺憾。由於藝術家對生活新的觀察和發現理應與藝術形式新的發現是一致的、無新的藝術形式即無以展現其對生活新的發現[7]，亦即藝術作品並非決定於體驗的純真性或強烈性，而是決定於其「形式」及表達方式的「富有藝術性安排」[8]。「富有藝術性安排」一語或也可以說是建構在語言中「遊」的方式，也是難度最高的「遊」，因此若說詩語言是最高形式的「遊」或無不可（包括作品完成後的「遊」），而其內部是以「俠」為引擎為動力。而關於詩形式的重要，是鄭氏早就觀察到的[9]，以是要論述他的詩，就必須放到這樣變動極大的時空背景中去尋繹他詩中的感知和意向性，以及由此發展出的、僅僅屬於鄭氏的獨特的生命美學。

---

[6]鄭愁予，〈止於大限〉，《幼獅文藝》第 24 卷第 4 期（1966 年 4 月），頁 18～19。此文等於他對詩立下「至死不逾」的契約：「此生已藉詩的敏銳向圍限我的一切鑽探，我不會打住，以後也盼望有所突破，直到無法撼動的那個大限阻路為止。」

[7]程正民，《巴赫金的文化詩學》（北京：北師大出版社，2001 年），頁 15。

[8]加達默爾（H・G・Gadamer，或譯高達美），《真理與方法》（洪漢鼎譯，上海：譯文出版社，2004 年），頁 92。

[9]楊澤訪鄭愁予，〈在黃昏裡掛起一盞燈〉，《中國時報》「人間」副刊，年月不詳。鄭氏指出：「一整個新詩的進展其實是一個形式營造的變遷，這種變遷的動向是掌握在為數不多的主要詩作者的手中，其脈絡是清晰可循的。」

## 二、可見與不可見的孤獨

### 不安、孤獨、與自由

　　所有的人都活在大大或小小的「不安」當中。不安的根由是因萬事萬物沒有什麼是可以確定的，外在世界和內在世界無時無刻不處於或慢或快的變動狀態，難有一刻可以清晰地描摹它。而從宇宙的本質來說，「不確定感」實乃可見和不可見世界中內存的本然，不論是物質或能量，都只能在無限的時空裡不斷相互轉移和變換，並不能固定其形式、也不能消滅，[10]其力量又非人力或心智所能掌持或控制，因此人在面對它們時，一旦稍稍感受到這種力道的神祕，無不有一種存在的畏懼感，此種畏懼又難以言宣，盤繞在人人心頭，宛如魔咒。此不可說、和難言說，尤其在人與人接觸時最為難受，最為不安，極易形成孤獨無依之感。此孤獨感會觸發人在時空中尋求自身的影像和位置，並朝時空中探索可抓取之物，但外在世界即使一朵小花的來由和去向都讓人感歎它的難以了解，何況是「上帝和人是什麼」[11]？

　　人既是生命質能在因緣際會當中機遇的粘合，自出生伊始即躲在自己心的洞穴之中，「我們全是洞穴人」，孤獨地在意識裡搖晃閃爍「一支小火炬」[12]，他所具有的精神能（自我欲求，也包含生理能和性欲等）仍然受能量不滅定律的支配，依然要讓欲求找到一個出口，或以他物他事「取代」（置換）、或發為身心機能病症的自身「轉移」（轉換）、或「昇華」為具有社會價值的事物[13]。而每當社會意識予以阻擋或時空環境產生變動，即生障

---

[10]此通稱為熱力學第一定律，參見 Keith J・Laidler, John H・Meisev, *Physical chemistry*, Benjamin／Cummings Co・, 1982, p47。

[11]吉伯特・海特（Gilbert Highet），《無法征服的人心》（陳蒼多譯，臺北：新雨出版社，1995 年），頁 133。指出世間一切非單純的學問所能了解，並以詩句說：「我在這兒握著你，連根及一切的，／小小的花……但是『如果』我能了解你是什麼，／連根以及一切，以及全部一切，／那麼我會知道上帝和人是什麼。」「如果」即指其不可能。

[12]同前註，頁 51。「我們全是洞穴人」是吉伯特・海特（Gilbert Highet）對孤獨的比喻。

[13]宮城音彌，《天才的心理分析》，頁 58。

礙，觀念及感情的矛盾和衝突遂在內心產生各種情結。這些情結對人的性格造成重大影響，遂形成不同程度的孤獨感。A・佛洛姆指出最單純的孤獨是來自「地域的孤立」，而有一種孤獨來自於與人「接觸的表面化」，還有一種比較明顯的疏離和寂寞，就是「不能享有夢寐以求的心靈與個體的深度契合」，但「最主要的孤獨，還是對自己身分的懷疑」，[14]包括「我是誰？」「我為什麼而活？」「人生有何意義？」等自有人類歷史以來就在問的問題。上述精神能量之轉移、取代、和昇華，與個人孤獨感的內涵和感受有密切關聯，此處先以圖一表示之（高、中、低孤獨的敘述見後）。[15]

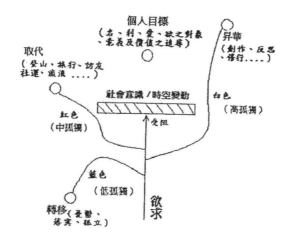

圖一　精神能量與孤獨感的關係

　　不論何種孤獨感所產生的焦慮不安，心理學上認為皆與人的早期幼兒的經驗有關，由於依賴、仰慕母親遂生害怕黑暗與陌生環境的孤獨感，因此無時無刻不想「保持和母親間的親密關係」（長大後透過認知才擴大為原鄉、族群、民族、國家），此渴求依偎、最好是能處於母子未分化狀態的舉

---

[14]A・佛洛姆（A・Fromm），《自我影像》（*Our Troubled Selves: A New and Positive Approach*，陳華夫譯，臺北：問學出版社，1978 年），頁 3～5。
[15]參酌宮城音彌所著《天才的心理分析》頁 57 之圖樣，另行與不同孤獨內涵結合。

動被稱爲「被動的愛」，或「依愛」[16]，或「依戀」[17]。名、利、情、愛、性、工作、身分認同、婚姻、權力等等都被認爲是依愛心理的取代[18]，不安、憂鬱、孤獨、焦慮、憤怒、神經質、身心症和鄉愁等等則被認爲是追求「不存在的依愛對象」不得後的另一種身體表徵或轉移。[19]因此依愛心理被定義爲「企圖否定人類存在不可分離的部分，結果卻分離的事實」[20]，內在潛意識逐透過以上各種取代和轉移以補足對依愛的需求，此種需求也可說是座落在馬斯洛（A·Maslow, 1908～1970）所說的四種基本需求的範疇。[21]此種人類最早、最不易自覺的銘印現象（母親和土地），即使成長後尋尋覓覓，有所解除也都只能是短暫的解除，因爲「企圖獲得與對方之間的一體感」根本是不可能的，以是「爲了尋求真正的永恆的一體，有些人會轉向禪及其他宗教，而同樣的動機有時也會驅使人追求美」，「那些追求美的人之中有很多常常強烈地自覺到未能獲得滿足的依愛」，[22]自覺之目的無非是對抗、逃避、乃至切斷依愛，繼而加以昇華、克服，此種需求也可說是座落在馬斯洛所說的三種成長需求的範疇中。[23]以是除非是昇華到成爲修道之人，否則「我們真正尋找的是父母式的關懷」，[24]這種所謂「被動的愛」之「依愛心理」的渴求常會貫串我們一生，形成永世的孤獨感，宛如「生存時空」中的一種「魔性」或「魔咒」，除非倚靠內在自我的力量去提昇去「自創時空」（鄭愁予所謂對時空的克服）[25]——相當於「神性」，來加以消解。而這種在時間中就能消解掉的孤獨被稱爲「低孤獨」。經由自覺所

---

[16]土居健郎（DOI Takeo, 1920～），《日本式的愛——日本人「依愛」行爲的心理分析》（黃恆正譯，臺北：遠流出版公司，1985年），頁86。

[17]加藤諦三，《自立與孤獨的心理學》（未註名譯者，臺北：培林出版社，1994年），頁14。

[18]同前註，頁18。

[19]同註17，頁19～27。

[20]土居健郎（DOI Takeo, 1920～），《日本式的愛——日本人「依愛」行爲的心理分析》，頁86～87。

[21]D·Schultz & S·E·Schultz，《人格理論》（陳正文等譯，臺北：揚智文化公司，1999年），第11章"Abraham Maslow"，頁337～365。

[22]土居健郎（DOI Takeo, 1920～），《日本式的愛——日本人「依愛」行爲的心理分析》，頁90。

[23]D·Schultz & S·E·Schultz，《人格理論》，第11章"Abraham Maslow"，頁337～365。

[24]A·佛洛姆（A·Fromm），《自我影像》，頁16。

[25]鄭愁予，〈止於大限〉，《幼獅文藝》第24卷第4期，頁18。

形成且會繼續不斷發展的孤獨，被稱爲「高孤獨」。「低孤獨」的依賴性是根深柢固的。它必須糾纏住另外一個人，才能夠把自己從孤獨中解脫出來，久而久之，便會失去獨立性、偏離自我和自由。「高孤獨」則是一種不易爲他人所困惑，能掌握自我方向，此種孤獨，也正是追求生活意境之所需。[26]二者的區別可臚列如表一，其與精神能量的關係也可參考上述圖一（圖中的「中孤獨」一詞只表示能量被「取代」時的逃脫企圖，意義上比「低孤獨」正面些）：

**表一、低孤獨與高孤獨的區別**

| 低孤獨 | 外部指向／決定在人者 | 被動的／消極的／逃避的孤獨 | 寂寞／淒苦／困頓／拘束而局限 | 在與他人建立起關係的時間中即能消的孤獨 | 情緒和感觸常不易排除／易失去獨立性／無法確立自我 | 可以鄭氏的藍色爲代表（灰、黑） | 與依愛的尋求有關（生理【食色】／安全／認同／尊重等層次的需求） |
|---|---|---|---|---|---|---|---|
| 高孤獨 | 內部指向／決定在己者 | 主動的／積極的／面對面的孤獨 | 獨處／有意／具充實感 | 由自己意想所形成／自我設計出的生活型態和生存狀態 | 爲發掘靈性／達成較高層目標／不易困惑／純由自我判斷 | 可以鄭氏的白色爲代表（紅、綠、黃、金） | 與逃脫、切斷依愛有關（知識【真】／美／自我實現【善】等層次的追求有關） |

一般人容易陷在低孤獨中，他獲得的自由感是在與他人建立起關係的滿足中得到的，只能說是一種被動的自由，也是對依愛深層心理的一種補償。

---

[26]箱崎總一（HAKOZAKIS・ichi），《孤獨心態的超越》（何逸塵譯，臺北：巨流圖畫公司，1981年），頁133。

從事藝術創作的人則來往於低孤獨與高孤獨之間，而且充滿了矛盾和掙扎，試圖建立一種媒介、一種環境、以及一種關係，以便抵禦此種依愛，但確立自己的高孤獨所冒的風險才是「自己可能擁有的自由」，「這種藝術家的某些特質在精神分析中通常視為反常或甚至是精神變態」，卻是創意人的「理想的自我」，也是威尼考特所說藝術家不需要依愛的補償，且「可能鄙視那關懷的感受，只有較不具創意的人需要那種感受驅動」，[27]此種對孤獨的盼望（高孤獨）是一種「對依賴（即依愛）的拒絕」，卻可能對依愛有「最完整的認知」。[28]「依愛」和其補償形成這主動的自由感的障礙、和必須克服的對象。以上這些陳述的相互關係或可以表二加以簡潔地呈現。

表二　時空、孤獨、依愛、自由、與馬斯洛需求說的關係

| 時空說 | 孤獨說 | 馬斯洛需求說（下四層基本需求／上三層成長需求） | | 人性說 | 有無說無常觀 | 依愛說自由說 |
|---|---|---|---|---|---|---|
| 上三層：自創的內在時空（積極的時空） | 上三層：高孤獨（主動的、積極型的孤獨） | 靈 心 身<br>自我實現<br>美的追求<br>知的追尋<br>尊重的需求<br>認同的需求(愛與歸屬)<br>安全的需求<br>生理的需求(食色) | 能 質 | 上三層：神性（聖/心靈能力/精神力） | 上三層：無（無厚、無限、空、道）、無乃常 | 上三層：依愛的克服、主動的自由（追求時） |
| 下四層：生存的外在時空（消極的時空） | 下四層：低孤獨（被動的、消極型的孤獨） | | | 下四層：魔性（俗/衝撞意志/自然本能） | 下四層：有（有間、有限、色、技）、有乃無常 | 下四層：依愛的需求、被動的自由（滿足時） |

根據以上所述，筆者試圖將低孤獨與高孤獨各以一簡式表示之：

---

[27]亞當‧菲立普（Adam Philips, 1954～），《吻‧搔癢與煩悶》（陳信宏譯，臺北：究竟出版社，2000 年），頁 78。
[28]同前註。

被動的孤獨（低孤獨）值＝不安的程度（依愛的轉移或取代的需要）

＝外在自我／（內在自我能力＋童年有伴的孤獨經驗）

主動的孤獨（高孤獨）值＝逃脫時空圍限的知覺／被動的孤獨（低孤獨）值

由上二式可看出，一個人的內在自我能力越大（討論見下節）或是童年的孤獨中有母親暗中的陪伴，則低孤獨相對降低（分母大），依愛的需求也降低。[29]反之此值大，則依愛的需求則相對提高。高孤獨必須在自創的內在時空中方易建立起來。

## 三、鄭愁予詩中的一精神、二觀點、四面向

由鄭愁予漫長的、近乎一甲子詩的創作生命中，可以隱約讀出做爲一個人，而不只是中國人、臺灣人、或在美的華裔，更真實的說法，是做爲一個地球人或宇宙人，在追尋內在生命的安頓之堅苦過程中，如何從認識生命的外緣到試圖與其內存本質和意義貼近，事實上也就是鄭氏所說人企圖突破在時空中的圍限，[30]也是自我從覺到醒、從醒到悟的過程，[31]更是透過觀念和行動不斷的矛盾、衝突、決裂、和好、再互動之冗長的辯證過程。榮格（C‧Jung, 1875～1961）說「可以摒除在生物循環史上所受到束縛力的唯一辦法」[32]即是重新尋回並體驗精神生活，他認爲精神與自然本能（衝動／性慾／衝撞意念）都是存在的，但到底「本能爲何物」「精神爲何物」仍不得而知、他甚至說「爲什麼不稱這種東西（按：指本能）爲『精神』呢」，它們「都一樣具有神祕性」、[33]「只能視其性質乃是無法爲人所知

---

[29]一個能獨處的成人常是因有個夠關懷他的母親，因此「童年有伴的孤獨經驗」可使低孤獨值降低，而不致在成年後需要糾纏他人，參見亞當‧菲立普（Adam Philips, 1954～），《吻‧搔癢與煩悶》，頁 64。

[30]鄭愁予，〈止於大限〉，《幼獅文藝》第 24 卷第 4 期，頁 18。

[31]陳姿羽，〈鄭愁予：詩心‧俠骨‧觀無常〉，《天下雜誌》第 325 期（2005 年 6 月），頁 222～225。

[32]榮格（C‧Jung, 1875～1961；另譯揚格），《尋求靈魂的現代人》（*Modern Men in Search of a Soul*，黃奇銘譯，臺北：志文出版社，1992 年），頁 148。

[33]同前註，頁 144。

的強大力量之代表而已」，[34]這樣的認知使得榮格明白人在宇宙自然中的局
限性和可能性。內在世界一如外在宇宙，在他看來，範疇都寬廣無比，而
人居其中，「時而內在，時而外在，此外，他更時常根據真情緒或性情肯定
其一爲真理，而否定或犧牲另外一個」，[35]他指的可能是後來馬斯洛所說上
三層成長需求和下四層基本需求的同時不可偏廢，甚至還包含宗教價值體
驗之必要（或也包含在馬斯洛後期所說金字塔頂尖的「高峰經驗」之中），
卻又是極難達成其和諧的並存。也許這就是後來海德格所說從「人充滿勞
積」，但卻必須學習「詩意地棲居」的過程。

　　外在現實從來都是不如人意的，人的欲求也永不得滿足，要切實體驗
到榮格所說的能「時而內在，時而外在」，著實不容易，甚至其範疇多寬多
廣多深，都可能要窮究一生都不能全然確定。因此研究一個詩人的詩風也
只能就其已發表的詩作和相關文獻切入，除非詩人自解，否則能否由外部
切至詩之核心恐都是疑問。

　　鄭愁予立足 1950、1960 年代的詩壇，與那時代詩人最不相同的特質恐
怕仍是在詩人不願被當下「時空」所圍限的「遊俠精神」。此精神最根本的
底層就是一個「逃」字，逃時局逃戰爭逃難，逃心中那種慌亂的感覺，甚
至是逃「時間」的追捕。等到稍稍穩住，進入詩中，最初是以「浪子」的
形象出現，即使內心混亂，卻又常以從容自在的「情俠」面貌出現，其後
逐步形成「浪子情懷」，由此與中國「孤獨而自由的遊俠形象」之「遊俠精
神」的傳統情操相結合，[36]再逐漸發展成爲「仁俠精神」[37]、「無常觀」[38]等

---

[34]同註 32，頁 145。

[35]同前註。

[36]鄭淑敏，〈浪子情懷─遊俠──與鄭愁予談詩〉，《中國時報》「人間」副刊「慶祝詩人節專訪」，
　　1979 年 6 月。答問中提及「浪子情懷」與「遊俠精神」關係。鄭氏在受訪時說貫串的是「浪子情
　　懷」，即傳統的遊俠精神。

[37]彥火，〈揭開鄭愁予一串謎──海外華裔作家掠影之三〉，《中報月刊》第 39 期（1983 年 4 月），
　　頁 59～64。本文則是試圖將各名詞予以統合，且主觀地認爲「遊俠」二字可合觀也可分觀，要比
　　後來出現「仁俠」、「任俠」等詞的面貌更具豐富性。

[38]鄭愁予，〈引言──九九九九九〉，見《鄭愁予詩集 II》（1969～1986）（臺北：洪範書店，2004
　　年），頁 364～370。

不同說法，此外並曾提出所謂詩創作的「個人界」、「眾生界」、「冥合界」等三境界說。[39]由於作者創作時間縱深極長，空間橫跨甚廣，因此鄭氏在不同階段提出不同看法當是非常正常的現象，然而一生隱含的「逃」均不曾停止，大陸來臺的詩人一生心境大多如此，那是時代所逼。而對逃入海、逃入山、逃入歷史文物、逃入靜、逃入「性」等「逃避心態」的「逃避」，鄭氏最後歸結到「那就還是『詩』字吧！」[40]，這些顯然都是知識分子憂國不成而必有的放蕩形骸和無力心境，而其一以貫之的即是「語言之遊」與上述諸「逃」的不停互動，因此「遊」與「憂」乃至「遊」與「俠」，則成了「逃」的外顯形式。以是，筆者企圖以「遊俠精神」綜論鄭氏的各階段相似又相異的觀點，尤其將「遊」與「俠」分開看待時，似乎更可包容上述「浪子情懷」、「仁俠精神」、「無常觀」等說法。其理由有四：

（一）「遊」vs・「俠」與傳統「遊」vs・「憂」的精神一貫：

　　自古以來文人、士大夫、或有識之俠士均始終擺盪在「憂」（憂國）與「遊」（浪跡或行旅）兩端。此傳統情操的極度發揮，常是在時代紛擾、兵荒馬亂之際，屈子、陶潛、謝朓、李白、杜甫無不如此。而「浪子」形象偏向「遊」，少了「憂」；「仁俠」（即儒俠）偏向「憂」，雖有俠士行蹤不定之意，但仍少了真正「遊」的精神，此「遊」雖不見得忘憂，卻有避世、超世之感。「無常觀」亦然，「憂」仍多於「遊」。因此「遊／俠」或分看或合看，均不忘「遊」，而「遊」在鄭氏作品中的分量絕對是大宗。

（二）「遊」之肉體的自由感與「俠」之精神自由感同等分量：

　　鄭氏的人生閱歷是從「被動的遊」開始的，年幼行跡踏遍大半中國土地，最後不得不離鄉背井來臺，也曾一度攀山越嶺，完成那時文人皆不曾觸碰的攀登大山行動，成了第一位臺灣登山詩人。其後再由臺灣去美，因釣魚臺事件而展開既「被動又主動的遊」，到人生後半段才進入「完全主動的遊」。因此他在「外在生存空間」的開拓上──即其「遊」的能力，要較

---

[39]鄭淑敏，〈浪子情懷一遊俠──與鄭愁予談詩〉，《中國時報》「人間」副刊「慶祝詩人節專訪」。
[40]鄭愁予，〈引言──九九九九九〉，見《鄭愁予詩集II》（1969～1986），頁364～370。

同時代的詩人超前甚多。而鄭氏敢以「俠」之一字自許，在詩壇也是僅見，此字較「憂」更具象、也更多了一層慷慨就義、頭顱隨時可擲的胸襟，此或與鄭氏天生體格勇健、兄長死於南京有關。「憂」是在時間流程中始終心繫著「共相」之群體去向，擔憂其走向不利的發展，但因個人常難改變整體的去處，乃常有無可如何的頹喪感，且常為此整體政治社會現象所推動，進入無可回頭的時代悲劇中，此種「他在他為的時空」所逼迫出的趨勢，極易形成集體與個人夾雜不清的情緒孤獨現象，經常成了詩人在其隙縫中尋找逃避出口、和尋求「個人一己之自由感」的大動力。而「遊俠」二字中，「遊」代表了「肉體的自由感」，是在「空間」中的自由移動，「俠」代表了精神的自由感，是對「時間」之「憂」的解放，和使之任意停止（死亡）的無所謂和自在感，這是在「憂」之字中不易領會的。

（三）「遊」於內外空間和「俠」立在時間尖端：

　　鄭氏說「處理生命和時間是我寫詩的主要命題。時間是詩的一切重量之所在」，[41]而「時間」的推移或感受不能離開「空間」，但因除了自我身體空間的時間變化外，外在空間幾不可掌握，因此當時間投影在「遊」之一字上時，非僅指肉體於「外在空間」的移動和歷程，還包括了對自我「內在空間」的開拓和探險，鄭氏在人類尚未漫遊太空之前，早已將其詩作的意向性指向外太空，那是內在的外太空而非外在實存的空間的拓延。而他在形式、音樂和語言的試驗，對象徵物的鑽探，更是他的內存空間「遊」的另一形式，那將加深他對時間的體認。何況作品完成後，其語言風格透過印刷、歌曲、朗誦、和其他媒介形式不由自主地、「長時間漫遊」於眾多讀者之間，恐也「遊」過了百倍於他的想像之外，達成了詩作最後的、也是最艱難、最殘酷的「遊」。關於「俠」，其實讀者對他作品中「情俠」的瀟灑自在部分的認知遠超過他在「仁俠」（儒俠）上的悲憫凝視，他在作品中對時間和生命無常的探索，使得他意欲超越物理時間而期能在時間的尖

[41]鄭愁予，〈借序〉，見《鄭愁予詩集 II》（1969～1986），頁 iv。

端上綻放智慧，需進入後期作品較易窺得究竟。但時空並不可區分，「遊」的空間有時間因素，「俠」的時間有空間變化，如此僅能說「遊」是其生命之形式，「俠」是其生命之動力。遊中有俠，俠中有遊，其分界只為討論方便。

### （四）「遊俠精神」的兩個觀點四種面向之包容力：

鄭氏曾提及「虛無」和「殉道」是遊俠精神的兩個「面貌」，[42]筆者則將之視為鄭氏由其經驗中所歸納出的兩個對人生的基本認知或看法，此二種觀點的出現與其人生經驗有關，基本上是悲觀的，但卻可以為了某種理想或情誼而視死如歸，因此又有些可為的、積極性的什麼存在，此點與存在主義所認為的「經驗的事物背後了無隱藏的『本質』」、「除了他藉他的自由而創造的那些外，無所謂意義或宗旨」[43]的觀念相近，「了無隱藏的本質」即虛無，「藉他的自由而創造的那些」表示仍有某種可為之殉身的事物存在，因此可說是悲觀主義中的樂觀主義者。如此可得出與此「遊／俠精神」與其作品相關的四種面向：

**1．面向個人（自我）時，是浪子：** 其早期作品是在「他在他為的時空」中產生高度的逃逸傾向，在「俠」上成為浪蕩不羈的「情俠」，不願為「依愛」所牽絆，也不為一女、一窗、一城、一島所拘束；在「遊」上成為逃向自然山水、原鄉事物、和古典語言的傳統中去塑造自我的「障礙」、「變形」和「象徵」。

**2．面向人間（社會）時，是仁俠（儒俠）：** 中期作品由早年「情俠」轉向「仁俠」，重尋其悲憫人生的凝視能力，在「有使命的詩」和「沒有使命的詩」[44]中尋找適當的平衡和創意，俯察自我存在之意義，在「自在自為

---

[42]鄭淑敏，〈浪子情懷─遊俠──慶祝詩人節專訪〉，鄭氏在受訪時說貫串的是「浪子情懷」，即傳統的遊俠精神，且具有兩個面貌，一端是虛無，一端是殉道。

[43]這是沙特（Sartre, 1905～）的基本看法，參見 H・H・Tiaus，《哲學入門》（*Living Issues in Philosophy?* 譚振球譯，臺南：王家出版社，1986 年），頁 372。

[44]黃智溶，〈山水常青詩情在──有使命與沒有使命的鄭愁予〉，《幼獅文藝》第 82 卷第 4 期（1995 年 10 月），頁 28～33。

的時空」中找尋自身之特殊位階,對人間苦難的人事物和歷史情懷付予一定的關注。出國後,並參與 1971 年 1 月保釣運動的政治事件,將其「仁俠」的精神付諸實踐,卻遭致時空環境和詩發表園地的限制和困境(不准回臺及在臺發表作品,至 1979 年復出止),也因此一度成為「著人議論的靈魂」。

**3・面向宇宙(自然)時,是無常觀:** 後期作品因所見事物已多,對人生體悟更深,對所謂「無常現見,死亡啼哭,是則眾生無常;草木凋落,華果磨滅,是則外物無常;大劫盡時,一切都滅,是則為大無常」[45]的認知已清,乃總結其一生所見而為「無常觀」之論,實則仍可置於遊俠精神之下,為面對自然乃至人世一切之殘酷無情的變化時,當作其中一個面向來看。後期鄭氏的詩作即是在此無常觀的視域之下,於「無在無為」的時空中朝向生命的冥合境界、建構自身的生命美學努力。

**4・面向語言時,是「俠之最高形式的遊」:** 前曾提及「遊」是內外空間的拓延和探勘,「俠」是時間的悲憫凝視和綻放,而詩則是此「時空因緣和合」的人間之花,因其所用的「語言」才是真正能「藉他的自由而創造的那些」,而對現象學而言,「語言具有一種『自我還原』功能,它讓事物赤裸裸地呈現在語言當中,而這種『呈現』所呈現的是它難以言傳的意義。哲人和藝術家是為意義的傳達而設定自己的存在價值的,他與世界相遇只有通過語言,因為他只能通過這扇大門,才能通向另一個世界。他看到了那個世界,他用自己說的語言去呈現那個世界,從而在語言與世界相遇之時,把自己解放出來。」[46]「只有那種通過自然、清新和獨創性的語言進行創作的人,才會獲得真正的自由」,[47]如此詩語言的創造對詩人而言才是最高形式的「遊」,也才是他們最高形式的自由,此時當然也進入了「高

---

[45]CBETA 數位藏經閣漢文電子佛典 No・ 1509 龍樹:《大智度論》卷 37 之 T25n1509_p0331b22(02)等三項(後泰龜茲國三藏鳩摩羅什譯),參見
 http://www・cbeta・org/result/normal/T25/1509_037・htm
[46]王岳川,《現象學與解釋學文論》(山東:山東教育出版社,1999 年),頁 96。
[47]同前註,頁 104。

孤獨」的範疇。

　　至於鄭詩中的三度「時空轉折」與「遊俠精神」的關係，乃至與生命歷程、無常觀、依愛觀、生命領悟、主客關係、三境界說、孤獨感等等的可能糾葛，筆者先「主觀地」臚列如表三，以彰顯鄭氏一甲子的詩生命運動的過程，以此來對照其早、中、晚期的詩作義涵，或較易有所掌握。

表三　鄭愁予詩中的三度時空轉折與遊俠精神的關係

| 時空轉折 | 他在他為的時空（時空失錯中的逃逸） | 自在自為的時空（時空宥限中的對抗） | 無在無為的時空（自如於時空的變遷） |
|---|---|---|---|
| 生命歷程 | 覺（生命的痛苦） | 醒（生命的掙扎） | 悟（生命的道場） |
| 遊俠精神 | 設下象徵（障礙與變形） | 付諸實踐（二度放逐） | 境界的冥合（美學建構） |
| 無常觀 | 無常的逃避（被動） | 無常的對抗（主動） | 無常為常（自如） |
| 依愛觀 | 依愛的逃脫 | 依愛的斷滅 | 依愛的無所不在 |
| 生命領悟 | 懼→忍 | 忍→施 | 施→仁 |
| 主客關係 | 我—他 | 我—你 | 化二為一 |
| 象徵色彩 | 藍 | 紅 | 白 |
| 三境界說 | 個人界 | 眾生界 | 冥合界 |
| 孤獨感 | 低孤獨 | 中孤獨 | 高孤獨 |

## 四、「他在他為」向「自在自為」的時空轉折

### （一）鄭氏早期詩中的孤獨與自由

　　鄭氏的「逃」非無端生發，亦非自願，而是「他在他為的時空」所「是諸眾等，久遠劫來，流浪生死」[48]之後的深刻感受，受苦而仍暫無休息，那種個人在慌亂時代中孤獨無依的存在，卻是由於大環境與我不相關之意識形態分裂的結果，是「他在他為的時空」以強迫的、直接的嵌入在

---

[48]CBETA 數位藏經閣漢文電子佛典 No・412，釋迦摩尼：《地藏菩薩本願經》分身集會品第二，唐于闐國三藏沙門實叉難陀譯，T13n0412_p0779b08（07）引句，參見 http://www・cbeta・org/result/normal/T13/0412_001・htm

那一代人身上，而成爲一生無以拔除的情結。絕大多數人終其一生都跨不過去，只有「逃」入各種事物之中，詩亦其中之一，而因個人可能具有的天分和創造力而創造了新詩的、也是自己的未來。

「偏安七子」中與他有相似逃亡和浪蕩經驗的至少有六人（除楊牧爲臺籍花蓮人外），以流亡距離而言他大概是走過最遠的一位，但仍不足以說明他詩中此種強烈的「逃逸」傾向。其實此六位流亡來臺的軍人（洛夫、商禽、瘂弦、周夢蝶）和學生（余光中、鄭愁予）中，後兩人是隨家人或親人四處搬遷、寄讀，他們在年少歲月中的孤獨應算是始終處在「有伴的孤獨」中，也因此當彼等於青年期創作達到首度高峰時，其二人與家人並未處於「長期斷裂音訊」的可怕夢魘之中，這或也是他們的作品（楊牧的作品亦然）均未出現濃烈「苦味」的原因，其孤獨的感受與前四位詩人和家人家鄉斷了音訊近四十年絕然的孤獨感自有不同。也因此從青年開始，余、鄭、楊三人比起前四人而言，也都是離開臺灣的頻率最多、滯留海外時間最長的詩人，他們在青壯歲月當中都選擇了離開臺灣的家人，或留學、或教書、或因故滯留難歸，彼等與家人分離的孤獨是自我選擇的、「自在自爲」的。若再加上年少期「他在他爲」地「被迫來臺」，因離開原鄉而產生的「集體式孤獨感」，其孤獨中的被動成分和主動成分亦可由詩中觀察出來。

而鄭氏也是在那大家都「還動不了」（尤其是 1950 年代）的時期，即在詩中和行動中呈現出最激烈「逃逸傾向」（自由的一種能量）的詩人，那種家人在身旁不停牽引下所激發出的「反作用力」、和意圖切斷依愛的締結力，使得他早期的詩作充滿了對古典情懷、山水情性的追求，嚮往浪蕩男子、革命遐想等離開人群和城市的漂泊情境，這個「自時空逃逸」、「嚮往孤獨和自由」、對「遊」與「俠」之雙重貼近的基本調子，不論在臺的《鄭愁予詩集 I》（1951～1968）或在美的《鄭愁予詩集 II》（1969～1986）均不曾改變，只是由浪漫的抒情語言轉爲冷靜知性的抒情語言，後期在意境上和處理自身的孤獨感自是相當不同，更爲超越、更爲自在、也更爲成熟。

　　不論是「出走」、「流浪」或「漂泊」，雖然是那一整代詩人的共同「逃逸傾向」，但對早年的臺灣詩人而言卻是困難重重的，於是對「遠方」（常指向大陸家鄉）或「西方」（常指向西方城市或人事物）的遐想──一種「自由感」的獲取，便成為大多數詩人一再抒發的主題，西方文明、大陸家鄉的名詞和意象大量地進入他們的詩作中，那是對禁錮的臺灣的一個反動。但相對其他同時代的詩人而言，早期的鄭愁予對「西方」是較為「輕視」的（只有少數西方名詞如貝勒維爾、斯培西阿海灣──相傳為詩人雪萊失蹤處），他的「西方」僅止於水手和西文翻譯名詞，但他的「遠方」則能到達別的詩人較少觸及的邊界或邊疆，他對古典詩詞的借鏡也可以說是另一種遠方。此外他「登山」所及的天界或地界也是當時其他詩人較少觸碰的較為真實的自由感。因此，「肉體的自由感」在他早期詩作中表現為「水手」、「邊塞旅人」、「異鄉遊子」、「登山好手」等主題上，其中只有「登山好手」是他青年時期、寫詩當下真正付諸實行的，那構成他早期山水詩非常重要的一部分，「異鄉遊子」、「邊塞旅人」是他年少經驗，其後轉化為他一生烙印式的情懷，「水手」則只是腳不動心動的對「遠方」的另一極端懷想，而這些題材經過「遠方」和「古典」、和「象徵主義手法」的使用和貼近，是他「出遊」的妙招。「精神自由感」則以「瀟灑情人」（宛如「情俠」）、「薄倖男子」、「落拓男人」或「血性青年」、「禪的寄託」等情感的異常表徵為出口，在詩中展現了他對情的不羈感、無拘無束、不受牽絆，以優雅灑脫的文字風，將人對孤獨的嚮往和無助、對情感自由的渴望、以及不可能或尚未達到的境地（禪境）做了盡情的演出，也因此贏得了無數的掌聲。

　　對鄭愁予而言，其早期之孤獨與自由是一體的兩面，他的孤獨感是透過自由感的尋求、嚮往、期盼、獲得而表現出來，因此「漂泊方式或自由感獲取的方式」其實即「孤獨感獲取的方式」，不是透過「我」的身分（如變身水手或老人）或情境的轉移（如置身邊境、海上、到海港工作）而獲

得，就是逃入自然中（十天有八天跑到山裡去）[49]而隱滅自身。而「自然」
即被認為是人類重建自身身分的第一選擇：

> 一個人要重建他的身分認同以及自尊時，第一步，通常便是退回自然的
> 孤獨懷抱。可是，所有回歸自然物想像，同時也包含了共生的渴望（渴
> 望未經分化的齊一，人類和自然之間、人和同儕之間不言自明的了
> 解）……[50]

而「共生的渴望」、「人和同儕之間不言自明的了解」，正是鄭氏那時代的
「生活第一要義」，他在〈悼亡與傷逝（二）〉一文中說：

> ……在那個心靈交往是生活第一要義的時代，悼亡與傷逝是何等沉重，
> 曾使我們迴視生命覺得歡樂與辛勤都是茫然，連寫作也找不到寄託之
> 地……[51]

這些話是何等沉痛的指陳，戰爭歲月和政治環境的大轉動造成百姓集體的
時空失錯，個人宛如泡沫，所謂「低孤獨」（歡樂與辛勤）、「高孤獨」（寫
作）皆無所倚靠，而「高孤獨」的尋求若無最最基本之「低孤獨」的生活
條件，則根本也是不可能、而且近乎是奢侈。由鄭氏的經歷與自我敘述，
可以看出他來臺後於年輕歲月交友與遊歷之廣闊，卻苦於時代的混亂與煎
逼，這也使他不得不採取「反動」、進入孤獨與自由形象鮮明的浪子式情懷
的追尋當中。而當孤獨的外部指向（參見表一），被一種集體、瘋狂的政治
時空所捶擊而產生的生存感與安全感俱失的孤獨感時，一般人必然轉而尋

---

[49]丘彥明、簡媜、李兆琦，〈井邊的談話：鄭愁予、齊豫詩歌對談〉，《聯合報》，1985 年 5 月 25 日，8 版。

[50]Joanne Wieland-Btston，《孤獨世紀末》（*Contemporary Solitude*，宋偉航譯，臺北：立緒文化公司，1999 年），頁 126。

[51]鄭愁予，〈悼亡與傷逝（2）〉，《聯合文學》第 225 期（2003 年 7 月），頁 78～83。

求一種孤獨的外部慰藉和拯救,「浪子麻沁式」的那種至少外部很瀟灑、很自在的行跡正好可彌補了其他常人在孤獨感上尋不著出路的缺憾,如圖二所示,亦即鄭氏以他可見的(大部分均不可見)、良好的體魄並付諸行動之「孤獨形象」(浪子或遊俠)補足了他人在同一部分的缺憾,那是朝向肉體(遊)與精神(俠)同時開放的自由方位,是由被壓抑的藍色孤獨向紅色孤獨前進的自我的調整,即使是唐吉訶德式的,這也是他的作品會廣泛吸引人的原因之一。

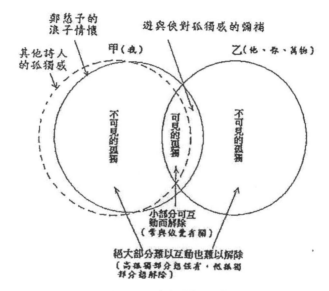

圖二　鄭氏遊(肉體)與俠(精神)對常人孤獨感的彌補

## (二)鄭氏早期詩中的時空知覺

再也沒有哪一代的詩人會如同鄭愁予那一代人處在一個時空更為急遽變動的時代,從一窮二白的以土地種植為主的中國農業社會朝向一個快速起動的工業時代和資訊極度傳動的後工業文明邁進,他所處的時空變革和三個區域(大陸/臺灣/美國)的文明落差,使得他的詩在知覺該時空變

化時有了轉進和躍升的機緣，卻都是先由非常事件和時空交迫感所催逼的，先是被動的遷轉再到主動的感知。這是時代造詩人，再經由集體的自我組織和個己的努力，最後是詩人再造了時代的文學。

筆者曾於〈從科學觀點看臺灣新詩經典化的幾個現象〉一文中，借「奈米現象」及「複雜性理論」（"Complexity Theory"）等指出，外在「時空」環境的大災難大變遷（200 萬軍民渡臺）常造成個人身體「知覺」及命運「磨難度」的大增，能否僥倖存活或成為傑出詩人也均非個人始料所及。此種肉體和精神能量的大轉換大皺折，常使生命的互動性、戰鬥性、超越性、創新力大幅躍出，並令詩人、文學家產生不可思議的語言自我組織過程。其自「時空失措」中所獲得的「群體特性」，例如生命、思想、及意向，常是「他們個別可能無法擁有的」、且能「主動的把發生的情況轉變為自己的優勢」。亦即若純是個人「單獨」努力皆不具效能，必得群體之隨機「複合」才具效應。且因臺灣那時正幸好處於「耗散結構」理論所言的，外在為「開放的」（只是適度，尤其是資訊）、「非平衡的」（政經社會仍躁動不安），以及內在呈現「漲落」（詩社的主張不盡相同而產生互動，詩人的心境亦然）、和各要素之間存在「非線性」流動（新詩語言的非線性高於其他文類，得以規避當時臺灣政治監督），因而幸能由「混沌走向有序」的「混沌邊緣」，趨向「突現」躍升的一端。這是造成臺灣 1950、1960 年代產生「經典作家現象」特別集中的主因。[52]

當然，處於上述「混沌邊緣」（指社會秩序由混沌走向有序的當頭）時，所謂時空失措感、放逐感是人人皆俱，非一人獨有，由此所生的集體的孤獨感促進了相互慰藉、彼此相濡以沫、交換經驗資訊的頻率和互動的機遇，也造就了強大的「時空交迫感」和諸多「非常事件」的發生，使得

---

[52]參見白靈〈從科學觀點看臺灣新詩經典化的幾個現象〉一文，原發表於 2005 年 8 月北京大學及北京師範大學合辦之「中國新詩 100 年」研討會上，後刊登於《臺灣詩學》學刊第 6 號（2005 年 11 月），頁 119。有關此段所提「奈米現象」、「複雜性理論」、「混沌邊緣」、「突現」、及「耗散結構理論」（包含外在「開放的」、「非平衡的」，以及內在「漲落」、「非線性」）等相關說明均請見該文，此處從略。

「如動物活著」與「如人般生活」中煎熬徘徊的鄭愁予有了不斷反思的機會，而「迴想、期盼、焦慮、決絕、以及寧遠欣瑜等等的情緒」——鄭愁予稱之為「生活主宰」的感知活動便大量出籠，那也成了他能將激烈的、頃刻的情緒可以集中之成為「詩的肉身」的前導[53]。那一代大量優秀詩人之所以產生——絕不止於「偏安七子」——也是基本這樣的時空因緣。

但因「一個人所體驗到的壓迫感是強是弱，往往是這個人和自己的交談方式所造成的，外在事件通常並非決定的因素」[54]，亦即人「所感受的壓迫感，其本身事實上並不具備太多意義」，其「應付、處理某種壓迫感的方式」才重要[55]，但因我們所做最初和最強烈的反應通常學自父母及地位與之相當的人，這些人的觀點，便成為「第二自我」，即「外加的自我」，「這個自我，乃是通過我們與外世界的交流而形成」[56]，「幼時所碰到的成人與你的溝通方式，便是日後與自己溝通方式的雛型」[57]，而此「他在他為的時空」中形成「外加的自我」常驅使我們偏離真正的感受、願望、和需求——即「內在實質自我」或「第一自我」的本真感知。[58]此第一自我才有可能讓我們建構出「自在自為的時空」。「他在他為的時空」則常妨礙、阻止我們清楚體驗這個世界，因此極易屈服於藍色的孤獨——而「抑鬱感便是第一自我所發出的訊號，顯示一個人的生命中，太多東西已遭到剝削」[59]，此剝削來自時空交迫也可能來自父母的過度期許。而能由外加的「第二自我」朝向實質的「第一自我」回歸，即如 A・佛洛姆所說的，外加的影響終究會開始變質，但仍「取決於我們自身對它的感覺。以致個人對自己的影響遠比身外事物和他人為大」、「最能挑起我們感情的仍是我們自己，這

---

[53]鄭愁予，〈書齋生活（2）〉，《聯合文學》第 223 期（2003 年 5 月），頁 86～89。
[54]潘蜜拉・E・布特勒（Pamela・E・Bulter），《自我對話的藝術》（*Talking To Yurself*，鄧文華譯，臺北：生命潛能文化公司，1993 年），頁 28。
[55]同前註，頁 10。
[56]同註 54，頁 14。
[57]同註 54，頁 18。
[58]同註 54，頁 14。
[59]同註 54，頁 75。

是心理學中最重要的定理」[60]，也是鄭氏所謂由「覺」到「醒」[61]的開始。

　　但在鄭氏早期的詩作中可以清楚看到上述「他在他爲的時空」欲型塑出詩人的「外加自我」（第二自我／非本真的），禁錮住其個人行爲，以致人格的極易遭致變形和扭曲，如陰影籠罩而來，詩人難以隻手招架（包括道德的重壓、童年的陰影在內心作怪如女巫），詩人雖對「內在自我」（第一自我／本真的）有強烈摸索的期許，也無法承受，乃不得不自現實中逃逸。此時他的孤獨感與外在世界的互動是困難的、矛盾的、甚至是孤立的，這應與其早期逃亡經驗、家庭之軍人背景、和生活之難以安穩有關。詩中雖然他寫的不必然是自己，而且常以經驗的「替代物」（也可能是個象徵物）掩護其經驗的「真象」，但仍可能是他被禁錮的、「他在他爲的時空」加諸、個人而形成的「外在自我」的投射，比如他第一首在臺發表的詩作〈老水手〉（寫於 1951 年澎湖的馬公）即隱藏了這種吸力與斥力相互牽絆的極端矛盾：

　　　　不是為了／難堪的寂寞／和打發一些／遲暮的情緒／你提著舊外套／張著／困乏而空幻的眼睛／你上岸來了／你不過是想看一看／這片土地／這片不會浮動的屋宇／和陌生得／無所謂陌生的面孔／對著這細雨的黃昏／靜靜的城角／兩排榕樹掩映下的小街道／你不懂／但你很熟悉／你翻起所有的記憶

　　　　也許突然記起／兒時故鄉的雨季吧／哎……／故鄉的雨季／你底心也潤濕了　我猜想／水　故鄉和女人／在你生活中／已不能分離／你同樣渴念／也同樣厭棄／但你沉默／而你的沉默就是筆／在你／所有踏過的港口上／在你底長眉毛／和嘴角的縐痕上／你寫著的詩句……／我們讀不出／這些詩句／但我們聽得見／這裡面有隱隱的／憂鬱與啜泣。[62]

[60]A・佛洛姆（A・Fromm），《自我影像》，頁 141。
[61]陳姿羽，〈鄭愁予：詩心・俠骨・觀無常〉，《天下雜誌》第 325 期（2005 年 6 月），頁 222～225。
[62]鄭愁予，〈老水手〉，《鄭愁予詩集 I》（1951～1968）（臺北：洪範書店，2003 年），頁 236。

　　鄭愁予〈老水手〉這首詩重要的一些字眼的關係（「＝」是互動和關係，非兩邊相等）是：

1.時間知覺＝寂寞／情緒＝遲暮＝舊＝黃昏＝兒時＝記憶＝靜靜／沉默＝看／聽／寫／讀／啜泣＝翻起／記起＝雨季＝分離／渴念＝詩句

2.空間知覺＝岸＝土地＝不會浮動的屋宇＝城角＝榕樹＝小街道＝水／故鄉／女人＝港口＝長眉毛／嘴角／縐痕＝筆

3.孤獨感＝難堪的寂寞＝遲暮的情緒＝憂鬱與啜泣＝不是／不過是／不會／不懂／讀不出

4.互動方式的矛盾＝陌生得／無所謂陌生＝你不懂／但你很熟悉＝同樣渴念／也同樣厭棄＝我們讀不出／但我們聽得見

　　詩中「同樣渴念／也同樣厭棄」兩句可說是人類人性的整個縮影，它是「低孤獨」的四種需求的必然的隱憂，即使包括性愛或再高的社會地位亦然。但更深一層的認知也可看出其詩中呈現的是人在巨大變動之時空運轉中對存在的強烈畏懼感，與外在世界互動時充滿了「無所謂陌生的陌生」、「很熟悉的不懂」、「厭棄的渴念」、「聽得見但讀不出」這樣的矛盾和認知的無力感，主體我之對水手、水手之對家鄉及女人，實即主體我對家鄉及女人、或者對依愛，均帶有這樣的矛盾和陌生感。而這種「渴念和厭棄」交相糾纏、再設法逃離、並期待「遊」與「俠」之兩極式的孤獨心境和特質，也是鄭氏早期詩作的整個縮影，直到〈衣缽〉出現方有大轉折。

（三）障礙、道路、與象徵

　　「畏」或「懼」顯現了主體我與對應之物互動的困難，於鄭氏的詩中只能借助龐大的自然或窄小的窗口（很像人間溫暖的入口），當作障礙，與之面對或隔絕，事實上也借以隱藏了自我的本真感情。精神分析認為認知事物最深刻和最好的方式正是「將其藏匿起來」、「不僅是我們藏了些什

麼，而是我們如何藏匿它們」。[63]其中「障礙」乃成了「如何藏匿」的必要
之物，「障礙的用途在於隱藏——或者停止——潛意識的慾望」[64]、「障礙才
能揭示慾望是什麼」、「一種必需的盲點」[65]、「潛意識慾望的對象，只能夠
由他意識欲求的對象的障礙加以代表」[66]，而對「障礙」的「成功迴避」或
「追尋」均能構成弔詭式的樂趣，反而「差勁的障礙使我們貧乏」[67]，也因
此即使是對「依愛」的逃避、漠視、打擊、取代、或構築「障礙」，看似冷
酷無情，正是企圖看清或找出其真相和在生命中的位置，鄭氏的詩中正展
現了這種強烈的企圖，那卻是常人難以割捨和害怕面對的：

> 對於障礙的追尋——以及他們熟悉的時間與空間的形式加諸於事物上的
> 需要——是對於客體本質無盡且艱難的探求的一部分。我藉由發現阻擋
> 於我以及另一人或另一事物之間的東西而了解這個人或事物。[68]

> 我們一旦把障礙想成是道路，而不是道路上的障礙——則我們會發現障
> 礙就像潘朵拉的盒子，充滿了不尋常以及禁忌的東西。……障礙提醒了
> 我腦子裡一部分想要忘記的東西。[69]

鄭愁予在詩中不斷設下的「阻擋」或「障礙」，實即他正處於「外加自我」
試圖迴望「內在自我」的進程之中，表現在詩中則是「安詳地壓著祕密」
的象徵物。在借由「阻擋」而不可得，以便有更多孤獨的時空可以迴旋可
以「了解」，那其中果然充滿了不尋常以及為時空所禁忌的東西：親情的逃
避、浪子的行跡（遊）、俠的崇仰、慾的渴望、古典的化妝、語言的試驗、

[63]亞當・菲立普，《吻・搔癢與煩悶》，頁44～45。
[64]同前註，頁151。
[65]同註63，頁152。
[66]同註63，頁154。
[67]同註63，頁159。
[68]同註63，頁165。
[69]同註63，頁155。

知音的契心等等可能或不可能事項的組合。而且此「障礙」在語言中有機
會形成象徵，而象徵物在高達美（H・G・Gadamer，或譯加達默爾）看來
並不是一物說明另一物的比喻，卻是「在一種個別而具體的東西中顯示出
一種對映的整體希望」，[70]它們不會只是個人的障礙或象徵，而可能是一代
人在特定時空下隱匿的集體潛意識。而若「把障礙想成是道路」，則「遊」
與「俠」兩種形式即是鄭氏面對的「障礙」，也是他踩踏的道路，是他切斷
與「依愛」締結的手腕，也是他自非本真之外加的第二自我（他在他爲所
形成）返回本真內在的第一自我（自在自爲所形成）的方式。

　　鄭氏早期詩作收集在《鄭愁予詩集 I》（1951～1968）中，在詩中即處
處顯示了對上述內在渴想和厭倦事物之「障礙」式的「迴避」或「追尋」，
其經常形式即是上節所談的「遊」（肉體）與「俠」（精神）兩面式的浪子
或情俠，雖然二者互爲表裡並非可絕然劃分，有時是「遊中有俠」、有時是
「俠中有遊」，因此純粹是爲說明方便，乃約略可分爲「肉體的自由感」
（遊）和「精神的自由感」（俠）兩大項。前者再分爲「水手」、「邊塞旅
人」、「異鄉遊子」、「登山好手」四項，後者分爲「瀟灑情人」、「薄倖男
子」、「落拓男人」、或「血性青年」、「禪的寄託」等五項，但顯然這樣的區
分仍無法呈現其詩集 I 中的全貌。朝向「肉體的自由感」的部分通常都與
海、天、星、山、水、雲等大自然景物有關，鄭氏自己說：「在臺灣寫了這
麼多的山水詩，讓我慢慢地感受到，山對我而言，是女性的象徵」，[71]而在
心理學上「自然」正是被視爲「倒退式」的母親的象徵：

　　　　自然在象徵上，可以視作是母親的代表。……在大自然裡，我們在人際
　　　　往來當中會感受到的排斥、冷落、批評和傷害，都遠遠被我們拋棄在
　　　　外。這樣的退隱，其實可以說是「倒退式的」（"regressive"）。可是，我

---

[70]王岳川，《現象學與解釋學文論》，頁 223。
[71]黃智溶，〈山水常青詩情在──有使命與沒有使命的鄭愁予〉，《幼獅文藝》第 82 卷第 4 期（1995
　年 10 月），頁 28～33。

們也都知道，倒退也可能產生絕對正面的效果……[72]

其「絕對正面的效果」指的應是「遞進式的三種狀態」：由「高度清澈專注的觀察力」到「象徵化的觀物方式」、再到「跟自然產生不可思議的融合」，[73]則又與精神的自由無異。

另外，鄭氏朝向「精神的自由感」的部分則與面對城池、小街、黃昏、窗口、邊界、歌者、歷史情結、古典情境等「障礙」所形成的無所歸宿、或只能「擦邊球而過」有關，乃至也與「俠之極致」──殉死──之最終解脫有關。這兩種面向相當大的一部分表現了時代中人之被動的不安、慾望的禁錮、和身分認同的困頓。而不論「遊」或「俠」，其最終歸宿似乎皆是隱藏著能型塑出獨一無二、難以析解的「著人議論的靈魂」的形象。1968 年他出國之前的作品中，此情懷中「遊」的極致（指其情操）是〈浪子麻沁〉（1962 年），「俠的極致」是〈衣缽〉（1966 年）和〈春之組曲〉（1967 年）兩首長詩，均是朝向「自在自為的時空」轉向的作品。比如〈浪子麻沁〉中說：

無人識得攀頂雪峰的獨徑／除非浪子麻沁／除非浪子麻沁／無人能了解神的性情／亦無人能了解麻沁他自己／有的說　他又回城市當兵去了／有的說雪溶以前他就獨登了雪峰／是否　春來流過森林的溪水日日夜夜／溶雪也溶了他／他那　他那著人議論的靈魂（末節）[74]

這節詩是「非常鄭愁予的」，幾乎預示了他出國後的隱形行跡，卻是他「自在自為的」，是既遊又俠的，是既孤獨又自由的。而他熱血澆灌的抒情長詩〈衣缽〉[75]中則說「那是熱血滋生一切的年代／青年的心常為一句口號

[72]Joanne Wieland-Btston，《孤獨世紀末》，頁 173。
[73]同前註，頁 161。
[74]鄭愁予，〈浪子麻沁〉，《鄭愁予詩集 I》（1951～1968），頁 180。
[75]鄭愁予，〈衣缽〉，《鄭愁予詩集 I》（1951～1968），頁 292。

／一個主張而開花／在那個年代　青年們的手用作／辦報　擲炸彈　投絕命書」（之三）「我們不是流過淚就算了的孩子」（之五）；以及〈春之組曲〉[76]之一〈春雷〉中說：「在活過三十就算羞恥的年代／有許多這種夜／結著伴兒走進酒肆／題絕命詩於麻布的袷衣／有許多這種夜／促膝爭論把臂唏噓／當締造一個國度一如焦灼的匠人／那時　除了血　烈士沒有什麼可以依靠／⋯⋯／那向蒼穹慨然擲出頭顱的是／流星的投手」皆是他向「自在自為的時空」轉向時更接近「俠之殉道」的外在展，此「自在自為時空」的詩作也延續至鄭氏出國後的作品和復出後的部分作品。

　　但另一種詩作，則非外部指向而是更朝內部指向的孤獨和精神自由的形式，要到鄭氏後期的詩作中才真正出現。底下先將 1968 年前鄭氏孤獨感的獲取形式（遊與俠）與其時空知覺的關係分別舉詩作驗證，如表四：

表四　1968 年前鄭氏孤獨感獲取形式（遊與俠）與其時空知覺的關係舉例

| 遊與俠：孤獨感或自由感獲取的方式 | 處理的形式（障礙的表徵） | 詩作例證（均為摘錄） | 時空知覺 |
|---|---|---|---|
| 遊：肉體的自由感（孤獨感） | 水手 | ⋯：這片土地／這片不會浮動的屋宇／和陌生得／無所謂陌生的面孔⋯⋯：在你／所有踏過的港口上／在你底長眉毛／和嘴角的縐痕上／你寫著詩句⋯⋯〈老水手〉[77] | 時間由兒時寫至遲暮之年。空間由海上諸港口寫到家鄉的小街和雨季，動與不動相互糾纏並生矛盾。借與之認同，寫自由肉身時空中是困境也是僅有的倚靠。 |
| | | ⋯⋯我要歸去了／天隅有幽藍的空席／有星座們洗塵的酒宴／在隱去雲朵和 | 時間寫長期漂泊的不安、疲倦、和孤獨；以突破時間有限自期。空間寫星空江海方 |

[76]鄭愁予，〈春之組曲〉，《鄭愁予詩集 I》（1951～1968），頁 310。
[77]鄭愁予，〈老水手〉，《鄭愁予詩集 I》（1951～1968），頁 236。

| | | 帆的地方／我的燈將在那兒昇起……〈歸航曲〉[78] | 是身體歸所。借肉體去處寫精神和詩人在時空中的方向。「遊中有俠」之例。 |
| | | 一把古老的水手刀／被離別磨亮／被用於寂寞，被土於歡樂／被用於航向一切逆風的／桅蓬與繩索……〈水手刀〉[79] | 時間寫別離之後的孤獨，想的卻是缺席的情絲。空間以「水手刀」介入，歡樂非重心，孤獨和離別感才是。「水手刀」借喻詩人手中之筆，以之挑戰逆風的時空。 |
| | 邊塞旅人 | ……邊城的孩子／你也許帶著被放逐的憂憤／摔著鞭子似的雙眉／然而，你有輕輕的哨音啊／輕輕地——撩起沉重的黃昏／……而老人的笑是生命的夕陽／孤飛的雁是愛情的殞星〈黃昏的來客〉[80] | 時間以老境對比孩子的憂憤，「我」（老人）的介入避免了直抒被放逐愛情失落的心境。空間以邊境作為安放孤獨感的處所。孤雁和孤客並寫，邊塞和沙原並述，突顯時空中被逐之境。「遊中有俠」之例。 |
| | | ……而他打遠道來，清醒著喝酒／窗外是異國／多想跨出去，一步即成鄉愁／那美麗的鄉愁，伸手可觸及／／或者，就飲醉了也好……〈邊界酒店〉[81] | 時間寫會改變削減的夕陽、秋天、黃菊花、乃至歌聲等，均不知何謂「邊界」。空間寫邊界之頑強。但只有「飲醉」、或「歌聲吐出」才能突破時空圍限。 |
| | 異鄉遊子 | ……我們併手烤過也對酒歌過的——／它就是地球的太陽，一切的熱源／而為什麼挨近時冷，遠離時反暖，／我也深深納悶著〈鄉音〉[82] | 時間以「流星」之短暫擬人為「宇宙的吉普賽」，暗喻少年傷逝心境。空間以地球的繞日軌道喻當下困境。「挨近時冷，遠離時反暖」正是人性在時空之吸斥二力下的矛 |

[78] 鄭愁予，〈歸航曲〉，《鄭愁予詩集 I》（1951～1968），頁 4。
[79] 鄭愁予，〈水手刀〉，《鄭愁予詩集 I》（1951～1968），頁 74。
[80] 鄭愁予，〈黃昏的來客〉，《鄭愁予詩集 I》（1951～1968），頁 26。
[81] 鄭愁予，〈邊界酒店〉，《鄭愁予詩集 I》（1951～1968），頁 198。
[82] 鄭愁予，〈鄉音〉，《鄭愁予詩集 I》（1951～1968），頁 12。

| | | | 盾。「遊中有俠」之例。 |
|---|---|---|---|
| | | 不再流浪了，<br>我不願做空間的歌者<br>寧願是時間的石人　然<br>而，<br>我又是宇宙的遊子<br>地球你不需留我<br>這土地我一方來<br>將八方離去〈偈〉[83] | 時間以首句「不再流浪了」<br>道出了不流浪的不可能，亦<br>即流浪時間的無止境，暗喻<br>了那一代人內心的苦處。空<br>間以「空間的歌者」代表自<br>由流浪的肉體，但卻願凝固<br>甚至毀滅於某一刻。一方指<br>肉體，八方指精神去處，以<br>突破時空被迫自我期許。 |
| | 登山高手<br>（遊的極<br>致） | 無人識得攀頂雪峰的獨徑<br>／除非浪子麻沁／除非浪<br>子麻沁／無人能了解神的<br>性情／亦無人能了解麻沁<br>他自己／…‧／是否　春<br>來流過森林的溪水日日夜<br>夜／溶雪也溶了他／他那<br>他那著人議論的靈魂<br>〈浪子麻沁〉[84] | 時間貫串麻沁成年前後的精<br>神變貌，空間以麻沁與雪峰<br>的嫻熟互動、與村民和城鄉<br>互動的困難，喻其孤獨的緣<br>由和困境。借麻沁「遊」的<br>極致能力寫人的虛無面向和<br>死亡面向的貼近。 |
| | | 戀居於此的雲朵們，／想<br>是爲了愛看群山的默對／<br>彼此相忘地默對在風裡，<br>雨裡，彩虹裡。／偶獨步<br>的歌者，無計調得天籟的<br>絃／遂縱笑在雲朵的濕潤<br>的懷裡／遂成爲雲的呼<br>吸……漂渺地……〈雲海<br>居〉（二）——玉山輯之<br>二[85] | 時間以長期「戀居」和「默<br>對」的山雲與人短暫來去對<br>照。空間寫作者最後與山水<br>溶合的心境，「偶獨步的歌<br>者」指的是自己，「成爲雲的<br>呼吸」說的是人在時空中的<br>渺微和永恆逃脫的不可能。 |
| | | 不能再東　怕足尖蹴入初 | 時間以「襤褸的來路」喻努 |

[83]鄭愁予，〈偈〉，《鄭愁予詩集 I》（1951～1968），頁 8。
[84]鄭愁予，〈浪子麻沁〉，《鄭愁予詩集 I》（1951～1968），頁 180。
[85]鄭愁予，〈雲海居（二）——玉山輯之二〉，《鄭愁予詩集 I》（1951～1968），頁 177。

| | | | |
|---|---|---|---|
| | | 陽軟軟的腹／<br>我們魚貫在一線天廊下／<br>不能再西西側是極樂<br>／……／縱可憑一釣而長住<br>我們 總難忘襤褸的來路<br>〈霸上印象〉——大霸尖山輯之三[86] | 力的漫長，「一釣」滿地白雲而「長住」，喻美景的不易得和不長久。空間以「不能再東」、「不能再西」等，極寫駐足處的局促高聳，喻人在自然時空中的有限位階、和觸及死亡邊緣的驚醒。 |
| 俠：精神的自由感（孤獨感） | 瀟灑情人 | 我打江南走過／那等在季節裡的容顏如蓮花的開落／……／我達達的馬蹄是美麗的錯誤／我不是歸人，是個過客……〈錯誤〉[87] | 時間以不讓其發生的否定詞彙（不來、不飛、不響、不揭、不是），表達了瀟灑情人對事件的操控能力。空間以動態物（東風／男人／馬蹄）對不動物（蓮／少女／城／窗／街道）的無心而獲致自由。借障礙的設置以明白潛藏的真實。 |
| | | 這次我離開你／是風 是雨 是夜晚／你笑了笑我擺一擺手／一條寂寞的路便展向兩頭了／……／這世界 我仍體切的踏著／而已是你底夢境了〈賦別〉[88] | 時間以男女分別返家之先後暗喻孤獨而行的必然：三次「本不該」指出光陰的難以扭轉。空間以「紅、白、藍」及各種事物的色澤被夾風雨和黑暗之間（前後兩段），喻時空中之事物終歸泯滅。 |
| | 薄倖男子 | 在一青石的小城，住著我的情婦<br>而我什麼也不留給她<br>祇有一畦金線菊，和一個高高的窗口<br>或許，透一點長空的寂寥 | 時間以「不是常常」、「季節」、「候鳥」等詞喻對情感拘束和牽絆的恐懼。空間以「小城」、「金線菊」、「窗口」等讓女人寂寥之物試圖遮蔽自己的寂寥。 |

---

[86]鄭愁予，〈霸上印象——大霸尖山輯之三〉，《鄭愁予詩集 I》（1951～1968），頁 174。
[87]鄭愁予，〈錯誤〉，《鄭愁予詩集 I》（1951～1968），頁 8。
[88]鄭愁予，〈賦別〉，《鄭愁予詩集 I》（1951～1968），頁 16。

| | | | |
|---|---|---|---|
| | | 進來<br>或許……而金線菊是善等待的<br>我想，寂寥與等待，對婦人是好的〈情婦〉[89] | 時空障礙的背後隱藏著渴想和厭棄。 |
| | 落拓男人 | ……就讓那嬰兒　像流星那麼<br>胎殞罷　別惦著姓氏　與乎存嗣<br>反正　大荒年以後　還要談戰爭<br>我不如仍去當傭兵<br>（我不如仍去當傭兵）<br>我曾夫過　父過　也幾乎走到過<br>〈旅程〉[90] | 時間首寫去年，末段寫不可知、看不到前途只看到戰爭的未來，中間一段寫現在，寫大荒年老百姓的落拓遭遇和悲情。<br>空間寫鐵道、電桿木、揚旗柱、兩個城市之間、列車輾死妻和胎兒等。一部以當下重演往日時空的悲劇。 |
| | 血性青年<br>（俠的極致） | 「而戰爭仍是些賣身紙／輕易地仰身於軍機處的檀木桌上／條約　條約　特權像野草那麼遍在／那麼茂長／在租界與租界的間隙／在用賠款蓋了的醫院教會和洋學堂中／收留著中國人剩餘的　尊嚴」（之二）<br>「那是熱血滋生一切的年代／青年的心常為一句口號／一個主張而開花／在那個年代　青年的手用作／辦報　擲炸彈　投絕命書」（之三）「我們不是流 | 時間寫孫中山革命期間的歷史背景、時代困境、和青年灑熱血之必然。空間寫孫中山革命身姿、影像、和必然之影響。此長詩寫於一九六六年，是鄭氏出國前兩年的作品，強調孫中山民國思想和革命精神，為個人生命與歷史時空試圖冥合之作，乃「俠之極致」之作。慷慨激昂、優美而剛烈，類似風格極為罕見。鄭氏認為是其抒情詩最重要的一首：「那是對歷史負責的一首長詩」[92] |

---

[89] 鄭愁予，〈情婦〉，《鄭愁予詩集 I》（1951～1968），頁 122。
[90] 鄭愁予，〈旅程〉，《鄭愁予詩集 I》（1951～1968），頁 200。

| | | 過淚就算了的孩子」（之五）〈衣缽〉[91] | |
|---|---|---|---|
| | | 在活過三十就算羞恥的年代／有許多這種夜／結著伴兒走進酒肆／題絕命詩於麻布的袷衣／有許多這種夜／促膝爭論　把臂唏噓／當締造一個國度一如焦灼的匠人／那時　除了血　烈士沒有什麼可以依靠／……·／那向蒼穹慨然擲出頭顱的是／流星的投手〈春之組曲〉之一〈春雷〉[93] | 時間寫青年人期待春回大地、春花怒放在兩岸的渴望。如鄭氏所言「無非是向追求人道主義和民主制度的另一方位投射」。空間以春「雷」、春「草」、春「霧」、春「飆」、春「花」等暗示青年再造時代的熱誠。乃以個人熱情再創「自在自爲」的／時空與歷史時空結合之作。一九六七年的長詩作品。 |
| | 禪的寄託 | 雲遊了三千歲月／終將雲履脫在最西的峰上／而門掩著　獸環有指音錯落是誰歸來　在前階／是誰沿著每顆星托鉢歸來／乃聞一腔蒼古的男聲／在引磬的丁零中響起……〈梵音〉[94] | 時間以「三千年」與「已還山門」的短暫一刻做對比，把人到達西方極樂的境界之不易和喜悅，以和緩的鼓磬、梵唱帶出。空間以寺宇相關事物、雲履、星、靈魂等呈現，以戲劇性的安排將之解放。如「一些渡　一些飲　一些啄」等字即有木魚磬槃在時空中相互問答的效果（時間由長到短，空間由線到點） |

---

[92]鄭愁予，〈春之組曲〉之一〈春雷〉，《鄭愁予詩集 I》（1951～1968），頁 310。
[91]鄭愁予，〈衣缽〉，《鄭愁予詩集 I》（1951～1968），頁 292。
[93]陳姿羽，〈鄭愁予：詩心·俠骨·觀無常〉，《天下雜誌》第 325 期，頁 223。
[94]鄭愁予，〈梵音〉，《鄭愁予詩集 I》（1951～1968），頁 114。

## 五、「自在自為」向「無在無為」的時空轉折

### （一）遊的空間性與俠的時間性

　　詩是詩人生命歷程的寫照，此一歷程之中所經驗過的時間和空間自當成為他書寫的範疇，然而同代詩人時空的「因緣和合」並不盡相同，1949年海峽兩岸空間的大分隔，在詩的發展上即從此產生絕然相異的果實。「因」是直接條件或主觀因素，「緣」是間接條件或客觀因素，二者相配即可能產生差異極左的命數，詩的成就也可能就此分道揚鑣。第三大節之第二小節簡略論及 1950、1960 年臺灣經典集體誕生的緣由，即是主客觀條件相互搭配出來的奇蹟，之前不可能，之後也不可能，此種因「他在他為」的集體大遷移所產生的孤獨感，若非當時眾多因緣和合，就不會是目前所見模樣，這也絕非鄭愁予或偏安七子的任何一人所能獨當，但卻又各自產生了影響。亦即，若非此七人以及為數可觀的詩人群集體相濡以沫，不使自身「沉沒」於「他在他為」的大悲劇中，而能仰頭向可能「自在自為」的內在心靈時空去「仰望」去「綻放」，則臺灣詩壇將不會有此盛況。

　　當其時，諸子其實是各自由「災難式的節慶」（戰爭、逃亡）中脫拔而出，午夜夢迴，驚魂難安。他們在此「災難式的節慶」中的每一天，和「舔舐傷口」的每一刻，所謂「時間」是停滯不前和且不斷綿延的。這時即由線性流逝的時間進入所謂「真正的時間」，唯有在這靜止凝定的瞬間，時間才能燭照出真正的人生，向我們澄明生的本真狀態。亦即，能於此重新審視自身的那種時間，海德格（Martin Heidegger, 1889～1976）即說，那才是：「此在能夠被本身地帶到被拋狀態面前，以便在被拋狀態之中本真地領會自己」。[95] 日常時間是對時間的消耗，到了審美時間那裡，成了為生活舉行的某種儀式或節慶，雖然面對的可能是災難歲月、也可能是微不足道的小事件。於是審美和創造在高達美看來都有了特殊的「時間結構」，它們

---

[95] 海德格，《存在與時間》（陳嘉映、王慶節譯，臺北：唐山出版社，1989 年），頁 425。

抓住時間，並允許時間滯留；於是轉瞬即逝的日常生活中的一切都可因藝術的存在不致「沉沒」消失，而有機緣被保存甚至在永恆化的途徑上「開放」，那是「將一個轉瞬而過的瞬間感受鑄成永恆深沉的『在』」。[96]

由此當可看出，個人即使在同一空間停留許久，客觀時間繼續朝前邁進，卻因上述「內在時間」把握事物的意向性，而得以在時空中自由地穿越。但每一歷程皆是必須的，雖然我們可以或大或小或快或慢地加以自由復現，[97]胡塞爾（E Husserel, 1859～1938）即說：「沒有背景，前景就是無；沒有非顯示的方面，顯示出來的方面也是無」。[98]他後二句說的正是後來梅洛龐蒂（Maurice Merleau-Ponty, 1902～1961）所說的「表現那不可表現者，去把人們所忽略的自明之理，揭示為一種可見的『震驚』」。[99]對鄭愁予而言，即是以其年少歲月被迫奔闖出來的龐大「空間」建構了他肉體上「遊」的基砥，且由於在此快速飛轉的時間輪軸下被動觸碰無數的創傷和硬結出的痛，遂自生悲憫、內在精神上長出了「俠」的氣質。前者因身體在空間所處位置的不確定感，遂望向虛無；後者因對非自在自為的孤獨難免厭倦，而朝向殉道。此二端皆與戰爭和政治欺逼背景下的死亡陰影有關，在虛無的那端下，空間消彌背景，人的位置由不確定歸回到無需確定；在殉亡的那端，時間終止，人的孤獨被絕然地截斷而獲解脫，但「遊」與「俠」並不故意走向這樣的極致，而是先立下心靈契約，乃能自由出入於此兩端之間。

鄭氏此二心理基砥並未因 1968 年鄭愁予出國而稍有停歇，他在 1971 年 1 月保釣事件的參與實與「俠」的精神有關，此後即成為臺灣政治的黑名單。從此至 1979 年都暫時回不了臺灣，直至該年因父喪而有回臺省親之旅，豈知在臺灣受歡迎的程度大大出乎鄭氏意料之外，此後創作慾再度勃

---

[96]王岳川，《現象學與解釋學文論》，頁 223。
[97]（德）胡塞爾（E Husserel），《內在時間意識現象學》（楊富斌譯，北京：華夏出版社，2000 年），頁 50。
[98]同前註，頁 56。
[99]王岳川，《現象學與解釋學文論》，頁 104。

發，終於引發他 1982 年起人生創作的第二高峰，短短四年內竟接連出版了
《燕人行》、《雪的可能》、《刺繡的歌謠》等三本詩集，其後結集成《鄭愁
予詩集 II》（1969～1986）。之後還有 1993 年的《寂寞的人坐著看花》詩集
出版。而此種另類的來自讀者之「節慶式」的觸擊，可能是他第二度因時
空交疊變化而能再度躍升的外部原因，亦即進入個人的第二度混沌邊緣，
萬千讀者的高度期許（「我們是讀您的詩長大的」），[100]有可能形成集體的力
量促使其進行自我組織的工程，從空間更遠、時間更為寂寥的肉體與精神
雙重放逐之混沌歲月中，重拾創造秩序之筆。簡政珍（1950～）指出：「作
家對抗放逐逆境的唯一武器是筆」、「以書寫瞬間超越放逐而變成反放逐。
成功地書寫放逐就是一個反放逐者」，[101]而裝入筆中的墨水應有一部分是眾
多讀者注予他的，也許是詩友或任何可能的「點擊觸開障幕」：「潛積於思
維中屬於生命的或美感的經驗，通常總是處在一種朦朧未察的狀態中，而
瞬間受到點擊，如同火鏈將黑暗擦亮造成穎悟那樣的光明，一首詩也就應
命完成了」，[102]鄭氏海外潛積既久，其第二高峰會發生在 1980 年代之後十
餘年，應非意外。

　　於是鄭氏原來潛積之廣闊的「遊的空間」如此遂有機會使他安定下來
內化為文字，前往諸多讀者桌前；「俠的時間」也部分轉化為建構自身之生
命美學，解救了不少詩的渴想者和徘徊於時間盲點的批評家。鄭氏的這兩
次創作高峰或可以圖三表示。[103]

---

[100]鄭愁予，〈借序〉，見《鄭愁予詩集 II》（1969～1986），頁 vii。

[101]簡政珍，《放逐美學》，頁 18。

[102]鄭愁予，〈「即興」使用點擊的手法以攫取永恆——煙火是戰火的女兒，金門的詩〉，《聯合文
　　學》第 228 期（2003 年 10 月），頁 24～28。

[103]參見白靈，〈從科學觀點看臺灣新詩經典化的幾個現象〉一文之圖，另行製作，頁 119。

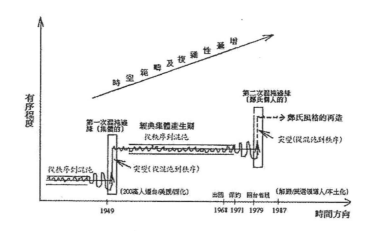

圖三　混沌邊緣與鄭愁予詩風的可能關係

## （二）由「逃」轉成「面對」衝撞不安

　　由於時空範疇及複雜性的遞增，鄭氏出國後的作品中不再有像早期詩中那麼明顯「逃」離城鄉人間、「逃」向自然的傾向，而開始緩慢下他的腳步，將望遠的眼光收回身旁，對周遭人間事物有了更細緻的觀照。他的詩依然有朝向上述「肉體自由感」和「精神自由感」各式演變的可能，唯瀟灑漸收斂、血性漸溫婉、親臨漸多於遠觀。且因青春不再、激情不再、體能不再，加上留學、結婚、生子、工作、家累、異國求生不易，1979 年之前基本上作品稀少、可能只有《鄭愁予詩集 II》中第六輯「愛荷華集」的〈秋盛，駐足布朗街西坡〉等九首和若干留待日後再改之作。在愛荷華五年且有極度挫折之感，「藝術方面，我在此是最不易被了解的詩人。中國傳統詩美學，凡是上品，便不『落入言銓』，我的詩怎麼用術語推銷？何況語言的差異是彼此的天書，即使覺出一些形式音調之美，而在境界上也是難以進入」，[104]說明了他的詩在異國受到的「差別待遇」，未能傳達或譯出的常是他最精采的部分，是那承接古典中國最有價值、難以言語的精華。一

---

[104]鄭愁予，〈引言——九九九九九〉，見《鄭愁予詩集 II》（1969～1986），頁 367。

方面表現了詩人的自信及自知之明，一方面也有知音難尋、跨語言不易的
孤寂和落寞。

　　但在異國多年也並非毫無所得，他說：「但在人生方面卻不同，我像突
然生出千條觸角，使擴大了的感知化爲寬容，使對他人的偏解變爲自嘲，
試著創作詩能成爲人類狀況的代言者而不是判決者，因之作品便不多
了。」[105]此段話仍延續上述「落寞」和「孤寂」而言，不論「寬容」或
「自嘲」皆有擴大胸懷、包容他人之意，這是知音無處覓後的自我寬解和
超脫方式。前此所以會「偏解」和「判決」，不只是閱歷問題、年輕氣盛問
題，也常是因往昔身處「他在他爲的時空」之下被強迫置入偏頗的思想或
資訊，以是難做公正平衡的思考。因此「代言者」當然比「判決者」客
觀，理應更能從容不迫地代言，然而不然，發表園地受宰制，似有被迫隱
遁之意。而 1979 年詩人節接受兩大報採訪和回臺的一場奔喪，使得詩人重
拾信心，發現自己的世界仍在中文領域之中，且知音超乎他想像得多。詩
人之前的「波折」和「窘況」也從此改觀，「遊俠精神」遂得重出「江
湖」。由 1971 年的〈跫音橋〉到 1981 年的〈藍眼的同事〉均可看出他藏在
骨子裡的「遊」與「俠」的氣質，時空卻是「自在自爲」的、面向人間
的、是對眼前事物的包容（即使西方事物），仍充滿了對「利他之俠」（仁
俠／儒俠）的嚮往：

> 「我愛看霧的卻見了草地
>
> 我愛看桅的卻見了教堂以及十字」（p.156）
>
> 「在平衡桿上兩腿平分成爲一字的
>
> 那腿……修長。
>
> 那功夫……真俊。
>
> 那姿式……好好看。

---

[105]同前註。

　　她呀？**她就是兩足分踏兩岸的跫音橋**啊？

　　哎，誰能忍得踏過這樣的身體只為了造出一點聲音呢？
　　是呀，**沒人忍得踏過這樣的身體只為了造出一點聲音**哪！」

──〈跫音橋〉<sup>106</sup>，頁 157

　　「如果她不是我的同事
　　如果**她不是我的同事而是我的同志該多好**
　　明天我們**共同去遂行戰鬥**
　　在出發前互相對視著
　　啊！
　　孩子們說的**藍**其實是**母親長袍子的色彩**呢
　　**與這樣的藍訣別**
　　不正是
　　**很淒然的而很幸福的麼？**」

──〈藍眼的同事〉<sup>107</sup>，頁 160

由摘自〈跫音橋〉的片段可看出過去「看霧」的人現在看到「草地」，過去「看桅」的現在看到「教堂及十字」，但大格局的海仍在，「教堂便徒徒如一艘單桅出港的船」，因此即使在河邊看到在西方女子平衡桿上雙腿平分成一字，他也將她放大到宛如分踏了「兩岸」，將人間眼前所見與想像連結到過去大山大水的「遊」中去。此處「兩岸」自然不會是海峽兩岸，但難免讓人有此遐想，彷彿鄭氏就在說「讓我有那功夫」可以「分踏兩岸」，且應無人踩過我只為踏出一點音響吧？「誰能忍得」、「沒人忍得」，表示這世上有人「忍得踏過這樣的身體只為了造出一點聲音」，兩句重複語充滿了象徵意味，為這樣被踏過身體而發出聲音的人代言，展現鄭氏「俠」的不忍。

---

<sup>106</sup>鄭愁予，〈跫音橋〉，見《鄭愁予詩集 II》（1969～1986），頁 156～157。
<sup>107</sup>鄭愁予，〈藍眼的同事〉，見《鄭愁予詩集 II》（1969～1986），頁 160。

　　〈藍眼的同事〉借與學生爭辯藍眼之藍究竟是具體或抽象意義，而有一番辯證過程，末了加以延伸，指出同事／同志、藍眼／母親藍長袍的相互聯想，既盼望由同事而同志，出發去「戰鬥」「赴義」卻可能就此訣別，而藍又與母親有關，則訣別不只同志、也隱含了母親。期望「女同事」成爲「同志」，這在鄭氏早朝的作品中是不可能出現的，而心理學關於人格的發展中被認爲「最大的一個陷阱是把自己的人格認同於某種特別的自我情結，尤其是某種性別情結」，「人的豐富含義」的洞悉即由此情結的破除開始，[108]此處我們看到了鄭氏在朝「無我」的道路上的努力。詩中的「訣別」二字是充滿了「俠」的想像和內在可與自身斷裂的蒼涼感：

　　　與這樣的藍訣別
　　　不正是
　　　很淒然的而很幸福的麼？

既淒然又幸福，說的是同志／同事／母親，還有一切「是那樣擁抱得到的／關懷的藍呀」，寫了眼前人間現實，也寫了內在更緊密的「同志」關係、「戰鬥」之必要、「出發」的渴望，及「淒然的幸福」的現狀，也寫了內心肯認的「遊的必然、俠的必然」，將海外遊子雖可有「自在自爲的時空」、卻與親密關係必然要訣別的心理情狀，借此詩展露出來。說的是既自由又孤獨的心境，這種心境是既淒然又蒼涼的，連「幸福」可能指的都是死亡，「遊」與「俠」的結束所在。而結束的終止處最後必然與母親有關，與「依愛」的根結有關，「在人的一生中，一旦遇到有關刺激物的提示，令人敬畏的母親就可能重複出現」、「圍繞母親意象的所有那些情感就會激活我們的記憶」，軟弱的童年與令人敬畏的母親成了我們「具有魔力的情緒的兩

---

[108] （美）波利・揚・艾森卓，《性別與欲望：不受詛咒的潘多拉》（*Gender and Desiree*，楊廣學譯，北京：中國社會科學出版社，2003 年），頁 76。

個極端」[109]，「淒然」的是終止，「幸福」的是歸回與母親有關的意象上，這也是所有「遊」之空間的起點與終點，也是所有「俠」之時間的起點與終點。

物理化學（Physical Chemestry）中談到理想氣體（ideal gas）時是指那些分子自身不具體積，分子與分子之間不會產生引力的氣體，此種氣體不論外壓多大（圖四的橫座標），都不會在行為上偏離分子不具體積和改變其彼此無引力的特性（如圖四虛線 V 的水平部分）。[110]很少有氣體能達到這種「理想」，多半會如圖四的其他實線，要不不受壓縮（「對抗」曲線）、要不就屈服於外壓、可被輕微壓縮（「麻木不仁」曲線，屬天生愚鈍）、或甚至可被極度壓縮（「逃避」曲線），直到外壓大到不可忍受才反彈而上（「逃避」曲線的後半）。在相同條件下，不同氣體的外在行為表現了這些不一樣的可壓縮或不可壓縮狀況，[111]就像在相同時空條件下，不同人因天生性格及各種影響，會展現出迥異的「外在自我行為」，而與其自我期望的內在自我（如水平虛線，比如定靜修行而不受時空影響）有很大偏差。

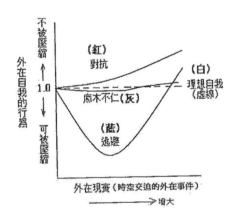

圖四　外在現實下顯現之外在自我的關係

[109]同前註，頁 22。
[110]Keith J・Laidler, John H・ Meisev, Physical chemistry, Benjamin／Cummings Co・, 1982, p13。
[111]同前註，p34。

但在時空條件改變時，同一人卻也可能於不同時空下表現相異的行為，或
針對不同的外在現實而表現出迥異的行為反應。此在上述各種氣體均有此
項行為，比如將外在溫度改變時（如由零下 50 度 c 到 200 度 c，一如改變
時空條件），則同一氣體（有如同一人）會展現如圖五之各種曲線，甚至會
如曲線 IV 在某段外壓範圍內非常貼近理想自我（曲線 V）。[112]此狀況應用
到同一人身上，即在不同時空條件、或不同的外在現實時，比如面對國
籍、政治、血統、文化等與身分認同的問題、與生理慾望的渴求（性）問
題時，可能會呈現完全不同的行為反應，比如曲線 I、II、III、IV 所示。曲
線 I、II、III 均是鄭氏「逃」的原因或方式，都無法解決其困境，曲線 IV
是不得已卻也是最可靠的。

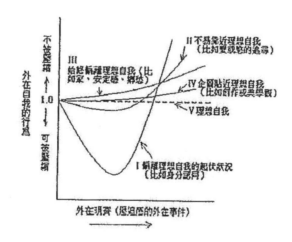

圖五　同一人在不同時空或面對不同外在現實的行為表現

而這些曲線對離散感強烈的海外遊子而言都是同時存在的，它們代表了
「人是一種多層面的存在」，每一條曲線其實代表了一個人格面具，它們的

---

[112]貼近理想氣體行為所需溫暖稱為波以耳溫度（Boyle Temperature），每種氣體的波以耳溫度均不
　　同，參見 Keith J・Laidler, John H・Meisev, Physical chemistry, Benjamin/Cummings Co・, 1982,
　　p36。

全然解體才是「我執」的破除，和「無在無爲」的開始（另在下節討論）：

> 我們都有內在的心理情結。我們每個人都有多重人格——有好幾個相互
> 競爭的主體。多重主體性做為人的情感生活的特徵是普遍性的，它表明
> 了人是一種多層面的存在，而這種存在的外殼是我們有形的身體。[113]

一個看似統一的人的形體的底下可能包含著各種複雜而難以簡括的功能和心理原型。因此幾條曲線仍嫌簡略，也只能如此。比如曲線 I 是針對身分認同或歸屬（中國人、臺灣人、美國人）的糾葛，一定不會有滿意的解答，這也成了海外遊子、形同兩度放逐的鄭氏心中最大的痛，直到他近年以鄭成功第 15 代孫的身分落籍金門爲止，恐怕仍不會得到真正的踏實感，這也是所有在臺灣或海外遊子認同中國文化者心中的最大情緒，它也是偏離理想狀態最遠的部分，亦即本文第一節中低孤獨中最無能爲力的根結。

　　而曲線 II 之愛與慾的尋求，恐怕才是鄭氏最大的不安所在，恐也是所有人最大的困境，鄭氏從早期的以窗、城、東風、山、海等不同創造的「障礙」、「變形」、「象徵」等予以壓抑，一直到 1983 年的〈曇花再開〉、〈十月有麗日侯其人至日暮未至〉等詩，仍是這些慾望的若隱若現，但壓抑的意願不再那麼強烈，較能更適切地面對，雖然這些愛與慾的對象最後都如曇花萎謝、從不曾停留。曲線 IV 正是鄭氏自曲線 I、II、III 的不同情境中再度抽離，透過創作和生命美學的建構和透視，逐漸進入內在的清澈當中。

　　而由各式各樣的「逃」轉成「面對」自我的陰暗和衝撞不安，是鄭氏在詩境上極大的轉折，此時他不再處在「邊界酒店」、「邊塞旅人」，從遠方來、再隨時要開拔到遠方去，他不再只在事物邊緣走過或穿越、隨時處在「馬不停蹄」的狀況。他開始「安然」地坐下來、定靜地看其變化，開始

---

[113] （美）波利‧揚‧艾森卓，《性別與欲望：不受詛咒的潘多拉》，頁 23。

讓事物自由來去，不一定非得如何不可，也較能進入悠遊自如的情狀之
中、嚮往「無在無為」的時空和心境。

　　比如他後期的詩作〈教授餐廳午餐感覺〉[114]便極有可觀：


　　與一行灰髮人依次入座

　　在骨老紋重的桌面

　　放下食盤……

　　多是以清水佐餐

　　法蘭紋身存溫厚

　　話出輕暖

　　推高眼鏡傾神的聽著

　　常是一語牽轉千年

　　幾個字佈局萬里

　　千年萬里

　　原不過是一些

　　話題


　　另有一隅　桌小人雙

　　男女湊首激辯

　　還有一方　桌寬杯多

　　新手教授在一陣椅腿的騷動間

　　急步離去

　　必然每人還有一個

　　長長的下午


　　灰髮人依次起座


---

[114]鄭愁予，〈教授餐廳午餐感覺〉，《寂寞的人坐著看花》（臺北：洪範書店，1993年），頁196。

僅有一人靠著椅背掣出煙斗來

含好　點了火　而不抽

只用拇指　環球摩拭

萬邦僅有一王的

感覺

身在異國

此詩是他 1990 年代寫得最好的詩作之一，冷靜、清澄、透明得宛如一面鏡
池，將人身在異國的感覺，以優雅、感染力極強的文字展現出來，而這已
經是身歷人生無數無常之後的鄭愁予，另一個繁華落盡的鄭愁予。「常是一
語牽轉千年／幾個字佈局萬里」說的是知識分子見識的穿透力，也是人生
或人類千百世歷練才集體結晶出的智慧，說的是人人頭上一片天，也是非
自身可以了然的，因此皆予尊重。「萬邦僅有一王的／感覺」，「的」字是
「地」字之意，代表副詞，修飾末二句。既「萬邦」理應包含「異國」，卻
仍在其外，有凡事皆天外有天、人上有人之歎。此「一王」即「僅有一人
靠著椅背掣出煙斗來」的作者自身。既孤單又孤傲，比如在中文領域的詩
壇地位但此地並無人認識；離群而坐，「環球摩拭」，摩拭的不只是煙斗，
好像摩拭著自己複雜又單純的一生，一生的常，與無常。而「異國」之感
是孤寂的，卻也是自由的，這正是詩人感覺「無常」的方式。「感覺／身在
異國」表示有時並無此感覺，有時又單獨將此感覺抽出來玩味，點在煙
上，任事物來事物去，「萬邦」、「環球」說的是思維、事物自由出入，說的
也是行走的萬端路徑和錯綜的長長一生，也似把「來去無常」（詩中指周遭
人出現和消逝）視為可撫摩玩味的煙斗般，一切滋味盡在其中。「遊」與
「俠」到此有歸隱之意，卻似乎又無所不遊、無所不俠，一切至此都已了
然於心。

　　鄭氏此種既自由又孤獨又短暫自在自如的感受，也可由《寂寞的人坐
著看花》第八輯「言笑褝」中的〈秋聲〉一詩，加以領會，以見詩人對

「無在無爲時空」的短暫嚮往。詩的中間一段描寫登頂一刹的感受：

　　天是大虛　　地是大虛

　　在天地無可捉摸中

　　捉捉身邊的酒囊　　還鼓

　　摸摸心　　　　　　還溫

　　除了一番撫摸的感覺

　　千骸俗骨已在虛無中化

　　去

　　　　　　　　——〈秋聲——華山輯之三・登頂一刹〉[115]

　　詩人感受到人與天地間，難以絕然劃分，而有一種與天地同存、共趨於虛空之感，但虛空又是非可實在體驗到的感受，太難以捉摸，此之所以詩人要摸摸還鼓的酒囊、摸摸還溫的心，以確定自身在天地空范虛無中的短暫存在。然而人之實體卻又是因緣和合的暫存，終歸虛無自然，因此對詩人而言，「除了一番撫摸的感覺」，大虛中難以自見實體，於是「千骸俗骨已在虛無中化去」成了最後的必然，此詩充分表達了道家思想中「覺而形開」的觀念，不執不著，了然於形體來自虛空，也將回歸虛空，化爲天地宇宙的一部分，則自然自如自在，也短暫進入了鄭氏所謂的「冥合」狀態，卻必得要在紅塵人間打滾過才行、才甘心。

## 六、冥合的可能和不可能

### （一）大遊、大俠、與超依愛

　　詩人雖然不是身心靈的修行者，卻是希望透過詩語言中將人生境界的領悟和了然表達到完美的「一」之境。既非修行之人，必得與凡俗交流，

---

[115] 鄭愁予，〈秋聲——華山輯之三，登頂一刹〉，《寂寞的人坐著看花》，頁 164。

因此這樣「與天地合一」的感受非可常有，卻是青年歲月中難以真實體驗的。詩人與修行者俱是欲將欲求昇華之人，體驗有時即使相似，但路徑畢竟不同，修行者對心靈自由度的要求是層次高遠的、恆久的、具持續性的，其修爲是建構在內在時空對實存的外在時空的削減能力上（參見表二），因此戒慎頗多，是將低孤獨範疇內的四種基本需求降至最低，是神性對魔性化解，是空對色的消火，是靈對身心的徹底安撫，是高孤獨對低孤獨的漠然，佛家所謂去貪去嗔去癡、乃至五蘊皆空即近乎他們追求的境界。詩人很難如上述修行者所爲，他是出入於諸種需求之中，常因低孤獨的難以滿足而糾纏在逃逸與投入之間。二者（修行者與詩人）的差異、或者應該說他們尋求的生命範疇並不相同，可試以下二形式表示之，其中減號「－」有「消滅」甚至「熄滅」之意，相乘號「×」有「互動」（來往於二者之間）、「糾纏」、乃至「矛盾叢生」之意：

欲求昇華的兩種形式（二者也可平行並進）

1.心靈的自由度（修行者）＝內在時空對外在時空（世界）的削減能力

　　　　＝自創的時空－生存的時空

　　　　＝高孤獨值－低孤獨值

　　　　＝決定在己者－決定在人者

　　　　＝神性－魔性

　　　　＝空－色

　　　　＝靈－（身＋心）

　　　　＝道－技

　　　　＝白－（紅＋藍）

　　　　＝覺而形開之程度

2.創作的可能性（詩人）＝內在與外在時空的互動力（能動性、交纏、和矛盾）

　　　　＝以生存的時空擴大、灌注自創的時空

　　＝自創的時空x生存的時空

　　＝高孤獨值x低孤獨值

　　＝決定在己者x決定在人者

　　＝神性x魔性

　　＝空x色

　　＝靈x（身＋心）

　　＝道x技

　　＝白x（紅＋藍）

　　＝詩意的棲居之程度

　　＝企圖填補自挖的人格的洞

　　然則外在時空的一切率皆「因緣和合」所生，因緣分散則滅。生滅的變換，就是無常。無常感的產生，即因凡此一切「非爲決定在己者」，而多爲「決定在人者」，且轉換快速、難以掌握，從未能停留，而詩人對「去欲」，尤其「戒癮」是相當遲鈍的，即使試圖打壓它，仍難熄滅，透過創作的昇華成了他最大卻也是最小的出口。欲望本身包含有某種對象的缺乏感，是一種永遠無人令人滿足的東西，「表明了我們人類本身存在的局限性」、「每一次試圖滿足欲望的行動都蘊含鮮活不滅的新欲望」，[116]欲望的這種缺失性，可笑又可憐地與「苦」相連的這種局限，正是人世戰爭與愛情等題材永遠不絕的原因，也是詩人汲取不完的源井，卻必得偶爾由其中跳出，像自戰局中抽拔自己成爲局外人，又有時得將自身宛如戰地記者般投身煙硝砲火之中，似乎必得來往於「有」和「無」之間，「色」與「空」之際，在「神性」與「魔性」之間反覆糾纏交纏，這是上節所提人會「多層次存在」、「多元自我」的原因，然後試著「統整」它們，向人生更高層次的境界盤旋而上。但要一直到人格成熟的階段，使得人「在內部生活和外

---

[116]（美）波利・揚・艾森卓，《性別與欲望：不受詛咒的潘多拉》，頁94。

部生活中使多樣性和多元性得以整合統一的一種先天傾向」能夠盡性發揮時，人生意境才算完整：

> 在個體化過程中，個人要獲得一種能力來解讀自己的歷史，即解讀自我人格的諸種情結，並能夠接納和包容一系列各種各樣的情緒和意象，而不必付諸外顯的行動。這種自我反思的能力打開了心靈的門戶，使人有可能獲得大慈悲，即對整個人類苦難的深厚同情心，使人有可能獲得對於相互關聯性的最終領悟，即通過多元性達到更高層次的統整性。[117]

此所謂「最終領悟」、「大悲」、「統整性」，其實即個人在內外時空的建構和拓展中明白其根源和一切可能，不逃不避，徹底面對，是「大遊」和「大俠」之後將所經歷和體驗的「冥合」後的徹悟：

> 在最有複雜的整合階段，個人會消解那種獨立存在的自我意識而開始直接體驗到無我的境界，即達到一種與所有的他人和一切存在不可分地聯繫在一起的精神狀態。在這種普遍聯繫的狀態中，人獲得了更大的自由，即不再受自我中心的欲望的統治，不再受自我情結以及其他情結的驅動，而且也不再追求那種偏執的獨立性。在佛教和精神分析中，成長的目標都是超越；超越或解放（nonattachment）的含義不是冷漠無情、漠不關心，而是不再受自己的情結的驅使。[118]

這一段話具有無比的力道，「無我的境界」、「和一切聯繫在一起」、「不再受欲望的統治」、「不追求偏執的獨立性」、「非冷漠」、「不受情結驅使」等的精神狀態，不正是一種「冥合」嗎？「nonattachment」一詞正是「依愛」的英文字「attachment」的反詞，很像「脫依愛」、「非依愛」、或「超依

---

[117] 同前註，頁 75。
[118] （美）波利・揚・艾森卓，《性別與欲望：不受詛咒的潘多拉》，頁 75。

愛」，其實「一種與所有的他人和一切存在不可分地聯繫在一起的精神狀
態」則正是「依愛的無所不在」，此豈非身處「無在無爲的時空」的最佳寫
照？

## （二）神祕參與

　　雖然「無我的境界」、「達到一種與所有的他人和一切存在不可分地聯
繫在一起的精神狀態」有時可望而不可即，卻可以透過悟的透徹而不斷對
之仰望，鄭氏在〈蓮——悼安穆純先生〉一詩的首段即以「我們仍在污泥
中／尋找意義」表達對死而後已的好夫子好學者的景仰和自省：[119]

> 蓮　在靈性最飽滿的時候
> 離開水的禁制　蓮
> 惟有進入空無
> 才得開放

詩中的「蓮」成了「有」與「無」合一、「色」與「空」冥合的最佳精神展
現，雖仍不是自身的，卻是對「無我的境界」、「和一切聯繫在一起」的崇
慕。在〈小島上的荒原——傷顧城之逝世〉一詩中，對顧城於 1993 年由美
返紐西蘭後殺妻自殺深感悲痛，鄭氏對人生之執與無執表達了看法，詩分
三節，第三節中所說「我曾說過　活過三十便是羞恥」、「孤索離群以及無
憾的消失」、「美給無關的人看多嶄」、乃至「美給自己看」是他對存在的認
知，第二節則充分表達了他「大遊」和「大俠」後的生命體悟：

> 無人真知生生之理　所以有「懼」／（其實不關基督的福音）／無人懂
> 得指甲髮膚／
> 為什麼要惜護／所以有「忍」／忍到秋盡以及大限／（亦不關儒家的倫

---

[119]鄭愁予，〈悼亡與傷逝（2）〉，《聯合文學》第 225 期（2003 年 7 月），頁 78～83。

教）／見眾生扶持攬一食一啄／敬重多類多姿的生靈物種／而終歸一個
／求生的意念／無人慧解為何如此／所以有「施」／（不關佛的慈悲
道的天存）／這簡單易知是美的基型……／亦不過是一個字／「仁」字
[120]

這一節詩很像在說一番道理，將難以「真知」、「懂得」、「慧解」的宇宙母
體的本意以文字串成，宛如一段經文或禱詞，叩叩噹噹宛如持咒，企圖超
渡顧城、要他走好。詩中對「懼」、「忍」、「施」、「仁」，乃至「悲」的看
法，正是鄭氏對「道」和「一」的體認。其實正是對宇宙奧祕的畏和敬，
或如榮格（C・Jung, 1875～1961）所說：

> 要了解藝術創作與藝術效果之祕密，唯一的辦法是，回復到所謂的「神
> 祕參與」狀況──回復到並非只有個人，而是那人人共同感受的經驗，
> 那是種個人之苦樂失去了重要性，只有全人類的生活經驗。這就是為什
> 麼每部偉大的藝術作品都是客觀的、無我的，然而其感動力卻不因之而
> 減少的原因。這亦是為什麼詩人之私生活與其藝術作品之間的關係無任
> 何重要性──充其量只能給予其創作的工作一種裨益或阻礙而已。[121]

榮格所謂「神祕參與」、「回復到並非只有個人，而是那人人共同感受的經
驗」也許就是上述「一種與所有的他人和一切存在不可分地聯繫在一起的
精神狀態」，或者如馬斯洛談到自我實現者較易出現的「神祕的」或所謂
「高峰經驗」（"peak　exerience"），那是詩人達到某一境地均能從任何活動
中輕易體會到的心靈的愉悅，「產生一種類似宗教經驗的感動。自我從其中
昇華而整個人覺得非常地有力量，自信而又堅決」，[122]這樣的詩後來才出現

---

[120]同前註。
[121]榮格（C・Jung, 1875～1961；另譯揚格），《尋求靈魂的現代人》，頁204～205。
[122]D・Schultz & S・E・Schultz，《人格理論》，第11章"Abraham Maslow"，頁353。

於《雪的可能》、《寂寞的人坐著看花》等詩集中，比如〈靜的要碎的漁港〉一詩：

　　我穿著白衫來
　　亦自覺是衣著白雲的仙者

　　而怎忍踏上這白色的船
　　她亦是白衫的比丘
　　正在水面禪坐著
　　而她出竅的原神坐在水的反面
　　卻更是白的真切

　　我也坐下　在碼頭的木樁上
　　鄰次的每一木樁上
　　都有白衫者在坐定
　　我知道他們是一種白衣的鳥
　　他們知道我是一種白衣的人

　　藍天就印出這種世界
　　我與同座的原神都是
　　衣冠似雪　而我的背景──
　　蓮白的屋舍　骨白的燈塔
　　都是月亮的削片搭成的

　　港灣弱水
　　靜似比丘的心
　　偶逢一朵白雲

就撞碎了[123]

「港灣」此處宛如他生命的道場，我＝白衫者＝仙人，白船＝白衫者，白鳥＝白衫者，原神＝船影＝鳥影＝人影，而一切均在藍天包圍的白屋、白塔、白月之中，果然是「一種與所有的他人和一切存在不可分地聯繫在一起的精神狀態」。我如白衣俠客，以一己之遊帶領所有混沌的元素進入一嶄新的秩序之中，而能達至一不可能的幾近冥合難分物我的意境。末四句則隱藏著美的、神祕感的瞬時變化，一切皆在因緣和合之中達成，卻又非不可變、而且一定變，靜中有動、有遊有俠，一點小因素的加入就使一切步入另一感受之中，比如一朵白雲就是另一俠影，迫使原畫面步入另一形式的遊中，詩人攫住的即是那達成的一瞬和永恆感。

此玄妙冥合之詩機即使落在更流動性的人間凡塵亦然，比如〈清晨與主日學〉一詩：

我停了車，讓它排在同伴之間歇著
剛好在一教堂的門前

主日陽光便是清洗世界的水
我走進維也納咖啡屋　坐在
窗邊　玻璃上亮麗著水紋

教堂的門虛掩　隔著街望見我的車了
在一輛紅車和藍車之間
（而它自己是白色的）
正像一面旗：自由的　愛的　革命的
旗

---

[123]鄭愁予，〈靜的要碎的漁港〉，《寂寞的人坐著看花》，頁 4～5。

閃著亮麗的水紋

教堂的門徐徐張開了
徐徐步出仕女　那麼好看當進入水裡
一群孩子　　熱帶魚樣那麼好看

我隔著熱帶的海峽　望見
終於步出　牧師的白袍子
而且紅的飄帶　藍的飄帶
正像一面旗
而這邊　紅的車游走了　藍的車游走了

只剩下白色
只剩下白色
（一面舊旗向一面新旗投降著）[124]

這首詩可說是回復到榮格所謂的「神祕參與」狀況，當下那刻（過此再也不能）除了鄭氏無人明白在那凡塵之中小小景致的藍白紅變化，恰巧呼應著詩人心中「自由」、「愛」、「革命」的遊俠精神，只是瞬間兩端（教堂／車子）的相互變動就使坐在咖啡館中的詩人，像隔著遙遠的海峽（有無暗喻實際的兩岸？），看著人世兩面旗幟巧妙的轉移，小孩／女人／牧師牽動的豈不是詩人自身的歲月感歎，「投降」的無妨是舊的自己（只剩下白車），只要新的誕生（出教堂的白袍和紅藍飄帶）。這首詩說的不就是「個人會消解那種獨立存在的自我意識而開始直接體驗到無我的境界」的那種無在無為的精神狀態？沒錯，「冥合」的可能是：該如何「消解那種獨立存在的自我意識」，消解「多層次存在的自我」，向有與無、色與空、神與魔的同時俯視和統整，或者說，向「一」的仰望。

---

[124]鄭愁予，〈清晨與主日學〉，《寂寞的人坐著看花》，頁 220～221。

## （三）性之遊與語言之遊

恆久「冥合」的不可能是：詩人終非修行人，他提供了自己的詩和創造，卻吞下了自身缺角處處的一生，包括始終難以圓滿的欲望，尤其是願誠實招認的「性」──那在傅柯（Foucault, 1926～1984）看來是可以：「不斷改變生活，改寫自己，塑造自身，反覆進行銷魂試驗，使生存藝術化、美學化。沒有銷魂試驗，就沒有生存美學，也沒有偉大的思想作品。性愛在個人生活中具有無與倫比的重要性」，[125]在梅洛龐蒂看來則是：「當我沉湎於我的身體時，我的眼睛只向我提供物體的感性外表和其他人的感性外表，物體本身受到虛無的侵襲，行為在荒謬中解體，被錯誤理解的現在本身失去了它的確定性，轉變成永恆」、[126]或「一種生活方式──逃避的態度和孤獨的需要──可能是某種性欲狀態的概括表現」[127]。果然，鄭氏在自剖的各種「逃」中，「性」是最致命甚至可為之死的「遊」的方式，「浪子紅塵一情俠」恐怕是鄭氏潛意識最最內在的終生渴望，「情俠」是他的感性，「仁俠」是他的理性，唯最終還是得回到詩來，因為那是他真正可決定在己的。然則終究所有這些俱是他不斷變動的「遊」與「俠」的範疇，其拓展出的內外時空一直是與時俱進的，且永不停息，直到時間斷裂為止。

E・佛洛姆（Erich Fromm, 1900～1980）說「人的充分成熟是由他從自我迷戀──個人的及群體的──中完全脫出而達成」，[128]即使難免有所迷戀，其對象也是針對「某種成就」、或是「所有的人」，而「不只是某一個群體，某一個階級或宗教」，[129]換個說法即是能達到「意識」的「潛意識」深層的往來互動而無所畏懼：

---

[125]（英）塔姆辛・斯巴格，《福柯與酷兒理論》（*Foucault and Queer Theory*，Foucault 又譯傅柯；趙玉蘭譯，北京：北京大學出版社，2005 年），頁 24。

[126]梅格龐蒂（Maurice Merleau-Ponty），《知覺現象學》（*Phenomenology of Perception*，姜志輝譯，北京：商務印書館社，2001 年），頁 218。

[127]同前註，頁 222。

[128]E・佛洛姆（E・Fromm），《人的心》（*The Heart of Man*，孟祥森譯，臺北：有志圖書公司，1992 年），頁 103。

[129]同前註，頁 104。

我們的意識主要代表我們的社會和我們的文化，但我們的潛意識則代表
每個人之內的共同性。擴展自我認知，越過意識，而照見社會的潛意識
層域，可以使人在自身之內體驗一切人性；他會體驗到他是一個罪犯和
聖者，是一個小孩子和成人，是一個清醒的和瘋狂的人，是一個過去的
和未來的人，在他之內具備人類所曾是以及將要是的一切。[130]

「在他之內具備人類所曾是以及將要是的一切」，這種感受呈現在外時，在
詩人不可能是別的，只能是語言，「可以把語言看做是一種全息攝影式的組
織」、[131]「整體使部分具有意義，部分使整體具有意義」，[132]詩人是那部
分，人類是那全體，詩語言是那部分，日常語言是全體，他創造的詞語
「在其中喃喃細語，盡情享樂，陶醉於它們所描述或召喚的內涵」。[133]梅洛
龐蒂則認為「世界只是通過語言投射出的主體世界。所以，人在語言中構
造世界，世界也因為語言而成為一個不斷向著世界終極目標邁進的過程」、
[134]「藝術家面臨的最大困難是說出全新話語的困難。他不是上帝，卻妄圖
創造世界」。[135]語言，或者說詩，不得不成為鄭愁予最終的歸宿和安居之
所，並以之漫遊到眾多讀者面前，拓展他們數代人「遊和俠」的視域、安
撫他們的孤獨、和滿足他們朝向自由的逃逸傾向，因此對鄭愁予而言，詩
語言恐怕才是他最高形式的「遊」與「俠」了。

## 七、結語

　　鄭氏以他的一生為這時代留下了為數可觀的詩作，這些精彩的詩作，
同時也隱約展現了他那一代華人漂泊的、坎坷的、不斷出走、不斷逃向遠

---

[130]同註 128，頁 107～108。
[131]（法）埃德加‧莫蘭，《方法：思想觀念——生境、生命、習性與組織》（秦海鷹譯，北京：北
　京大學出版社，2002 年），頁 183。
[132]同前註，頁 184。
[133]同註 131，頁 181。
[134]王岳川，《現象學與解釋學文論》，頁 91。
[135]同前註，頁 102。

方和天涯的命運。貫串他詩中的，是承繼了古代憂與遊的傳統情操，但表現成更瀟灑激烈的遊與俠的精神。遊俠＝遊＋俠＝空間＋時間＝內外空間＋內外時間＝隨時空一直「在路上」不斷變動。此精神在時空中有三度轉折：起先是於「他在他為」的時空中設下象徵（障礙及變形）；其後是在「自在自為」的時空中付諸實踐，一度成為著人議論的靈魂；最後是在「無在無為」的時空中朝向生命的冥合境界、建構自身的生命美學。此精神面向個人時，是浪子（被動的遊）；面向人間時，是仁俠（儒俠，主動的遊和俠的嘗試）；面向宇宙人生時，是無常觀（俠而不得的遊／無不可俠的遊）；面向語言時，是最自由、朝向各個世代、也是最高形式的遊與俠。然而他的命運卻較之彼岸同輩詩人仍然幸運多了，他的詩也因此才得以自由地創造、得以廣大地流行，回過頭也必將去撫慰更多有生命無常感的中文世界的人。他的詩是現代華文世界的奇葩，這些詩竟是無常、殘酷的時代推動出來的結晶，但奇特的是，他的詩（尤其早期作品）勢必也是中文現代詩中最難被翻譯成其他語文的，而不能被譯出的成分竟是他最菁華的部分，他最精采的詩一如難譯的唐詩宋詞，非常「無常」地，只能永世留在中文世界了。

——選自《明道通識論叢》，第 2 期，2007 年 3 月

# 秋聲依舊自唱

## 談鄭愁予〈秋聲〉一詩

◎李翠瑛*

　　鄭愁予（1933～），本名鄭文韜，河北寧河縣人。「愁予」的筆名出自於《楚辭‧湘夫人》：「帝子降兮北渚，目眇眇兮愁予」。幼年隨軍人父親轉戰大江南北，閱歷豐富，自稱其：「山川文物既入秉異之懷乃成跌盪宛轉之詩篇」。16 歲即出版詩集《草鞋與筏子》，來臺後，持續創作，有詩集《夢土上》、《衣缽》、《窗外的女奴》；1974 年志文出版社出版《鄭愁予詩選集》、1979 年洪範書局《鄭愁予詩集 I》，收集作者 1951～1968 年的詩作，將前述之詩集精華收為一編。

　　1965 年詩人停筆，1968 年赴美，於愛荷華大學獲藝術碩士，後執教於耶魯大學。1979 年之後，詩人再度執筆，陸續出版《燕人行》、《雪的可能》、《刺繡的歌謠》、《寂寞的人坐著看花》等詩集；且有《鄭愁予詩選》、《蒔花剎那》分別於北京及香港等地出版。2000 年有《鄭愁予詩的自選 I、II》，由北京三聯書店出版，收錄自《夢土上》到《寂寞的人坐著看花》等詩集的精要之作。

　　鄭愁予之詩，不止於描山繪水，更融合人文思想於一爐，並翻化古典詩詞之境，融以今人浪漫情懷，於詩中構築一個優美而精緻的意象世界。鄭氏詩不僅風靡讀者，並且影響深遠，已經在中國新詩發展史上留下不可磨滅的地位。

　　鄭愁予的詩以古典抒情的風格給予讀者美的感受，自早期的〈錯誤〉、

*元智大學中國語文學系副教授。

〈情婦〉、〈殘堡〉等詩，到〈寂寞的人坐著看花〉等，都是讀者傳誦不絕
吟詠不已的名篇佳作。本文就從其詩集《寂寞的人坐著看花》中的〈秋
聲〉一詩，加以賞析，以見詩人致力於創新的風格表現。〈秋聲〉一詩錄於
下：


　　秋聲
　　──華山輯之三‧登頂一剎
　　　　入山　　我是山人
　　　　進洞　　便成仙
　　　　登頂　　又使我成為
　　　　虛無的中間代

　　　　天是大虛　　地是大虛
　　　　在天地無可捉摸中
　　　　捉捉身邊的酒囊　　還鼓
　　　　摸摸心　　還溫
　　　　除了一番撫摸的感覺
　　　　千骸俗骨已在虛無中化去

　　　　而散入雲：成為淅瀝的秋聲雨
　　　　這有聲的意象
　　　　又恰巧是我凡間的
　　　　名字


## 一、詩的動機、主旨與結構

　　　　就此詩的創作動機與主旨來看，〈秋聲〉是詩集裡的第八輯「言笑禪」
中的其中一首，此輯中所錄，顧名思義，詩的內容與方向皆傾向於對

「禪」的體悟與感受。這首詩雖名爲〈秋聲〉，但內容亦與「禪思」相關，詩的題目下有一行小字，補充說明此詩的寫作源起：「華山輯之三・登頂一刹」，作者「華山輯」共有三首詩，此爲第三首，是詩人因華山起興，在登頂之時感於天地之悠悠而興發對生命及宗教的體悟。詩人面對眼前之人事物景，卻選擇一個平凡的秋聲以訴說不平凡的人生、不平凡的天地；然而，人生無論如何不平凡，當其面對天地的深渺，歷史的悠長之時，終究也僅是一個聲音而已，一個在世間曾有過聲音的名字，如同一陣秋聲，來過之後又消逝於天地之間。

　　就此詩的結構來看，詩中以山人、仙人、入洞等山人修行的意象做爲詩的起始，接著是天與地的對話，而天地之大看似有物，其實無物，在禪思的世界中化爲虛無。因而，人的渺小與天地的廣大就形成強烈的對比。並且，也在這種對比之下，作者提出自己的自處之道，對自己下了一個評斷：「秋聲」是作者自己在人世間的名字。自己就如同一陣秋聲，來過之後又消失無蹤，在人世間留下的是一個「有聲的意象」。

## 二、詩的技巧及修辭

　　就詩的技巧而言，這首詩虛筆與實筆交錯縱橫，且虛筆多於實筆。其詩的思緒要從虛無處著手，去感受詩人在對天地、對修行、對山人的種種虛無之境的想像，以及其對生命價值的自我評斷。在詩的第一段中，已經點出整首詩的行進方向：

　　　入山　我是山人
　　　進洞　便成仙
　　　登頂　又使我成為
　　　虛無的中間代

「人」在「山」中，即是「仙」字，此爲「析字」修辭法。第一句說明入

山爲山人，進洞，則是更進一步的修煉，才有機會成爲「仙人」。作者運用「人」與「山」合而爲「仙」的巧妙設計，說明「山人」與「仙」在意義上的關聯性，同時也藉由中國文字的巧妙安排所造成的修辭方式。作者運用空格造成頓挫的效果，並以「排比」修辭法，連續說明三種不同的境況。「空格」的使用，在現代詩的表現中，一方面可視爲標點符號的作用，所以空格的使用具有標點符號表情達意、輔助本文的功用；另一方面則是作者特意安排，在詩句中予以適當的頓挫，使詩的節奏符合作者情境的塑造。在這首詩的安排中，空格的使用，使得空格之前的「入山」、「進洞」、「登頂」與空格之後描述的「我是山人」、「便成仙」、「又使我成為／虛無的中間代」，兩者有敘述上的因果關係。換言之，空格雖不標明符號的種類，但是在此卻有如破折號或逗號的作用，使得空格之前的簡短兩字在於標出重點，而空格之後則是以補充說明的方式呈現作者的意圖，於是，空格之前的兩個字如果是因，則空格之後的所有動作情節則是其結果的呈現。

　　「排比」三個對等的句子，使句型在結構上是一致的，但是三個句子裡除了起首的部分皆爲兩字的「入山」、「進洞」、「登頂」之外，後面的敘述裡，詩人使用不對等的句型，使數字不一，錯落有致，具有變化文氣的效果。第三句則索性分成兩行：「又使我成為／虛無的中間代」，也是變化句式的設計。於此同時，三個「入山」、「進洞」、「登頂」的動作所引出的三個句子，在意義上也以「層遞」修辭法的方式進行，是層遞中的「遞升」。然而，詩人也埋下伏筆，稱其登頂之後「又使我成為／虛無的中間代」，將向上遞升的氣勢在最後一句中有所轉圜，如勒住了直奔的馬匹，令其在頂峰之上頓時停住了前衝之勢，並讓詩人登頂至最高處的心境，轉入虛無境界的思索。也因此，作者的禪思才得以開展出來，用以接續下段之哲思。

　　第二段是承接第一段而來，從高處往下望，天地是一片茫然之象，因此說：

　天是大虛　　地是大虛

　在天地無可捉摸中

　捉捉身邊的酒囊　還鼓

　摸摸心　　還溫

　除了一番撫摸的感覺

　千骸俗骨已在虛無中化去

作者在高處所思索的天地，竟是不可捉摸的：「天是大虛　　地是大虛／在天地無可捉摸中」，天地雖然可見得到卻摸不著，實為有物又似無物，介於有形與無形的弔詭之間，這便成為詩人禪思的來源。

　　因此，當心沉入天地渺茫的思索中時，天地「虛」了，人也「虛」了。此時筆鋒一轉，試圖尋求身邊可捉可摸的實體實物，以確立自己還「存在」的事實，此實為人的自然反應。所以詩人說「捉捉身邊的酒囊　還鼓／摸摸心　還溫」，這也是兩個排比的句型，並且加上類疊，這與前段的使用空格與排比的手法如出一轍，但是，這裡將成因的動作在前，結果在後；以「還……」的兩個簡單的短句，並以「排比」加「類疊」的方式，使詩的節奏更具頓挫的效果，而強烈的頓挫同時也加強了肯定的語氣。因此，當詩人在虛無的天地中，確定自己的酒囊尚鼓，心還溫熱，這種當下對於實體的肯定，使讀者的情緒可以得到暫時的紓解。同時，這兩個句子與第一段的三個句型，在形式上本質相同而有所變化，兩者，正好相互呼應，成為一個前呼後應，形式上如同前後括號般相互呼應的寫作效果。

　　而這也是詩人從虛無的天地之中，回到現實中以具體實物所產生的兩個動作；一個是摸摸酒囊，一個是摸摸心。「酒囊」自古以來便與詩人的身分聯想在一起，象徵的是詩人瀟灑不拘的形象，同時也是代表著詩人對於「詩」的熱愛；而「心」則是詩人自創，用來象徵詩人創作的心力尚未枯竭。因此，詩情還在，詩意尚存，則「我」這個詩人還在人世裡占有一席

之地。顯然，詩人還未全然忘我，融入天地的虛無之中。

　　而「除了一番撫摸的感覺／千骸俗骨已在虛無中化去」，卻是詩人又從實體中抽拔出來，再度進入禪境的思考，因此，當「心」又被虛無的天地之奧妙所吸引時，除了一番撫摸的感覺，感官的觸覺尚在，但是心中無形的情懷則在虛無中消融了，故說「千骸俗骨已在虛無中化去」。這說明作者從虛無的天地到實體的自我，最後還是不得不承認天地之大，足以融化個人的一切。同時，個人既已融入虛無，也代表著個人接受天地的教化，將精神提到比物質更高的境界，願自己的身心與天地融為一體，一窺宇宙之奧妙。

> 而散入雲：成為淅瀝的秋聲雨
> 這有聲的意象
> 又恰巧是我凡間的
> 名字

　　當千骸俗骨已然化於天地間，結果身體如絮，散入雲端。詩人彷彿在散入雲端之後，成雲成雨而落下，就「幻化」成為「淅瀝的秋聲雨」。「秋聲雨」，這是作者自創新詞。既是散化而成為雲則必然雨下，故可解為如秋聲般的雨，雨如秋聲，是「比喻法」的其中一種。然而，到底是雨還是秋聲？是雨，是如秋聲之雨。而秋聲又是何種聲呢？歐陽脩的〈秋聲賦〉中，以種種情狀比擬秋聲，甚至還提出秋聲是為蕭殺之聲。因此，秋聲似有而難擬，而雨如秋聲，雨本是有聲的意象，秋聲則是代表淒清的特質，用抽象的「秋聲」以比擬具體有聲的「雨」。同時，詩題為〈秋聲〉而非「雨」，此處便是詩人有意強調「秋聲」的抽象義涵，將「秋聲」的涼意、淒清之意用來形容「雨」的特質。因此，秋聲蕭殺、雨或淒清，「秋聲雨」則為蕭殺與淒清的交疊互滲，形成蕭索淒涼之甚的感覺。而這場秋聲雨似乎也在暗示作者的肉身化為虛無後，轉而降落人間的不過是場淒清的雨。

　　秋聲如雨，雨在秋天，落入凡間，所以，作者終歸於落入凡塵，還是將登頂成仙的渴望暫時潛藏於內心深處，眼下，仍是在凡塵俗世中，如雨，淅瀝。甘霖灑著大地，而「這有聲的意象／又恰巧是我凡間的／名字」，雨的聲音具有秋的淒清之特質，而這個「有聲」的意象，代表作者自我期許自己在人世間當一個「有聲的意象」，而不是默默無聞地堙埋於天地。因此，結論就是：這個有聲的意象，就是作者自己「凡間的／名字」。這個名字，如雨，雖然不是夏日的滂沱大雨，亦非春日的驚蟄雷雨，卻有如秋聲，一點涼意、一絲淒清、一分成熟，令人舒爽而清涼、穩重而成熟，卻也在生命的秋天中，開始領悟天地之理、生命之義。人生，未到冬天，但已經過去春天與夏天，現在正是作者展現生命中最成熟思考的季節。

## 三、詩的古典意象

　　首先，登高望遠，興情感懷，這是傳統中國文人常做之事。其中最膾炙人口而為人所熟知的就是唐・陳子昂的〈登幽州臺歌〉：

> 前不見古人，後不見來者；
> 見天地之悠悠，獨愴然而涕下。

登高之時，望見遠方之極，見天地之大，不由內心有感，懷想過去，古人已逝，僅存歷史，眺望未來，卻前途渺渺，遙不可知。以個人之渺小與天地之大相比，於是，不知不覺獨自愴然而淚流。

　　登高望遠，本會有異於平地之感懷。而今之詩人鄭愁予所寫的〈秋聲〉一詩，其與傳統的登高詩不同的是，題為〈秋聲〉，寫的卻是登華山，望遠處的情懷；而望遠的情懷中，所描述的不是憂國憂民的愁懷悵緒，而是對於入山修煉，登仙的思想的發揮與書寫，這是詩人的特殊之情，也是內容上不落俗套之處。

　　其次，詩人在面對天地悠悠之時，在不可捉摸的虛空中想要捕捉些什麼的時候，詩人所想到的就是「酒囊」。對於「酒」，傳統文人對它有著特殊的情感，「酒」的意象，也成為具有特殊意義的語言符號。例如，魏晉時人將「酒」視為比名利權貴更加令人喜愛的迷人之物；《世說新語‧任誕》中說到阮籍為了酒而去請求當步兵校尉的事：

　　步兵校尉缺，廚中有貯酒數百斛，阮籍乃求為步兵校尉。

阮籍的才華，可以獲取更高的職位與榮華，但是卻為了「酒」而去當一個步兵校尉的官，便已滿足。而陶淵明〈歸去來辭序〉中說：

　　彭澤去家百里，公田之利，足以為酒，故便求之。

與阮籍因酒而求官之意相同。又如劉伶的愛喝酒，《世說新語‧任誕》亦說：

　　劉伶病酒渴甚，從婦求酒。……伶跪而祝曰：「天生劉伶，以酒為名。一飲一斛，五斗解酲，婦人之言，慎不可聽。」

　　不管酒是否傷身，不顧妻子的反對，愛喝酒的劉伶以酒為名，以酒為必備之物。又如曹操〈短歌行〉中說：「何以解憂，唯有杜康。」「酒」不但是文人消憂解愁的良品，也是辭官避禍的絕佳理由。後來，陶淵明愛喝酒，李白更愛喝酒，張旭狂草流傳千古，亦是酒的發酵醞釀。文人的愛酒，是一種瀟灑；詩人的愛酒，是一種浪漫；書家的愛酒，是一種暢情。「酒」拿來澆愁，拿來解憂，也拿來創作，有酒的地方就有藝術創作產生的可能，於是，「酒」就成為創作時推波助瀾的力量。

　　因此，鄭愁予此詩，當其面對天地之時，卻不忘摸摸自己的「酒囊」

是否尚在？「酒囊」還在，表示詩興尚存，則詩人自詡為一位「詩人」的身分就在此中獲得肯定與認證。

　　當然，這裡我們也不禁要問，詩人實際登高之時還不忘帶著「酒囊」嗎？如果真是如此，那麼酒對於詩人的重要性當然不可言喻，但若不是，只能說，「酒囊」的象徵意味更重更濃了，以一個古典的，與詩人密切相關的意象作為詩中意象，這也見出詩人古意今用的意圖所在。

## 四、詩的思想義涵

　　此詩的思想內容，詩人將此詩放在「言笑禪」一輯中。本有將此詩歸諸「禪」的意味。然而，此詩的思想內容卻可從道家的思想中尋得。道家思想的《老子》：「人法地，地法天，天法道，道法自然」，就將「自然」之道列為人與道所共同體法的對象。而何謂自然呢？自然之真理，自然而然運轉之力，自然的現象，都是自然。道家的思想中，將天地、自然、道視之為「虛」，是一個無限廣大、無窮無盡的義涵，故有「太虛」、「太清」、「太一」之說。《莊子・天運》中說：

　　　儻然立於四虛之道，倚於槁梧而吟。目知窮乎所欲見，力屈乎所欲逐，吾既不及已乎！形充空虛，乃至委蛇。

形體立於虛空之中，似是無知之貌，就是道家的絕聖棄智之說，因此，形在四虛中，同時也倚於枯槁的梧桐樹旁而低吟，人的生命既在虛空之中，也在實有之中。這是道家對於生命的體悟，是將人視之為虛空中的一部分，而天地來自於虛空，暫化為實體，形體亦從虛空中來，終將歸於虛空，因此，人死了，不過是回歸天地而已。莊子妻死時，莊子說「人」一開始就是「無」，《莊子・至樂》：

　　　察其始而本無生，非徒無生也而本無形，非徒無形也而本無氣。雜乎芒

> （恍）芴（惚）之間，變而有氣，氣變而有形，形變而有生，今又變而
> 之死，是相與為春秋冬夏四時行也。

人本是無形之氣，由氣變而有形，形體就具有生命，一旦死亡，則又回復
於無形之氣，就像春夏秋冬四時運行一般自然。因此，自空無而實有，又
自實體變為無形，這本就是莊子看破生死的觀念。因此，既是從天地來，
死後也回歸天地，《莊子・列禦寇》中有：

> 莊子將死，弟子欲厚葬之。莊子曰：「吾以天地為棺槨，以日月為連璧，
> 星辰為珠璣，萬物為齎送。」

而《世說新語・任誕》提到劉伶：

> 劉伶恆縱酒放達，或脫衣裸形在屋中。人見，譏之。伶曰：「我以天地為
> 棟宇，屋室為褌衣，諸君為何入我褌中。」

天地與人之間，不是絕然劃分的兩個部分，道家的思想中是將人歸為天地
造化其中之一。因此，人從虛空而轉化成實體，天地如同人住的屋宇，自
然就是人的衣裝。這種觀念，讓中國人對於天地的看法，不是以一種分析
物質的態度面對，而是以整體的天地，視之為整體的虛空，來時以虛無，
化成形體；去時亦歸自然，歸化虛無。所以，便能將心無限擴充，以一種
與天地同存、與萬物共生的姿態面對天地的無垠。

　　所以，當詩人在山中時，面對廣大的天地，此時，天地彷彿僅是一片
虛空而已，因為這個虛空的感覺太不真實了，太不可捉摸了，所以詩人要
摸摸酒囊、摸摸自己的心，以確實存在的實體法對治天地虛無的空茫。然
而，詩人卻在第二段的最後一句，將自己交回天地：稱其「千骸俗骨已在
虛無中化去」。顯見在詩人的觀念裡，終究將自己的肉身化為虛無中的一部

分，依然循著道家思想中對於形體的觀念，而認為形體來自虛空，最後也將回歸虛空，成為天地的一部分。

　　因此，這首詩的思想內涵，說明詩人受到傳統道家思想的影響，而道家思想中的一部分與禪宗的思想融合，所以，詩人將此詩的化於天地太虛的觀念，視之為對「禪」的思索，亦無可厚非。

　　鄭愁予的詩具有古典的意象與抒情的傳統，由此詩中可以見出，其思想是傳統的，其意象亦然，但如「秋聲雨」則是翻化古意，賦予新意，是詩人創新之處。而且，此詩不但具有登高興情的作用，亦藉此表明己志。此詩從登高成山人的遠離塵世之想，到不忍離棄，依舊在虛空中找尋自己的定位──詩人的身分，最後又落入凡塵，以有聲的意象出現於世，可見詩人的禪思並未朝著解脫塵世的方向進行。其禪思雖有將自己形體化於虛空之想，但同時卻也具有化為凡間、流傳人間之意。

──選自李翠瑛《細讀新詩的掌紋》

臺北：萬卷樓圖書公司，2006 年 3 月

# 浪子意識的變奏
## 讀鄭愁予的詩

◎孟樊*

## 前言、江湖寥落爾安歸

　　「君問歸期未有期，巴山夜雨漲秋池。何當共剪西窗燭，卻話巴山夜雨時？」，李商隱的這首〈夜雨寄北〉透漏了浪子沒有歸期的悲哀。真正的浪子是這樣「歸期未有期」的，長年飄泊在外，居無定所，始終沒個落腳處，縱一葦，無所如；策一馬，獨來往，行色匆匆，天涯任遊行。浪子美麗的馬蹄踩過山之巔、水之湄，那一方「小小的寂寞的城」，有達達的聲音響起；雪夜林畔，有佩鈴的聲音朗朗，穿過紛如鵝毛的雪片，留下旅人孤獨的足跡。

　　孤獨的旅人，好像永遠沒有歸宿，沒有任何的目的地，甚至也忘了他的根源，故鄉只在恍惚的夢中浮現，隨著歲月的消逝，和他愈離愈遠，而日復一日，他卻和孤獨愈來愈近，故鄉的陌生和孤獨的熟悉，被歲月劃成兩個不相連屬的時空，旅人成了浪子，而浪子只是個過客，不是歸人。被余光中稱為浪子詩人的鄭愁予，是不是也只是個「過客」？他的詩是不是在寫他的流浪？他那達達的馬蹄所造成的「美麗的錯誤」，又羨煞了多少青年男女？

*本名陳俊榮，發表文章時為政治大學政治研究所碩士生，現為臺北教育大學語文與創作學系教授兼系主任。

## 一、浪子意識——一簑煙雨任憑生

　　的確，鄭愁予堪稱爲浪子詩人，他的詩，特別是早期的詩（1970 年代以前），頗具浪漫的流浪情懷，使我們讀他的詩，就像是在讀他的流浪。流浪——離我們現代那麼遙遠，多羅曼蒂克呀！又多麼古典喲！如果鄭愁予的詩有中國傳統的古典風味的話，則流浪的美和因流浪而造成的浪漫情懷，無疑是構成此種古典風味的最重要素質，儘管在他的詩中仍可以看到以古詩或傳統的題材入詩的色彩。其實，中國傳統古詩中，有流浪飄泊風味的詩，可謂俯拾皆是，這是因爲旅居異鄉，或浪跡天涯，最易引起騷人墨客的「飄零之感」，而詩是個人生活經驗的轉化與呈現，自然使「獨在異鄉爲異客」的詩人，將那難以排遣的遊子情懷宣洩入詩，如李白的〈夜思〉：「床前明月光，疑是地上霜。舉頭望明月，低頭思故鄉。」；王維的〈雜詩〉：「君自故鄉來，應知故鄉事。來日綺窗前，寒梅著花未？」，前者觸景生情，因月疑霜、由月思鄉；後者身在異地，仍心繫故鄉，他鄉逢故人，遂有如是之問。又如馬戴的「落葉他鄉樹，寒燈獨夜人。」孟浩然的「鄉淚客中盡，孤帆天際看。迷津欲有問，平海夕漫漫。」劉禹錫的「何處秋風至，蕭蕭送雁群。朝來入庭樹，孤客最先聞。」……均是遊子的飄泊心懷。鄭愁予的流浪詩風，或承襲自這一浪漫的古傳統，在他早期的詩集裡（《夢土上》、《窗外的女奴》、《衣缽》），隨處可以看到這些流浪的題材，嗅得浪子「僕僕風塵」的味道，楊牧在〈鄭愁予傳奇〉一文中，即認爲「新詩運動以來，愁予是最能把握這個題材的詩人」。

　　這個題材就是「流浪」，這是早期「愁予風」的特殊情緒，這種「特殊情緒」隱含了瀟灑的、不羈的以及不回歸的「浪子意識」。這「浪子意識」或「浪子意識的變奏」（楊牧語，見〈鄭愁予傳奇〉），隨時隨地潛伏在他早期的詩中，如：

　　　　「飄泊得很久，我想歸去了／彷彿，我不再屬於這裡的一切／我要摘下

久戀的桅燈／摘下航程裡最後的信號／我要歸去了……」（〈歸航曲〉）；
「百年前英雄繫馬的地方／百年前壯士磨劍的地方／這兒我黯然地卸下
了鞍／歷史的鎖啊沒有鑰匙／我的行囊也沒有劍」（〈殘堡〉）；「但我已是
老了的旅人／而老人的笑是生命的夕陽／孤飛的雁是愛情的殉星」（〈黃
昏的來客〉）；「我是來自海上的人／山是凝固的波浪／（不再相信海的消
息）／我底歸心／不再湧動」（〈山外書〉）；「想起家鄉的雪壓斷了樹枝，
／那是時間的靜的力。」（〈結語〉）；「這港的春呀／繫在旅人淡色的領結
上／與牽動這畫的水手底紅衫子」（〈港邊吟〉）；「別離的日子刻成標高；
／我的離愁已聳出雲表了。」（〈雪線〉）；「不再流浪了，我不願做空間的
歌者，／寧願是時間的石人。」（〈偈〉）；「我達達的馬蹄是美麗的錯誤／
我不是歸人，是個過客……」（〈錯誤〉）；「雲在我底路上，在我底衣上，
我在一個隱隱的思念上。」（〈夢土上〉）；「我不欲離去，我怎捨得，這美
麗的臨刑的家居。」（〈貴族〉）；「那人，他來自遠方，在遠方友人的農場
／曬最後一個秋季的陽光」（〈允諾〉）；「雲遊了三千歲月／終將雲履脫在
最西的峰上／而門掩著，獸環有指音錯落／是誰歸來　在前階／是誰沿
著每顆星托缽歸來」（〈梵音〉）；「許多許多眸子，在我的髮上流瞬／我要
回歸，梳理滿身滿身的植物」（〈清明〉）……

這些流浪人語或遊子心聲，充斥在他 1950 年代的詩作裡，予讀者一清
晰活現的印象。

以《鄭愁予詩選集》（志文版）為例，該詩選收錄了鄭愁予早期（1950
～1960 年代）詩作共 115 首，據筆者粗略估計，其中與流浪或遊子情緒有
關的詩，共得 37 首，約占三分之一，而這只是比較狹義的估計，倘再將兼
具流浪意味而含有「時間流逝感」的詩算入的話，這種具有浪子意識的
詩，恐將占該選集的半數詩作以上，足見「浪子意識」成了鄭愁予早期創
作中的主軸。因此，若以廣義的時空飄泊感視作「浪子意識」的變奏，則
瀰漫在鄭愁予詩中的，幾乎都是流浪的情懷，余光中稱他為浪子詩人是當

之無愧的。鄭愁予這種「浪子意識」的變奏，如上所述，主調乃從下列兩方面顯現出來：

（一）**空間的飄泊感**——除了上所舉絕大部分的詩例外，又如：「浪子未老還家　豪情爲歸渡流斷」（〈野柳岬歸省〉）；「所以，我去，總穿一襲藍衫子／我要她感覺，那是季節，或／候鳥的來臨／因我不是常常回家的那種人」（〈情婦〉）；「多想跨出去，一步即成鄉愁／那美麗的鄉愁，伸手可觸及」（〈邊界酒店〉）……這種浪跡天涯的飄泊感包括了思鄉之情、不回歸「主義」及矛盾的心態（思鄉又不回歸即構成矛盾）。詳言之，鄭愁予在詩中顯現的是一個抱著沒有歸宿心態的浪子，做的是一種徹底的流浪，這位浪子甚至有納西色斯（Narcissus）式的自戀症，特意（或無意）利用這種不回歸的心態，造成個人式的英雄主義，予閨閣中等候他歸來的伊人一種「美麗的錯覺」（〈錯誤〉一詩堪稱代表），然後馬蹄達達揚塵離去，雖然產生了緊張性的戲劇效果，但卻是一種「美麗的殘忍」，這種「美麗的殘忍」只是要伊人感覺「那是季節，或候鳥的來臨」，他不是歸人，只是個過客。這類詩除了膾炙人口的〈錯誤〉一詩外，尚有〈情婦〉、〈窗外的女奴〉等，可說是傳統閨怨詩的變奏。

古詩中如李白的〈玉階怨〉、王昌齡的〈閨怨〉、金昌緒的〈春怨〉等都是傳統典型的閨怨詩，抒寫空閨女子的「怨」，卻不言「怨」字，由整體語言所釀造的意境透漏出來，堪稱好詩；寫怨而不言怨，詩是較其他文體更宜於表達的。然而，鄭愁予的新閨怨詩，較諸上述，似更略勝一籌，蓋上述傳統的閨怨詩均從正面描寫，詩的視角（Point of view）是守空閨的少婦或女子，擺明的正是女子的怨；而鄭愁予的〈錯誤〉、〈情婦〉，詩的視角則移往浪子（女子思念的對象）身上，這是反面的或側面的描寫，必須經過一層轉折，讀者方能意會神領。傳統的閨怨詩鏡頭側重的是特寫、近景；鄭愁予的新閨怨詩則著重在遠景，鏡頭由遠而近，再由近到遠，而首先映現在讀者面前的乃一全景的「一青石的小城」，隨即鏡頭再移到窗口繼而少婦的身上（或臉部的表情）。前者是由內向外寫，觀眾早已有所期待；

後者由外向內寫，觀眾的期待變成驚喜。其次，傳統的閨怨詩，整體語言呈現的似為靜態的畫面，純粹只表現少婦或閨女的怨或愁；但鄭愁予的新閨怨詩，給予我們的，乃一動態的畫面，除了顯現少婦的閨怨外（和傳統古詩一樣，也不點明「怨」字），更且透漏了浪子式的飄泊，而這浪子式的飄泊感背後所隱藏的則是納西色斯式的英雄性格。

　　空間的飄泊感所造成的不回歸主義，除了〈錯誤〉、〈情婦〉等新閨怨詩外，尚可在下面這樣的句子中見到：「我是來自海上的人／山是凝固的波浪／（不再相信海的消息）／我底歸心／不再湧動」（同上）；然而，詩人的歸心，真的不再湧動了嗎？他抱的真是不回歸的心態嗎？飄泊日久，浪子也會有「彈性疲乏」的時候，故詩人不得已也有「我底心懶了／我底馬累了」（〈牧羊女〉）的心聲，此際思鄉懷舊之情便油然而生，於是「裊裊的鄉思焚為青煙／是酒浸過的，許是又香又衝的／星星聞了，便搖搖欲落」（〈努努嘎里臺〉）；而泛起思鄉之情的「浪子未老還家」，豪情便「為歸渡流斷」，詩人終於說：「飄泊得很久，我想歸去了／彷彿，我不再屬於這裡的一切／我要摘下久懸的桅燈／摘下航程裡最後的信號／我要歸去了⋯⋯」（同上），浪子總該有碇泊之處吧？而這最終的避風港或許是浪子起程的故鄉，也是詩人的「最初」（見〈草履蟲〉）。人生似乎就是如此，每個人都是浪子，人生之旅就在同一個圓上打轉，起點也就是終點，而這兩點之間的距離就是一個「悟」字。為了這個「悟」字，不回歸心態與鄉思之情，造成了詩人的衝突與矛盾，而這兩元對立的糾結，在「邊界酒店」上的那一步——跨出「美麗的鄉愁」的那一步——造成最大的衝突，為袪解這種矛盾的苦悶，詩人「飲醉了也好」，要不，便「將歌聲吐出」，空間的飄泊感至此已變成最大的無奈。

　　（二）**時間的消逝感**——這是浪子意識的變奏。鄭愁予的浪子意識呈現給我們的，不僅是空間移動的一次元，而且加進了時間流動的二次元，使浪子意識的主調表露無遺。這種時間的流逝感，或多或少隱伏在他早期絕大部分的詩裡，如：

「經有一次鐘聲裡，／總有一個月份／也把我們靜靜地接了去……。」
（〈鐘聲〉）；「你知道，你一向是伴我的人／遲遲的步履，緩慢又確實的
到達：／啊，我們已快到達了，那最初的居地／我們，老年的夫妻，以
著白髮垂長的速度」（〈右邊的人〉）；「我也是木風為伴的靜物／在暗澹的
時日　我是攤開扉頁的書／標題已在昨夜掀過去」（〈靜物〉）；「只見　僧
人焚葉如焚夢／投在紅蓮的花座內／那一頁頁的經書……是已黃了的」
（〈燕雲之八〉）。

　　此外，像〈除夕〉、〈崖上〉、〈生命〉、〈回憶〉……皆滲漏了時間的消
逝感，鄭愁予可謂擅用「時間流轉法」的高手。其中以〈雪線〉一詩，揉
合了時空交錯感；「別離的日子刻成標高；／我的離愁已簪出雲表了。」，
這種離愁的感覺是立體的，把時間的消逝刻在空間的標高上，鄉思之情不
可謂不深。

　　倘浪子意識只借空間的飄泊感來呈現，似不夠完全、徹底，畢竟空間
的流離必須加上時光流逝的無情，浪子才能產生莫可名狀的流浪情懷；其
實，這時空交織成的浪子的「失所感」，不也就是我們全部人生的縮影嗎？
「天地者，萬物之逆旅；光陰者，百代之過客」，人類豈可遁形於宇宙，逃
脫於時空之中？何況我們這纖細敏感的浪子詩人？

　　由空間的飄泊感與時間的流逝所交織而成的雙重奏，使鄭愁予的詩特
別展現出動態的風貌，例如他描寫「嘉義」，也用這樣動態的句子：「來自
北方的小朵雲，一列一列的／便匆忙的死去，那時你踩過／那流水，你的
足趾便踩過，許多許多名字」，我們幾乎很難在他的詩中找出靜態的意象，
即連近期詩作亦是如此。由於動態意象的描摹，使我們讀他的詩，有如欣
賞電影的畫面、聆聽音樂的播放一樣，那麼生動傳神，這大概是鄭愁予的
詩令人著迷的原因之一吧？

　　浪子意識既藉時空的飄逝感以呈現，而這雙重奏的主唱人則以「我」
這個角色逕自展露，所以浪子詩人又是唯我主義（egoism）的；換言之，

鄭愁予（早期）所採取的詩的視角，是以第一人稱為主的，詩人本身的「我」並不避諱在詩中出現，我們較少在他早期的詩作裡看到以第三人稱（詩人本身遁形了）入詩的作品（如：〈望鄉人〉、〈小站之站〉、〈雨季的雲〉、〈醉溪流域（一）（二）〉、〈媳婦〉、〈牧羊星〉……），無論他是抒情、寫景甚或敘事，習慣性的以「我（或我們）」入詩。也許浪子意識乃屬於詩人本身所擁有，因而以第一人稱入詩便來得較為親切自然。

　　一般而言，以第一人稱入詩，作者與讀者雙方較有參與感，蓋就作者言，詩中人物事故是他的現身說法；就讀者言，比較能夠與詩中的「我」在情感上產生共鳴，而扣人心弦，甚而惺惺相惜，使其在欣賞之餘有「再經驗」的可能。不過，以「我」入詩者，予人的感覺卻較為主觀，而主觀者宜於抒情，不適於說理或敘事，所幸詩原本就是「思想染上情感的色彩」（林語堂語），因而鄭愁予唯我主義的流浪情懷，抒情之餘，便能緊緊抓住讀者──尤其是年輕讀者的情感了。然而，同是抒寫流浪，白萩的〈流浪者〉與羅門的〈流浪人〉便與「愁予風」不盡相同了。白萩的〈流浪者〉和羅門的〈流浪人〉均以第三人稱作為詩的視角，因而兩者所表現的浪子情緒都非常冷靜，不像愁予的「熱情」，更無瀟灑不羈的浪漫。前者藉著形式與空間感展現流浪的孤獨──在遠方的地平線上站著，像孤單的一株綠衫；而後者則以兩難式的抉擇透漏了流浪人的徬徨和寂寞──帶著隨身帶的那條動物（他的影子），有不知何去何從的迷茫。由於這兩首詩均以第三人稱入詩，讀者在欣賞之餘，較無涉入的參與感，而感受不到詩人的熱情，可以知覺自己是以讀者的身分在閱讀詩人的詩──這自然是較客觀、冷靜了。相對於白、羅兩氏，美國詩人佛洛斯特（Robert Lee Frost）著名的〈雲夜林畔小駐〉（"Stopping by Woods on a Snowy Evening"），描寫的雖然也是旅人的心懷，但由於採取的視角乃第一人稱的獨白體，予人倍感親切，所不同於鄭愁予的是，他這首詩給予我們的是安詳、溫馨的感覺，由於馬的擬人化、沖淡了「但聞微風的拂吹／和紛如鵝毛的雪片」飄滿的森林中那位旅人的寂寞，雖然這森林黝黑而深邃，可是詩人仍感覺「這森林

真可愛」。所以，同樣是以「我」爲中心的獨白體的詩，「愁予風」仍不同於「佛洛斯特風」。

鄭愁予爲何偏愛這流浪的題材？或許跟詩人的生活經驗有關吧？詩人生於一個軍人家庭，幼年即隨父親轉戰馳徙於大江南北，戎馬倥傯、輾轉播遷的生涯，增長了他的閱歷與見聞，所謂「讀萬卷書不如行萬里路」正是；但卻也因此無形之中孕育了詩人的流浪情懷，而早期的這種生活經驗可能影響他後來寫作的心態，至少在詩中偶爾添入一點懷鄉之情，總是難以避免的（如〈野柳岬歸省〉）。其次，詩人來臺後，曾在基隆港工作多年，而港口原本就和遊子、旅人、水手等居無定所或往來盤旋的人，有相當密切的關係，就詩人而言，在這樣的創作背景下，港口予他的充其量只是一個暫時的避風港，既非故鄉，更非歸宿；何況基隆港正處於東北季風的過境地帶，長年雨霧濛濛，更助長了那種飄泊迷離的氣氛，詩人工作在此，生活在此，爲能不有所感而發？故像〈晨景〉、〈夜歌〉、〈姊妹港〉等，即是直接以基隆港爲背景所寫的詩，特別是〈夜歌〉一首，詩的背景正是基隆港的 14 號碼頭，筆者服役時更寄居於此，「撩起你心底輕愁的是海上徐徐的一級風／一個小小的潮正拍著我們港的千條護木，所有的船你將看不清她們的名字，而你又覺得所有的燈都熟習／每一盞都像一個往事，一次愛情」——真是感同身受。此外，像〈船長的獨步〉、〈貝勒維爾〉、〈如霧起時〉……諸詩寫作的背景，可能都在基隆港口。

然而，鄭愁予自去了美國，執教於耶魯大學後，不僅創作量銳減，且由於生活環境的驟變，在爲數不多的作品中，詩的焦距顯然已經有了轉變——詩人的「浪子意識」真真正正變奏，從浪子意識到「浪子意識的變奏」，鄭愁予的創作大體上可分爲兩個階段：1950～1960 年代爲一個時期；1970 年代以後爲另一個時期。前一個時期主要的詩作皆已收錄在《鄭愁予詩選》（志文版、洪範版）中；後一個時期，詩人的作品全收集在他去了美國之後所出版的《燕人行》、《雪的可能》兩本詩集裡。

1970 年代以後的鄭愁予，溫婉的詩風大體依舊，但詩的主調則顯然不

同於以往，最主要的是詩人浪子意識的隱退，我們再難以嗅出風塵僕僕的味道了，即使《燕人行》及《雪的可能》兩本詩集裡，均收錄有詩人的遊記——散詩紀旅（《燕》書）與散詩紀遊（《雪》書），隱約透露一點旅居異地的思鄉情懷（如〈青空〉：「青，／其實是距離的色彩／是草，在對岸的色彩／是山脈，在關外的色彩／一點點方言的距離，聽著，就因此而有些／鄉愁了」；「臨別一瞥馴獸人」：「對風塵這般地知心會意，除卻我／除卻浪子誰能識得？／除卻浪子，又誰會／這樣的倥傯一瞥就又挑動了／遊思？」）；但已缺少早期少年詩人那種浪漫的熱情了。其實，鄭愁予的轉變，在 1960 年代末期隱約已可看出端倪，〈草生原〉一詩可謂詩人兩個創作階段的轉捩點，對於這個階段中的轉變，楊牧在〈鄭愁予傳奇〉一文中已有詳細的分析，在此不擬再贅語；這其間詩人浪子情懷的轉變，從他慣用的第一人稱視角，轉變爲第三人稱的視角，就可見一斑；即連〈旅程〉一詩（1965 年），雖亦爲獨白體，但其整體語言的經營；已隱去年少的熱情，取而代之的是悲劇般「冷靜的風情」和悲憫。

在《雪的可能》與《燕人行》中的鄭愁予，呈現給我們的是穩重、成熟，浪漫的時空飄泊感一掃而空，詩人過的是「搬書運動」的「書齋生活」；因爲成熟與穩重，以第三人稱入詩的比例，便大大的增加。這時，以第三人稱入詩的愁予，已較早期客觀、沉穩，予人一種「冷靜的智慧」的印象，而早期在詩中慣用的充滿熱情的「口頭禪」——啊、哎的口氣，很少再出現。詩人有所感而入詩的，除了一般遊記外，舉手投足之間都是日常生活中的「瑣事」，如〈藍眼的同事〉、〈晨睡〉、〈疊衫記〉、〈蒔花刹那〉、〈十月有麗日候其人至日暮未至〉、〈NYC 飲酒〉……浪子似乎在北美的異地 Settle down 了。這種心境的轉換，可從詩人早期的〈錯誤〉、〈情婦〉與晚近的〈舊港〉（1984 年）兩相對照之下看出。「錯誤時代」的浪子，達達的馬蹄造成「情婦」的望穿秋水，雖非「過盡千帆皆不是」的失望，卻也是希望的落空，因爲風塵僕僕的美少年是愛流浪的；然而，「舊港時代」的返鄉遊子，佳人已杳，「廿年勞積的聘禮，只換得一灑大海的／苦

趣」，希望落空的不是伊人而是欲歸的浪子，「雕欄玉砌應猶在，只是朱顏改」──今非昔比；一切都變了。〈錯誤〉的少女與〈舊港〉的歸人，恰成一鮮明的對比。

可是令我們詫異的是，詩人自大陸到臺灣，再從臺灣到北美，旅人的足跡跋涉得更長更遠，按理，其浪跡天涯的心境不僅不該變，而浪子意識更應加深一層才對。但鄭愁予的心境卻「定居」下來了，也有所謂自己的「書齋生活」，我們再難以從他身上聞到那股風沙滾滾的味道。唯一可以解釋的是：光陰荏苒，歲月的增長使他「定」了下來，空間的飄泊感已被時間增長的智慧和定見擊垮。飄泊、浪漫似乎總是年輕時代專有的權利；老人只希望安定、有個依靠，因而進入壯年之後的鄭愁予，也從浪漫走向穩定，自絢爛歸於平淡。〈白髮〉、〈HOLOGRAM〉、〈疊衫記〉諸詩，便滲有詩人對時間消逝的感傷，可窺見詩人心境轉變之一斑。

儘管寄居北美的浪子詩人，他的流浪意識已經變奏，但畢竟是身在異鄉，如上所述，家國之思是無法避免的，如〈踏青即事〉、〈青空〉、〈一張空白的卡片〉、〈在溫暖的土壤上跪出兩個窩〉……其實，這種家國之思，凡是旅居異國的人都難以避免，這可從每位海外的詩人幾乎都有懷鄉之作看出，何獨我們這位浪子詩人呢？然而，定居之後的浪子詩人，卻顯現出另一種客居遊子的悲哀：「一個完全成熟的科學家，／是一個蘊育了滿懷秋陽的蜜瓜，／睡在遠離泥土而標價顯明的／超級市場裡。／豈不正是異國人的雜物？」也許這就是所謂「楚材晉用」的悲哀吧？浪子詩人何時歸鄉啊！浪子「未老莫還鄉，還鄉須斷腸」。

## 二、流浪人語──踏花歸去馬蹄香

鄭愁予的詩，特別是早期浪子時代的詩，率以抒情為主，也以抒情取勝，因而即使詩的主旨在描人、寫景或敘事，均含有濃濃的感動，可謂擅寫「抒情詩」的高手（高準即把他歸為「結合抒情本質與現代技巧的現代抒情派」）。雖說詩的本質，不論在說理、描人、寫景或敘事，仍不出抒情

的範圍，但抒情詩本身仍有其特點，即其「把抒情的成分凝聚在一個焦點上」、「由一個頂點去俯瞰事物和意念的全體」（覃子豪語），詩的氣氛極為濃郁，且詩質容易凝固。因此，抒情詩和敘事詩或詩劇就有所不同，後者完全藉韻律來發展它本身的故事或劇情，抒情的意味較淡薄（〈浪子麻沁〉、〈旅程〉、〈獨樹屯〉等可作為代表）。由於鄭愁予的詩具有這種特性，所以楊牧在分析早期的「愁予風」時，便認為：通常詩人的「一首詩是一個意象的旅轉分裂，點破一個刹那智慧的主題，這也是中國古典抒情傳統的必然餘緒，頗可見愁予的特質，如『貴族』、『生命』，而以『天窗』為代表。」

　　而由浪子意識所呈現的這種抒情本質，使得「愁予風」頗有陰柔之美。姚鼐曾論文謂：「天地之道，陰陽剛柔而已。文者天地之精英而陰陽剛柔之發也。……其得於陽與剛之美者，則其文如霆，如電，如長風之出谷，如崇山峻崖，如決大川，如奔騏驥。……其得於陰與柔之美者，則其文如升初日，如清風，如雲，如露，如煙，如幽林曲澗，如淪，如漾，如珠玉之輝，如鴻鵠之鳴而入寥廓。」鄭愁予的詩或許可以歸為「陰柔」一類，只是 1950 年代的詩人是屬於少年式的浪漫，而 1960 年代末期的詩人已有轉向「悲切」的趨向，如〈邊界酒店〉、〈旅程〉。

　　造成詩人這種「陰柔美」的特性，主要是詩人的語言是和緩的、陰性的，雖然楊牧認為 1957 年以後，「幾乎以〈窗外的女奴〉一詩開始，愁予突然蓄意放棄他陰性的語言，努力塑造陽性的新語言。他的方法是在傳統性的白話裡注入文言句式的因素，鑄創新辭，分裂古義，無形中使他的語言增加許多硬度。」但語言增加許多硬度後的愁予，仍不失其予人陰柔之美，即使在近期寫景、描人、敘事成分逐漸增加的詩作裡，這種陰柔美的特質也還隱約可見。最主要原因，乃「愁予風」整體語言所釀造出來的「神韻」，易使人有情緒被撥動般的感覺，而不慍不火，所以儘管他的詩，「語言鮮活貼切、易懂，但不是無味的平白，而有一種難以捕捉的美。」（季紅語）。也就因為這種陰性語言所造成的陰柔美，黃維樑乃認為鄭愁予

的詩「純清利落，清新輕靈」。明張世文謂：「詞體大略有二：一婉約，一豪放。蓋詞情蘊藉，氣象恢宏之謂耳。然亦存乎其人。」以此觀之，鄭愁予的詩略近唐宋詞「婉約派」的風格。

　　陰柔之所以能予我們「美感」，最主要的原因之一，乃鄭愁予的詩形象鮮活、生動，所謂「詩中有畫」，讀他的詩，正有這種感覺，這種「栩栩如生」的形象，在他的詩中俯拾皆是，如：

> 「背著海馳車／朝陽在公路上滾來／路樹馱著路樹直高到遠方去」（〈垂直的泥土〉）；「眾溪是海洋的手指／索水源於大山……——／這裡是最細小的一流／很清，很淺，很活潑與愛唱歌」（〈島谷〉）；「基隆河谷像把聲音的鎖／陽光的金鑰匙不停地撥弄」（〈俯拾〉）；「朝陽突然向雲介入，並使之成孕／天地間倏乎誕生了千山萬壑」（〈紐罕布什爾絕早過雙峰山〉）；「東方日出是一枚鈕扣，釘上／新衣的左襟，西方呢？／殘月是一彎鈕孔，約莫兩寸吧，／隱約地綻開在右襟上。」（〈穿彩霞的新衣〉）；「風，用了童話的手法／把兩岸的側影捕捉下來／交給江水一波一波地印」（〈側影的捕捉術〉）……

　　所以紀弦說：「他的詩，長於形象的描繪，其表現手法十足的現代化。」；若進一步分析，他的詩形象之所以能鮮活、生動，主要在於：（一）用字精確、生動、優美。如上舉「朝陽在公路上滾來」的「滾」字，詩人驅車迎向朝陽，陽光從正面照射過來，詩人卻不言「照射」而用「滾」字，頗能旁襯車子在公路上疾駛的動態，倘用「照射」或單用「照」、「射」來描繪，雖「精確」卻不生動、優美，變成一般散文的語言。（二）比喻（兼指暗喻與明喻）活潑、貼切、新奇。如上所舉〈穿彩霞的新衣〉，詩人把旭陽比喻為新衣左襟上的一枚鈕扣，把殘月比喻為新衣右襟上的鈕孔——這種以物擬物的手法，頗為新鮮；又如〈島谷〉，眾溪暗喻為海洋的手指，索水源於大山，而小溪潺潺的流水聲，用「很活潑與愛唱

歌」來形容，極新鮮貼切；再如〈卑亞南蕃社〉：「我底妻子是樹，我也是
的；／而我底妻是架很好的紡織機，／松鼠的梭，紡著縹緲的雲；／在高
處，她愛紡的就是那些雲」，比喻亦極為新鮮生動。我們可以說「長於形象
的描繪」的詩人，又是寫景的高手。

　　「詩中有畫」一向是中國古詩的一項傳統，如李白的「山從人面起，
雲傍馬頭生」；劉禹錫的「清光門外一渠水，秋色牆頭數點山」；王維的
「山中一夜雨，樹梢百重泉」──都是寫景的佳詩，鄭愁予在這點上繼承
了傳統的詩風，使他擅於「形象的描繪」；此外，他也不避諱文言句法的使
用，如：「離別十年的荊窗，欲贏歸眩目朱楣」（〈最後的春闈〉）；「茫茫復
茫茫　不期再回首／頃渡彼世界　已邐回首處」（〈霸上印象〉）；「念你的時
候我便／擲書三尺，披裘出戶／北地望天格外清朗」（〈祝福楚戈〉）；「終不
敢修書遺你／胡馬豈敢放羈向北／只怕這信使飽飲窟泉／一直耽到風迴年
轉」（〈遠道〉）……甚至間而以古典素材入詩，如〈錯誤〉、〈遠道〉、〈七
夕〉、〈節操的造型〉、〈六月夜飲〉、〈舊港〉等；再加上一些經常出現的
「具有古典風味的」意象（如〈殘堡〉、〈野店〉、〈黃昏的來客〉、〈客來小
城〉、〈錯誤〉、〈貴族〉、〈度牒〉、〈梵音〉、〈媳婦〉、〈情婦〉……），使他十
足成了楊牧筆下所謂的「中國的中國詩人」。

　　然而，鄭愁予雖是「中國的中國詩人」，卻也是「絕對地現代的」。前
所述，具有古典風味的意象雖常在他的詩中出現（特別是早期），但晚近的
愁予，或許旅居北美而「入境隨俗」的關係，現代感一直在增強，相對
地，古典的意象逐漸隱去，即如〈寺鐘〉這樣一首原來具有古典美意象的
詩，也因為加了一個英文字（Galway）及「將朝陽的光譜析成七種白」這
個頗具現代感的意象，而整個被破壞了。另外，同樣是早期的愁予，〈水手
刀〉時代的他，描摹「港」的流浪意象，還是十足的現代的。更且，他亦
不忘用西化語法，如〈結語〉的「那是時間的靜的力」（「時間的」的
「的」字可以省略）；〈厝骨塔〉的「我的成了年的兒子竟是今日的遊客呢」
（「我的」的「的」字可以省略）──此種語調類似英語中的 of──of 雙重

所有格——以及〈嘉義〉的「匆忙的旅者，被招待在自己的影子上」（西化的被動態：「被招待」）；〈夜宴木積屯〉的「善於打扮並不妨礙做爲熱切的／女主人」（「做爲……的……」亦爲西化語法）……。甚至執教於耶魯大學後的他，全不避諱以英文字入詩、題詩，（如〈松生藍菱書齋留宿〉、〈晨睡〉、〈山間偶遇〉、〈EXCALIBUR〉、〈HOLOGRAM〉等），而早期有英文字入詩的，只見〈草履蟲〉一首。

浪子詩人之所以「絕對地現代」，最主要者，乃鄭愁予的詩，語言相當散文化（尤其是早期），甚至是口語化，例如下面這些句子：

> 「如果，我去了，將帶著我的笛杖／那時我是牧童而你是小羊／要不，我去了，我便化做螢火蟲／以我的一生為你點盞燈」（〈小小的島〉）、「甚麼？竟是使人相思不已的／南國生紅豆……」、「還是　還是到文學系請個小妹妹來／一顆一顆地嚼成紅茸吧！」（〈一碟兒詩話〉）、「誰願掛起一盞燈呢？／一盞太陽的燈！一盞月亮的燈！／——都不行，／燃燈的時候，那植物已凋萎了。」（〈四月贈禮〉）、「是誰說的／這樣的青空其實就是加拿大的高壓氣團呢／可不是嘛，不正是有點兒像／魁北寇異樣的法語發音嗎？」（〈青空〉）、「太美，太美了／想笑，想大聲叫，想找心愛的人來一塊兒看，想／一塊兒飛起去」（〈北極光……〉）……

這些散文式、口語化的詩句，就是我們平常所使用的白話，所以楊牧才會說：「愁予繼承了古典中國詩的美德，以清楚乾淨的白話……爲我們傳達了一種時間和空間的悲劇情調。」；不僅如此，季紅更且讚美「愁予語源的寬廣及他對不同語材——舊典、俗語、文言、俚語、甚至外來語予以換用、改鑄的能力。」並能「依需要將不同層次的語言（如文言和白話）揉合在一起。」（見〈鄭愁予《雪的可能》中的語言經營〉一文）

不過，近期的鄭愁予，雖然仍有散文化的語言，但大體言之，語言有濃縮的趨向，他的方法如前楊牧所言，「是在傳統性的白話裡注入文言句式

的因素」,〈五嶽記〉中的愁予就有這種徵象,晚近這種濃縮的文言現象更明顯可見,如〈七夕〉、〈祝福楚戈〉、〈EXCALIBUR〉、〈HOLOGRAM〉、〈遠道〉、〈曇花再開〉、〈元月夜飲〉等,均有文言式的句子,這或許是詩人對塑造自己新語言的嘗試。這種努力,也可在他越來越多的西化語法中窺出(如「造物之主的不可測的洞視」這樣的句子),其他像增加贅語(如〈草地〉中的「那個人向著草地的那端走向……」句,「個」字可以略去;〈觸及的欣喜〉中的「於是,想喝一杯酒了」句,「酒」可以省略,因為隔段接著一句便有「好酒」的「酒」字出現)或使語句拗口、不順暢(如〈疊衫記〉中的「一具稻草人之未曾絜實」句,似應為「一具未曾絜實的稻草人」;〈烈日〉中欠缺標點符號的「已傾巢飄潑向江漢其時柳已殘粿果都顫在枝上」句),甚或不合語法(如〈獨樹屯〉中的「歷史,是後來的人寫」句,合乎語法應改為「歷史,是後來人寫的」或「歷史,是後來的人寫的」);而〈NYC 飲酒(二)〉一詩,才 15 行而已,詩人卻故意用了六行「……是……的」這樣的句型,詩人意匠經營足可見一斑。如果我們再進一步分析,詩人這種試求塑造新語言的企圖,更昭然若揭,詩人在《燕人行》與《雪的可能》兩本詩集中,以形式決定語言及節奏的趨向,相當明顯,如〈「暖和死」之歌〉、〈山路〉、〈雪的可能〉、〈獨樹屯〉、〈落馬洲〉等詩;而〈零的遞減──煙後懷友〉一詩,甚至用圖畫式的阿拉伯數字做語言。

　　以形式決定語言和節奏,鄭愁予主要表現在對仗等手法的運用上,早期有〈小詩錦〉、〈生命〉、〈天窗〉、〈霸上印象〉等詩,晚期如〈雨說〉(利用類疊、排比)、〈「暖和死」之歌〉(利用類疊、排比、對仗、頂真)、〈手術室初冬〉(利用排比)、〈一碟兒詩話〉(利用對仗)、〈冬〉(利用類疊、排比)、〈山路〉(利用排比)、〈查爾斯河左岸〉(利用對仗、倒裝)、〈踏青即事(三)〉(利用對仗)……利用這些「人工化」的技巧造成的「格律式」節奏和尾韻,雖亦鏗鏘甜美,(如〈雨說〉:「我來了,我走得很輕,而且溫聲細語地/我的愛心像絲縷那樣把天地織在一起/我呼喚每一個孩子的乳

名又甜又準／我來了，雷電不喧嚷，風也不擁擠」；又如〈遊仙眠地〉：「他住澗的那邊　也是小山／也是小仙　也是／整天相互著探笑／煉一爐喜歡」；再如〈賦別〉：「這次我離開你，是風，是雨，是夜晚；／你笑了笑，我擺一擺手／一條寂寞的路便展向兩頭了。」），卻未必勝於佳韻天成的自然節奏（如〈一〇四病房〉：「妹子　總要分住／便分住長江頭尾／那時酒約仍在　在舟上／重量像仙那麼輕少」）。不過，大致說來，鄭愁予的詩之所以節奏輕快、聲調甜美，多半歸功於類疊（疊字、疊句）及排比、對仗等形式效果——只是詩人匠心獨運，不落「雕刻」痕跡，譬如〈小小的島〉一詩最後的一段，聲音抑揚頓挫，節奏自然甜美，絲毫不露人工的痕跡：「如果，我去了，將帶著我的笛杖／那時我是牧童而你是小羊／要不，我去了，我便化做螢火蟲／以我的一生為你點盞燈」。

　　浪子詩人的詩如上所述，有那些特點，所以楊牧在〈鄭愁予傳奇〉長文中，開頭便開門見山地下結論說：「鄭愁予是中國的中國詩人，用良好的中國文字寫作，形象準確、聲籟華美，而且是絕對地現代的。」；詩人自己亦認為：「文字，對新詩來說，主要是用來製造意象，構成音節和旋律感，其次是用藝術的手法使文字的歧義更加延伸，以擴大聯想的範圍和效果，新詩的文字是表現的工具，而不是拿來作敘事和說理用的……」（見今年 6 月 11 日《中國時報》「人間」副刊詩人節專輯，楊澤訪鄭愁予部分），就因為詩人自己堅持這樣的信念，所以，詩人的語言相當平凡、精緻，極少有轉品和誇飾的語句（雖近期有些詩作，句法有扭曲的現象），像「創世紀詩風」這樣的句子並不多見：「你屢種於我肩上的每日的棲息，已結實為長眠」（〈右邊的人〉）、「蒼茫自腋下昇起　這時份／多麼多麼地思飲／待捧隻圓月那種巨樽／在諸神……我的弟兄間傳遞」（〈野柳岬歸省〉）——〈草生原〉一詩可謂「例外」——因而，在 1960 年代超現實主義詩風大行其道時，浪子詩人鄭愁予的詩，仍能獨幟一格，獲得愛詩人的青睞；甚至到了今天，我們這位「踏花歸去馬蹄香」而擅於描繪形象的浪子詩人，其魅力仍風行不衰。

## 結語、也無風雨也無晴

「這次我離開你，是風，是雨，是夜晚；／你笑了笑，我擺一擺手／一條寂寞的路便展向兩頭了。」——賦別時的愁予，是這般的瀟灑，但比起徐志摩的「我揮一揮衣袖，／不帶走一片雲彩」，他還是帶走了「寂寞」；寂寞與他形影不離（就像羅門的〈流浪人〉所帶的那條影子），則無論千山萬水、遠渡重洋，浪子情懷總是無時不刻要宣洩的，縱使鄉愁是那麼輕、那麼細，卻是絲絲入扣。詩人這樣吶喊著：「盼望啊／鄉國的土壤有一天／也這麼地／連天越野地／肥沃起來／也這麼溫暖的／讓我／跪著」（「在溫暖的土壤上跪出兩個窩」），這種感情直接、強烈的宣洩，是「身在異邦，心在大漢」的暗示嗎？「愛我華」（"Iowa"）那片白茫茫的瑞雪，可是詩人的召喚？

13 年前，楊牧曾謂鄭愁予「是我們 25 年來的新詩人中最令人著迷的浪子」；13 年後的今天，浪子時代的愁予，已「揮一揮衣袖，不帶走一片雲彩」地去了，一、二十年的光陰統治了一切，畢竟現在的浪子詩人已安居下來了，風沙滾滾與風塵僕僕的江湖已日益陌生，孰云「人在江湖，身不由己」？對詩人愈來愈有意義的，恐怕是時間了；儘管有「變形鏡」裡的迷惑，在「側影的捕捉術」中，詩人卻「怯生生的說：歲月，好美喲！」，令人迷惑的歲月，也是令人著迷的歲月，這是「邊界酒店」之外的另一種糾結，在亦悲亦喜的情況下，詩人必須面對這一矛盾，或許 32 年前詩人的「偈」早已揭示了他的「未來之路」——「不再流浪了，我不願做空間的歌者，／寧願是時間的石人。」，超越時間才能跨超歲月的矛盾，否則這豈不又是「浪子意識」變奏的另一章？不過，無論如何，回顧過去，「踏花歸去馬蹄香」的愁予，該是「回首向來蕭瑟處；歸去，也無風雨也無晴」的呀！三十多年來，「浪子詩人」這頂桂冠，在面對未來之際，是可以「擲地有聲」了。

——選自《文訊雜誌》，第 30 期，1987 年 6 月

# 鄭愁予：站在中西藝術匯合處的詩人

## 用詩藝開拓美的人之六

◎林明理[*]

### 追求詩美與藝術的歌者

自幼在中國隨世襲軍職的父親征戰南北，受著喜愛中國古詩詞的日籍母親教育和美國文藝的薰陶，又轉返定居古寧頭海邊追緬先祖的鄭愁予，血液裡早就奔湧著中西文藝的水流。在當代詩壇，詩人的作品不論早期或現在，始終具有一種強烈的浪漫色彩，將感情和思想濃縮於新奇的意象中，且取得卓越的成就。這位籍貫河北省寧河人的大詩人，生於山東濟南，抗戰時期隨父遷徙來臺，成長於新竹。中興大學法商學院畢業後，在基隆港務局任職；卻於 37 歲選擇遠赴美國愛荷華大學進修，獲藝術碩士學位，並長期任教於耶魯大學。迄今著有詩集十餘本，其中，《鄭愁予詩集》被《聯合報》選爲 1950 年代的 30 部經典之一。曾獲青年文藝獎（1966年）、中山文藝獎（1967 年）、中國時報「新詩推薦獎」（1968 年）及「國家文藝獎」（1995 年）、第 19 屆金曲獎傳統暨藝術音樂類「最佳作詞人獎」。

鄭愁予詩歌優雅，音律柔婉，能賦予愛情堅貞的意象，並捕捉到東方美學的內在蘊藉之氣。就他本人的美學思想，歸根究柢是崇高人格的產物，又或許母親的影子也影響了早期詩作的形象性。他個性豪爽明快，有

---

[*]詩人、作家。

冒險家的堅持、也有仗義而行的遊俠傾向及飄泊宇宙的人生觀。這一切應與他身上流著延平郡王鄭成功第 14 代後裔子孫的血相關，也是詩風崇尚自由不羈的藝術風格、眉宇英氣又無限超越世俗的根本原因。在詩人特兀的靈魂裡所追求生命的韻味，也常能激起無數讀者探究詩人的熱情。

　　依我的揣測，鄭愁予的美學思維受其母親影響頗深，它扎根於中國古典詩詞的深厚土壤中，又移居美國 37 年，廣泛地攝取西方文藝的精華而攀上詩藝界的高峰。然而，為了尋根的夢想，他義無反顧地打包回國並遷移入金門縣金城鎮。但詩人並不滿足於「抒情詩大家」形象的塑造，而是期望解脫先祖曾是海盜名銜的鎖鏈，讓祖先的靈魂獲得了自由。他為此理想而四處奔波、執著地投入精神、無怨無悔。如果說，今年已 77 歲的詩人的晚年是他為實現尋根的理想而必須去經歷的一段人生過程；那麼，加諸在他身上的壓力則是他多年來背負先祖的歷史十字架。鄭愁予從 15 歲起寫詩，就是現代新詩的倡導者和實踐者。他的自由詩形式不受局限，但十分講究內在的節奏和音韻，讀來琅琅上口；有一種清新、淡雅之氣。從以下介紹的詩中，可以看出詩人美學觀與中西文化交匯的熔鑄冶煉之功。

## 詩意唯美　超塵絕俗轉

　　鄭愁予是個早慧的詩人。他寫詩題材大多是旅遊、抒情、懷鄉、景物等寫意方面。詩人的第一本詩集《夢土上》，其中〈殘堡〉是 18 歲時所寫，詩中把殘堡和戰爭年代聯繫起來，語言質樸平白，卻能以自己的反思觀照上一個時代的反思：「戍守的人已歸了，留下／邊地的殘堡／看得出，十九世紀的草原啊／如今，是沙丘一片……／／怔忡而空曠的箭眼／掛過號角的鐵釘／被黃昏和望歸的靴子磨平的／戍樓的石垛啊／一切都老了／一切都抹上風沙的鏽／／百年前英雄繫馬的地方／百年前壯士磨劍的地方／這兒我黯然地卸了鞍／歷史的鎖啊沒有鑰匙／我的行囊也沒有劍／要一個鏗鏘的夢吧／趁月色，我傳下悲戚的「將軍令／自琴弦……」詩人以巨大的悲痛寫出望故鄉渺邈之情，富真切情感。可以說，年少時期的鄭愁

予，即已體悟了先祖們四處飄泊、經歷了兵荒馬亂、坎坷的歲月。但詩人對故土及先人的愛始終不減，這也給了他無窮的動力，促使他去克服未來人生旅途上的層層難關；他常仰望自己於天涯，而去尋找心靈上的「淨土」。此詩感情的表達使用白描手法，有的是詩人深深的憂患和凝重的思索，在他早期之作少見的沉鬱之風；藉以描摹出百年前戰爭苦難的深淵中昇華出的藝術形象，引領我們體認詩人那種無言的吶喊和熱烈的抒情。

　　再如這首〈採貝〉是 26 歲詩人天才的靈感創作，有一種興發感動的質素，是創作中最有光彩的詩作之一：「每晨，你採貝於，沙灘潮落／我便跟著，採你巧小的足跡／每夕，你歸來，歸自沙灘汐止／濛濛霧中，乃見你渺渺回眸／那時，我們將相遇／相遇，如兩朵雲無聲的撞擊／欣然而冷漠……」這採貝是借助於大自然中的客體物象作為自己心靈感受的對應物，不但拓展了詩作的思想內涵，而且使之更富有詩意和質感。詩人明面寫採貝，實際寫愛人離開後相思的情懷；詩人畢竟是生於大陸並伴隨著戰爭的苦難和新生而成長起來的詩人，靈魂深處對生命的感觸與律動，都不曾減弱。儘管愛情已遠，但是卻因思想加以濃縮和約制，融進多彩的意象中，從而使此詩優美獨特的意象時時疊現，其思力沉摯之處，令讀者產生強烈的感情共鳴。

　　鄭愁予是在 2005 年歸籍金門縣金城鎮的。其實早在此之前，他已五度造訪金門，並寫下了五首詩；〈金門集〉、〈飲酒金門行〉、〈煙火是戰火的女兒〉、〈八二三響禮炮〉、〈大膽島童謠〉。其中，〈煙火是戰火的女兒〉是 2003 年中秋節前夕，鄭愁予應邀參加金門和廈門共度中秋活動後，有感而作：「煙火是戰火的女兒，嚴父的火灼痛，女兒的火開花；花開在天空疑是星星也在撒嬌，彩光映在海上莫非波濤跟著巧笑……／哎，讓女兒自由地長大罷！讓她撒嬌，讓她巧笑，讓她／推開廣廈之門正是金色之門／洛陽兒女對門居呀！中秋月圓是歷史的舞臺，讓飲者演出那月老的浪漫，乾守望之杯！乾相助之杯！乾杯呀……／哎，兒女的自由長大不就是門當戶對了嗎？」此詩節奏感強，具有慷慨激昂的氣象，也是詩人在喚起兩岸人民

和平共處的自覺；他跳脫了多數軍中詩人的悲壯抒懷，改把自己赤裸的靈魂捧給讀者。當兩岸中秋同步綻放煙火於夜空，對孤懸於海峽兩岸的「前線戰地」的金門人而言，心中自是五味雜陳的；於是，詩人內在心性的引發，用赤子之心看待兩岸關係，給人一種真誠、親切之感。

縱觀歷史，鄭成功是抗清名將，南明時期被封為延平郡王。籍貫福建泉州，父親是海盜出身的南明將領鄭芝龍，母親為日本人；他在父親投降清朝而被俘虜後，領軍和清朝對抗 15 年，是主要的抗清勢力，曾一度以大軍包圍金陵，但功敗垂成。事後，他率軍渡過臺灣海峽，擊敗荷蘭東印度公司的軍隊並接收其領地，建立臺灣第一個漢人政權。當年，鄭愁予的先祖鄭成功就是以金門為起兵反清復明的基地，但因鄭氏家族曾降清，集體遷移大陸，後被迫分派各地軍職；可惜的是，當地金門人似乎對延平郡王祠不太熱衷。鄭愁予晚年則積極於追溯鄭氏家族的歷史，希望能找回鄭成功應有的歷史定位及尊崇。在這種心情交織下，遂而寫下〈飲酒金門行〉：「飲者乃有俠者之姿，豪興起時，大口吞浪如鯨之嘯海／當懷思遠人，就閉目坐定，／輕啜芳冽猶吻之沾唇……」此詩剛猛有力，頗具鋒芒。隨潮汐遠去，詩人在追緬的聯想中自己與鄭成功及先祖的某種微妙關係，則在看似品酒的豪爽激昂中，其核心蘊藏著對未來的憧憬之情，並把一種內在的使命感揭示出來了。

## 鄭愁予詩歌卓然有成

在描繪大自然壯麗山河或家鄉的詩作中，鄭愁予的詩常以小見大的藝術概括力展現出更寬闊的自然境界，並寄以深厚的情思。誠然，當我們欣賞一首好詩，是必須運用自己的感官，透過感知與想像、理解與情感等心理機制；加以結合自己的生活經驗，經過思維反覆提煉，從而形成的一種審美愉悅。這也是一個從藝術直覺到心靈頓悟的深化過程。其中，尤為重要的是，鑑賞的同時也接受了詩人的藝術修養。義大利美學大師克羅齊（1866～1952）也提及：「一切藝術品只有對懂得他們的人，才顯得重要」

（《美學原理》）。而歌德也曾說：「藝術的真正生命正在於對個別特殊事物的掌握和描述」。依我的看法，鄭愁予與生俱來即有一種本質上的審美觀，他喜歡旅遊，與大自然作近距離的接觸，並習慣於從自己的經驗中感悟。他把體現的匠心融於詩中，是文人的理想自我的精神寫照；他的詩品和人品都爲當今文藝界、或是整個華文詩歌都做出了卓越的楷模。

　　反觀臺灣，自 1992 年 11 月 7 日解嚴後，時至今日，金門已轉而爲兩岸觀光旅遊的新熱點。就在鄭愁予歸籍金門人滿三年，由金革唱片爲詩人出版的《旅夢》當中的〈一碟兒詩話〉：「風起六朝　沙揚大唐／宋秩一卷雲和月　明清兩京清明雨／風起六朝　沙揚大唐／風實是風騷唯在那園林啊／沙卻是沙場　臥有醉漢／雲它遮了月　啊　喪廬失墓悲歌／清明雨霽天下盡是斷腸人／這一碟詩話由書生主焄　這五色作料／千古的氣候如火候／煮了一碟相思豆／煮了相思的詩話　一碟浪漫的紅豆」，這首詩讓鄭愁予勇奪了最佳作詞人獎座。詩人直接從歷史興衰中擷取意象，把自己渴望先人指點迷津、擺脫跋涉之苦的對白描繪得很逼真。到這裡，詩人對先祖的追悼及歷史的悲歌的無奈，其激情的噴湧似乎已找到了第一首出口了。

　　他的另一首成名詩〈偈〉：「不再流浪了／我不願做空間的歌者／寧願是時間的石人／然而，我又是宇宙的遊子／／地球你不需留我／這土地我一方來／將八方離去」，正是詩人人格的自我象徵。彷彿中，晚年的大詩人早已跳脫了世俗的塵事，過去，有多少舊夢已成雲煙，他汲汲營營追求的是宇宙那看不見的經卷。如今，年過 77 歲的詩人，仍風塵僕僕奔波於金門與美國、臺灣三地；當他在古寧頭海邊眺望，想必又激起了許多馳騁想像。那清澈的碧海、晨光如月光、百姓的真樸豪爽，想必詩人晚年的心情是恬靜的，也是歡樂的。此刻，詩人追求的應是與大自然的融合。他的生命與空間時間一致而取得了永恆的寧靜。

——選自《全國新書資訊月刊》，第 147 期，2011 年 3 月

# 鄭愁予詩語言的構成物件
# 及其技法

◎張梅芳[*]

## 一、前言

　　前年《鄭愁予詩集Ⅰ》、《鄭愁予詩集Ⅱ》在臺灣洪範重新整理後出版，收錄 1951 年至 1986 年間近三百首作品，搭配詩人在《聯合文學》自 2002 年 5 月份起，陸續發表的詩作自剖約四萬字散文，橫逾半個世紀以來，詩人所引動的「愁予風」，堪稱華文文壇可供細究的現象。而在現代詩創作的領域中，亦少有人不受此風浸染，而形成詩界折衝樽俎的對象之一，更有甚者，鄭愁予幾已成為現代詩的「經典」，列為後輩首要致意或超越的標的。

　　做為鄭愁予的研究者之一，儘管已嘗試從學術論文的角度，潛心探勘過愁予的「意象」與「心靈曲線」，然而自 1997 年筆者碩士論文[1]完成以來，鄭愁予所引動的研究風潮迄未止歇，新增近三十筆的研究資料[2]，包括學術論文或隨筆札記等評論篇章。當再度拾讀愁予的文字，詩人 50 年來的藝術成果，仍使人感到其中文化含攝的能量，足以撫慰當代苦無出路的存在感受，若再銜接中國古典的抒情傳統，放諸當今華文創作場域，鄭愁予在詩中所體現的文化精神，堪稱中國抒情傳統的當代傳人。極為幸運地，

[*]發表文章時為臺北醫學大學通識中心助理教授，現為東華大學華文文學系助理教授。
[1]張梅芳著，《鄭愁予詩的想像世界》(臺北：文化大學中文研究所，1997 年 6 月)。後經臺北萬卷樓圖書公司於 2001 年 9 月出版。
[2]資料來源可從國家圖書館網頁「中文期刊篇目索引影像系統」，搜尋「鄭愁予」關鍵字查核。

我們與詩人身處同在，能就近目睹一個詩人生成到圓熟的優美歷程。

筆者或眾人不斷追問的是，何以鄭愁予的作品能吸引爲數眾多的文藝愛好者？從年輕時代便熟知他「達達的馬蹄」，想望「那等在季節裡的容顏」；中年詩風沉潛的轉向，將浪漫的情意收攝成美學的抽象深度；到如今主體淬煉後，無常而了然的心境呈現，當我們讀罷當代焦灼的呼喊、個體的伸張，或爭奇鬥豔、標新立異的風格之後，再回頭面對大師級的作品，能否靜心領略匯同於文化江流、神貌清寂的鄭愁予呢？

因而本文擬由三個層次，由淺入深的說明、闡釋並評論鄭愁予抒情創作，分別是詩人所慣常使用的物件、構成技法、及詩人主體的心理歷程分析等面向。最後試圖將鄭愁予的詩作置入中國抒情傳統的背景之下加以觀察，甚而與當代其他詩人相較，何以鄭愁予的作品具有強大的閱讀魅力，是否正由於他的作品帶給讀者難以言喻的感動，以致使人沉迷於鄭愁予的文字世界而不忍離去？期能藉由以下評析，提供可能的詮釋方向。

## 二、鄭愁予詩中「物件」的選擇傾向

筆者的碩士論文曾以鄭愁予詩中最常出現的三個「意象」——「窗」、「女性」、「白色」，做爲討論依據，如果不單就「意象」，而將所有作者慣常使用的語詞全部打散，再簡單區分成「人物形象」與「景物」兩類，則可綜整如下，並進而發現一些可供思索的現象。

例如在人物形象方面，鄭愁予描述最多的當屬各類女性：例如〈採貝〉中的少女、〈錯誤〉、〈情婦〉、〈秋分柳〉中深情而等待的女性、〈談禪與微雨〉、〈持咒的綠度母〉兼具哲學與美學的形象、或日常中〈寧馨如此〉、〈佛外緣〉中虛實莫辨的親切之感，山水詩中大量擬人的嫵媚風物，皆如同一幅幅仕女圖卷，典麗而雋永。

除此之外，鄭愁予描畫庶民階層，有時以第一人稱切近各人物的生活、有時以第三人稱，客觀呈顯人物與自我之間的觀照，展現詩人的人道關懷，我們可從詩行的回想中——浮出人物：老水手、船長、〈野店〉中的

商旅過客、〈浪子麻沁〉裡的原住民、〈颱風板車〉中的「阿爹」和「阿牛」、或者是〈來生的事件〉裡當兵七年的軍伕……，詩的觸角廣及庶民的生活樣態及情感體驗，但這一部分似也較少被論者所留意。

中期之後，新增許多交遊往來的作品：朱橋、林雲、楊牧、管管、楚戈、許世旭、松生藍菱、藍眼同事、芥昱……等等友人，藉由贈答應對，一方面顯現詩人與他者的情誼，另一方面也塑造出友朋的形象、及個人對生命的體悟，例如〈手術室初冬〉寫朱橋最後消逝的背影：「那人窺望　形眉含煙／那人轉身　皂衣小帽」，以近似對句的凝練，為離世的友人送別，筆觸冷肅且鮮明，即令人一見難忘。

或者鄭愁予在詩中引用歷史名流，如：雪萊、梵谷、米勒、國父、李白、羅丹、海明威、馬內……等，顯見詩人對人文藝術領域的廣泛涉獵，彷彿信手拈來便有情味。而鄭愁予的長篇詩作〈衣缽〉，特寫國父革命的理想志業，在詩人多數作品中，難得流露如此激昂動情的聲調，對時代的承擔與關懷顯出詩人社會寫實的另一面向。

此外，詩中各處皆有作者自我投射的形象：〈武士夢〉中的軍人、〈牧羊女〉中深情的少年、〈傌〉中的遊子、〈賦別〉中長歎的失戀者、〈度牒〉、〈梵音〉裡的知客、遊方僧、或書生、美之賞鑑者、談禪者……，直至〈寂寞的人坐著看花〉出世靜觀的羈旅之感，鄭愁予詩中「自我」的變遷亦是繁複而深邃的。

又如在景物的造設之中，山水風物是大宗，時有邊塞風光、江南、熱帶島嶼或登山賦詩之作，各地宛如畫片精緻呈覽；中後期有書齋、日常景物、西方事典、或極具中國意味的地名，如：長安、咸陽、嘉峪關、紹興、黃河……等地。鄭愁予不僅以現實固有的場景設事，更注意虛實的變幻，往往在景物描繪的同時，不著痕跡地帶入心象虛擬的境地，在疑幻疑真之中，延展知覺經驗中未曾造訪的領地。

若綜觀詩人慣常使用的物件，除上述的人物、景物之外，可發現鄭愁予甚少使用僻典或生難語詞藉以提高作品知識層面的位階，中後期作品更

常體貼地於詩末加上詳細標註，使讀者易於融入詩境。

　　另在作品的主題上，最為人所熟知的是早年浪漫的情詩，鄉愁亦不時穿梭在字裡行間，但實則山水遊記橫跨鄭愁予各個時期，日常書齋生活從留美之後便自然出現，寫時代、寫死亡、寫孤寂、或寫個人領悟，也不過度耽溺其中，反表現詩人的節制、承擔與美感體驗。當與溫和的物件質地相配合，主題正可以顯得從容不迫，徐徐湧現。

　　儘管各個符號是詩語言構成的外在「零件」，但在選擇的過程中即呈現詩人的品味與愛好，鄭愁予文字的質感與這些物件的關係是裸露在外、不容遮飾的，極易為讀詩者察覺，上述概要式地瀏覽詩人文字的偏好，雖不夠詳盡，但也不失為可供思索的途徑。當然更重要的是，究竟詩人是如何來處理內在所欲抒發的情性，在構建作品的過程，顯示其技法與性格，將是以下本文所探討的核心議題。

## 三、鄭愁予的抒情技法

　　一個優秀詩人處理語言的能力，顯現在對各種材料的處理方式上，上一小節提出鄭愁予所偏好的人物形象、景物、與主題內容，接下來進一步討論他如何安排這些文字以構成驚人的佳作，筆者約略歸納出以下特徵。

### （一）形象聯想的譬喻方式

　　一般人對事件的描述慣常以「寫實」的方式交代過程，去除了文學中所必備的想像與轉化。我們所熟知的〈錯誤〉一詩中：「我達達的馬蹄／是美麗的錯誤」，在詩人的解說裡，還原成童年的某次經歷：乃偶然行經市街，馬匹倉皇經過引起的驚嚇，留存在記憶裡而重新鍛造之後的成品[3]。假若真如愁予所言，從「現實」事件到「虛構」的作品中間，究竟藏有什麼樣的魔術手法，才使一個日常經歷能轉化為詩的語言呢？筆者舉下列詩例加以說明。

---

[3]為鄭愁予公開演講內容，筆者據原意陳述。

例如〈相思〉[4]：


我底，

你底，

在遙遠的兩地，

卻如對口的剪子

絞住了……


莫放進離愁吧！

莫放進歡愉吧！

祇要輕輕地

把夢剪斷

你一半，我一半……。


　　此詩如果以一般散文描述的語言，可能如下所述：「我非常思念我的情人，我因此覺得很痛苦」，但是詩人找到一個具體形象的譬喻，就是一個「剪子」的意象，用以托喻兩人相思的苦楚，此意象極具日常性，多數人都能憑藉「剪子」的鋒利和絞嚙的狀態，進而輕易地想像出「相思」的感覺。詩人僅僅使用最古老的譬喻手法，便傳導最深切的情意，此詩並未使用繁複的技巧，卻依舊創造驚人的語言效果。

　　再以〈戀〉[5]一詩為例：


傳說：

宇宙是個透藍的瓶子，

則你的想像是花，


---

[4]鄭愁予著，《鄭愁予詩集Ⅰ：1951～1968》（臺北：洪範書店，2003年8月二版一刷），頁82。
[5]同前註，頁83。

我的遐想是葉……

我們並比著出雲，
人間不復仰及，
則彩虹是垂落的菀蔓
銀河是遺下的枝子……

　　此詩的每一句幾乎都有形象的譬喻加以轉化，單講「宇宙」、「想像」、「遐想」、「彩虹」、「銀河」這些描述，都不具有詩人獨特想像的意味，看起來便只是平常使用的詞彙，可一旦「宇宙」變成「透藍的瓶子」、「想像」是「花」、「遐想」是「葉」、「我們」成為不斷生長向上的植物、「彩虹」是「菀蔓」、「銀河」為「枝子」……，連續的譬喻在詩人獨特的想像中構成「詩境」的擬態，平凡的語彙便如同魔術一般具有仿擬的效果，語言的加工使看來平凡無奇的字句，鍛造成晶亮的小品。

　　鄭愁予對語言精緻的處理能力，往往就展現在從「現實」到「想像」具體形象的譬喻效果之中。

## （二）戲劇性鋪陳的張力

　　鄭愁予有幾首長詩，例如：〈颱風板車〉、〈浪子麻沁〉、〈草生原〉、〈衣缽〉、〈春之組曲〉、〈獨樹屯〉、〈山間偶遇〉等，在形製上至少都在 40 行以上，不同於組詩各篇可以集中凝注意念而抒發情性、分散結構，長詩為求一氣呵成，便生出角色、情節、場景等具有戲劇性質的發展，以鋪陳放大的骨架。其中〈草生原〉畫質躍動穿織，頗有後現代破碎拼貼的效果，戲劇化的張力延展，使詩作呈現如 1990 年代王家衛《重慶森林》電影中切割晃動的不穩定性，因之具有「前衛」的質地，而此詩的成詩年代卻早在 1963 年。鄭愁予一向被視為是具有古典傾向的詩人，〈草生原〉的劇場效果，卻使詩人與「前衛」並置齊觀。原詩節錄如下[6]：

---

[6] 同註 6，頁 206。

　　春　　春　　數落快板的春　　春　　猶是歌的更鳥

　　走著草的靚女　　白杜鵑跳過足趾

　　　　　　　　　　　　紅杜鵑跳過足趾

　　便裸臥於獸懷中　　便優遊素手於胸毛

　　　　　　　　　　風一樣的胸毛　　變奏一樣的風

　　把如笙的指節吹響

　　此詩搭配如說書人快板的節奏、變化的意象、隱晦的主旨、和戲劇性的場景、人物、時程調度，使「靚女」呈現各種角度的流動形象，張力十足，可算是鄭愁予作品中鮮明特出的例子。

　　再看〈山間偶遇〉[7]：

　　……

　　我早已在心中稱是　　參與守候預計的死亡

　　他　　朝西坐著　　像環抱篝火在自焚

　　她面東

　　不遮黑巾的面龐

　　雕像美的淒冷

　　之後

　　我倆開始攀下連峰的稜線　　尋水

　　露宿　　日間在天風中豪壯地

　　遂行葬事　　此刻

　　焚化遺物一如焚化生的信心

　　而我存下他的詩集收在篋囊中緊靠我的

　　詩集　　我揹著她的篋囊與我的篋囊

---

[7]鄭愁予著，《鄭愁予詩集Ⅱ：1969～1986》（臺北：洪範書店，2004年1月），頁212。

併放肩上……

「走罷，朋友！」

突然她有一些笑意使人驚驚

我不禁在心中喊著──

年輕的相知啊

我是中國　經驗了

所有可能的民族的傷痛

我不再解說使命了　讓我

包容和揹負你們

在歷史一樣崎嶇的路上一步一步地

走出去吧

　　此詩三個主要角色分別是「她」、「他」、「我」，場景是深山露營之地，透過人物彼此間的對話與「我」的陳述，鋪排詩意的結構，最後戲劇性地只剩下「我」，「他」解脫了、「她」成為永遠的守候者，角色隱喻著國族的使命和歷史的傷痛。詩的故事架構未必是現實真有其事的相遇，戲劇的手法只不過是作者強化的技法之一，以鋪陳大敘事的史詩背景。

## （三）虛與實的交感變化

　　翁文嫻教授在〈鄭愁予詩中轉動「文化」的能力〉[8]曾指出鄭愁予的想像方式，「很著重非現實一半與現實一半的均衡」，她將〈青空〉一詩虛實變化的發想，置入文化層面加以思考，以凸出鄭氏運轉想像的能力及擴張幅度。筆者在《鄭愁予詩的想像世界》中亦曾就詩人虛實變化的特徵加以分期，並詳盡舉證筆者閱讀時的體驗。

　　若檢視中國的文學經典，在《詩經‧秦風‧蒹葭》有：「蒹葭蒼蒼，白

---

[8] 本文收在《臺灣前行代詩家論──第六屆現代詩學研討會論文集》（臺北：萬卷樓圖書公司，2003年11月），頁87。

露為霜。所謂伊人，在水一方。溯洄從之，道阻且長，溯游從之，宛在水中央」，由眼前的「實景」進入遙遠的「虛象」，增添伊人飄忽不可切近的美感，《楚辭》的〈九歌〉雖以神靈來降為多，事涉巫祝，但也安排許多現實中香草美人的線索，供讀者攀越，如〈九歌・少司命〉中：「秋蘭兮青青，綠葉兮紫莖。滿堂兮美人，忽獨與余兮目成」，在虛象中仍保有與現實的接點，而不完全置於漫衍無稽的語感空間。曹植〈洛神賦〉在中段雖亦整個傾向「虛」的線索，但作者也有意在前段加上和「御者」的對話，便與現實有連接的可能性。陶潛的〈桃花源記〉也可注意這手法的流變，陶潛使武陵人的尋訪幾成為《搜神記》的變體，而具備疑真似幻的情境。甚或是《紅樓夢》裡以「絳珠仙草」、「神瑛侍者」的神話做為故事底蘊，都有虛實相生的痕跡存在。

　　鄭愁予的「虛實變易」，廣泛說來也可視為語感狀態的更易，在細微處，便將事態悄悄挪轉，有時明顯地以段落和段落間的分隔，由虛入實或由實入虛。

　　例如下列這首〈驚夢（一）〉[9]：

　　山行一日
　　透濕的帆布衣應是風雨之歸帆
　　就乘著新霽的月色
　　懸在帳外的高處晾一晾吧

　　而突起了山風
　　灌滿長褲　使之踢踏如一舞者
　　且影隨一羽衣的女子
　　飛越夜空舞入冰亮的大月門

---

[9]同註9，頁192。

　　　這事自發生後

　　　我自深睡中一覺醒來

　　　腰間雖還留有舞興

　　　只是自臍以下

　　　月光覆著

　　　好一片廣寒的冷


　　詩分三段，開頭是露宿山中的實境，第二段由「山風」開始將想像推移成「舞者」、「羽衣的女子」、「冰亮的大月門」，詩人將硬性的現實變化爲軟調的詩境，但並不沉耽放縱，在第三段又收攝回來，只說「自臍以下／月光覆著」，創造回味的效果，也不直接斬斷想像的線索。「虛」與「實」的調和功力，往往不著痕跡。

　　而這樣語言的經營方式，與中國古典文學語感的呈現恰可呼應，不論詩人是否有意爲之，都與此語系中的經典作品，有著傳承與創新的關係。

## （四）語言張力的緩衝

　　如果將鄭愁予處理語言或情感的方式與其他詩人比較，洛夫對語言是「降伏」，例如〈石室之死亡〉的名句：「任一條黑色支流咆哮橫過他的脈管／我便怔住，我以目光掃過那座石壁／上面即鑿成兩道血槽」，由「目光」而「血槽」，中間強力地對意象拗折，具有破壞語言身世的能量。

　　商禽則誘發語言的「醺醉」狀態，他在〈阿米巴弟弟〉一詩中說：「我奇怪人有一個這樣的弟弟『是既乾淨又髒的？』像一隻手，浣熊的，我想其掌心一定像穿山甲的前爪」，從「弟弟」到「手」到「浣熊」，再到「穿山甲的前爪」，影像不斷流動到下個形狀，像是迷幻電音的派對，流質似地催眠你僵直的感官世界。

　　林亨泰貫徹現代主義的極簡風格，把語言「幾何構造」，他著名的〈風景 No.2〉：「防風林　的／外邊　還有／防風林　的／外邊　還有／防風林的／外邊　還有／／然而海　以及波的羅列／然而海　以及波的羅列」，看

不見情緒波動的字眼，主體消隱，語言的裝飾也盡力剷除。

　　鄭愁予則將語言輕輕推出，聲音柔緩而從容、意象精細凝注、語法的調動亦不張揚高調，若遇見緊張沉重或難解紛擾的情緒，詩人有時以探詢的問句、猶疑的設想（「也許」）、或者回到自身的感喟、主體的退讓、迴避、詩境的虛化或安然復返至現實，輕巧的卸去詩裡的重量，甚或提升至美學的境界而不過分親狎褻玩，即使是〈情婦〉中的「浪子」形象，都是瀟灑而有品味的（窗口、金線菊、藍衫子、候鳥……），使你難以痛恨，像是將語言帶回到古典風流蘊藉的境界，使之成為具有美感深度的收藏品。這無疑建立了詩人作品獨有的魅力，而自有其迷人韻致。

　　例如〈從內部雕刻〉[10]，節引後半首：

　……

　等到鐘成形　讓我歌手

　緩緩地把你的聲音釋放出來

　跳躍銘文的禽鳥以及游泳銘文的蛇龍

　釋放出來　正是

　晨鐘響起

　我把你還給女媧

　（無花果終於環抱自己的文明）

　至於宇宙　只留下那個聲音

　像名字一樣的聲音你曾輕輕呼叫過

　　「讓」、「緩緩」、「輕輕」都在緩和字句的張力，當意象「釋放出來／……釋放出來」，你以為有什麼事物在失控之中，但作者卻以「晨鐘響起」，去提升詩境，而不再朝「禽鳥」、「蛇龍」而去。最後「留下那個聲

---

[10]同前註，頁20。

音」，語意變得孤單，但作者卻保留「你曾經輕呼叫過」，而維持了詩尾淡淡的暖意。

## （五）文言白話的鬆緊調度

楊牧曾在〈鄭愁予傳奇〉[11]一文中點明詩人融鑄語言的方法之一，「是在傳統性的白話裡注入文言句式的因素，鑄創新辭，分裂古義，無形中使他的語言增加許多硬度。」

鄭愁予也在〈引言——九九九九九〉[12]兩度提及，在創作時賦予文言與白話並行調度的作用，他說道：

……登山詩的語言必須簡樸，襯出境界且有文化感，必須酌使文言的結構與白話並行，這樣寫下來，詩句便接近圖畫。

又提及：

……〈散詩記述〉、〈書齋生活〉是外射和內省的對照，〈紐英倫畫卷〉的語言不用心讀便難以體會漢語文言與白話相輔造美的功能。

對照鄭愁予作品中不時出現的文言與白話交糅的現象，的確形成語言伸縮的效果，例如在「五嶽記」系列詩作中，〈雪山莊〉[13]有：「萬呎的高牆築成別世的露臺／落葉以體溫　苔化了入土的榱樑／喬木停停　間植的莊稼白如秋雲／那即是秋雲女校書般飄逸地撫過／群山慵慵悄悄」、〈絹絲瀧〉[14]有：「沒有河如此年青　年青得不堪舟楫／且自削骨成為丹墀那種傾斜／且將簪如華表的兩峰之間／留給今夜　七星必從斯處凡謫／必將長袂

---

[11]此文收錄於《鄭愁予詩選集》（臺北：志文出版社，1999 年 2 月），頁 39。
[12]此文收錄於《聯合文學》第 211 期（2002 年 5 月），頁 12～14。
[13]同註 6，頁 178。
[14]同註 6，頁 188。

相結地一躍而出瀧外」、〈風城〉[15]：「漫踱過星星的芒翅／琉瓦的天外　想起／響屐的廊子／一手扶著虹　將髻兒絲絲的拆落／而行行漸遠了而行行漸渺了／遺下　響屐的日子」。詩行中以文言文凝練的語句，壓縮文字的密度，配合口語白話的調度，使語感緊嚴而不過度散化。

　　以〈京都系列八首〉中的〈池之沿——戊寅初春遊京都龍安寺〉[16]，則更自信優雅：

> 有薄雪之膚色嗎？
> 一層涓絲敷衍……
> 春光就眠在不可觸覺的
> 池水裡　淨如初戒的比丘
> 其弱質只能容得
> 香喘極細的飄花
> 伴隨極其游絲的鳥聲
> 而激灩之姿是不可期的了
>
> 池之沿　不忍佇立
> 我這僧人之褐豈不被春水
> 映出泥土原塑的痴相

　　我們可仔細挑出「眠」、「淨如初戒」、「其弱質」、「飄花」、「游絲」、「激灩之姿」、「池之沿」、「僧之人褐」等與文言相仿的詞彙，使一首當代詩歌亦保有古雅的餘味，令人低迴不已。再搭配濃淡相間的配色，「薄雪」的底色、「涓絲」的透明感、「春光」的遐想、「飄花」的鮮豔點綴、「僧人之褐」的沖淡、「泥土」厚重質感，透過分析，我們更可以精細的設想詩國

---

[15]同註 6，頁 190。

[16]鄭愁予，〈祇園初燈——京都系列，一組靜的詩〉，收錄在《聯合文學》第 213 期（2002 年 7 月），頁 27～31。

的圖景氛圍。

因而鄭愁予的抒情技法，往往隱藏在詩句的幽微深處，不易察覺，有形象譬喻的變化，戲劇性的鋪陳、虛與實的掉換、張力的緩衝、以及文言白話的鬆緊調度等，使詩人作品總維持某種想像擺盪的幅度與深度，風格自然流暢亦不失之呆板，能顯得靈動而富有語言的生機。

## 四、創作主體心理歷程所顯現的詩人情性

詩人的情性從文本浮出的時刻，善於捕捉的古典評論家，是毋需如學術論文得冗長而繁瑣的論辯舉證，他們使用精美的古文寫成詩話、詞話，薄薄一冊卻興味無盡。例如王國維在《人間詞話》[17]說道：

> 《詩‧蒹葭》一篇最得風人深致。晏同叔之「昨夜西風凋碧樹。獨上高樓，望盡天涯路」意頗近之。但一灑落，一悲壯耳。

詞話家以精練的語言表露詩人情性，閱讀時接受便接受、悟道便悟道，互無罣礙，頗令筆者豔羨，可惜以學術眼光觀之，恐將失之空泛唯心。

然而王國維究竟從何體驗詩之「灑落」與「悲壯」呢？回到作品本身，他如何慧眼獨具透析詩人的情性呢？詞話裡渾樸宏觀的制高點，是不定分別細目而加以討論的結果，但卻表現出文學批評系統中，對詩人情性的重視。而情性又如何以當代的學術分析性去凸出這項重點呢？筆者嘗試從觀察詩人處理題材的心理歷程，以回應「詩人性格」的探索議題。

以通俗的愛情主題為例，早期鄭愁予的情詩便頗受注目，〈賦別〉寫分手情狀，並不強求對方一定要留下，只疑問：「一切都開始了，而海洋在何處？」或感嘆：「而我不錯入金果的園林，／卻誤入維特的墓地……」也並

---

[17]王國維著、滕咸惠校注，《人間詞話新注》（臺北：里仁書局，1987年8月），頁27。

不直接表露傷痛，只在結尾中說：「這世界，我仍體切地踏著，／而已是你底夢境了 ……」，詩中所顯示的自持與承擔，是否也有「哀而不傷」的情性呢？

又如詩人寫悼詩，觸及死亡的議題，既無迴避、也不過度動情介入，以內心沉靜的觀照體察「無常」，偶有「自傷」的情緒，卻也不輕易吐露外放[18]，而維持詩意的靜肅以體察生命消逝的哲學義涵，將痛切的事件昇華成更醇厚的反思或美學高度。例如在〈曇花〉中：「且察得星殞的聲音／虹逝的聲音／（那花朵又突然萎謝……）／我反覆聽見／月升月沒」，將美的凋萎細細聆賞而不過分淒楚；〈零的遞減〉中：「那年舊雪深深／新雪又落著／看著　一圈圈繞著墓的／足印　淡沒／當是／零的／遞／　減」，以短而簡潔的語調回應生之叩問；再如〈手術室初冬〉：「那人去了／白色比別的多／死亡的白　是／介於護士白與雪白之間的」，彷彿死亡就在身側，溶解在清冷的空氣中，情懷是隔而不隔、極其明晰透視的。在不同死亡的層次中，靜肅理解生之奧義。

面對大時代的歷史變局，詩人顯得特別容易激動，其他題材表現出來的寧靜，往往在人民的苦難中凸顯急切的用字和情緒，但卻也同時反應鄭愁予儒者的懷抱。以鄭愁予〈我五十年前就骨董了〉[19]一文，加以佐證：

　　那年抗戰甫結束，在生活過困頓的大後方和居留過驚懼的淪陷區之後，我回到文化的故鄉北平，12 歲正是感性向八方成長，心靈觸角伸入天地，幼年唸過的私塾，讀過的詩詞，在廟中與和尚弈棋的離世的感覺，一下子便與北平的古典融洽起來，我一有空便騎了自行車，不倦地尋訪古蹟、舊京遺勝，就連名人墳塚和八大胡同沒落的名堂都去尋遍了，我不知是否是「氣質」之使然，在置身形將廢墟之境，靠著一堵古牆坐

[18]鄭愁予有〈悼亡與傷逝（一）〉，收錄在《聯合文學》第 214 期（2003 年 6 月），頁 72～76，自陳唯有悼念朱沉冬的〈神卻賜你死亡〉一詩，是少數難以自持的傷逝之作。
[19]此文收錄在《聯合文學》第 221 期（2003 年 3 月），頁 70～76。

著，心境並不頹廢，卻得來與繁華有著距離的寧靜。稍長我住讀教會學校，初識基督教的人道精神，又由於遍讀 1930 年代的和舊俄時代的文學作品，以及在北大紅樓受到的激發，我「氣質」中的另一組基因又相應而出，那是熾熱的一團意氣可以為獻身而燃燒，因之我參與學運相當地投入，當置身風潮之中，心境是惴惴地顧及著大眾……蓄勢而焦灼，這就是前段所指的熱能了，若與疏離的「寧靜」相比，則不啻是將火比水，兩者就這麼地並藏在我少年的性向中。

詩人自言性向中兩組基因，一是「寧靜」，另一是「熱能」。寫情愛、山水、死亡、孤寂，較為讀者所熟悉的作品，往往以一種「距離」的美感觀照來呈現，但寫國族、歷史、時代等關乎眾人的議題，我們便可以發現詩人「熱能」的燃燒，甚而「獻身」也無所畏懼。而此一層面的性格若非詩人自行揭示，我們如何想像曾被論者誤封為「婉約派」的鄭愁予，在少年時代便曾熱衷於「學運」？並且將此無處傾訴的熱能化為寫詩的動力呢？想來讀者對不食人間煙火的詩人形象，有時容易產生極大的誤解。

早年的作品〈衣缽〉，可謂此類性格的代表作，近期有〈猜想黎明的顏色〉[20]小輯抒發六四事件的悲痛，鄭愁予提示此輯的創作靈感，節錄如下[21]：

1990 年走訪華沙大學，甫進校門即為校苑絃歌中的哀音驚住，波蘭學子正聚集在一個廳樓前進行追悼紀念會，才提醒我今天是六月四日。一週年了，舉世的熱血青年為遠在東方一個國度的流血悲劇而哀戚，他們演講、朗誦詩和舉行照片展覽。爭取民權自由，這賦義最高的人類文明，使國際一詞已成為共同命運的象徵。次日預定要趕赴布拉格，是受邀參

---

[20]〈猜想黎明的顏色〉系列小輯見於鄭愁予《寂寞的人坐著看花》（臺北：洪範書店，1993 年 2 月）。

[21]節錄文字乃引用〈猜想黎明的顏色〉一文，收錄在《聯合文學》第 212 期（2002 年 6 月），頁 12 ～17。

訪「捷克斯拉瓦克」掙脫強權控制後的首度總統大選，心中戚戚然地仍
念著六四，不禁又神往一個糾連歷史的幻境，便知道這是詩的感應到
了。

莊嚴與悲壯的美對我有擊痛肺腑的感應，「莊壯之美」絕少容許輕佻、俏
弄的介入，在人類狀況中是情之最摯、感之最切，其境界必須以宏觀景
象直接呈出……則一個詩人悲不自勝的情懷也就迴盪其中了。

　　因而我們從〈猜想黎明的顏色〉系列作品中，觀察詩人以景寓情的表
現方式，在六四事件過後，鄭愁予在造訪東歐的旅次中，為外邦紀念會所
觸動的情感，儘管不是寫實的在天安門廣場之中，但詩意的聯結卻可以借
實景代為虛境，寄託詩人的發想，在〈VACLAVSKE 廣場之永恆〉[22]的末
段道出：

直至……
風停了　布拉格的市民呼應地歡唱
春天的熱源　不是來自天外
是每一粒種籽從心中釋出久藏的溫暖
此際　那個外邦人
默立著　衫袖下垂　如一支失神的蠟燭
而火　向內燒去……
卻灼痛的想起　　清冷的黃花崗
森羅悽屬的天安門
想著連上墳也要偷著飲泣的北京市民
亦如蠟燭向內燒去……

[22]同註 21，頁 68～71。

　　五臟啊　將永生消化這火燙的淚水？

　　歷史的迴盪痛切地深入詩人的感應，雖未能參與當時的行動，卻從更廣泛的基礎，反思時代「廣場」的永恆意義。

　　在「冷」與「熱」的情性激盪之下，文字近乎淬煉的質地，詩人高度完熟的作品品質，是否來自於這兩組潛藏的性格基因呢？這議題已牽涉到鄭愁予抒情主體的本質傾向，究竟為何？從詩語言使用的物件、方式、直到性格的呈露，我們或許可以探究出一些外在的面向，從技巧到精神層次的討論，應有助於對詩人詩作的深入理解。

## 五、與中國抒情傳統的呼應

　　陳世驤〈中國抒情傳統〉[23]一文中，曾提及許多龐大的概念，例如：「中國抒情道統」、「文學道統」、「中國心理剖析或中國精神意識」、或「中國抒情傳統」等語，這些詞語背後所涵蘊的訊息，並不單只文學史表面出現的作家及作品，還直指這些作品的精神共向，極為繁雜不易梳理。陳世驤舉出《詩經》、《楚辭》兩大經典定下基調，再一路沿文學發展談樂府、賦，及一路下來的戲劇、小說。他直指抒情詩的兩大要素是：「以字的音樂做組織」和「內心自白做意旨」（頁 32），分別道出音樂形式、自白內容的兩個面向，企圖將龐大的抒情詩傳統做一歸納。至於古代在批評和美學的關注上，則注意「詩的音質」、「情感的流露」、以及「私下或公眾場合的自我傾吐」，他以孔子論詩的話語為例，並表達「情的流露便是詩的『品質說明』」（頁 35～36）。

　　「中國抒情傳統」的實質內涵包容廣泛，在當代詩歌使用同一套語言體系的連結之下，即使幾乎已全然捨去舊有文言文的創作方式，而代之以白話文做為主要工具，然而暗藏於精神主體內的影響卻不易消除盡淨，東

---

[23]此文收錄在陳世驤所著《陳世驤文存》書內（臺北：志文出版社，1972 年 7 月初版），頁 31～37。

西方文化的衝擊與交流幾乎占領上個世紀的創作活動，詩歌的變革最爲劇烈，卻也引動最根本性的裂解與糾結。詩騷以降的詩歌抒情傳統，是否還存在於當代詩歌的形式或主體之內呢？

楊牧曾直指「鄭愁予是中國的中國詩人」[24]，從聲調、意象及語法的變化申述詩人的作品特質，並點明能在「意象的旋轉分裂，點破一個刹那智慧的主題」，是「中國古典抒情的必然餘緒」，從意象的處理方式，指出詩作本身興發的效能，往往具有智慧的了悟，使讀者同時切近詩人主體的內在活動之中。

本文則舉詩語言慣常出現的「物件」及「技法」爲例，詩人橫跨諸多物象題材，其中不乏中國文學傳統中，我們所熟悉的女性美感形象、庶民關懷、文人交遊、山川遊記等題材。而表現的技法，以形象譬喻、戲劇張力、虛實交感、語言緩衝、及文白鬆緊的調度，在白話文新興的體式中，進行各種詩語言的鍛造：有傳統的譬喻之法，也有史詩敍事的鋪張；虛實的語境變化最顯出中文的延展和想像的優越性能；語言的緩衝則流露出內在溫厚的情性，文言白話的交錯則最能看出詩語言的承繼與創新。

若再回到鄭愁予的詩人主體討論，他一方面冷（虛靜）、另一方面熱（歸仁），雖然未必只單純是儒、道的氣質使然，應有更駁雜而豐富的來源（如詩人所自述）。但在中國抒情傳統的大背景之下，也很難不從此去加以聯想。當詩人同時創造「虛靜」的遊移空間，也在作品中承擔家國而有「天下歸仁」的悲憫情操，由文字的外部與內部體現抒情傳統之於當代的發明，在當代詩歌的表現上，其實應未止於此，但本文未遑論及，且待來者。

## 六、結論

當代其他詩人在作品中的主體傾向，洛夫的暴烈、夢蝶的悲苦、瘂弦

---

[24]同註 11。

的人道關懷、商禽變化現實的想像力、楊牧的博學與浪漫、黃荷生的抽象思維，管管的小調民風……，各有其特性。「愁予風」無疑具有直接承繼中國抒情傳統的精神與表現，有集儒、道、佛、俠者流，融爲新體的企圖，再以形象具體的譬喻、戲劇性的催化效果、虛實變易、語言張力的緩衝、及文言白話的伸縮配置，甚而兼容西方文學與當代抽象美學之節制與知性，以現代的新貌融鑄詩體。

從愁予詩中，較少見流行挪用的文學主張：例如超現實主義、鄉土文學、或所謂後現代，愁予一逕是古典雍容、舒緩自然的抒情之美，時有對時代的承擔而激起的熱望，亟欲奮不顧身，而這一部分卻又顯得理所當然而不用刻意去張揚標榜的。

本文最後從中國抒情傳統的線索，檢視鄭愁予作品隱現的情性與之呼應的接點，梳理此一脈絡在當代的詩歌轉化。若回顧鄭愁予所慣常使用的物件題材、及其較爲顯著的技法處理，加之詩人主體的探究，或者更可以在此宏大的背景之下，看見抒情的脈流。

翁文嫻教授曾評論[25]：

> 在詩的表達中，愁予將他特殊的生命氣質，吐納在語句上，遂有了如上面分析過的：現實與非現實的律動、和緩與張力之交替、冷與熱調子的拿捏。愁予詩節奏遂常呈現不疾不徐、溫溫潤潤，……。

> 「中國式情意」，是一項更隱微又牽連廣大的議題，非常不易說清楚，可能要加上許多別的詩人的比對，加上古詩的傳統，專文疏解。本文只能呈現若干現象，例如上文提到〈青空〉各意象間，所用連接語詞的「虛」之品質，不確定性令每一項意象畫面自轉，亦與相鄰的左右有互動能力，令這些畫面的真實與非真實保持均衡，讀者情緒永遠不會被扯

---

[25] 同註 10，頁 90～93。

得太激烈太極端。甚至愁予的每一個意象，讀者都似曾相識，文化長空中的物，生活中的可觀感物，如此，讀者很容易進入，或許很容易回到自己周圍碰觸到的物，只是，鄭愁予可以上天下地將它們編連一起，轉動。

〈青空〉已爲翁教授詳盡分析，更在鄭愁予自行注疏的〈色（二）青，是距離的色彩〉[26]一文中，成爲「抒情境界的基型之一」，甚而可研究「青的美學系統」、「青的抒情脈絡」、「青的現代性」……等等，這些都可從整個抒情傳統的系譜之下，再更進一步探索的試題。

如果僅一「青」字，即顯現出某種文化力量，則愁予更多的詩作展現，是否更是強烈的明證？在我們日日與文字爲伍的生活裡，抒情傳統背後藉由詩歌或其他文類，應還有更完整、更繁複的抒情主體或模式，在引導我們的感性世界。我們日日呼息其中卻不甚明瞭這隱祕的來源，時下流行氾濫的 KTV 消遣活動，據說在西方國家並不普遍，會否也牽涉到整個東方習於抒情的情感宣洩方式呢？這已是另一個牽扯出去的問題。

期望在本文的討論之後，能從更多當代作品中間，發現或尋索文學背後精神的傳遞，並察知所由來者、所應去者，更爲積極而深刻的加以認識。當代詩歌變體的文化指責，或者也不必要再擔負所有破壞的罪名，而能重新客觀的加以認知。現代詩的經典與古代，透過鄭愁予這樣的詩人範式，應正在銜接的道路上。

## 參考書目

・王國維，《人間詞話新注》（臺北：里仁書局，1987 年）。

・呂正惠，《抒情傳統與政治現實》（臺北：大安出版社，1989 年）。

・柯慶明，《中國文學的美感》（臺北：麥田出版公司，2000 年）。

---

[26]此文可見於《聯合文學》第 216 期（2002 年 10 月），頁 24～27。

· 徐復觀，《中國藝術的精神》（臺北：學生書局，1988 年）。

· 張梅芳，《鄭愁予詩的想像世界》（臺北：萬卷樓出版公司，2001 年）。

· 張淑香，《抒情傳統的省思與探索》（臺北：大安出版社，1992 年）。

· 陳世驤，《陳世驤文存》（臺北：志文出版社，1972 年）。

· 彰化師範大學，《臺灣前行代詩家論──第六屆現代詩學研討會論文集》（臺北：萬卷樓出版公司，2003 年）。

· 蔡英俊，《比興物色與情景交融》（臺北：大安出版社，1990 年）。

· 鄭愁予，《寂寞的人坐著看花》（臺北：洪範書店，1993 年）。

· 鄭愁予，《鄭愁予詩選集》（臺北：志文出版社，1999 年）。

· 鄭愁予，《鄭愁予詩集 I：一九五一～一九六八》（臺北：洪範書店，2003 年）。

· 鄭愁予，《鄭愁予詩集 II：一九六九～一九八六》（臺北：洪範書店，2004 年）。

· 黃錦樹，〈抒情傳統與現代性：傳統之發明，或創造性的轉化〉，《中外文學》第 398 期，頁 157～185。

· 鄭愁予，〈引言──九九九九九〉，《聯合文學》第 211 期，頁 12～14。

· 鄭愁予，〈色（二）青，是距離的色彩〉，《聯合文學》第 216 期，頁 24～27。

· 鄭愁予，〈祇園初燈──京都系列，一組靜的詩〉，《聯合文學》第 213 期，頁 27～31。

· 鄭愁予，〈猜想黎明的顏色〉，《聯合文學》第 212 期，頁 12～17。

· 鄭愁予，〈悼亡與傷逝（一）〉，《聯合文學》第 224 期，頁 72～76。

──選自《當代詩學年刊》，第 2 期，2006 年 9 月

# 江晚正愁予
## 鄭愁予與詞

◎黃維樑*
◎曾焯文譯**

　　詩人鄭愁予（1933～）[1]多年來甚受歡迎，他以秀麗動人的抒情詩見稱，其中表表者有〈錯誤〉：

　　我打江南走過

　　那等在季節裡的容顏如蓮花的開落

　　東風不來，三月的柳絮不飛

　　你底心如小小的寂寞的城

　　恰若青石的街道向晚

　　跫音不響，三月的春帷不揭

　　你底心是小小的窗扉緊掩

　　我達達的馬蹄是美麗的錯誤

　　我不是歸人，是個過客

---

*發表文章時爲香港中文大學中文系講師，現爲澳門大學中文系訪問教授。

**翻譯學者。

[1]鄭愁予，真名鄭文韜，1933 年出生於湖北。中興大學畢業之後，在基隆港工作，並在那裡寫下他著名的海洋詩。1968 年，參加愛荷華大學的國際寫作訓練計畫，目下在耶魯大學教授中文。詩作收進《鄭愁予詩選集》（臺北：志文出版社，1974 年），由楊牧（王靖獻的筆名）寫導言。導言長逾三十頁，充滿對鄭詩獨到的見解。自以詩選集出版以來，鄭氏只再發表過幾首詩。本文將近完成的時候，一部新的鄭詩版本剛剛面世。此書，書名爲《鄭愁予詩集》（臺北：洪範書店，1979 年），號稱「詩人親自編定的權威版本」，共收 1951～1968 年間所作的 153 首。

　　〈錯誤〉這首詩，如果放在一本英譯宋詞選集裡，對中國新詩認識不深的讀者，一定會以爲它就是一首詞，無法與集中其他作品區分。事實上，在意象以及感情方面，〈錯誤〉都酷似詞中婉約派——相對豪放派而言。

　　婉約派的詞是怎樣的呢？繆鉞認爲詞的其中一項特徵爲其「文小」。據繆氏所云，念詞時通常遇見的詞藻有「和風」、「斷雲」、「疏星」、「遠峰」、「煙渚」、「流鶯」、「殘紅」、「飛絮」等等，均精美細巧者[2]。爲證明這一點，繆氏舉了秦觀的〈浣溪沙〉爲例：

　　漠漠輕寒上小樓，曉陰無賴似窮秋。淡煙流水畫屏幽。　自在飛花輕似夢，無邊絲雨細如愁，寶簾閒掛小銀鉤。

　　這首婉約派的詞令人想起鄭愁予的〈錯誤〉。〈錯誤〉充滿了細巧之辭如「蓮花」、「飛絮」、「小小的寂寞的城」、「青石的街道」、「春帷」以及「小小的窗扉」。

　　繆氏又認爲詞體質「輕」，其徑「狹」，其境「隱」。「輕」字的用法有物理上也有心理上的意義[3]。物理上，因爲「小」所以「輕」。詞的作用不在於引起讀者敬畏或強烈的情緒，因此在心理上爲「輕」。由於在古典抒情詩歌以及鄭詩中都可以輕易找到許多例子來支持質「輕」之說，這一點也就不需多言。

　　繆氏說詞境「隱約迷離」，對此，筆者決定擱置不談，原因有二。其一，透徹之討論需要極多篇幅。其二，筆者對繆氏此說有所保留。在這裡，筆者只能說中國文學有很多隱晦的詩和詞，但很難說何者更爲隱晦。

　　關於詞之「徑狹」，繆氏指出，「詞只能言情寫景，而說理敘事絕非所

---

[2]繆鉞，《詩詞散論》（臺北：開明書局，1953 年），頁 5。繆氏以總體上說詞體，然而，筆者認爲繆氏見解最合闡明詞中婉約派，但卻不是所有的詞。
[3]同前註，頁 6～10。

宜」[4]在這裡，繆鉞其實在規限詞的本質。無疑，許多有名的詞作都是描寫情景而非說理敘事；然而說詞絕不能議論敘事，則有欠公允。繆氏認為「詞為中國文學體裁中之最精美者，幽約怨悱之思，非此不能達。」[5]對於此語，筆者同樣有保留，尤其是下半截，因為要表達幽約怨悱之思，不一定要填詞。然而，儘管整句話有修正的必要，繆氏畢竟指出了詞的一項重要特點：愁思。事實上，若謂愁思乃詞這種文體的主導情緒，一點也不誇張。下文將討論到愁思的主題如何支配詞與鄭愁予的新詩，並將檢視與此主題有關的種種意象。

在詩以及其他中國文體中，肯定也可以找到愁思，但愁思在詞中獨領風騷，而這種愁思通常皆為柔婉而悠長。憂時憂國，朝代興亡，以及其他類似情況，通常引致較為激烈的哀傷情緒，悲壯有如屈原、杜甫的詩歌，以至辛棄疾及其他愛國詞人的作品。然而，在婉約派的詞裡不會碰見此類愁緒；通常我們會發現直接或間接由愛情引起的幽怨——或為對戀愛的渴求，或為相思，或為愛侶分離。譬如，溫庭筠的〈菩薩蠻〉就描寫一婦人對戀愛的渴求：

> 小山重疊金明滅，雲鬢欲度香腮雪，嬾起畫娥眉，弄妝梳洗遲。　照花前后鏡，花面交相映。新貼繡羅襦，雙雙金鷓鴣。

詞中的婦人早上遲起，嬌慵寂寥。詞人把焦點放在一對金鷓鴣上，以暗示這個女子寂寞難奈，渴求愛侶。在李清照的〈一剪梅〉中，讀者也可以發現同樣的情懷：

> 紅藕香殘玉簟秋，輕解羅裳，獨上蘭舟。雲中誰寄錦書來，雁字回時，月滿西樓。　花自飄零水自流，一種相思，兩處閒愁。此情無計可消

---

[4] 繆鉞，《詩詞散論》，頁8。
[5] 同前註。

除，才下眉頭，卻上心頭。

詞人是在丈夫離家遠行後填下這首詞，於是有兩地相思之苦。溫庭筠的〈憶江南〉所處理的也是類似情況，在詞中，「說話者」是久待情郎不至的婦人：

梳洗罷，獨倚望江樓，過盡千帆皆不是，斜暉脈脈水悠悠，腸斷白蘋洲。

詞中婦人，由早上梳洗罷，一直到黃昏，已經等了一整天的工夫。婦人所倚傍的欄杆當生溫矣！正如但丁・羅色蒂（Dante Rosetti）〈天之驕女〉（"The Blessed Damozel"）中的金檻一樣：

天之驕女斜伸出
天宮金檻；
……
但仍俯首彎腰
自環形魅力
以迄金檻久倚
終為玉脯所暖

唯是久待不果，此婦必愈趨心灰意冷。除了上述久待不果的相同主題，鄭愁予的〈錯誤〉亦在情節上與溫庭筠的〈憶江南〉類似，只是溫詞的婦人僥幸不用經歷〈錯誤〉中怨婦的另一重悲哀。在〈錯誤〉中，當馬背上的男子宣稱，「我不是歸人，是個過客」時，女人歡迎男人回家的一腔熱望馬上戲劇性地化為泡影。然而，雖然在其他方面有所差異，以上的幾首詞，溫庭筠的占其二，李清照占其一，以及鄭愁予的〈錯誤〉都屬於閨怨類，

而閨怨詩詞在中國文學中爲數不少。

第三種愁緒來自愛侶分離，著名的例子有柳永的〈雨霖鈴〉：

> 寒蟬淒切，對長亭晚，驟雨初歇；都門帳飲無緒，方留戀處，蘭舟催
> 發；執手相看淚眼，竟無語凝噎。念去去千里煙波，暮靄沉沉楚天闊。
> 多情自古傷離別，更那堪冷落清秋節；今宵酒醒何處，楊柳岸，曉風殘
> 月；此去經年，應是良辰好景虛設，便縱有千種風情，更與何人說？

除了上述三種與愛情有關的愁緒，另有一種愁緒，不易界定。先前所引秦觀的〈浣溪沙〉，正屬此類。在這類詞裡，不快的情緒乃由無聊、懷舊、自憐或自怨引起，例子多不勝數[6]。

由是觀之，愁緒是婉約詞之基型（archetypal）情緒。鄭愁予與許多傳統詞人表達出一樣的愁緒。〈錯誤〉中的婦人久待情郎不至；寂寞的心不啻「小小的窗扉緊掩」。在情緒方面，這首詩與溫庭筠及其他詞人的閨怨詞甚爲接近。然而在藝術造詣方面，詩中的妙句：

> 我達達的馬蹄是美麗的錯誤
> 我不是歸人，是個過客

戲劇性極強，十分精鍊，鋒芒蓋過了許多同類的詩詞。

鄭氏不少詩中的女主角都是典型的怨婦，無止境地等待著。有時，怨婦的寂寥是由一個驕傲自私的漢子造成的，例如〈情婦〉一首：

> 在一青石的小城，住著我的情婦
> 而我什麼也不留給她

---

[6]參照 James J. Y. Liu,"Some Literary Qualities of the Lyric（Tz'u）",in Cyril Birch ed., *Studies in Chinese Literary Genres*（Berkeley: University of California Press, 1974），pp.137-143.

祇有一畦金線菊，和一個高高細窗口
或許，透一點長空的寂寥進來
或許……而金線菊是善於等待的
我想，寂寥與等待，對婦人是好的
所以，我去，總穿一襲藍衫子
我要她感覺，那是季節，或
候鳥的來臨
因我不是常常回家的那種人

以下又是那傲慢自大的漢子在大言不慚：

小小的姊妹港，寄泊的人都沉醉
那時，你興一個小小的潮
是少女熱淚的盈滿
偎著所有的舵，攀著所有泊者的夢緣
那時，或將我感動，便禁不住把長錨徐徐下碇

這種大男人主義在〈窗外的女奴〉中表露至為明顯，詩中的漢子透過隱喻，視自家的那群女人為奴為婢：

我是南面的神，　裸著臂用紗樣的黑夜纏繞，　於是垂在腕上的星星是我的女奴。

這些詩所表現的大男人心態，可能令部分現代讀者不滿，但這是鄭愁予的風格。

鄭氏的詩，也有像傳統「婉約」詞那些關於情侶分離的。以下詩句引自鄭氏所作之〈賦別〉：

這次我離開你，是風，是雨，是夜晚；

你笑了一笑，我擺一擺手，

一條寂寞的路便展向兩頭了。

念此際你已回到濱河的家居。

想你在梳理長髮或是整理濕了的外衣，

而我風雨的歸程還正長，

山退得很遠，平蕪拓得更大，

哎，這世界，怕黑暗真的成形了……

此詩的背景──「是風，是雨，是夜晚」──與柳永〈雨霖鈴〉的一模一樣。

鄭愁予是鄭文韜的筆名。愁予二字至少在兩首中國舊詩詞中出現過。其一為〈楚辭〉中之〈湘夫人〉，另一首為〈菩薩蠻：書江西造口壁〉，作者辛棄疾茲引兩首詩詞中有關部分分別如下：

> 「帝子降兮北渚，目眇眇兮愁予，嫋嫋兮秋風，洞庭波兮木葉下。」「江晚正愁予，山深聞鷓鴣。」

「江晚正愁予」這句對我們正在進行的討論特別重要。原因有二。第一，詩人的姓「鄭」與「正愁予」的「正」同音；很可能鄭愁予的筆名就是出自此句。第二，「晚」這個字與一大串意義相似的字不單在詞作中普遍地重複出現，在鄭愁予的詩中也特別多見。「晚」做為一個重複意象是了解詞的獨特氣氛與情緒的關鍵；也是了解鄭愁予作品與詞的抒情性質相似之處的關鍵。

本文已徵引過的詞作共有六首，全都是從詞集中隨機抽出：

1.秦觀的〈浣溪沙〉

2.溫庭筠的〈菩薩蠻〉

3.李清照的〈憶秦娥〉

4.溫庭筠的〈憶江南〉

5.柳永的〈雨霖鈴〉

6.辛棄疾的〈菩薩蠻〉

這六首詞當中有四首（第三至第六）——即三分之二之多——都是刻劃黃昏或夜晚所發生的事。事實上，凡時間可確定者，大部分的詞作都是描繪黃昏或夜裡所發生的事物。黃昏或夜晚乃詞的基型時間。

弗萊（Northrop Frye），基型批評之父，正確地指出悲劇的主題模式乃衰落與死亡；悲劇好比一日之黃昏，又好比一年的秋季。（相對來說，據弗萊云，喜劇好比晨早或春天，而浪漫故事則如中午或夏天。）弗氏之基型批評是一個龐大的架構，在這架構中，批評家建立起一個層次分明的文學世界[7]。雖然弗萊很少徵引中國文學的例子來建立其理論架構，然而這並不表示中國文學不能適合其架構。在中國文學中，黃昏的愁緒有悠久的傳統；秋愁亦如是。一日之將盡，太陽下山，然後在西邊消失。一年之將盡，秋天來臨的時候，各種植物枯萎，鳥獸藏身。在傳統中國，罪犯常常在秋天處決。很自然，黃昏與秋天乃愁緒的「客觀投射」。愁緒，秋天、黃昏的混合就是「情景交融」——中國詩學中其中一個最重要的原則[8]。以愁緒代替悲劇性，我們會發覺弗萊的基型理論，對了解詞的情緒與意象之間的關係，很有幫助。黃昏、秋季、以及所有哀愁的因素往往會在同一首詩歌中出現。譬如，四首「黃昏」詞中有兩首（第三及第五首）的季節都可確認為秋天。

雖然文學中有基型，文學創作卻絕不僅僅盲目遵循死板生硬的公式。

---

[7]見 Northrop Frye, *Anatomy of Criticism*（Princeton, New Jersey: Princeton University Press, 1957）中的第三篇文章。

[8]意象群與情感之間的關係討論，可參見《中國詩學史上的言外之意說》，收在拙作《中國詩學縱橫論》（臺北：洪範書店，1977 年）。

春天，不一定是秋天，也可令人產生愁緒；但效果永遠由反諷對比或強調季節的遲暮造成。以下是秦觀〈踏沙行〉的前半截：

> 霧失樓臺，月迷津渡，桃源望斷無尋處；可堪孤館閉春寒；杜鵑聲裡斜陽暮。

季節是春季，但是寒春，天氣與基型春天的風和日麗恰恰相反。此外，暮春惹愁，例如晏殊著名的〈浣溪沙〉：

> 一曲新詞酒一杯，去年天氣舊亭臺，夕陽西下幾時回。　無可奈何花落去，似曾相識燕歸來，小園香徑獨徘徊。

早晨，不一定要黃昏，亦可惹起愁緒；但是，同樣地，效果永遠都是反諷對比或強調早晨之將盡造成。在上引的秦觀之〈浣溪沙〉中，早晨不是風和日麗的基型早晨；而是一個多雲料峭的早晨：「似窮秋」。在上引的溫庭筠之〈菩薩蠻〉中，動作開始的時候，不是破曉清晨，而是日上三竿（「弄妝梳洗遲」）。借用弗萊的移置理論（displacement）[9]，我們可以說，在這些詞裡，由於春寒料峭，曉陰無賴，由於春天及晨早都在將盡的階段，氣氛其實等同秋季與黃昏。

回到鄭愁予的詩。〈錯誤〉的時間是「向晚」。雖然此詩的季節為春天，但由於「東風不來」，「三月的柳絮不飛……三月的春帷不揭」，氣氛可不是春天的。又〈賦別〉的時間，如第一句顯示，明顯是黃昏，而黃昏是鄭愁予詩作最喜用的時分。

鄭詩中的發言人通常是個流浪詩人，離開了自家的女人，單身遠遊，飲酒賦詩。如在〈殘堡〉中，說話者曾見過一個殘堡，城堡周遭是——

---

[9]弗萊「移置」之意為「修改神話與隱喻以適合道德或可能性的準則」；見 Frye, p.365.

　　怔忡而空曠的箭眼

　　掛過號角的鐵釘

　　被黃昏和望鄉的靴子磨平的

　　戍樓的石垛啊

詩中主角歎息殘堡的衰敗，追思城堡往昔的英雄戰士，然後——

　　趁月色，我傳下悲戚的「將軍令」

　　自琴絃……

這兒的時分又是鄭愁予喜用的黃昏，另一回，又是在黃昏，詩人在一間夜店中與一群孤寒的旅客混在一起，那裡是一個營火照亮的「家」，有酒肉供應，過客相互訴說自家的浪蕩事蹟。這就是鄭氏的〈野店〉，首二行如下：

　　是誰傳下這詩人的行業

　　黃昏裡掛起一盞燈

　　黃昏時，天空顏色迅速變化，時間的消逝十分明顯。時光流逝，淘盡了英雄美人，甚至歷史人生。鄭愁予許多詩作有各種惹愁的原因。然而喜沉思的詩人鄭愁予，有時僅僅為黃昏一個彩色繽紛景緻的流逝而著迷。在〈晚虹之逝〉中，短暫的晚虹原處西天，

　　但黃昏說是冷了

　　用灰色的大翻襟蓋上那條美麗的紅領帶

另一首黃昏詩是〈晚雲〉：

七月來了，七月的晚雲如山，

仰視那藍河多峽而柔緩。

突然，秋垂落其飄帶，解其錦囊，

搖擺在整個大平原的小手都握滿了黃金

又像是冬天

匆忙的鵪鶉走三十里積雪的夜路，

趕年關最後的集……

　　像前面那一首，這首詩純然是黃昏景象的描寫。由是可見鄭愁予像傳統詞人一般對黃昏特別喜好；這位現代詩人和古代的「同志」皆使用「細巧」的詞彙而二者作品通常俱質「輕」。鄭氏醉心黃昏和「文小」是否繼承詞的傳統？抑或純屬巧合？很難說。但單就傳統來說，鄭愁予很可能從一些最著名的詞作裡借來了不少詞語和意念。例如，除了上述的筆名之外，〈晚雲〉中的「秋垂落其飄帶，解其錦囊」就和秦觀〈滿庭芳〉之「香囊暗解，羅帶輕分」有類似意象。

　　秋天也在鄭詩中出現，例如〈當西風走過〉，〈草履蟲〉，但沒有黃昏那般頻密。當詩人寫秋夜時，詩中愁緒就更濃了。可是，如上所示，哀愁只是主導鄭詩的一部分。鄭不是蘇軾或辛棄疾那樣的豪放派詩人；但他亦非秦觀第二，整天只知吟詠著幽幽的「婉約」詩詞。鄭詩無疑「婉約」，但只是偶爾懷愁。很少當代中國詩人像鄭愁予那般接近傳統詞人，宋詞可謂後繼有人矣。然而一個完全仿效前人的詩人將失去自己的個性風格。鄭並非這樣的一個詩人。鄭愁予的修辭句式，以及觸覺技巧，自成一格。鄭從傳統中借取詞語概念。但在自己創作中卻獨闢蹊徑，特別是創造比喻。

　　自從文學革命以來，中國新詩的語言基本上是白話，而非文言。白話文使用現代句式、現代詞彙，真的為文言注入了新的生命活力。可是，在平庸作家手裡，白話文，對明眼人來說，時常顯得粗糙累贅，有時甚至令

人側目。

　　我們發覺鄭愁予的語言並無上述毛病。如鄭氏之〈小小的島〉是首可愛的小詩，令人憶起葉慈的〈茵士菲湖島〉，其中用字、修辭、造句無疑是現代的，然用字清麗簡潔，例如首節：

> 你住的小小的島我正思念
> 那兒屬於熱帶，屬於青青的國度
> 淺沙上，老是棲息著五色的魚群
> 小島跳響在枝上，如琴鍵的起落

另一例證為鄭氏著名的一句半，用字同樣精警美妙，上面也曾徵引過：

> 趁月色，我傳下悲戚的「將軍令」
> 自琴絃……

以下兩行警句引自〈邊界酒店〉，又是現代白話與凝鍊詩詞的結晶：

> 多想跨出去，一步即成鄉愁
> 那美麗的鄉愁，伸手可觸及

這些詩句落在平庸之手，恐怕就要變成：

> 他多麼地想要跨出他的腿啊，他的一個步伐
> 就可以使他感染到鄉愁了
> 那個美麗的鄉愁呀，他的一隻手伸出去
> 就可以觸摸到它了

　　鄭愁予工於創造比喻，而這種能力人皆公認爲詩才的標記。鄭將晚虹比作「美麗的紅領帶」，將彩虹的消逝比作領帶的給「灰色的大翻襟」掩蓋（〈晚虹的消逝〉）。〈夜歌〉的第一節亦是基於一個比喻：

> 這時，我們的港是靜了
> 高架起重機的長鼻指著天
> 恰似匹匹採食的巨象
> 而滿天欲墜的星斗如果實

大象採果的意象相當可愛；滿懷反工業文明的現代詩人（如羅拔・洛厄爾 Robert Lowell）很難從這種角度看待「醜陋」的起重機的操作。然而，鄭愁予在基隆港工作的時候曾收集了不少美麗的意象，他步著傳統詞人的後塵，傾向將眼前事物浪漫化，於是選擇以友善的眼光來看工業文明。

　　鄭愁予在海港所寫的所有詩當中，〈如霧起時〉可能是最美妙的：

> 我從海上來，帶回航海的二十二顆星
> 你問我航海的事兒，我仰天笑了……
> 如霧起時
> 敲叮叮的耳環在濃密的髮叢找航路；
> 用最細最細的噓息，吹開睫毛引燈塔的光
>
> 赤道是一痕潤紅的線，你笑時不見。
> 子午線是一串暗藍的珍珠，
> 當你思念時即爲時間的分隔而滴落。
> 我從海上來，你有海上的珍奇太多……
> 迎人的編貝，嗔人的晚雲，
> 和使我不敢輕易近航的珊瑚的礁區。

　　在此詩中，讀者仍可找到類似傳統的細巧字眼如「星」、「耳環」、「最細」、「一痕」、「珍珠」與「編貝」。可是整體來說，此詩絕不相似婉約詞。好像「燈塔」、「赤道」、「子午線」以及「珊瑚」的「礁區」等名詞，一千年前的古人簡直聞所未聞，只有現代人才會得使用。又海員的生活，照筆者所知，從未做爲主題在宋詞中出現過。因此，這首詩不但富有現代氣息，而且更成功地吸收了傳統詞的小令技巧。詩開始時，一名海員從海上歸來，與情人相會。情人問他航海的事，他笑了。兩人情濃意蜜，耳鬢廝磨。海員邊笑邊答，說如何在霧中敲出叮叮的聲音找航路，覓燈塔的光；赤道和子午線是什麼樣子；貝殼、晚雲、珊瑚礁區又如何如何。原來海員所敘述的事物都是比喻，霧就是情人的濃髮，叮叮是耳環的聲音，燈塔的光是她明亮的眼睛，赤道是紅色雙唇中間那條線，暗藍的子午線是眼淚，編貝是皓齒，晚雲是紅豔的容顏，珊瑚的礁區（海員所不敢輕易接近者）是情人的嬌軀。海員出海時，所見所聞，所作所爲，無不跟情人掛上了鉤。在這樣短的一首詩裡，顏色（黑、白、紅、藍）、線條（縱、橫）以及聲音情感（哀愁、愉快）互相交織。此詩語言精鍊優美，意象惹人遐想，肯定可以名列最美的中文情詩中。事實上，此詩可視爲比喻運用的一大成就。

　　在文首所引的〈錯誤〉裡，比喻也擔當重要的角色。「那等在季節裡的容顏如蓮花的開落」、「你底心如小小的寂寞的城／恰若青石的街道向晚」以及「你底心是小小的窗扉緊掩」都是比喻。然而鄭愁予在〈錯誤〉中的成就不僅是詩的比喻語言。此詩的結構與詩末的佯謬（Paradox）也不可多得。此詩開始時以廣大的江南爲背景，跟著焦點移至小城，然後至街道、至帷幕、至窗扉，至不可見卻舉足輕重的中心人物——那等在季節裡的寂寞婦人——然後鏡頭移至婦人與漢子的戲劇性相遇。當「美麗」的希望粉碎時，故事的高潮來得短暫而有力：婦人的希望雖然「美麗」卻是個「錯誤」，因爲那漢子並不打算回家。此詩沒有告訴我們那無情的漢子如何離開他的女人繼續上路，但從「過客」這個字眼我們可以想像到他走的時候，

鏡頭拉遠，窗扉、街道、小城、……最後回到江南廣袤的空間，由是故事的終點也就是故事的起點。首行的「過」字與詩末的「過客」互相呼應，完成了詩的循環結構，而「小小的寂寞的城」、「青石的街道」以及「小小的窗扉緊掩」，尺寸由而大小，占據了這結構的戰略性位置。那些物體，無論大小，無論「小小」，「緊掩」或「青綠」（很明顯是種冷的顏色），除了為此詩提供背景之外，同時亦形容婦人的孤獨感和疏離感。這些字眼既具雙重功用，就足以證明鄭愁予匠心獨運，巧奪天工。〈錯誤〉一詩的主題與情感十分傳統，是無數閨怨詩之一，描寫寂寞的婦人無止境地等待男人。詩中婦人與宋詞中的那些婦人無大分別。例如，我們很難將〈錯誤〉中的婦人與溫庭筠〈憶江南〉中的怨婦區分開來。話雖如此，〈錯誤〉用的是現代句式與詞語伴謬（「美麗的錯誤」），無可置疑具有現代之氣息。詞語伴謬雖然是現代西洋詩與中國新詩常用的修辭技巧，在傳統中國詩詞卻較為少見。〈錯誤〉及鄭氏其他詩作，正是在這層意義上，不愧為現代的產品。

## 附註

本文的英文原文，發表於 1980 年出版的 *Renditions*，此刊由香港中文大學的翻譯中心編輯及出版。這一期的 *Renditions* 為「詞專號」，這專號後來也以單行本發行，書名為 *Song Without Music: Chinese Tz'u Poetry*，編者為宋淇。又：1980 年代鄭愁予的詩，多了起來，出過幾本詩集。譯者附誌。

——選自《中外文學》，第 21 卷第 4 期，1992 年 9 月

# 鄭愁予傳奇

◎楊牧[*]

一

　　鄭愁予形象準確，聲籟優美，而且是如此現代的。有經驗的人一定同意，鄭愁予的詩最難英譯，例如：

> 我打江南走過
> 那等在季節裡的容顏如蓮花的開落
> 東風不來，三月的柳絮不飛
> 你底心如小小的寂寞的城
> 恰若青石的街道向晚
> 跫音不響，三月的春帷不揭
> 你底心是小小的窗扉緊掩
>
> 我達達的馬蹄是美麗的錯誤
> 我不是歸人，是個過客……

—— 〈錯誤〉

愁予的節奏非英語節奏所能替代。長句如「那等在季節裡的容顏如蓮花的開落」，講求的是單音節語字結合排比的「頓」的效果，並以音響的延伸暗

---

[*]發表文章時爲柏克萊大學比較文學系博士班學生，現爲華盛頓大學榮譽教授、東華大學特聘榮譽教授。

示意義，季節漫長，等候亦乎漫長，蓮花的開落日復一日，時間在流淌，無聲的，悠遠的。愁予深知形式「決定」內容的奧妙；這種技巧是新詩的專利，古典格律詩無之，除非狂放如李白，或可偶爾爲之：

君不見黃河之水天上來奔流到海不復回

我們一口氣讀完，也頗能體會到黃河之水的源遠流長。可惜新詩人多不甚了了，忽略了他們專利的技巧。50 年來，能在這方面積極嘗試的前輩詩人中以徐志摩爲最特出，〈常州天寧寺聞禮懺聲〉的肅穆圓滿，絕大部分是以段落的拉長變化表現出來的，徐志摩六次復沓「有如在……」的結構，把讀者帶入他創造的六種世界裡，接著高聲呼道：

我聽著了天寧寺的禮懺聲！

平凡的口語道白，化爲動人心弦的詩句。
　　愁予的文字美唯有在原文中看得出來。〈錯誤〉詩中首二行低二格排列，其第一行短促，暗示過客之匆匆，這是愁予詩的特殊情緒，瀟灑的，不羈的心懷，〈情婦〉，〈客來小城〉，〈賦別〉，〈窗外的女奴〉，和對照的〈晨〉及〈下午〉都是這種浪子意識的變奏。新詩運動以來，愁予是最能把握這個題材的詩人。1950 年代末期的辛笛稍稍獨及，如〈絃夢〉，〈夜別〉，和〈流浪人語〉，但辛笛誤在太露痕跡：

流浪二十年我回來了
挺起胸來走在大街上
我高興地與每一個公民分取陽光想和他們握手
可是待我在公園裡靜靜地坐了下來
一整天眼前越看越是陌生

我錯疑若不是新從地球外的世界來

必是已然寫入了歷史

小鎮不是給不生根的人住的

那麼我還不想自殺就只有再去流浪

——〈流浪人語〉

熟悉《手掌集》的人一定會發現愁予和辛笛的血緣關係。1950 年代末期見證詩發展的斷裂，愁予是辛笛的延伸和擴大，超過了辛笛。以〈流浪人語〉為例，辛笛之第三行，也頗得形式技巧的奧義，一種氣極敗壞的感覺凌乎興奮的語調。論楊喚者，已因楊喚之過分貌似綠原而失望。在綠原與楊喚之間，我們不能諱言後者之抄襲前者；但愁予繼承辛笛之將絕，為1950 年以後的詩開創新局面。

　　〈錯誤〉的句法，亦見於其他。詩之忽然展開，以最傳統的意象撥見最現代的敏感：「東風」與「柳絮」之陳腐，因「不來」「不飛」的定型變化而新奇。心如小城也並不驚人，但接著一句無可迴換的「恰若青石的街道向晚」，以飽和的音響收煞，保有詩的漸進和暗示。詩人的觀察往往是平凡的，合乎自然的運行，文法家以形容詞置名詞之前，詩人以時間的遞嬗秩序為基準，見青石街道漸漸「向晚」，揭起一幅寂寞小城的暮景，意象轉變：

你底心是小小的窗扉緊掩

「緊掩」對「向晚」，但並非駢偶的爛調，因為不換主詞，只在形容詞片語中緩緩變奏。瘂弦的〈印度〉亦富於相似的趣味：

到倉房去，睡在麥子上感覺收穫的香味

到恆河去，去呼喚南風餵飽蝴蝶帆

大凡優秀的詩人，莫不善於扭曲詞性以應萬物的自然。所謂比喻的設想，常常是主觀而怪異的。優秀的詩人使讀者不以怪異為可憎，反而在驚駭中獲得喜悅。杜甫「七星在北戶，河漢聲西流」，或「魂來楓葉青，魂返關塞黑」都是。有時我們也可以在小說家的筆觸下看到相似的技巧。川端康成（1899～1972）《雪鄉》之結尾處，島村想到就要回到妻子那邊了，但想到駒子，不禁「觀望著自己的寂寞」：

> 有如諦聽著飄落在自己心裡的雪花，島村聽著駒子碰撞在空虛的牆壁上那種近乎迴聲的餘音……島村倚靠在雪季將臨的火盆上，想著這次回東京以後，短時間內恐怕無法再到這個溫泉鄉來了，忽然聽到客店主人特別拿出來給他用的那隻京城產的老鐵壺裡發出柔和的水沸聲。鐵壺上精巧的鑲嵌著銀飾的花鳥。水沸有雙重聲音，可以分得出遠的和近的。就好像比遠處沸聲還要稍遠的那邊，不停的響著一串小小的鈴鐺。島村把耳朵湊過去聆聽著那串鈴聲。無意中他看到駒子一雙小小的腳，踩著與鈴聲緩急相彷彿的碎步，從遠遠的，鈴聲響著不止的那邊走來……（劉慕沙譯）

這一系列的比喻，彼此並無必然性，「自己心裡的雪花」是無聲的，但島村諦聽著，其實他聽到的是近乎迴聲的另外一種聲音，駒子碰撞在空虛的牆壁上發出的餘音。老鐵壺的水沸聲更遠處是一串鈴鐺，島村仔細去聽，卻「看」到一雙小小的腳配合著鈴聲向他走來。「島村吃了一驚，心想，事到如今，不能不離開這兒了。」在西方，有些學者稱這一類比喻法為「不切題的明喻」（"irrelevant simile"），由來甚古，荷馬之形容標槍戰便是此技巧的原始。希臘人和特洛人擲標槍作戰，荷馬說，標槍在天上飛，如雪花飄舞，接著他的想像讓「雪花」意象所引導，脫軌而出，開始描寫雪花飄落山澗，平原，溪畔，那種純粹無聲的美。讀者的判斷力往往是脆弱的，剎那之間，為詩人的幻想所說服，並不追究標槍作戰的經過，反而在雪花的

描繪裡得到詩的滿足。

在這個情形下，你底心一時「如小小的寂寞的城」，一時又「是小小的窗扉緊掩」。二者之間、小大互喻，其「不切題」明白可見，但經過「向晚」意象過程的讀者並不追究抗議，詩之催眠力多少便是如此了，而愁予是這種技巧的能手。再者，你底心初「如」小小的寂寞的城，又「是」小小的窗扉緊掩，則「如」之明喻轉進爲「是」之隱喻，一方面指出詩中人物的認知過程，於數行之間，跌宕起伏，一方面又在對偶句法裡用功，所以「你底心是小小的窗扉緊掩」正好爲下一段起句的隱喻預備了呼之即出的下聯：

　　我達達的馬蹄是美麗的錯誤
　　我不是歸人，是個過客……

二聯之間空了一格，故末段僅此二行。於緊張的意義發展中空一格，往往是爲了在思維上表示一沉重的「頓」，暗指此過程的領略極有待意識的轉承。「美麗的錯誤」是抽象的，原來是「達達的馬蹄」馳過緊掩的「小小的窗扉」。窗裡人怦然心動，以爲我是歸人，其實我「是個過客」。這就是美麗的錯誤！

二

　　鄭愁予出現在臺灣新詩壇時間甚早，他傳誦一時的「從晨景到雪線」七首詩初見於《現代詩》第 5 期，1954 年 2 月出版，這時他只是 22 歲的少年。同期方思發表他有名的〈百葉窗〉，紀弦發表〈花蓮港狂想曲〉，楚卿發表〈讚歌二章〉，瘂弦發表〈我是一勺靜美的小花朵〉。瘂弦與愁予同庚，但瘂弦起步較晚，此刻尚未找到他自己的聲音，瘂弦風還沒有成型——但這時愁予的氣度與格調已經完全確立了。《現代詩》第 6 期，愁予發表〈港邊吟〉，〈殞石〉，〈小溪〉和〈小小的島〉。這樣的句子，連川端康成都

得做會心的微笑：

> 你住的那小小的島我正思念
> 那兒屬於熱帶，屬於青青的國度
> 淺沙上，老是棲息著五色的魚群
> 小鳥跳響在枝上，如琴鍵的起落

這份少年愛戀中的歌詠，比川端的「無意中他看到駒子一雙小小的腳，踩著與鈴聲緩急相彷彿的碎步，從遠遠的鈴聲響著不止的那邊走來」還生動。第 6 期《現代詩》出版時，楊喚已死，故有追悼專輯，從此楊喚以他的抒情和童話詩造成詩史上的疑案。同期方思又發表他揉古典與浪漫於一爐的〈生長〉和〈棲留〉，紀弦評介蓉子，稱她爲「一顆新星的出現」。第 7 期出版，愁予發表〈十一個新作品〉，包括〈島谷〉，〈貝勒維爾〉，〈水手刀〉和〈船長的獨步〉，從此水手刀變成愁予的專利，一時使以海洋詩人知名的覃子豪望洋興歎。此時他的詩集籌備出版，現代詩刊上印的廣告說：「鄭愁予先生是自由中國青年詩人中出類拔萃的一個」，紀弦的眼光何等銳利！這期《現代詩》除紀弦的《三十二年詩抄》第一部分（包括〈7 與 6〉）以外，沒有甚麼好詩，唯葉泥譯古爾蒙詩抄，一時使「西蒙，雪是妳的妹妹，在院子裡睡著」隱約開創了近代抒情詩的一種新感性，方莘的〈練習曲〉是這種感性最完整的發揚。值得注意的是同期瘂弦的〈預言〉，毫無保留地把我們這位重要詩人和何其芳的血緣顯現了出來。瘂弦直到寫成〈懷人〉，〈秋歌〉，〈山神〉以後（1957 年）才毅然告別何其芳，完全奠定了他自己的風格。（1957 年也是愁予語言轉變的一年。關心現代詩的讀者，不可不注意 1957 年的重要性。至於愁予，瘂弦二人的轉變是否因受 1956 年現代派成立蓬勃風雲的影響，則待有心人研究。）第 8 期的《現代詩》發表新人羅門詩三首，貝多芬的心靈開始流行。同期愁予兩首短作不甚出色，此後亦未收在詩集裡。方思發表〈海特爾堡〉，譚厄略脫（即艾略

特）詩論三則。羅馬（即商禽）有兩首分行的短詩，他的超現實主義面貌也還沒有勾劃出來。這時，最重要的是《創世紀》詩刊的創刊，提倡「新詩民族路線」。

1955 年，鄭愁予 23 歲，《夢土上》出版。《夢土上》是從預告過的《微塵》裡分割出來的一半。紀弦在廣告上說：「他的詩，長於形象的描繪，其表現手法十足的現代化」。現代詩社同時出版了方思的第二部詩集《夜》，藍星詩社出版覃子豪的《向日葵》。到 1955 年為止，臺灣現代詩已出版的重要詩集，只有瘂弦《在飛揚的時候》（1951 年），《紀弦詩甲集》（1952 年），《紀弦詩乙集》（1952 年），《摘星的少年》（1954 年），覃子豪《海洋詩抄》（1953 年），方思《時間》（1953 年），蓉子《青鳥集》（1953 年），楚卿《生之謳歌》（1953 年），楊喚《風景》（1954 年），和余光中的《舟子的悲歌》（1952 年）及《藍色的羽毛》（1954 年）。兩年後，即 1957 年 1 月，彭邦楨，墨人合編的《中國詩選》出版時，選 32 家，其中最年輕的是 19 歲的白萩，但是未選瘂弦和愁予。瘂弦未入選，或可了解，因為在 1957 年 1 月以前，瘂弦未有任何好詩發表（詩集《深淵》所收 70 首，只有一首發表於 1957 年 1 月之前，可為明證）；《中國詩選》出版後，瘂弦的好詩傾巢而出，1957 年一年之內，發表了二、三十首，洛陽一時紙貴，25 歲的瘂弦乃為萬方所矚目，其中收入詩集《深淵》的有 22 首，幾占全集的三分之一。但《中國詩選》遺漏愁予，則是選事上最不可思議的怪現象。

我們把《夢土上》放在這些詩集中衡量，才知道愁予的地位特殊。《夢土上》所收 54 首詩，幾乎無一不可細讀。〈殘堡〉中，有跌宕蒼涼的：

> 趁夜色，我傳下悲戚的「將軍令」
> 自琴弦……

倒裝句法的使用，造成懸疑落合的效果。愁予繼承了古典詩的美德，以清楚乾淨的白話，又為我們傳達了一種時間和空間的悲劇情調。〈野店〉裡結

尾一段連續使用三個「了」字,〈小河〉首段的四個「的」字,應使古代詩人和現代的文法家豔羨。〈落帆〉一詩積極使用文言語法的現象,古樸沉著,造成後期詩風的線索。此詩亦隱隱顯示他所獲自辛笛的影響。而一輯「船長的獨步」,足可使愁予站在中國現代詩的豐隆處。

> 我從海上來,帶回航海的二十二顆星。
> 你問我航海的事兒,我仰天笑了……

不知道許常惠在巴黎譜寫的〈昨從海上來〉,是不是和愁予這首膾炙人口的〈如霧起時〉有關?《夢土上》裡最震撼人心的抒情詩也許應數〈賦別〉。詩的首段輕巧溫柔,音色圓滿,50年來少見如此娓娓的男低音。我們把首段抄錄於後,高聲朗讀,終會了解這聲音的把握遠勝過徐志摩的〈再別康橋〉。愁予:

> 這次我離開你,是風,是雨,是夜晚;
> 你笑了笑,我擺一擺手
> 一條寂寞的路便展向兩頭了。
> 念此際你已回到濱河的家居,
> 想你在梳理長髮或是整理溼了的外衣,
> 而我風雨的歸程還正長;
> 山退得很遠,平蕪拓得更大,
> 哎,這世界,怕黑暗已真的成形了……

〈再別康橋〉的音樂性主要依靠腳韻的協調。志摩的好處見於:

> 那河畔的金柳,
> 　是夕陽中的新娘;

波光裡的豔影，

在我的心頭蕩漾。

　　主觀音響排比交錯，二四兩行的參差互應，最見詩心。又如第四節「那榆蔭下的一潭不是清泉，是天上虹」，泉字以下一個句點，復以三音節的「天上虹」對照二音節的「清泉」，亦新奇可喜。該節以夢字結，第四節竟以「尋夢？」一問開始，遙遙呼應；第四節以「在星輝斑斕裡放歌」結，第五節復以「但我不能放歌」始，頗具濟慈〈夜鶯曲〉七八節轉合之妙，志摩之深得浪漫詩藝的奧義，是不可懷疑的。此濟慈技法尤其見於〈再別康橋〉的結尾二段：

但我不能放歌，

　　悄悄是別離的笙簫；

夏蟲也為我沉默，

　　沉默是今晚的康橋！

悄悄的我走了，

　　正如我悄悄的來；

我揮一揮衣袖，

　　不帶走一片雲彩。

幾個重要辭句的重複，使一首白話詩可吟可唱，「沉默」的疊用，「悄悄」的呼應，復回歸首節的「輕輕」，點出揮別康橋的主題，這是中國有新詩以來難得一見的佳構。

　　但以愁予〈賦別〉比諸志摩〈再別康橋〉，亦頗可見近代新詩人在詩的音樂法則上的突破。愁予不依靠腳韻來協調節奏，但亦不完全避免天籟的韻腳。首行的「是風，是雨，是夜晚」不讓志摩「不是清泉，是天上虹」

專美。愁予故意在第三行下以「了」收煞，使「手」、「頭」的牽強類韻消滅，卻又讓第四行的「家居」如第五行的「外衣」共存，造成詩人一手左右宇宙的氣勢，讀者也不得不感到耳醉目迷。第六行以「而」字開端，隱約指示一思維的停頓復行，第八行又以感歎的「哎」字始，〈賦別〉第一段的迴轉奔流，都在這情感的放鬆裡造成架勢。這種「變化中的格律」，不是徐志摩「格律中的變化」所能比。〈賦別〉也像〈再別康橋〉，以末段呼應首段的結構來完成一首詩的有機性（organism）：

　　這次我離開你，便不再想見你了，
　　念此際你已靜靜入睡。
　　留我們未完的一切，留給這世界，
　　這世界，我仍體切地踏著，
　　而已是你底夢境了……

「你」字在第一行的重複出現，「留」字在第三行的強調，「這世界」的頂針凸出，都與〈再別康橋〉的音色相似，但愁予到底並未像志摩那樣，以首節的輕度變化挪作末節，愁予在首節的音樂法則裡確實重寫末節。〈賦別〉的結尾是結尾，以其呼應開端；〈賦別〉的結尾又似開端，暗指新觀念新了解的產生，以其拓展了另一種感受，宣示了另一種知識——這種風格，徐志摩的〈再別康橋〉是沒有的。

三

　　詩至少有二種，一是困難的詩，一是不困難的詩。但不困難的詩並不一定是容易的詩，愁予寫的大略言之，乃是不困難的詩，此是相對於李金髮以降形形色色的困難詩派而言的。
　　愁予在《夢土上》時代，形象明白，意義朗爽，有時雖因形象發展一波三折，似有趨於隱晦之勢，但通常到最後一行出現時，總是雲撥日見，

美好可解。《夢土上》出版以後，愁予發表的新作大抵是前期風韻的迂迴展開，變化不多，通常一首詩是一個意象的旋轉分裂，點破一個剎那智慧的主題，這也是中國古典抒情傳統的餘緒，頗可見愁予的特質，如〈貴族〉，〈生命〉，而以〈天窗〉爲代表。詩人仰臥觀察天窗，以爲自己是在井底，而星子們是汲水的少女。詩的第二行明白道出：

好深的井啊

讀者遽然以爲天窗自仰臥視之，便是深井了。同樣的手法也見於〈窗外的女奴〉，〈水巷〉，〈晨〉，〈下午〉，〈草履蟲〉，〈靜物〉，〈姐妹港〉。這些詩可以說是早期作品〈鄉音〉，〈如霧起時〉，〈晨景〉，〈小小的島〉，和〈海灣〉的自然發展。而這一面的愁予之展開擴大，便是他有詩以來最見野心的〈草生原〉了。〈草生原〉作於 1963 年，發表在逐漸膨脹變化的《創世紀》詩刊。這首詩除了早期那種單線意象的特質以外，又多了一種蓄意經營的交響效果，但這首詩竟亦脫離了一貫的愁予風格，使不困難的愁予偏向困難。愁予設事遣詞的常軌還在，可是單線發展的意象徒然增加了不少枝節，而這些枝節於意義的表現上頗難捉摸，因爲這些枝節本爲交響效果的骨幹，管絃齊奏，繁雜處，主調往往沉沒不可辨識，這是善寫短詩的人在「放大」作品時，常常遭遇的問題。《窗外的女奴》是愁予的第三部詩集，出版於 1968 年，以〈草生原〉爲壓卷之作，可見詩人對此詩之重視。

　　我們今日讀《窗外的女奴》一集，覺得其中最可歡喜的，除了上述純粹單線意象發展的作品以外，應數集中部分傾向人物索隱的詩，如〈媳婦〉，〈情婦〉，〈最後的春闈〉，〈騎電單車的漢子〉，〈厝骨塔〉，〈浪子麻沁〉等。在這裡，愁予的語調和口氣不斷地順應人物場合而變化，頗近短篇小說的手法，時而戲謔，時而悲戚，時而冷漠，時而茫然。早年作品中的〈歸航曲〉，〈殘堡〉，〈野店〉，〈水手刀〉，〈鐘聲〉，和〈錯誤〉可視爲這一類作品的胚胎。這些詩和瘂弦的〈側面〉數首（《深淵》卷之五），和商

禽的〈長頸鹿〉屬於同一性質的現代詩,漸漸放逐了自我意識,侵略小說的領土,誰說這不是一條大可越界旅行的新路?愁予的敘述情趣復見於〈邊界酒店〉,〈旅程〉和〈醉溪流域〉。這其中尤以〈旅程〉的設事最動人,比許多現代小說還清晰可觀。去年,「我們窮過 在許多友人家借了宿」;「而今年 我們沿著鐵道走」,終於妻「被黃昏的列車輾死了⋯⋯」

> 反正 大荒年以後 還要談戰爭
> 我不如仍去當傭兵
> (我不如仍去當傭兵)
> 我曾夫過 父過 也幾乎走到過

這種冷冷的極悲傷的聲音,早期的愁予裡是聽不到。這首詩和瘂弦的〈鹽〉,商禽的〈長頸鹿〉,洛夫的〈湯姆之歌〉是 20 年來少數屬於寓憐憫和批判於冷肅的新詩,值得關心詩的社會功能的道德家仔細玩味。

　　《窗外的女奴》詩集中,還有以山地寫景和敘事的「五嶽記」20 首。其中南湖大山輯六首,大霸尖山輯三首,玉山輯二首,雪山輯二首,大屯山彙三首,大武山輯三首。愁予是當代詩人中有名的登山能手,詩人登山而無詩,是不可以的,故這 20 首五嶽紀遊,是愁予詩發展中必然的現象。我們現在把這 20 首詩放在愁予詩的發展過程中檢視,知其重要性約有二端。第一,在詩題材的把握上,這 20 首短詩明白表示他創作方法的一貫性;愁予常以一事一地為重心,環繞此一事一地,以若干二十行左右的抒情詩刻意經營,使成一有機的總體,此見於第一部詩集中者十分顯然,「邊塞組曲」七首,「山居的日子」16 首,即其例。「五嶽記」20 首也是這種方法的實踐,以登山觀察與感受為中心,編織出一種完整的山嶽形象,揉寫景與敘事於一爐,已多少超越「山居的日子」時代的狹窄。〈卑亞南蕃社〉和〈浪子麻沁〉已經擺脫早期完全抒情的聲音,開創了愁予詩的新境界,浪子麻沁確實是最「著人議論的靈魂」。但「五嶽記」中仍有許多作品未去

早期山水詩太遠，〈牧羊星〉、〈努努嘎里臺〉，〈南湖居〉，〈鹿場大山〉，〈馬達拉溪谷〉，〈雲海居（一）〉，〈大武祠〉等作的語氣和觀點，其實和早期〈俯拾〉，〈山外書〉，〈落帆〉，〈探險者〉，〈北投谷〉相差不遠。詩人十年間的成長牽扯仍多，則脫胎換骨豈是容易的事？

「五嶽記」20 首的第二重要性，是新語言的塑造。一般人最熟悉的愁予句法大都來自 1957 年以前，例如：

> 百年前英雄繫馬的地方
> 百年前壯士磨劍的地方
> 這兒我黯然地卸了鞍
> 歷史的鎖啊沒有鑰匙
> 我的行囊也沒有劍
> 要一個鏗鏘的夢吧
> 趁夜色，我傳下悲戚的「將軍令」
> 自琴弦……
>
> ——〈殘堡〉

> 是誰傳下這詩人的行業
> 黃昏裡掛起一盞燈
>
> 啊，來了——
> ……
>
> ——〈野店〉

> 我從海上來，帶回航海的二十二顆星。
> 你問我航海的事兒，我仰天笑了……
>
> ——〈如霧起時〉

> 客來小城，巷閭寂靜

客來門下，銅環的輕叩如鐘
滿天飄飛的雲絮與一階落花……

——〈客來小城〉

自從有了天窗
就像親手揭開覆身的冰雪
——我是北地忍不住的春天

——〈天窗〉

……

我想，寂寥與等待，對婦人是好的。

所以，我去，總穿一襲藍衫子
我要她感覺，那是季節，或
候鳥的來臨
因我不是常常回家的那種人

——〈情婦〉

在 1957 年以前，亦即愁予 26 歲以前，他的語言是和緩的，陰性的，甚至可以說是傳統地「詩的」。這以後，幾乎以〈窗外的女奴〉一詩開始，愁予突然蓄意放棄他陰性的語言，努力塑造陽性的新語言。他的方法是在傳統的白話裡注入文言句式的因素，鑄創新辭，分裂古義，無形中使他的語言增加許多硬度。〈右邊的人〉開始一節頗可見其匠心：

月光流著，已秋了，已秋得很久很久了
乳的河上，正凝為長又長的寒街
冥然間，兒時雙連船的紙藝挽臂漂水
莫是要接我們回去！回到最初的居地

「秋」因詩轉，變成動詞，「乳」變成形容詞，「長又長」是新鑄，「寒街」也是故意拼造的名詞，彷彿「大街」或「長街」；又以抽象的「紙藝」代表具象的雙連船，以「莫是」替順口的「莫不是」，而「居地」也是扭曲接合的新辭。其他例子，復見於〈清明〉,〈嘉義〉,〈左營〉諸作，例如：

> 我醉著，靜的夜，流於我體內
> 容我掩耳之際，那奧祕在我體內迴響
>
> ——〈清明〉

> 小立南方的玄關，儘多綠的雕飾
> 褪盡襪履，哪，流水予人疊蓆的軟柔
>
> ——〈嘉義〉

> 那時，久久的沉寂之後，心中便孕了
> 黎明的聲響，因那是一小小的驛站
>
> ——〈左營〉

「靜的夜」是「靜靜的夜」或「靜夜」的轉化。「流水予人……」和「心中便孕了……」都是有意創造的拗口。我們不能否認他在這種努力下收穫的果實——是「果實」的艱澀，慢慢取代他早期開花的悠閒，他的語言轉為堅硬，漸趨陽剛。可是到底這種刻意的技巧是禍是福呢？觀諸〈一〇四病室〉的牽強斧鑿，讀者不得不感到懷疑了。

「五嶽記」中除〈玉山輯〉二首以外，都是愁予新語言下的產物。其積極者，有下列諸例的現象：

> 蒼茫裡　唇與唇守護
> 惟呼暱名輕悄
> 互擊額際而成回聲

——〈鹿場大山〉

此時小姑舞罷　彩縧自寬解
倦於靚粧的十指　弄些甚麼都不是

——〈花季〉

前例幾乎使人疑以為是洛夫，但洛夫與愁予的語言是絕對的兩極。「互擊額際而成回聲」何如「小鳥跳響在枝上，如琴鍵的起落」之明快？後例的「彩縧自寬解」亦嫌工整，「靚粧」則意義隱晦，頗不可取。愁予的工整趨向，甚至到了回歸格律的地步，〈霸上印象〉以下面三行結尾：

我們　總難忘藍褸的來路
茫茫復茫茫　不期再回首
頃渡彼世界　已遐回首處

這種創造，亦難令熱心的讀者信服。早期的愁予於字句安排最勝儕輩，深知形式「決定」內容之妙，但上例的五言句法，實難令人相信有任何特殊奧義。愁予最可觀的詩，仍然要在他明快的語言裡找。陽性成分的注入往往並不損及他語言的優美，〈馬達拉溪谷〉的結尾，也許是「五嶽記」20 首裡最「愁予風」的詩：

我們也許被歷史安頓了
如果帶來足夠的種子和健康的婦女

可惜這種句子並不多見。愁予新語言的產生，於詩人自己，本是可慶可賀的，但詩人探索的過程裡，淘汰修正，應是不可避免的事。我們循著他的發展觀察，乃知「五嶽記」和〈草生原〉的關係。〈草生原〉的題材與「五

嶽記」無關，但〈草生原〉的語言卻是「五嶽記」二十首的縮影。〈草生原〉難讀的第二因素在此。「五嶽記」在愁予近二十年的創作生涯裡的重要性亦在此。

## 四

鄭愁予近二十年的創作生涯裡，有詩集三卷，除《夢土上》和《窗外的女奴》以外，便是 1966 年出版的《衣缽》。《衣缽》一集於他風格的發展，並不如晚出的《窗外的女奴》明確。質言之，《窗外的女奴》似乎才是《夢土上》的變化，延伸。當初預告過的《微塵》割裂，《夢土上》所收據說只是原定作品中的一部分。我們現在不知道另外一部分到哪裡去了《衣缽》集中有「想望」六首，愁予自己說這些是他初到臺灣的作品，莫非就是原來編在《微塵》裡的詩？

近二十年裡，愁予從紀弦所稱「自由中國青年詩人中出類拔萃的一個」，到以水手刀風行一時，以「美麗的錯誤」名噪一時的瘂弦筆下的謫仙，忽然變化，通過「五嶽記」的起伏轉折，在〈草生原〉中尋獲他心目中最圓滿的詩。我們認為他在寫過〈草生原〉以後，應該有更廣闊的作品產生，但「燕雲集」十首（1964 年）似乎不能滿足我們的希望。到 1964 年，發表過〈草生原〉，寫完了「燕雲集」的愁予在想些甚麼呢？這一年繼去年之悼覃子豪，他為楊喚的十年祭寫了一首非常動人的〈召魂〉：

當長夜向黎明陡斜
其不禁漸漸滑入冥思的
是惘然竚候的召魂人
在多騎樓的臺北
猶須披起鞍一樣的上衣
我已中年的軀體畏懼早寒

32 歲的愁予，已經覺得自己「中年的軀體畏懼早寒」了。通常悼亡之作便是自傷之作，此詩亦所難免。但如果我們回頭看他十年前初悼楊喚的詩，〈寄埋葬了的獵人〉，我們知道詩人是多少有些「老態」了。在〈寄埋葬了的獵人〉裡，他尚維持著矜持的少年豪情，把悲悼的聲音沖淡在期待和希翼的顏色裡，我們不會看到過多的自憐自傷——楊喚地下有知，當然喜歡愁予說：

> 仰視著秋天的雲像春天的樹一樣向著高空生長。
>
> 朋友們都健康，只是我想流浪……
>
> 你該相信我的騎術吧，獵人！
>
> 我正縫製家鄉式的冬裝，便於你的張望。

這樣從悼亡中振發的少年情，在〈召魂〉裡已經消逝無蹤。十年的時光真老去了一個「不怕寂寞」的詩人嗎？

> 而此夜惟盼你這菊花客來
>
> 如與我結伴的信約一似十年前
>
> 要遨遊去（便不能讓你擔心）
>
> 我會多喝些酒　掩飾我衰竭的雙膝
>
> ——〈召魂〉

一種讓故人忽覺蒼涼的聲音。酒的詩意透過文字的佈置亦氾濫為多愁的江湖。〈野柳岬歸省〉的後記明白指出，飲酒使愁予在石林中常常不能自己。飲酒也是無可奈何的事，〈邊界酒店〉（1965 年）裡，他打遠道來，清醒地喝酒，「將歌聲吐出」，自覺猶勝雛菊之沉默於一籌。以後，愁予詩作大大地減少，接著他去了美國。嚴格地說，〈邊界酒店〉以後，愁予只發表了兩首詩，即 1972 年的〈秋〉和〈暖和死之歌〉。余光中在一首懷念旅美朋友

的詩裡，稱愁予為浪子。愁予當然是浪子，是我們 25 年來新詩人中最令人著迷的浪子，早年他曾經說過，展開在他頭上的是詩人的家譜，他知道「智慧的血系需要延續」，他說過：

> 不再流浪了，我不願做空間的歌者，
> 　寧願是時間的石人。
> 然而，我又是宇宙的遊子，
> 　地球你不需留我。
> 這土地我哭著來，
> 　將笑著離去。

——〈偈〉

但他還是在流浪，而且流浪出了詩的土地。我們每天都在期待他的新詩，等他回到我們詩的土地，把他在〈草生原〉裡允諾的東西兌現給我們，回到我們一同失落的斯培西阿海灣，或是汨羅江渚，如他自己在〈歸航曲〉裡說的，回來參加「星座們洗塵的酒宴」。我們等他再說一次：

> 飄泊得很久，我想歸去了
> 彷彿，我不再屬於這裡的一切
> 我要摘下久懸的桅燈
> 摘下航程裡最後的信號
> 我要歸去了……

但我們又恐怕他不會兌現他的諾言。愁予造成的騷動是鉅大的，他三卷詩集的分量，遠勝許多詩人的總合，但他為甚麼停筆於 1965 年？對於等在季節裡如蓮花的開落的朋友，愁予恐怕不會是「歸人」，至多是個「過客」了。

——1973 年

——選自楊牧《掠影急流》
臺北：洪範書店，2005 年 12 月

# 兩岸蘆花白的故鄉
## 詩人鄭愁予的創作世界

◎瘂弦<sup>*</sup>

## 燈下故人

　　民國 65 年秋天，我有一個機會到美國威斯康辛陌地生進修，一方面念書，一方面教中國語文，生活緊湊而充實。故鄉有句話說得好：「年過 40 不學藝」，什麼事都要從小學起才容易，回頭重作「老學生」，新奇是新奇，滋味可真夠受！但那次遠行的收穫實在不少，最難得也最高興的是拜訪了很多老朋友，像是紀弦、方思、彭邦楨、愁予、林泠、楊牧、葉維廉、許國衡等，都分別見到面。海外遇故舊，欣喜之情，不在話下；而暢談之餘，更深深體會古人風雨連牀、剪燭夜話的友誼與情趣。其中談得很多、最久的，是那年耶誕節前，和愁予的數度竟夕長談。

　　耶誕節前夕，愁予和我約好在愛荷華城見面，兩人分頭出發：他從康乃狄克州紐海芬耶魯大學啓程，帶著全家大小，開車穿越大半個美國，我則自陌地生向東行，坐灰狗巴士，直奔愛城。這次會面是他出國後，我見到他的第一次，中間參商相隔八年；見面後發覺彼此都「眼角添紋、兩鬢加霜」地老了些，「昔日兒童皆長大，當年故人半凋零」眼看著他成長的三個孩子，也確乎有這般聯想、感慨。

　　我們住在愛荷華大學作家工作室的宿舍「五月花」，每天主要的「功課」就是聊天，簡直就想把分別多年的話都給談完；白天一有空則駕車到

* 本名王慶麟。發表文章時爲《聯合報》副刊主編，現爲加拿大華人文學學會主任委員兼《世界日報》「華章」文學專版主編。

處尋訪朋友住過的地方。15 年來，愛城陸陸續續住過不少中國作家，已經成為中國作家在海外的「老窩」：我們開著車，一路搜尋，找到許多舊居：有余光中的，有白先勇的，還有楊牧、戴天、商禽、王文興、葉維廉、姚一葦、尉天驄、林懷民、敻虹……的各個「落腳藏身」處，我們一處一處流連，遙想作家當年風采，感觸良多：而我住過的小屋，如今在都市計畫下，已被夷為平地，只留一株當年門前不知名的小樹在風中搖曳。

臨離開的前兩天，我對愁予說，我們在一起已經「廝混」了個把禮拜，「群居終日，言不及義」，似乎沒有什麼建設性。他問我要怎樣才有建設性呢？我說：「好不好讓我權充記者，給你來個訪問，請你談談你的生平、作品和詩觀？將來我回臺灣，總難免『重操舊業』，吃副刊、雜誌的飯，把這份紀錄發表出來，向關心你的讀者作一個交待，豈不是有意思得多？」他起初執意不肯，推辭再三，最後還是扭不過我，答應接受訪問。

回國以後，有部分的行李和書籍留在紐約朋友處，不巧當時談話的紀錄草稿也留在那裡，直到最近才請朋友寄回來；又由於愁予最近東山再起、重提詩筆，一連發表了不少新作，使詩壇注意的焦點再度移注到他身上，在這種情況下，我整理出這篇紀錄，於詩人節前夕交由聯副刊出，相信是愛讀愁予作品的朋友所喜聞樂見的。據我所知，愁予向少談及他的過去和詩觀，在作品之外，他發言不多，也很少接受訪問；因此這段談話，無論就私交或整個現代詩壇的意義，都讓我分外珍惜與喜愛！以下便是他（簡稱鄭）和我（簡稱弦）的談話紀錄：

## 兩岸蘆花白的故鄉

**弦**：雖然你已經擱筆多年，但是你作品的影響，始終不衰。你的詩，簡直可以說已變成了「現代詩的古典」，近年，在大學裡，中文系和外文系拿你的詩來做教材的，漸漸普遍起來，甚至於許多學生以你的詩來做論文，除了研究你的詩作，也「考證」你的生平，然而關於你的資料，可蒐集到的實在是非常少，學生們所有關於你的生平，僅僅是你在詩壇上的

「傳說」。「傳說」傳來傳去，往往和原來的事實相去甚遠。所以我想請你談談你的過去，你的文學生活成長過程，這對詩壇，特別是對年輕一代，應該是很有意義的。我想，一個詩人何以成為詩人，他為什麼寫詩？談到這些，總是要往前追溯，甚至要追溯到他的童年時代，因此，能不能請你把你幼年的生活環境、家庭教育，以及當時的文化氣氛等等，做一個概略的介紹。

鄭：我的家在中國北方的一個縣城——河北，這個縣城設有城牆，但有四個城門。城的周圍是河，叫濟運河，可以通天津。河面很寬，兩岸生長著高高的蘆葦，在春夏兩季，是綠色的，像一道綠色的城牆。到了秋天，蘆花白了，又變成了一道白色的城牆，彷彿是白雪蓋著，非常之美。我們家靠著東關，有很大很深的庭院，是傳統式的住宅。祖父和先人們曾是清朝世襲的官吏，我的二伯父做過善禧太后的御林軍，在當時對年輕人來說，這是一項榮譽，不但相貌要長得好，還要文武兼備才能選得上。我的父親卻進了舊制的軍校，做一個職業軍人成了他一生的事業，後來他參加了國民革命。我並不是在故鄉出生的，而是在山東的濟南市，出生後不久就到了北平，後來又到南方去，隨著父親不斷的遷徙，在襁褓中就旅行了不少地方。當我懂一點事的時候，那是在南京，父親是陸軍大學裡的一個學員。我親眼看見了中國空軍的飛機和敵機空戰的情形，開始了我對抗戰的印象。我還記得逃難時一路上悲慘的狀況，以及大家攜手互助，全民一條心貫注抗日的精神，雖然我尚年幼，卻深深感動了我。

到了抗戰後期，叔父、伯父和我們會合了，住在鄉下。那時我大約十二歲，已經漸漸開始看書了。我有位二堂兄，是一個有為的愛國青年，他手抄了許多詩、散文，以至於小說。這一方面是練習他的小楷，一方面是留作紀念，裡面還有他自己的創作。在鄉下沒有什麼書好念，我就整天讀他的手抄本。其中也有新詩，印象較深的佳作有劉廷陵、戴望舒；幾乎1930 年代稍有名氣的作家寫的詩，他都抄的有，這時我開始接觸到中國的新文學。可是我真正感興趣的是中國的舊小說，第一遍讀《水滸傳》的時

候是小學五年級，全本都讀完了，之後我又讀了其他的章回小說，像《說唐》、《薛仁貴征東》等，是我最喜歡看的。再長大一點，接觸到新文藝的時候，我說的新文藝不是指手抄本，而是當時抗戰印行的書。看了這些書我如獲至寶，就把過去的舊小說拋棄不看了。

弦：你還記不記得看到的第一本詩集的名字？

鄭：我看到的第一本詩集是 1940 年代的詩人寫的，作者好像是艾青，集子名字記不住了，那時候 1930 年代的作品流傳的很少。而 1940 年代的書多半是用很粗糙的一種黃顏色的紙，在桂林或是重慶後方印的。有詩集、詩選，也有詩刊。勝利以後回到北平念中學，這時候街上書店裡看到的書就很多了。

## 少年初識詩滋味

弦：這時候你還沒有開始寫詩吧？

鄭：我開始寫詩是在初中二年級，那時候我的一些親戚們有的已經念大學了。北大國文系的學生在夏天組織了讀書會，我在這個讀書會裡讀到了更多的詩集子，像胡風主編的「七月詩叢」，我幾乎每本都讀了。在學校裡，我們自己要出壁報，我在壁報上開始寫詩。在抗戰中度過的幼年，我生活在孤獨裡，接觸到的兵荒馬亂，遭遇到的中國巨大的破壞和災難，在我心裡留下了很深的印象。後來我讀了一些舊俄時代詩人像普希金、馬耶科夫斯基等人的作品，他們的詩裡的強烈人道主義實在感動了我，感時而憂國，我開始寫作，就是把我童年所看、所記的事情寫下來。有一次學校到門頭溝去旅行，門頭溝是北平西郊的一個礦坑，我看到了礦工們的生活，回來自然而然寫了一首關於礦工的詩，這是我的第一首詩創作。我記得其中有一句被當時北大的老師特別誇讚過，那句詩的意思是說礦工一生下來，上帝就在他的手上劃了十字架。我當時也沒有什麼特定的意思，可是老師解釋說，十字架是一個犧牲自己而服務人類的標幟。這反而使我進一步的憬悟，詩裡面有兩層意義，並不只是琢磨一些美麗的字句使之有一

個莊嚴的外表，而更要有其內涵。

　　讀初中二年級，我們的課本裡有魯迅的作品，剛好任課的國文老師劉棄疾，他對魯迅特別有研究，能夠把魯迅作品的精神內涵透闢的詮釋出來。比方說，魯迅散文詩「秋夜」有兩句，說門前有兩棵樹，一棵是棗樹，還有一棵也是棗樹，它們把光禿的樹枝指向灰色的天空。劉老師把為什麼這棵是樹，那棵也是樹，分析得非常清楚；他告訴我們樹枝象徵什麼，灰色的天空又是象徵什麼，把我們中國當時整個時代背景完全引證到魯迅的詩裡。這樣的解釋給了我很大的啟示，也是為什麼我一開始便喜歡象徵派詩的原因。後來因為我不太喜歡外國語言，英文程度不好，父親於是把我送進一個英國人辦的教會學校去——崇德中學，我在那兒住讀。那兒的老師，除了教國文的是中國人以外，其餘的都是英國人，學生在學校裡都得說英語，至少和老師得如此。在那學校，高一的學生英文程度便很好了，說得也流利。我去了之後有點跟不上，上課的時候，老師在臺上說他的英文，我在底下看我的中文小說，看我的詩。在那段時間裡，我在我們自己出的壁報上創造了一些東西。我們還把壁報用屠格涅夫的一本書《處女地》來命名，又在底下加了兩句話：要耕處女地，必須深深的犁。我們幾個愛好文藝的同學常常一塊兒讀、寫，然後發表在「處女地」上。這時候（民國 37 年）出版的兩個詩刊，一個是《中國新詩》，一個是《詩創作》，每回只要一出版，我們立刻就買來看。到年底時，《泥土》也出版了。抗戰的局勢吃緊，我們便離開了北平，撤退到南京和漢口。漢口有一份《武漢時報》，上面有文藝副刊，我寫了幾首詩投了去，沒想到蒙編輯先生的重視，把我的詩排在刊頭，還用黑線打了框，一些已經發表過作品的知名詩人，反而把他們的詩放在次要地位。編輯先生胡白刃很快寫信來約我談談，我還沒有什麼自信，不敢去見他。我太年輕了，才十五六歲，也是頭一次在正式的報紙刊物上發表作品。民國 38 年初，我們從武漢搬到衡陽，我進了道南中學念書，和同學組織了一個文藝社。同學們之中也有和我一樣是從北方南來的，有感於候鳥燕子，因而又把文藝社名之為「燕子

社」，發行了一些油印的刊物。在衡陽也有一份報紙刊物叫《笠報》，我在它的文藝副刊上也發表了幾首詩，編輯先生姓沈，單名犢，也寫信來說要和我見面，我還是沒有去，但是另外別的寫詩的朋友見了他之後，知道有我這麼一個人，他們直接到我家來找我，於是我開始認識寫詩的朋友。事隔多年，我早已記不得他們的名字，況且那時候我真是不大用心，別人來看我，有時我反而感到麻煩；我認為和自己的同學在一起兒研究、討論、寫作比較有意思。燕子社還出版了我的第一本詩集，是 1949 年 5 月吧？蒐集了我發表過的二十幾首詩，用其中一首詩的題目「草鞋與筏子」做為集子的名字。學校解散後，我到了桂林，又經陽朔到了柳州，從柳州再坐船到梧州、廣州，這些都是中國最美麗的山水地帶，除了三峽勝景，還有出名的險灘，這樣的山水流浪，在我的青年時代占了很重要的部分。我後來寫詩，有很多題材是從這裡來的。對了，我忘了一點，就是我讀二堂兄手抄本的時候，除了新文學，還有很多舊的文學作品，特別是詞多；而我讀舊小說，最喜歡、最讓我感動的是遊俠刺客的故事，而不是鴛鴦蝴蝶，到我走了這麼多地方之後，實際接觸了自然山川的壯麗，更擴大了我對流浪遊俠的想像範圍。

## 我喜歡臺灣、但懷念北平

民國 38 年我到了臺灣，住在新竹。那年秋天，我進了新竹中學高中三年級念書。我參加了球隊和田徑隊，成了一名體育選手，曾經被選上參加省運會，成績很不錯，所以我花在體育上的時間很多，在寫作上卻只是寫寫改改，有時候把詩寫在同學的紀念冊上。這時我覺得自己是一個成熟的詩作者了，看到了一些刊物上發表的詩，對他們的表現技巧感到不滿；而且我的心裡充滿了矛盾，一方面我喜歡臺灣，這裡的熱帶風景給我一個全新的感覺；但另一方面，我的老家在北平，親人們都留在那兒，我希望隨時能夠回去，我的詩也要發表在那兒的刊物上，在臺灣，我只是一個客人。

弦：請你談一談定居臺灣後，對臺灣早期詩壇的印象，以及你的創作的生活。

鄭：當時在臺灣出版的文藝刊物，裡面也有詩，但是我很不滿意這些作品，覺得比我以前讀到的，甚至於比我自己創作的水準都要差，所以我沒興趣寫了，但我仍在思索。後來我發現了一個純粹的文藝刊物——《野風》。民國 42 年夏天，我有一個機會到澎湖去，回來之後寫了一首〈老水手〉，我投給了《野風》，這是我在臺灣發表的第一首詩。從前大陸上的報紙和詩刊，多半不給詩作品稿費，但是《野風》卻給了我，而且對一個學生來說數額不少，我寫詩第一次領到稿費，非常興奮，斷斷續續我又給了《野風》幾首詩。《野風》是臺灣糖業公司辦的一份雜誌，編輯好像有師範，還有黃楊，作者有夏菁，鄧禹平，他們寫的都是抒情詩。除了《野風》，刊登詩的刊物還有《公論報》，再就是《自立晚報》的「新詩周刊」，由紀弦、鍾鼎文、覃子豪三人主編，紀弦後來也寫信給我，說希望能和我見面。他的信寫得是那樣熱情，而且我一直很佩服他寫的詩，於是我答應了。見了他的人，覺得他不但熱情坦率，還有高度的幽默感，使我更對他產生了好感。我說不出他的年齡，只覺得他是一個中年人，可是他的音容笑貌卻是年輕人的。他出了一個雜誌叫《詩誌》，民國 44 年的時候，我服完預備軍官役回來，在基隆港務局做事，找我為《詩誌》寫稿。但是我的工作忙，寫稿又慢，所以在第二期的時候才寄了稿給他。《詩誌》總共就出了那麼兩期。

《現代詩》創刊後，成立了現代派，我和紀弦見面的次數多了，大家都知道他是一個有名的飲者，我們在一起的時候便喝點便宜酒。我先後認識了李莎和方思。他們的作品對我影響很大，並不是風格和技巧方面的影響，而是他們的詩擴大了我的視界，使我看到詩的另一面的美。尤其是紀弦，他用散文的語言方法寫詩。他的詩都紮根在生活上，很少是抽象、捉摸不定的，這和我的主張一致，所以當時我很願意和他在一起做新詩的活動。

　　那時候楊喚的詩已經出現在《詩誌》上，我在《新詩周刊》上也讀過他不少作品。他跟紀弦說過好幾次想見見我。紀弦為我們約定了見面的時間，卻萬萬想不到，在要見面前的一個禮拜天，楊喚慘死火車輪下。

　　另外我還認識了葉泥、羅行、楊允達、林泠。葉泥那時候住在漳州街，他的家是現代派的一個「支部」，「總部」則在紀弦家裡。我們叫紀弦做「老朋友」，叫林泠是「小朋友」，她在大學一年級念書，才不過十幾來歲。我從外語軍官學校受訓出來後，在陸軍總部的供應司令部連絡室做編譯工作，有一天商禽來找我，我不在，他留了他的名字——羅硯，一天他又來，我們終於見了面，這才知道羅硯就是羅馬，也是商禽。認識商禽後，我經常到臺北去，他又介紹我認識了許多其他詩友，你，也是那個時候認識的。

　　弦：多談談「現代派」吧！它是怎樣醞釀成立的呢？

　　鄭：現代派的成立，最開始是紀弦的構想，徵求了方思和李莎的同意，後來又找了我，一共湊了六個人。成立的時候，紀弦寫了一些「信條」。這些信條並沒有要求像憲法般的被遵行，同仁之中只要同意其中的二、三條就可以了，所以是一個非常概括性的東西。後來研究現代詩的人說現代派的詩人都是信條的信徒，這是誤解。比方說，信條中有一條說現代詩是橫的移植，可是有的寫詩的人從來沒有讀過外國詩，也不懂外國詩，根本無從移植起；再比方說，信條裡說要用白話來寫現代詩，可是像方思，他的詩裡就有文言的字眼，而且文言節奏很濃。以後的人把這些信條拿來當攻擊或讚美現代詩的一個主要文件，實在是沒有多大意義的。

　　弦：《夢土上》是不是現代派成立後出版的集子？

　　鄭：是的，那是在民國 44 年。在這以前，本來還要出版一個詩集，內容是在《野風》、《公論報》以及《新詩週刊》發表的一些詩，可是沒有蒐集齊全，因為其中一部分是來自臺灣以前寫的，那些東西在一個意外事件裡燒毀了，我追記了幾首，但總覺得不完美，就擱下來了。

## 靈魂深處有一個基礎的音調

**弦：**從你在《野風》上寫東西，到現代派的成立，以至於《夢土上》的出版，你覺得在自己的精神來源和創作藝術上，都是受了些什麼影響？

**鄭：**在基隆的時候，我生活在海邊上，接觸的是船和貨物，再不就是工人和顧客，沒有機會和人討論文學或藝術，也沒有時間讀什麼文學和藝術理論；說老實話，有許多理論性的東西，如果作者本身不是一個高明的創作者，我根本讀不進去。所以在當時，沒有什麼直接影響到我的寫作。我記得刊登在《現代詩》上的一首詩——〈從晨景到雪線〉，在這首詩裡，把我過去較緊湊的語言節奏放鬆了，這想這是受紀弦提倡用白話寫散文詩的影響。除此之外，我更可以較廣闊的從我所經驗的事物之中取得我所需要的詞彙和意象。

**弦：**請談談你對詩的看法，你自己對詩創作的觀點。

**鄭：**因為我不是搞理論的，也很少讀理論，所以當接觸這方面的問題，覺得有點無從談起。有許多人問過，為什麼我寫詩能夠持續一個一貫的風格，我想這和一個人基本的氣質有關。每個人的靈魂深處都有一樣東西，像聲音，只要你反覆誦念，你的聲音就會幫助你進入一個像涅槃一樣的境界。這是一個最基本的節奏，這種節奏每個人不同，我發現屬於自己的是一種安靜的、沒有動亂的節奏，一種有永恆感的境界。我便在這個基調上寫我的作品。當然，我可以任意換一個基調，但是結果我還是覺得原來的基調舒服，那麼為什麼我要白費力氣去另外找呢？況且在原來的基調上，我還沒有把作品發揮盡致，因為這個原因，所以我的基調一直沒有改變。

## 詩境三層界是我的詩觀

**鄭：**你問我對詩的看法。我借用王國維「境界」兩個字，把它拆開，說成詩境的三層界。我並不是用這個來分詩的高下，而只是在表格上畫三

個層界。我把第一層界放在中間，第二層界要高一點、旁一點，第三層界在第一層界直接的上方。在第一個層界裡，一個詩人完全以自己私人的生活為出發點，他週遭的事物、他的閱讀、他的體驗、他的玄學思想、他對宗教的感覺……這些情緒上的、現象上的，他可以寫賞花玩葉、寫親情愛情、寫團圓別離，這方面的詩寫得成功的很多，也都很感動人。譬如李清照的詩，不論是表現哀傷的，或是表現喜悅的，都能使人產生共鳴，而且往往可以垂之久遠。至於第二個層界，一個詩人正好碰到一個讓他不能僅僅關懷自己身邊事務的時代，有的時候他還要看看週遭的大環境、社會的變遷、國家民族的命運，這個層界的詩感動人的力量更大，譬如杜甫的詩。這不是每個詩人能寫的，更不是每個詩人可以寫得好的，因為它除了需要基本抒情詩的技巧之外，還要有寫史詩的技巧。再說第三層界，一個詩人可以把第一層界的作品直接昇華到第三層界去。譬如說他在賞花玩月，想到花是要凋謝的，月是會缺的，美好時光是會消逝的，更而聯想到生命是會滅亡的，這便到了第三層界，談到了宇宙本體，談到了人和自然的結合，談到了生和死。「死」這個觀點，是文學中最寶貴的一部分，但是，是不是在作品裡寫對死亡的恐懼，甚至於快樂，或者對死亡做一番詮釋，這就到了第三層界呢？不是，我認為這還是第一層界，因為它還是身邊的現象。其實，三個層界都是基於生活的，寫詩如果離開了生活，不管是傳統的還是現代的，它的感染力量必然比較薄弱。我們看英美現代詩的新趨向可以知道，最受歡迎的詩仍然是從生活裡出來的，只不過給予一個新的哲學意義，然後融合在詩的藝術裡，而感動人更深。那麼怎麼樣到達第三層界呢？我們認識宇宙，什麼是宇宙？我們看見的自然現象便是我們拿來開啟宇宙的一個鑰匙。我們不能憑空去臆測一個宇宙；而在觀察，甚至享受自然的時候，在一個非常微妙的接觸點上，把他們貫通了。在詩裡我們表現的是生活，也是自然，你的生命的位置，在這一剎那就是自然的一部分。這是人類所追求的最高、最安詳、最與自然無間的境界，也就是所謂的第三層界。這是很難達到的，必須要對宇宙的本體有透徹的認識，

不為世間一切現象所迷惑。我個人寫詩，很希望能達到這個境界。

　　弦：那麼在你的作品裡，有那些是第一層界的詩？第二層界、第三層界的又有那些？

　　鄭：比方說，〈四月贈禮〉是第一層界，〈革命的衣缽〉是第二層界，〈鄉音〉、〈殞石〉，早期的〈歸航〉等是第三層界。第三層界是我一直追求的目標。

## 沒有自然，我就不能寫詩⋯⋯

　　弦：你早期的詩，大家一致叫好，後來你發表了〈草生原〉，有些人表示在理解上有困難，關於這方面能不能請你闡釋一下？

　　鄭：我想分三點來說明這首詩。第一，在過去，我一直是用靜的手法寫詩，而寫〈草生原〉的時候，我想用一種新的手法，使一個人物以動的方式把詩境帶出來。第二，我利用意象詩的語言敘述延長。第三，我在詩中，前後只表現一個完整的主題。在愛荷華，這首詩有兩種翻譯，學生們曾經拿來討論，我也就西洋詩的觀點向他們分析過。我寫一個雛妓，她叫蓮女，在初夜，從一更到五更她的心理變化，這個過程恰恰也是她一生的變化。這是我從事新嘗試的一個野心，把兩件事情在一個時間過程裡同時表現，中間有一部分寫得並不成功。

　　弦：〈浪子痲沁〉這首詩，在形式和節奏上，似乎也是有所突破的作品？

　　鄭：這是首敘述性的詩，有的人認為是在說故事。痲沁是一個高山族，很年輕，才二十歲左右，在環山部落是很有名的嚮導，曾有人說找到過他，這也許是附會，也許是真的。詩中敘述的事件不一定都發生過，而是我自己的移情。我所有寫山的詩差不多都是我的移情作用，有的時候我把山看成我自己，我看山就是在看我自己，入了山，我和山化為一體，也是我自己。

　　弦：覃子豪先生提倡過海洋詩，因為臺灣四面環海，寫海是多麼方便

的事，然而，臺灣也多高山，由於是在亞熱帶，從山腳到山頂可以經過不同的氣候區，氣候的變化益發增加了山的美麗。如果開拓山嶽詩的路子，把我們東方的禪思哲理，和自然環境溶合在一起（就是你說的第三層界），也是有其意義的。這些年，寫山的人倒是少了。

鄭：是的，在從前（中國傳統文學）寫山的詩真是不計其數，幾乎成爲傳統，中國的名山大川在我們的民族文化裡占了很重要的一環。而在臺灣——我想這要推論到氣質上的問題，有的人看山視而不見，有的人住在山裡，想念的卻是平地的生活。山，在現代生活裡給予一個人的撞擊很小，一個寫現代詩的人，如果花太多的時間寫山，那麼便會忽略了更多其他的寶貴題材，山不過是一個很不重要的消閒地方。我個人接受了許多傳統的東西，更而想翻新傳統，在這種情形下，山是我一個主要的題材。前面我說的第三層界，自然對我來說意義重大，沒有自然，我幾乎不能寫詩了。其實有很多有價值的題材可以發揮，我倒並不主張很多人去寫山的詩。

弦：你和覃子豪先生的交往情形如何？

鄭：我比較內向，和所有寫詩朋友的認識，都是別人先寫信給我，或是在別的朋友那兒約好再相見的。覃子豪先生也是。那時他在編《藍星》，寫信向我要稿，後來又約我見面喝咖啡。他是一個調咖啡的能手，非常喜歡喝咖啡。有一次我到中山北路去見他，他向他的同事們介紹我，對我非常推崇，說我寫的詩比他寫得還好，使我受寵若驚。我對他的胸襟非常敬佩，覺得他具有一個偉大文學工作者的素質。後來我看到許多和他同齡的詩人都不能有這樣的表現。

## 我嚮往孫中山先生的事業

弦：〈革命的衣缽〉這首長詩對臺灣史詩的發展影響很大，直到現在，很多人寫群性的、大場面的詩，都很鮮明地可以看出是受了你的影響。從你從前的抒情傳統來看，這首長詩可以說是你整個文學生活的一個變調。

有人說〈革命的衣鉢〉是你為宣傳而寫的詩，是一般所說的戰鬥詩，我認為這種看法是錯誤的。一個人有了寫抒情詩的基礎，也才能詠史，抒小我之情而後才能抒大我之情，因此詠史詩也可以看做抒情詩的擴展。孫中山先生是一個政治家，不能說用政治做題材的詩便是宣傳詩。惠特曼不是也以林肯為題材寫過「當門前紫丁香初放的時候」嗎？不知道我這種看法，您的感受如何？

　　**鄭：**剛才我在談詩觀的時候，一直沒有談到我的取材。我所取的題材，有時候是生活中事物的移情，有時候是我觀察的經驗，而取得最多的是浪子的故事。遊俠刺客的精神、浪子的情懷，是感動我的很重要的東西。〈革命的衣鉢〉寫　國父孫中山先生的事蹟，他具有很多我一向取材的素質。我從小便喜歡看他的實業計畫，喜歡看地圖上的港口和鐵路網，一邊看一邊想，我的祖國建立起來會是怎樣美好，有美麗山川，有現代文明，又有快樂樸實的人民。這也是追求一個第三層界；有的詩是從第一層界直接到第三層界，有的則是由第一層界穿過第二層界再到第三層界。我舉個例子：岳武穆的滿江紅和文天祥的正氣歌，兩首詩都把本身的生命通過第二層界——偉大的悲天憫人情懷之後，安安詳詳地和自然合一而成為永恆。在藝術性方面，這兩首詩不如王維的詩來得細膩，他是從第一層界直接到第三層界。我寫〈革命的衣鉢〉，也希望不通過第二層界而直接到第三層界，但是我沒有像他們那樣的遭遇。我看到　孫中山先生給我們年輕一代人的建國理想藍圖，看到他為救國而犧牲自己，看到他的壯志未酬。這些給我的感動不是想寫這首詩時才有的，而是從我的幼年，從我基本的氣質上就開始了，我想像他怎樣做革命事業，怎樣把理想帶給多年來受壓迫的中國人，也想像革命成功後美麗的遠景。然而革命沒有成功，我們到了臺灣，孫先生計畫建設大陸的美麗遠景一時也沒法實現了。於是我想寫一首詩來喚醒這種「感動」，讓它再在年輕人心裡發芽，只有年輕人容易有這種感動，上一代的人讓他們去吧！讓革命的事業由我們來做吧！寫這首詩的時候，我充滿了感情，如果人們讀後也充滿感情，這便是得到了共

鳴，否則便是我在詩藝術的處理上失敗了。另外，我還寫了些短詩，像〈三二九前夕〉、〈黃花之歌〉，也是同樣的感動、同樣的心情。「活過 30 歲以後就是一種恥辱」（我在愛荷華時寫過的一句詩），在我生活的時代裡，甚至我的一生，都充滿了這種情懷，小時候對遊俠浪子的幻想和嚮往也是屬於這種，有了這種情懷才能夠寫出那樣的抒情詩。我個人的經驗是這樣的，現在已經是中年人了，這種情懷也慢慢淡下去了。

## 但願能回臺灣、著手「臺灣傳」

**弦**：有一次你對我說，在寫〈革命的衣缽〉之後，你蒐集了很多關於臺灣開拓的資料；早年的移民情況；臺灣如何從遍地是麋鹿出沒的林莽成為一個遍地都是房子和路的島等等，準備寫「臺灣傳」，聽說資料都蒐集好了，不知道你是不是還想把它完成？

**鄭**：我在寫〈革命的衣缽〉時，慢慢實驗出一種技巧──不是完全敘述的技巧。我寫長詩有一個原則：把長詩的每一段搞出來，都是一首短的好的抒情詩，每一段都要是一個自我完成，有充沛的情感，有完美的意象，有節制的節奏，有明顯的交代，在前後時間的照料上也有完好的安排。以這種技巧我又寫了〈青春組曲〉這些較長的抒情詩，接著是「臺灣傳」。

我特別喜歡移民，他們趕走了外國的侵略者，自己開始慢慢開拓，同時也和當地的人共處。這是段辛酸血淚史，其中有很多悲慘的故事，有移民間的衝突，也有美麗的愛情，但也夾雜著快樂，收穫的快樂，成功的快樂。這些都感動了我，我想寫下來，去感動很多住在臺灣的人更愛這個島。我向已故詩人吳英濤先生取得一些資料，又查了許多地名。每個地名都有一段故事，都是移民們開拓時的記號（LANA MARK），這些實在是寫詩的好材料。後來我到了美國，在這兒一住八年，離開這塊土地已經遠了，感動的程度也沒有當初那麼集中了。柏拉圖說：詩情是一個激烈的東西，沒那樣激烈不能夠衝出來。如果我慢慢依靠回憶寫，恐怕寫不成功。

所以我現在還沒有打算寫，除非我再在臺灣住一段時間，再到那些鄉下去看看。也許將會有更新的發現，正如你所說，臺灣是一個鋪滿道路的島，現代繁榮的景象，這也是感動人的，也是寫詩的好題材，不一定非原始山林不可。總之，這是後話，一定得回臺灣再說。

──選自《聯合報》，1979 年 5 月 28 日，12 版

輯五◎
研究評論資料目錄

# 作家、作品評論專書與學位論文

## 專書

**1.** 張梅芳　　鄭愁予詩的想像世界　臺北　萬卷樓圖書公司　2001 年 9 月　277
頁

本書爲同名碩士論文出版，全文對鄭愁予詩作中意象可能的共有趨向予以分類，再
從中整理出個別差異、舉出適當詩例分析開展，繪成圖表，最後做出結論。全書共 4
章：1.緒論；2.鄭愁予詩中幾個關鍵的意象；3.鄭愁予詩的心靈曲線；4.結論。正文
後附錄〈鄭愁予簡歷〉、〈鄭愁予相關研究資料〉。

**2.** 〔行人文化實驗室，洪範書局〕　　作家小傳：鄭愁予　臺北　行人文化實驗
室，目宿媒體　2012 年 3 月　71 頁

本書爲「他們在島嶼寫作——文學大師系列電影」之鄭愁予專輯《如霧起時》所附
小傳。全書共收 5 篇文章：1.童子賢〈夢想與文學歷史記憶——「他們在島嶼寫作」
總序〉；2.張曦娜〈「達達的馬蹄」響遍半世紀——訪臺灣詩人鄭愁予〉；3.〈作家
年表〉；4.孫梓評〈黃昏裡掛起一盞燈〉；5.〈小專題——浪子詩人鄭愁予〉。

**3.** 蕭蕭，白靈，羅文玲編著　　〈錯誤〉的驚喜：鄭愁予詩學論集一　臺北　萬
卷樓圖書公司　2013 年 5 月　210 頁

本書爲「傳奇鄭愁予：鄭愁予詩學論集」第一部，收錄〈錯誤〉一詩的品鑑與賞讀
文章共 20 篇：1.銀髮〈試簡釋鄭愁予的〈錯誤〉〉；2. 林廣〈在否定中拓新境——
鄭愁予的〈錯誤〉〉；3.吳當〈是錯誤，但並不美麗——〈錯誤〉賞析〉；4.沈謙
〈從何其芳到鄭愁予——比較評析〈花環〉與〈錯誤〉〉；5.楊鴻銘〈鄭愁予〈錯
誤〉析評〉；6.丁威仁〈〈錯誤〉的因式分解〉；7.蕭蕭〈情采鄭愁予〉；8.林綠
〈鄭愁予〈錯誤〉的傳統訊契〉；9.徐國能〈鄭愁予〈錯誤〉、〈客來小城〉、〈情
婦〉三詩中「詩原質」釋例〉；10.陳大爲〈〈錯誤〉的誤讀及其他〉；11.丁旭輝
〈讓〈錯誤〉更美麗〉；12.魏聰祺〈鄭愁予〈錯誤〉賞析〉；13.林碧珠〈「美」從
何處來？鑑賞與昇華〈錯誤〉一詩〉；14.唐捐〈現代美典，古典詩意——鄭愁予
〈錯誤〉導讀〉；15.郭鶴鳴〈只有美麗，何嘗錯誤？——從文理詩情的解析談鄭愁
予的〈錯誤〉〉；16.李孟毓〈鄭愁予〈錯誤〉篇章結構分析〉；17.林翠華〈「點鐵
成金」「奪胎換骨」在現代詩中的應用——以鄭愁予的〈錯誤〉爲例〉；18.楊四平
〈談談鄭愁予〈錯誤〉的可寫性〉；19.陳德翰〈美麗的騷動——試析〈錯誤〉神奇
之美〉；20.林翠華〈〈錯誤〉如何融古典於現代〉。正文前有蕭蕭、羅文玲〈編者

序——用生命寫詩的仁俠詩人鄭愁予〉。

**4. 蕭蕭，白靈，羅文玲編著　　無常的覺知：鄭愁予詩學論集二　臺北　萬卷樓**
　　**圖書公司　2013 年 5 月　248 頁**

本書爲「傳奇鄭愁予：鄭愁予詩學論集」第二部，全書分 3 部分：1.「名篇賞析」，
共收辛鬱〈剖析〈春之組曲〉〉、周伯乃〈一朵流落的雲——鄭愁予〉、辛鬱〈柔
性的戰歌——談一首被忽略的詩〉、王文進〈秋空下的旅人——談鄭愁予的〈編秋
草〉〉、秀實〈曲中濃情——析鄭愁予〈雨說〉〉、林素美〈時代的聲音——心愁
——試析鄭愁予的〈小河〉與〈野店〉〉、潘麗珠〈豪華落盡見真淳——鄭愁予
〈寂寞的人坐著看花〉〉、陳敬介〈一個著人議論的靈魂——鄭愁予〈浪子麻沁〉
探析〉、廖祥荏〈鄭愁予《夢土上》評析〉、廖祥荏〈船長的獨步——鄭愁予海洋
詩評析〉、廖祥荏〈宇宙的遊子——愁予浪子詩評析〉、廖祥荏〈一剪青絲融於雲
的淨土——愁予山嶽詩評析〉、廖祥荏〈天涯踏雪記——愁予旅行詩評析〉、廖祥
荏〈一分鐘的星蝕——鄭愁予愛情詩評析〉、許恬怡〈鄭愁予〈小小的島〉評
析〉、林淑華〈鄭愁予詩中的山水〉、施靜宜〈當那魅誘蠱惑如此巨大如此逼臨自
身——鄭愁予〈邊界酒店〉評析〉、盧詩青〈淺析鄭愁予〈情婦〉〉18 篇；2.「詩
集演義」，共收彭邦楨〈論《窗外的女奴》〉、世堯〈欲擲的頭顱——《燕人行》
印象〉、季紅〈鄭愁予《雪的可能》中的語言經營〉、焦桐〈建構山水的異鄉人—
—論鄭愁予《鄭愁予詩集》〉、高宜君〈《寂寞的人坐著看花》中的禪思詩評
析〉、高宜君〈從《寂寞的人坐著看花》談鄭愁予的生命情懷〉6 篇；3.「愁予呵
氣」，共收林燿德〈河中之川——與鄭愁予對話〉、黃智溶〈山水常青詩情在——
有使命與沒有使命的鄭愁予〉、林麗如〈人道關懷的詩魂——專訪鄭愁予先生〉3
篇。正文前有蕭蕭、羅文玲〈編者序——用生命寫詩的仁俠詩人鄭愁予〉。

**5. 蕭蕭，白靈，羅文玲編著　　愁予的傳奇：鄭愁予詩學論集三　臺北　萬卷樓**
　　**圖書公司　2013 年 5 月　351 頁**

本書爲「傳奇鄭愁予：鄭愁予詩學論集」第三部，收錄鄭愁予研究之系統性學術論
述共 11 篇：1.楊牧〈鄭愁予傳奇〉；2.白靈〈淺析鄭愁予的境界觀——中國現實與
理想的藝術導向〉；3.孟樊〈浪子意識的變奏——讀鄭愁予的詩〉；4.黃維樑作，曾
焯文譯〈江晚正愁予——鄭愁予與詞〉；5.商瑜容〈鄭愁予旅美前詩作研究〉；6.張
梅芳〈鄭愁予詩語言的構成物件及其技法〉；7.白靈〈遊與俠——鄭愁予詩中的遊俠
精神與時空轉折〉；8.史言〈沮喪與孤獨的色彩空間：聞一多、鄭愁予詩歌「黑」、
「白」特質下的孤獨感研究〉；9.溫羽貝〈表裡內外之失衡——測量鄭愁予詩歌的孤
獨感〉；10.蕭蕭〈孤獨美學：現代主義裡的古典文學情愫——以鄭愁予爲範式〉；

11.方環海、沈玲〈依賴心理與詩意的孤獨感——鄭愁予詩歌論〉。正文前有蕭蕭、
羅文玲〈編者序——用生命寫詩的仁俠詩人鄭愁予〉。

## 學位論文

**6. 張梅芳**　鄭愁予詩的想像世界　中國文化大學中國文學系　碩士論文　翁文
嫻教授指導　1997 年 6 月　208 頁

本論文對鄭愁予詩作中意象可能的共有趨向予以分類,再從中整理出個別差異、舉
出適當詩例分析開展,繪成圖表,最後做出結論。全文共 4 章:1.緒論;2.鄭愁予詩
中幾個關鍵的意象;3.鄭愁予詩的心靈曲線;4.結論。正文後附錄〈鄭愁予簡歷〉、
〈鄭愁予相關研究資料〉。

**7. 廖祥荏**　鄭愁予詩研究　東吳大學中國文學系　碩士論文　沈謙教授指導
1998 年 6 月　219 頁

本論文研究範疇以鄭愁予在臺灣出版的 7 本詩集:《夢土上》、《衣缽》、《窗外
的女奴》、《燕人行》、《雪的可能》、《刺繡的歌謠》和《寂寞的人坐著看
花》,與 2 本選集:志文版《鄭愁予詩選集》和洪範版《鄭愁予詩集》為主,進行
全面的研究探討。全文共 6 章:1.緒論;2.愁予的創作背景與詩觀;3.愁予詩的分
期;4.愁予詩的內涵;5.愁予詩的藝術特色;6.結論。正文後附錄〈鄭愁予的單篇散
文〉。

**8. 高宜君**　鄭愁予晚近詩作研究(1993 年迄今)　屏東教育大學中國語文學系
碩士論文　曾進豐教授指導　2007 年　382 頁

本論文以鄭愁予的詩集《寂寞的人坐著看花》為研究主軸,旁及 1993 年以後陸續發
表報章雜誌上的零星詩作,探討其詩作的主題內容、藝術手法與特色。全文共 6
章:1.緒論;2.鄭愁予的生平簡歷、詩創歷程與詩觀;3.鄭愁予晚近詩作的主題內
容;4.鄭愁予晚近詩作的藝術手法;5.鄭愁予晚近詩作的特色;6 結論。

**9. 褚芝萍**　論鄭愁予詩歌中的古典意蘊　西南大學中國現當代文學研究所　碩
士論文　蔣登科教授指導　2008 年 5 月　34 頁

本論文將鄭愁予置於其生存與創作的時代背景之下,討論鄭愁予創作前期作品。透
過對他詩歌作品的思想情感內涵與藝術形式方面作系統分析與整體觀照,揭示鄭愁
予詩歌文本中所呈現的古典意蘊,同時考察他是如何將古典與現代融於一爐。全文
共 3 章:1.古典意蘊的內涵;2.古典意蘊在鄭愁予詩歌中的呈現;3.古典意蘊的現代
性傳達。

10. 陳依文　　鄭愁予詩的「流浪」基調研究　臺灣大學臺灣文學研究所　碩士論
　　　　文　何寄澎教授導　2008 年 6 月　146 頁

本論文針對鄭愁予 1951～1968 年間的作品為研究文本，以「流浪」為主軸，探討
鄭愁予早期詩作中的精神思想與內涵。全文共 6 章：1.緒論；2.流浪傳統與鄭愁予
詩的流浪者形象；3.流浪基調的精神內涵；4.鄭愁予詩的時間與空間；5.流浪基調
的終極歸宿；6.結論。

11. 吳麗靜　　鄭愁予詩的音律風格研究　政治大學國文教學碩士在職專班　碩士
　　　　論文　竺家寧教授指導　2009 年 1 月　369 頁

本論文剖析鄭愁予在音律使用的獨特性，歸納出詩人在聲母、韻母、同字、聲調上
使用的特殊手法，及其所形成創作上的個人風格。全文共 7 章：1.緒論；2.語言風
格學的研究意義；3.從聲母使用論鄭愁予詩的音律風格；4.從韻母使用論鄭愁予詩
的音律風格；5.從相同字詞使用論鄭愁予詩的音律風格；6.從聲調使用鄭愁予詩的
音律風格；7.結論。

12. 梁　磊　　默數念珠對坐千古——論鄭愁予詩歌的佛理禪趣　西南大學中國現
　　　　當代文學研究所　碩士論文　呂進教授指導　2009 年 5 月　40 頁

本論文從鄭愁予作品中所隱蘊的佛禪情懷，以及他自己所說：由「無常觀」衍生的
主題，闡釋鄭愁予從 50 年代到 90 年代的大部分詩作作系統，讓讀者從一個新的角
度領略隱藏在鄭詩創作背後的「玄機」。全文共 3 章：1.佛禪與詩；2.前期詩歌中
所暗合的佛理禪趣；3.後期詩歌的別樣風景。

13. 曾　珊　　邊界與回歸　暨南大學文藝學研究所　碩士論文　費勇教授指導
　　　　2010 年 5 月　44 頁

本論文以鄭愁予〈邊界酒店〉、洛夫〈邊界望鄉〉及林幸謙〈邊界〉為主要解讀文
本，聯繫三位詩人的其他詩作以及他們的人生經歷，剖析「邊界」書寫這一地理概
念表層之下所深藏的文化現象。進而溯及古代，考察鄭愁予、洛夫、林幸謙這些海
外華文文學作家的「邊界」意識寫作與屈原等古代放逐詩人在創作上的一脈相承，
並探討其時代差異性。全文共 3 章：1.「邊界」緣起之想像；2.邊界意識的內涵；3.
邊界與回歸。

14. 莊淑華　　鄭愁予詩歌的「中國性」研究　溫州大學中國現當代文學研究所
　　　　碩士論文　孫良好教授指導　2012 年 3 月　66 頁

本論文立足於鄭愁予公開出版的大部分詩篇，從鄉愁主題「月」、「酒」、「窗」

　　意象以及語言的蘊藉表達等方面對這種「中國性」進行解讀，分析其詩歌如何在繼承傳統中實現創造性轉化。全文共 3 章：1.「中國性」主題：綿延的鄉愁；2.「中國性」意象：月‧酒‧窗；3.「中國性」語言：蘊藉的表達。

## 作家生平資料篇目

### 自述

15. 鄭愁予　　後記　夢土上　臺北　現代詩季刊社　1955 年 5 月　頁 87—88

16. 鄭愁予　　《夢土上》後記　鄭愁予詩集壹：一九五一——九六八　臺北　洪範書店　1979 年 9 月　頁 331—332

17. 鄭愁予　　《夢土上》後記　鄭愁予詩集 I：一九五一——九六八　臺北　洪範書店　2003 年 8 月　頁 324—325

18. 鄭愁予　　後記　長歌　臺北　長歌出版社　1968 年 6 月　頁 73—76

19. 鄭愁予　　《鄭愁予詩選集》簡記　幼獅文藝　第 239 期　1973 年 11 月　頁 46

20. 鄭愁予　　後記　鄭愁予詩選集　臺北　志文出版社　1974 年 3 月　頁 245

21. 鄭愁予　　後記　鄭愁予詩選集　臺北　志文出版社　2000 年 11 月　頁 271

22. 鄭愁予　　《鄭愁予詩選集》後記　鄭愁予詩集壹：一九五一——九六八　臺北　洪範書店　1979 年 9 月　頁 334

23. 鄭愁予　　《衣缽》後記　鄭愁予詩集壹：一九五一——九六八　臺北　洪範書店　1979 年 9 月　頁 333

24. 鄭愁予　　後記　衣缽　臺北　臺灣商務印書館　1980 年 9 月　頁 112

25. 鄭愁予　　《衣缽》後記　鄭愁予詩集 I：一九五一——九六八　臺北　洪範書店　2003 年 8 月　頁 326

26. 鄭愁予　　後記　刺繡的歌謠　臺北　聯合文學出版社　1987 年 7 月　頁 88—89

27. 鄭愁予　　詩人在詩中的自我位置　現代詩　復刊第 15 期　1990 年 6 月　頁 3—6

28. 鄭愁予　《寂寞的人坐著看花》後記　洪範雜誌　第 50 期　1993 年 2 月　1 版

29. 鄭愁予　後記　寂寞的人坐著看花　臺北　洪範書店　1993 年 2 月　頁 225 —227

30. 鄭愁予　我詩中的「旅」和「夢」，在聲籟中琢磨詩的智慧　聯合報　1995 年 8 月 15 日　37 版

31. 鄭愁予　引言——九九九九九[1]　聯合文學　第 211 期　2002 年 5 月　頁 12 —14

32. 鄭愁予　引言——九九九九九　鄭愁予詩集 I：一九五一——一九六八　臺北　洪範書店　2003 年 8 月　頁 327—333

33. 鄭愁予　引言——九九九九九　鄭愁予詩集 II：一九六九——一九八六　臺北　洪範書店　2004 年 1 月　頁 364—370

34. 鄭愁予　猜想黎明的顏色　聯合文學　第 212 期　2002 年 6 月　頁 12—17

35. 鄭愁予　祇園初燈——京都系列，一組靜的詩　聯合文學　第 213 期　2002 年 7 月　頁 27—31

36. 鄭愁予　色——藍 V S.綠　聯合文學　第 218 期　2002 年 12 月　頁 10—14

37. 鄭愁予　走近鄭愁予——鄭愁予談自己的詩——〈色——藍 V S.綠〉　臺港文學選刊　2009 年第 6 期　2009 年 12 月　頁 5—8

38. 鄭愁予　刺繡的歌謠　聯合文學　第 219 期　2003 年 1 月　頁 98—101

39. 鄭愁予　典故的文學性與趣味性　聯合文學　第 220 期　2003 年 2 月　頁 70—74

40. 鄭愁予　我五十年前就古董了　聯合文學　第 221 期　2003 年 3 月　頁 70 —76

41. 鄭愁予　書齋生活（1、2）　聯合文學　第 222—223 期　2003 年 4—5 月　頁 112—116，86—89

---

[1] 本文為鄭愁予自述其寫作的歷程，五個「九」為寫作的五個階段：1949、1959、1969、1979、1989。

42. 鄭愁予　悼亡與傷逝（1—2）　聯合文學　第 224—225 期　2003 年 6—7 月　頁 72—76，78—83

43. 鄭愁予　鶴與寄　聯合文學　第 227 期　2003 年 9 月　頁 28—33

44. 鄭愁予　「即興」使用點擊的手法以擷取永恆——煙火是戰火的女兒，金門的詩　聯合文學　第 228 期　2003 年 10 月　頁 24—28

45. 鄭愁予　走近鄭愁予——鄭愁予談自己的詩——「即興」使用點擊的手法以擷取永恆——煙火是戰火的女兒，金門的詩　臺港文學選刊　2009 年第 6 期　2009 年 12 月　頁 12—15

46. 鄭愁予　詩的贈達與自我尋位（1—3）　聯合文學　第 230，232—233 期　2003 年 12 月，2004 年 2—3 月　頁 38—41，28—30，30—32

47. 鄭愁予　走近鄭愁予——鄭愁予談自己的詩——詩的贈達與自我尋位　臺港文學選刊　2009 年第 6 期　2009 年 12 月　頁 9—11

48. 鄭愁予　借序　鄭愁予詩集 II：一九六九——九八六　臺北　洪範書店　2004 年 1 月　頁 1—9

49. 鄭愁予　山海，左右都是宜蘭　聯合文學　第 235 期　2004 年 5 月　頁 64—65

50. 鄭愁予　贈答詩的再現　聯合文學　第 236 期　2004 年 6 月　頁 82—84

51. 鄭愁予　從無常觀到淨土的寧適　佛學與文學的交匯　臺北　漢藝色研文化公司　2008 年 7 月　頁 220—221

52. 鄭愁予　〈雲豹之鄉落在人間——舞在卿雲的天階下〉作者自述　2009 臺灣詩選　臺北　二魚文化事業公司　2010 年 5 月　頁 119

53. 鄭愁予　時不我予——時間美學的小漩渦　中國時報　2010 年 6 月 17 日 E4 版

54. 鄭愁予　〈一聲厲吼的地方〉作者自述　2011 臺灣詩選　臺北　二魚文化事業公司　2012 年 2 月　頁 217

**他述**

55. 瘂弦　謫仙　純文學　第 43 期　1970 年 7 月　頁 116

56. 李利國　　鄭愁予的中國大陸行　時報雜誌　第 104 期　1981 年 11 月　頁 16
　　　　　　　—18

57. 蕭　蕭　　鄭愁予　現代詩入門　臺北　故鄉出版社　1982 年 2 月　頁 79—
　　　　　　　80

58. 蕭　蕭　　詩人與詩風——鄭愁予　臺灣日報　1982 年 6 月 25 日　8 版

59. 蕭　蕭　　詩人與詩風——鄭愁予　現代詩縱橫觀　臺北　文史哲出版社
　　　　　　　1991 年 6 月　頁 77—78

60. 王晉民，鄺白曼　　鄭愁予　臺灣與海外華人作家小傳　福州　福建人民出版
　　　　　　　社　1983 年 9 月　頁 263—264

61. 張拓蕪　　從「老朋友」贈詩說起　臺灣新聞報　1983 年 10 月 25 日　9 版

62. 張　健　　自由中國時期〔鄭愁予部分〕　中國現代詩　臺北　五南圖書公司
　　　　　　　1984 年 1 月　頁 79—112

63. 綠　原　　海外詩人鄭愁予　讀書　1984 年第 7 期　1984 年 7 月　頁 41—45

64. 朱沉冬　　寶島四十年說從頭——詩壇趣事一籮筐（上、中、下）〔鄭愁予部
　　　　　　　分〕　臺灣新聞報　1985 年 11 月 8—10 日　8 版

65. 何寄澎　　鄭愁予　中國新詩賞析 1　臺北　長安出版社　1987 年 2 月　頁
　　　　　　　241—242

66. 劉登翰　　鄭愁予小傳　臺灣現代詩選　瀋陽　春風文藝出版社　1987 年 8 月
　　　　　　　頁 108—125

67. 王志健　　鄭愁予　文學四論（上）　臺北　文史哲出版社　1988 年 7 月　頁
　　　　　　　282—285

68. 雁　翼　　鄭愁予簡介　臺灣《創世紀》詩萃　浙江　浙江文藝出版社　1988
　　　　　　　年 12 月　頁 35

69. 非　馬　　鄭愁予小傳　臺灣現代詩 40 家　北京　人民文學出版社　1989 年
　　　　　　　5 月　頁 113—119

70. 趙衛民　　鄭愁予接任《聯合文學》總編輯　聯合報　1989 年 11 月 14 日　29
　　　　　　　版

71. 林英喆　達達的馬蹄，過客震文壇，鄭愁予接掌聯合文學！決心作歸人？
民生報　1989 年 12 月 31 日　31 版

72. 賴伯疆　美洲華文文學方興未艾──美國華文文學〔鄭愁予部分〕　海外華
文文學概觀　廣州　花城出版社　1991 年 7 月　頁 188

73. 瘂　弦　現代詩人與酒──飲者點將錄〔鄭愁予部分〕　國文天地　第 81
期　1992 年 2 月　頁 42─43

74. 高大鵬　夢土無垠說愁予　青年日報　1992 年 4 月 1 日　14 版

75. 高大鵬　夢土無垠說愁予　吹不散的人影　臺北　三民書局　1995 年 3 月
頁 159─161

76. 成明進　海外華文詩人評介──斷不了的一條絲在中間〔鄭愁予部分〕　淮
風季刊　1992 年第 2 期　1992 年夏　頁 42─43

77. 劉衛莉　鄭愁予詩歌，集結成《旅夢》　聯合報　1995 年 5 月 9 日　22 版

78. 沈　怡　鄭愁予發聲，由張世豪選錄監製，新詩化成一場《旅夢》　聯合報
1995 年 5 月 23 日　35 版

79. 王　賦　鄭愁予有聲詩選《旅夢》出版　聯合報　1995 年 5 月 24 日　37 版

80. 劉克襄　你所不知道的鄭愁予　中國時報　1995 年 10 月 22 日　39 版

81. 王景山　鄭愁予和崇德中學和北大　旅人隨筆　北京　首都師範大學出版社
1995 年 11 月　頁 134─136

82. 宋裕，李冀燕　現代詩壇的謫仙──鄭愁予　明道文藝　第 275 期　1999 年
2 月　頁 30─35

83. 蔣慧仙　鄭愁予──自生活擷取淬鍊詩材　聯合報　1999 年 3 月 11 日　37
版

84. 蔣慧仙　鄭愁予特寫──自生活擷取淬鍊詩材　臺灣文學經典研討會論文集
臺北　行政院文建會，聯經出版公司　1999 年 6 月　頁 297─298

85. 謝　冕　鄭愁予小傳　中國當代文學作品精選・詩歌卷（1949─1999）　北
京　十月文藝出版社　1999 年 9 月　頁 342─583

86. 〔姜耕玉選編〕　鄭愁予　20 世紀漢語詩選（三）　上海　上海教育出版社

　　　　　　　1999 年 12 月　頁 52

87. 牛漢，謝冕　　鄭愁予小傳　新詩三百首　北京　中國青年出版社　2000 年 1
　　　　　　　月　頁 683—684

88. 方　忠　　鄭愁予、楊牧　二十世紀中國文學史　臺北　文史哲出版社　2000
　　　　　　　年 9 月　頁 939—943

89. 謝朝宗　　讓鄭愁予能多從事寫作，耶魯大學聘爲駐校詩人　聯合報　2001 年
　　　　　　　7 月 22 日　14 版

90. 謝朝宗　　鄭愁予受聘耶魯駐校詩人　民生報　2001 年 7 月 24 日　A6 版

91. 張默，陳文苑　　鄭愁予簡介　向歲月致敬：臺灣前輩詩人攝影集　臺北　臺
　　　　　　　北市文化局　2001 年 9 月　頁 142—145

92. 陳宛蓉　　鄭愁予受聘耶魯「駐校詩人」　文訊雜誌　第 191 期　2001 年 9 月
　　　　　　　頁 79

93. 〔蕭蕭，白靈〕　　鄭愁予簡介　臺灣現代文學教程：新詩讀本　臺北　二魚
　　　　　　　文化公司　2002 年 8 月　頁 224—225

94. 宋雅姿　　鄭愁予——計畫寫長詩　文訊雜誌　第 210 期　2003 年 4 月　頁
　　　　　　　95

95. 王景山　　鄭愁予　臺港澳暨海外華文作家辭典　北京　人民文學出版社
　　　　　　　2003 年 7 月　頁 834—835

96. 江　寧　　風·行走月光海峽——鄭愁予在夢土上爲你點燈　浯島跫音　金門
　　　　　　　金門寫作協會　2003 年 12 月　頁 200—203

97. 顏艾琳　　鄭愁予簡介　最想唸給你聽的一首詩：2003 臺北國際詩歌節中外詩
　　　　　　　人詩作專輯　臺北　臺北市文化局　2004 年 2 月　頁 170—171

98. 不　二　　詩人鄭愁予側寫　人間福報　2004 年 6 月 23 日　11 版

99. 宇文正　　情字是至高無上的——著名詩人鄭愁予返國，應聘東華大學駐校作
　　　　　　　家　聯合報　2005 年 3 月 17 日　E7 版

100. 曾琮琇　　紀念簿打開了——鄭愁予在新竹中學演講「失去的感性」　聯合
　　　　　　　報　2005 年 4 月 3 日　E7 版

101. 邱上林　詩人鄭愁予到東華任教　文訊雜誌　第234期　2005年4月　頁 75—76

102. 丁文玲　鄭愁予──過客東華，留下美麗騷動……　中國時報　2005年5 月22日　B1版

103.〔人間福報〕　鄭愁予和青少年談詩──積極走訪中學校園，細訴詩人心 緒　人間福報　2005年5月31日　7版

104. 陳憲仁　鄭愁予拜訪中臺灣　文訊雜誌　第235期　2005年5月　頁87

105. 張小菁　鄭愁予分享創作經驗，中學生感受大師風采　更生日報　2005年 6月8日　4版

106.〔聯合報〕　旅美37年，鄭愁予入籍金門　聯合報　2005年6月23日 C6版

107. 林英喆　詩人鄭愁予夫婦明天在金門落籍　民生報　2005年6月23日 A1版

108. 李木隆　鄭愁予落籍金門：是歸人，不是過客　聯合報　2005年6月24日 10版

109. 李木隆　落籍金門祖厝，鄭愁予許詩願　聯合報　2005年6月25日　C6 版

110. 李金生　鄭愁予，達達的馬蹄駐止金門　中國時報　2005年6月25日 D8版

111. 黃寶萍　鄭愁予夫婦歸籍金門，詩人說是靈魂回家了　民生報　2005年6 月25日　A13版

112. 海餅乾　浪漫唯美派詩人：鄭愁予　小作家月刊　第134期　2005年6月 頁13—17

113. 陳姿羽　鄭愁予詩心・俠骨・觀無常　天下雜誌　第325期　2005年6月 頁222—225

114.〔吳東晟，陳昱成，王浩翔編〕　鄭愁予　織錦入春闈：現代詩精選讀本 臺中　京城文化公司　2005年8月　頁83

115. 洪士惠　　詩人鄭愁予落籍金門　文訊雜誌　第 238 期　2005 年 8 月　頁 95

116. 曹惠民　　客子光陰詩卷裡——鄭愁予印象　他者的聲音：曹惠民臺港華文
　　　　　　　文學論集　南京　江蘇人民出版社　2005 年 8 月　頁 68—69

117. 曹惠民　　客子光陰詩卷裡——鄭愁予印象　出走的夏娃——一位大陸學人
　　　　　　　的臺灣文學觀　臺北　秀威資訊科技公司　2010 年 10 月　頁 179
　　　　　　　—180

118. 吳寶三　　神秘詩人鄭愁予　作文成功之路　2005 年第 11 期　2005 年 11 月
　　　　　　　頁 47

119. 沈　奇　　鄭愁予小傳　現代小詩 300 首　濟南　山東文藝出版社　2006 年
　　　　　　　1 月　頁 110—113

120. 〔中央日報〕　　鄭愁予膺港大名譽教授　中央日報　2006 年 2 月 26 日　14
　　　　　　　版

121. 〔青年日報〕　　鄭愁予出任港大文學院名譽教授　青年日報　2006 年 2 月
　　　　　　　26 日　11 版

122. 〔人間福報〕　　鄭愁予任港大名譽教授　人間福報　2006 年 2 月 28 日　7
　　　　　　　版

123. 洪士惠　　鄭愁予出任香港大學文學院名譽教授　文訊雜誌　第 246 期
　　　　　　　2006 年 4 月　頁 127

124. 〔蕭　蕭主編〕　　詩人簡介　優游意象世界　臺北　聯合文學出版社
　　　　　　　2006 年 6 月　頁 91

125. 許俊雅　　鄭愁予簡介　我心中的歌：現代文學星空　臺北　文史哲出版社
　　　　　　　2006 年 6 月　頁 32—34

126. 紫　鵑　　與大師同行　乾坤詩刊　第 39 期　2006 年 7 月　頁 10—13

127. 紫　鵑　　與大師同行　臺港文學選刊　2009 年第 6 期　2009 年 12 月　頁
　　　　　　　16—17

128. 許加泰　　名詩人鄭愁予暢談新詩寫作　金門日報　2006 年 8 月 27 日　2
　　　　　　　版

129. 李金鎗　　名詩人鄭愁予金技學院發表演說　金門日報　2006 年 8 月 29 日
　　　　　　　　2 版

130. 金臺人　　鄭愁予返金祭祖譜寫校歌　金門日報　2006 年 8 月 27 日　6 版

131. 葉覓覓　　鄭愁予——巫師長老，領入詩的神秘體驗　中國時報　2006 年 9
　　　　　　　　月 11 日　E1 版

132. 馮傾城　　鄭愁予打澳門走過　文學人　第 12 期　2006 年 11 月　頁 74—75

133.〔封德屏主編〕　　鄭愁予　2007 臺灣作家作品目錄　臺南　國立臺灣文學
　　　　　　　　館　2008 年 7 月　頁 1290

134.〔九彎十八拐〕　　鄭愁予　九彎十八拐　第 22 期　2008 年 11 月　頁 20

135. 李青霖　　初夏，在島上——鄭愁予赴新竹中學演講　文訊雜誌　第 284 期
　　　　　　　　2009 年 6 月　頁 125

136. 詹宇霈　　鄭愁予等詩人參加臺北詩歌節活動　文訊雜誌　第 291 期　2010
　　　　　　　　年 1 月　頁 143—144

137. 梁星，倪比　　並非錯誤的美麗與詩歌的溫度——記「2009 海峽詩會——鄭
　　　　　　　　愁予八閩巡行綜述」　臺港文學選刊　2010 年第 1 期　2010 年 2
　　　　　　　　月　頁 120—125

138. 徐國能　　人生的詩行　人間福報　2010 年 3 月 11 日　15 版

139.〔人間福報〕　　鄭愁予願從游世到濟世　人間福報　2010 年 3 月 31 日　7
　　　　　　　　版

140. 修瑞瑩　　鄭：不知閨怨是啥‧乾脆別教了　聯合報　2010 年 4 月 5 日　A3
　　　　　　　　版

141. 倪　比　　深入解讀：華文之美與遊俠之義——記「鄭愁予詩歌研討會」
　　　　　　　　華文文學　2010 年第 2 期　2010 年 4 月　頁 30—32

142. 黃暐勝　　鄭愁予的情詩誤讀　明報月刊　第 533 期　2010 年 5 月　頁 105

143. 劉葆平　　微醺的詩愁＆酒保——鄭愁予╳楊子葆　聯合文學　第 307 期
　　　　　　　　2010 年 5 月　頁 117

144. 林欣誼　　6 位導演 6 位作家引爆新視覺經驗‧余光中《逍遙遊》、鄭愁予

《如霧起時》先登場　中國時報　2010 年 10 月 17 日　14 版

145. 陳育賢　行動創作獎‧鄭愁予：天涯盡在 Myphone 裡　中國時報　2011 年 5 月 12 日　A12 版

146. 小野，陳傳興　臺灣的作家們——從「他們在島與寫作」談起——從鄭愁予個人和其詩‧看到一個大歷史　聯合報　2011 年 7 月 8 日　D3 版

147. 鄭語謙，李青霖　鄭愁予清大開課‧校園添「詩意」　聯合報　2011 年 7 月 21 日　AA4 版

148. 林皇德　浪子的傳奇——鄭愁予　國語日報　2011 年 9 月 3 日　5 版

149. 李青霖　詩人鄭愁予至清大開課　文訊雜誌　第 311 期　2011 年 9 月　頁 141

150. 李坤建　仁俠鄭愁予‧詩寫和平　旺報　2011 年 12 月 21 日　A16 版

151. 〔文訊雜誌〕　鄭愁予在金門發表《和平的衣缽》　文訊雜誌　第 316 期 2012 年 2 月　頁 129

152. 〔行人文化實驗室，洪範書局〕　小專題——浪子詩人鄭愁予　作家小傳：鄭愁予　臺北　行人文化實驗室，目宿媒體　2012 年 3 月　頁 52—55

153. 白長鴻　品讀幾位臺灣詩人〔鄭愁予部分〕　文學人　第 23 期　2012 年 5 月　頁 66—67

154. 郭士榛　鄭愁予 80 大壽‧〈旅夢〉20 音樂會慶生　人間福報　2012 年 8 月 30 日　7 版

155. 姚嘉爲　詩與樂的邂逅——鄭愁予現代詩巡迴演講　文訊雜誌　第 332 期 2013 年 6 月　頁 147

## 訪談、對談

156. 彭邦楨　雪鄉遇故知——訪鄭愁予　中華文藝　第 85 期　1978 年 3 月　頁 53—58

157. 彭邦楨　雪鄉遇故知——訪鄭愁予　心天的花糧　臺北　德華出版社

1981 年 10 月　頁 152—158

158. 彭邦楨　雪鄉遇故知──訪鄭愁予　彭邦楨文集（卷四）　武漢　長江文
　　　藝出版社　1993 年 11 月　頁 193—200

159. 鄭淑敏　浪子情懷一遊俠──與鄭愁予談詩（上、下）　中國時報　1979
　　　年 5 月 28—29 日　12 版

160. 彥　火　揭開鄭愁予一串謎──海外華裔作家掠影之三　中報月刊　第 39
　　　期　1983 年 4 月　頁 59—64

161. 丁　琬　我達達的馬蹄──鄭愁予先生訪問記　明道文藝　第 104 期
　　　1984 年 11 月　頁 105—110

162. 丁　琬　我達達的馬蹄──鄭愁予先生訪問記　洪範雜誌　第 21 期　1985
　　　年 4 月　1 版

163. 邱彥明，簡媜，李兆琦　　井邊的談話──鄭愁予、齊豫詩歌對談　聯合報
　　　1985 年 5 月 25 日　8 版

164. 楊　澤　在黃昏裡掛一盞燈──楊澤訪鄭愁予　中國時報　1986 年 6 月 11
　　　日　8 版

165. 沙　笛　「在傳奇的舞臺上」修定稿　現代詩　復刊第 10 期　1987 年 5 月
　　　頁 40—45

166. 林燿德　河中之川──與鄭愁予對話　臺北評論　第 1 期　1987 年 9 月
　　　頁 30—37

167. 林燿德　河中之川──與鄭愁予對話　觀念對話──當代詩言談錄　臺北
　　　漢光文化公司　1989 年 8 月　頁 150—162

168. 林燿德　河中之川──與鄭愁予對話　無常的覺知：鄭愁予詩學論集二
　　　臺北　萬卷樓圖書公司　2013 年 5 月　頁 225—232

169. 鄭愁予等[2]　王文興、鄭愁予走上文學語言的不歸路（上、下）　中央日報
　　　1987 年 10 月 12—13 日　10 版

170. 沙　白　談詩之夜──記鄭愁予夜話　沙白散文集　臺北　林白出版社

---

[2] 與會者：梅新，王文興，鄭愁予；紀錄：林慧峯

1988 年 9 月　頁 335—341

171. 義　芝　謫仙的心也淌血——訪鄭愁予先生　聯合報　1989 年 9 月 2 日　27 版

172. 鄭愁予等[3]　感性夜宴圖——狂飆立委朱高正 VS.遊吟詩人鄭愁予　聯合文學　第 65 期　1990 年 3 月　頁 10—20

173. 李　蒙　從第一本詩集談起——鄭愁予與曾淑美、羅任玲、鴻鴻、零雨談片　現代詩　復刊第 16 期　1990 年 12 月　頁 8—23

174. 吳婉茹　詩中有影·影中有詩——詩人鄭愁予 VS.攝影家柯錫杰　中央日報　1995 年 7 月 13 日　18 版

175. 路寒袖　詩與歌——召喚群眾的策略　中國時報　1995 年 9 月 2 日　39 版

176. 黃智溶　山水常青詩情在——有使命與沒有使命的鄭愁予　幼獅文藝　第 502 期　1995 年 10 月　28—33 頁

177. 黃智溶　山水常青詩情在——有使命與沒有使命的鄭愁予　無常的覺知：鄭愁予詩學論集二　臺北　萬卷樓圖書公司　2013 年 5 月　頁 233—240

178. 陳祖彥　山的詮釋者——詩人鄭愁予　幼獅文藝　第 505 期　1996 年 1 月　頁 8—10

179. 陳祖彥　山的詮釋者——詩人鄭愁予　我其實仍然在花園裡　臺北　幼獅文化公司　1998 年 8 月　頁 84—92

180. 沈　奇　擺渡：傳統與現代——鄭愁予訪談錄　臺港與海外華文文學評論和研究　1997 年第 4 期　1997 年 12 月　頁 62—65

181. 沈　奇　傳統與現代——鄭愁予訪談錄　拒絕與再造　西安　西北大學出版社　1999 年 12 月　頁 162—170

182. 沈　奇　傳統與現代——與鄭愁予對話錄　沈奇詩學論集（1）　北京　中國社會科學出版社　2005 年 8 月　頁 250—258

183. 王偉明，胡國賢　遊子與水巷——與鄭愁予對談　詩人詩事　香港　詩雙

[3]與會者：鄭愁予、朱高正、張寶琴、李昂、初安民；紀錄：許悔之。

月刊出版社　1999 年 8 月　頁 280—294

184. 鄭愁予等[4]　　華文寫作的前景　明報月刊　第 427 期　2001 年 7 月　頁 47—
　　　　48

185. 李令儀專訪　　鄭愁予談海島詩人詩中有音樂性　聯合報　2002 年 10 月 6 日
　　　　14 版

186. 林麗如　　人道關懷的詩魂——專訪鄭愁予先生[5]　文訊雜誌　第 205 期
　　　　2002 年 11 月　頁 84—87

187. 林麗如　　詩說無常——詩響思想的鄭愁予　走訪文學僧：資深作家訪問錄
　　　　臺北　文訊雜誌社　2004 年 10 月　頁 387—396

188. 林麗如　　人道關懷的詩魂——專訪鄭愁予先生　無常的覺知：鄭愁予詩學
　　　　論集二　臺北　萬卷樓圖書公司　2013 年 5 月　頁 241—248

189. 黃寶萍　　昔日軍事重鎮，今日「詩鄉」重鎮，鄭愁予落葉歸根，爲文化傳
　　　　承進份力　民生報　2005 年 7 月 3 日　S20 版

190. 陳怡先　　詩人在宜蘭小立——訪鄭愁予　九彎十八拐　第 2 期　2005 年 7
　　　　月　頁 10—13

191. 劉文婷等[6]　　〈錯誤〉的相遇——與鄭愁予教授真情對話　乾坤詩刊　第 39
　　　　期　2006 年 7 月　頁 6—9

192. 陳月素　　鄭愁予、余光中，秋興動詩興　中華日報　2006 年 11 月 27 日　5
　　　　版

193. 鄭愁予等[7]　　「香港文學未來充滿希望！」——章詒和、瘂弦、鄭愁予、陳
　　　　義芝、張大春等名作家出席香港作聯文學座談會　香港作家
　　　　2007 年第 3 期　2007 年 7 月　頁 70

194. 楊慧思　　鳥族中的皇者——專訪詩人鄭愁予　秋水詩刊　第 138 期　2008
　　　　年 7 月　頁 10—13

---

[4]與會者：聶華苓、鄭愁予、劉再復、瘂弦、楊牧；紀錄：周立民。
[5]本文後改篇名爲〈詩說無常——詩響思想的鄭愁予〉。
[6]與會者：劉文婷、林明燕、徐少燕、秦瑞雯。
[7]與會者：章詒和、瘂弦、鄭愁予、陳義芝、潘耀明、張詩劍、張大春；紀錄：小林。

195. 李承宇　　那年 15 歲——人道關懷火苗，寫成憂國詩篇　聯合報　2009 年 3
　　　　　　月 22 日　A7 版

196. 李承宇　　兒子懂他——有艘遠渡的船，詩人未竟的夢　聯合報　2009 年 3
　　　　　　月 22 日　A7 版

197. 李承宇　　詩魂伴海洋，鄭愁予把故鄉帶著走　聯合報　2009 年 3 月 22 日
　　　　　　A7 版

198. 鄭愁予，王蒙講；劉葆平記　　不衹遇見種樹的詩人——鄭愁予、王蒙聊文
　　　　　　化片羽的午後　聯合文學　第 294 期　2009 年 4 月　頁 117—123

199. 李懷宇　　鄭愁予：人道主義影響我一生　世界知識公民——文化名家訪談
　　　　　　錄　臺北　允晨文化公司　2010 年 5 月　頁 253—269

200. 陳忠坤　　鄭愁予：新詩創作不是簡單了事　書香兩岸　第 23、24 合刊
　　　　　　2010 年 9，10 月　頁 102—105

201. 林韋助專訪　　鄭愁予——「我的詩‧仍坐在無終站列車上」　中國時報
　　　　　　2010 年 10 月 16 日　E4 版

202. 鄭愁予等[8]　　聶華苓與愛荷華國記寫作計畫　文訊雜誌　第 309 期　2011 年
　　　　　　7 月　頁 82—87

203. 鄭愁予講；蘇頌淇記錄整理　　我的詩——仍坐在無終站列車上　人文心靈
　　　　　　的跨越與回歸——府城講壇 2010　臺南　國立臺灣文學館　2011
　　　　　　年 7 月　頁 155—193

204. 鄭愁予等；馬翊航記錄整理　　聶華苓與愛荷華國際寫作計畫　百年小說研
　　　　　　討會論文集　臺北　文訊雜誌社　2012 年 10 月　頁 303—311

205. 張曦娜　　「達達的馬蹄」響遍半世紀——訪臺灣詩人鄭愁予　作家小傳：
　　　　　　鄭愁予　臺北　行人文化實驗室，目宿媒體　2012 年 3 月　頁 14
　　　　　　—30

---

[8]主持人：向陽；與談者：聶華苓、李瑜、李銳、林懷民、格非、尉天驄、楊青矗、瘂弦、董啓
章、管管、蔣韻、鄭愁予、駱以軍。

## 年表

206. 張梅芳　　鄭愁予簡歷　鄭愁予詩的想像世界　中國文化大學中國文學系
　　　　　　　碩士論文　翁文嫻教授指導　1997 年 6 月　頁 195

207. 張梅芳　　鄭愁予簡歷　鄭愁予詩的想像世界　臺北　萬卷樓圖書公司
　　　　　　　2001 年 9 月　頁 257—258

208. 阮馨儀　　鄭愁予擔任臺南大學駐校作家　文訊雜誌　第 295 期　2010 年 5
　　　　　　　月　頁 179

209.〔行人文化實驗室，洪範書局〕　　作家年表　作家小傳：鄭愁予　臺北
　　　　　　　行人文化實驗室，目宿媒體　2012 年 3 月　頁 32—37

## 其他

210. 曾慧燕　　北美華文作協舉行年會——琦君、鄭愁予、夏志清及王鼎鈞獲頒
　　　　　　　傑出會員　聯合報　2001 年 5 月 28 日　14 版

211. 陳希林　　榮譽文藝獎章鄭愁予等 23 人獲得　中國時報　2005 年 5 月 4 日
　　　　　　　D8 版

212. 賴素鈴　　文藝獎項多！稀釋影響力？——鄭愁予，陳丹誠，杜黑今獲頒榮
　　　　　　　譽文藝獎章　民生報　2005 年 5 月 4 日　A11 版

213. 朱芝嫻　　中國文藝協會頒第 46 屆文藝獎章——郭年昆應邀頒獎表揚鄭愁
　　　　　　　予、陳丹誠、杜黑等三人及表現傑出創作者　青年日報　2005 年
　　　　　　　5 月 5 日　3 版

214. 觀　彥　　詩人鄭愁予——金門縣頒榮譽縣民證　人間福報　2005 年 6 月 24
　　　　　　　日　6 版

215. 詹宇霈　　詩人鄭愁予獲元智大學桂冠文學獎　文訊雜誌　第 278 期　2008
　　　　　　　年 12 月　頁 165

216. 曾芳蘭　　詩寫和平・鄭愁予獲獎章　中華日報　2011 年 12 月 21 日　A4 版

217. 李青霖　　詩人鄭愁予獲頒「全球生命創作獎章」　文訊雜誌　第 316 期
　　　　　　　2012 年 2 月　頁 138

218. 王爲萱　　明道大學舉辦鄭愁予 80 壽慶系列活動　文訊雜誌　第 333 期

2013 年 7 月　頁 224—225

## 作品評論篇目

### 綜論

219. 瘂 弦　　鄭愁予　六十年代詩選　高雄　大業書店　1961 年 1 月　頁 200

220. 瘂 弦　　《六十年代詩選》作者小評——鄭愁予　創世紀　第 148 期
　　　　　　2006 年 9 月　頁 22—23

221. 葛賢寧，上官予　　現代詩的興起（中）〔鄭愁予部分〕　五十年來的中國
　　　　　　詩歌　臺北　中正書局　1965 年 3 月　頁 201—203

222. 趙天儀　　笠下影：鄭愁予　笠　第 9 期　1965 年 10 月　頁 3—5

223. 張 默　　五十五年新春讀詩隨記〔鄭愁予部分〕　創世紀　第 24 期　1966
　　　　　　年 4 月　頁 14—16

224. 張 默　　鄭愁予小評　七十年代詩選　高雄　大業書店　1967 年 9 月　頁
　　　　　　170—171

225. 周伯乃　　一朵流落的雲——鄭愁予　自由青年　第 42 卷第 3 期　1969 年 9
　　　　　　月 1 日　頁 91—96

226. 周伯乃　　一朵流落的雲——鄭愁予　無常的覺知：鄭愁予詩學論集二　臺
　　　　　　北　萬卷樓圖書公司　2013 年 5 月　頁 11—19

227. 張 默　　從鄭愁予的「旅程」出發　現代詩的投影　臺北　臺灣商務印書
　　　　　　館　1971 年 9 月　頁 75—87

228. 溫任平　　鄭愁予的詩　中國時報　1972 年 4 月 29 日　12 版

229. 楊 牧　　鄭愁予傳奇[9]　幼獅文藝　第 237 期　1973 年 9 月　頁 18—42

230. 楊 牧　　鄭愁予傳奇　傳統的與現代的　臺北　志文出版社　1974 年 3 月
　　　　　　頁 157—192

231. 楊 牧　　鄭愁予傳奇（代序）　鄭愁予詩選集　臺北　志文出版社　1974
　　　　　　年 3 月　頁 11—47

---

[9] 本文論述鄭愁予詩語言特性以及各時期的特色。

232. 楊　牧　　鄭愁予傳奇　中國現代作家論　臺北　聯經出版公司　1979 年 7
　　　　　月　頁 75—104

233. 楊　牧　　鄭愁予傳奇　傳統的與現代的　臺北　洪範書店　1979 年 9 月
　　　　　頁 169—204

234. 楊　牧　　鄭愁予傳奇　現代詩導讀（批評篇）　臺北　故鄉出版社　1979
　　　　　年 11 月　頁 203—234

235. 楊　牧　　鄭愁予傳奇　洪範雜誌　第 4 期　1981 年 10 月　1 版

236. 楊　牧　　鄭愁予傳奇／代序　鄭愁予詩選集　臺北　志文出版社　2000 年
　　　　　11 月　頁 11—51

237. 楊　牧　　鄭愁予傳奇　掠影急流　臺北　洪範書店　2005 年 12 月　頁 115
　　　　　—152

238. 楊　牧　　鄭愁予傳奇　愁予的傳奇：鄭愁予詩學論集三　臺北　萬卷樓圖
　　　　　書公司　2013 年 5 月　頁 1—24

239. 上官予　　五十年代的詩潮〔鄭愁予部分〕　傳統與現代之間　臺北　眾成
　　　　　出版社　1975 年 12 月　頁 73—75

240. 黃坤堯　　論鄭愁予詩的愛情主題　藍星季刊　復刊第 10 期　1978 年 12 月
　　　　　頁 129—139

241. 瘂　弦　　兩岸蘆花白的故鄉——詩人鄭愁予的創作世界（上、下）　聯合
　　　　　報　1979 年 5 月 27—28 日　12 版

242. 楊子潤　　最令人著迷的浪子——鄭愁予　中學白話詩選　臺北　故鄉出版
　　　　　社　1980 年 4 月　頁 172—173

243. 白　靈　　淺析鄭愁予的境界觀——中國現實與理想的藝術導向　現代詩
　　　　　復刊第 1 期　1982 年 6 月　頁 34—42

244. 白　靈　　淺析鄭愁予的境界觀——中國現實與理想的藝術導向　愁予的傳
　　　　　奇：鄭愁予詩學論集三　臺北　萬卷樓圖書公司　2013 年 5 月
　　　　　頁 25—32

245. 苦　苓　　誰是大詩人——青年詩人心目中的十大詩人[10]　陽光小集　第 10 期
　　　　　　　1982 年 10 月　頁 79—91

246. 苦　苓　　誰是大詩人？青年詩人心目中的十大詩人　書中書　臺北　希代
　　　　　　　書版公司　1986 年 9 月　頁 210—211

247. 彥　火　　宇宙的遊子——鄭愁予　特區文學　1984 年第 2 期　1984 年 6 月
　　　　　　　頁 132

248. 張　默　　從繁富到清明——六十年代的新詩〔鄭愁予部分〕　文訊雜誌
　　　　　　　第 13 期　1984 年 8 月　頁 93

249. 蕭　蕭　　我是北地忍不住的春天　感人的詩　臺北　希代書版公司　1984
　　　　　　　年 12 月　頁 239—242

250. 〔洪範雜誌〕　中國詩人鄭愁予，令人著迷的浪子　洪範雜誌　第 21 期
　　　　　　　1985 年 4 月　1 版

251. 王晉民　　現代詩社的現代主義及其代表詩人紀弦、鄭愁予、羅門、羊令野
　　　　　　　臺灣當代文學　南寧　廣西人民出版社　1986 年 9 月　頁 356

252. 蕭　蕭　　現代詩裡的傳統詩情[11]　現代詩學　臺北　東大圖書公司　1987 年
　　　　　　　4 月　頁 63—87

253. 孟　樊　　浪子意識的變奏——讀鄭愁予的詩[12]　文訊雜誌　第 30 期　1987
　　　　　　　年 6 月　頁 150—163

254. 孟　樊　　浪子意識的變奏——讀鄭愁予的詩　當代作家專論　香港　嶺南
　　　　　　　學院現代中文文學研究中心　1996 年 8 月　頁 111—127

255. 孟　樊　　浪子意識的變奏——讀鄭愁予的詩　愁予的傳奇：鄭愁予詩學論
　　　　　　　集三　臺北　萬卷樓圖書公司　2013 年 5 月　頁 33—54

---

[10]本文爲「陽光小集」所舉辦「青年詩人心目中的十大詩人」的票選活動紀錄。十位詩人分別爲：
　余光中、白萩、楊牧、鄭愁予、洛夫、瘂弦、周夢蝶、商禽、羅門、羊令野，並略述十人作品風
　格及技巧。
[11]本文以鄭愁予的詩爲例，將中國傳統詩情分爲 8 類：1.田園詩情；2.戰爭詩情；3.閨怨詩情；4.送
　別詩情；5.倫理詩情；6.山水詩情；7.鄉愁詩情；8.懷古詩情。
[12]本文分析鄭愁予詩中的浪子意識。全文共 4 小節：1.前言——江湖寥落爾安歸；2.浪子意識——
　一蓑煙雨任平生；3.流浪人語——踏花歸去馬蹄香；4.結語——也無風雨風雨也無晴。

256. 〔張錯編〕　　鄭愁予詩選──鄭愁予（1933─）　千曲之島　臺北　爾雅
　　　出版社　1987 年 7 月　頁 79─80

257. 宋田水　　要死不活的臺灣文學──透視臺灣作家的良心──鄭愁予　臺灣
　　　新文化　第 14 期　1987 年 11 月　頁 41

258. 林　路　　在「橫的移植」和「縱的繼承」的交點上──臺灣詩人鄭愁予的
　　　創作道路及風格論　上海師範大學學報　1988 年第 1 期　1988 年
　　　3 月　頁 46─48

259. 鄭明娳　　中國新詩概說〔鄭愁予部分〕　當代文學氣象　臺北　光復書局
　　　1988 年 4 月　頁 173

260. 余　禺　　臺灣現代詩的兩極對位〔鄭愁予部分〕　臺灣研究集刊　1988 年
　　　第 2 期　1988 年 5 月　頁 47─48

261. 古繼堂　　一顆閃亮而神秘的星──論臺灣詩人鄭愁予的詩　文學世界　第 3
　　　期　1988 年 7 月　頁 271─280

262. 徐望雲　　焦桐與鄭愁予「寫山詩」之比較　太平洋日報　1989 年 6 月 8 日
　　　12 版

263. 朱西甯　　我最喜愛的當代中國詩人──十四位文化人的意見──愁予的史
　　　詩浩蕩壯麗、渾圓強大　文訊雜誌　第 44 期　1989 年 6 月　頁
　　　24

264. 朱西甯　　我最喜愛的當代中國詩人：愁予的史詩浩蕩壯麗、渾圓強大　洪
　　　範雜誌　第 41 期　1989 年 10 月　4 版

265. 古繼堂　　現代詩社和它的詩人群──鄭愁予　臺灣新詩發展史　臺北　文
　　　史哲出版社　1989 年 7 月　頁 131─147

266. 公仲，汪義生　　50 年代後期及 60 年代臺灣文學（上）（1956─1966）〔鄭
　　　愁予部分〕　臺灣新文學史初編　南昌　江西人民出版社　1989
　　　年 8 月　頁 122─125

267. 黃春旺　　採貝的浪子──介紹鄭愁予的詩　世事總關情　屏東　睿煜出版
　　　社　1989 年 11 月　頁 166─173

268. 古繼堂　　鄭愁予　臺灣愛情文學論　福州　海峽文藝出版社　1990 年 3 月　頁 242—250

269. 朱雙一　　現代主義詩歌運動的第一次高潮〔鄭愁予部分〕　臺灣新文學概觀（下）　福建　鷺江出版社　1991 年 6 月　頁 107—109

270. 蕭　蕭　　粗獷與柔婉——談鄭愁予　現代詩縱橫觀　臺北　文史哲出版社　1991 年 6 月　頁 147—162

271. 楊昌年　　鄭愁予　現代詩的創作與欣賞　臺北　文史哲出版社　1991 年 9 月　頁 329—335

272. 黃維樑　　江晚正愁予——鄭愁予與詞[13]　中外文學　第 21 卷第 4 期　1992 年 9 月　頁 88—104

273. 黃維樑　　江晚正愁予——鄭愁予與詞　期待文學強人——大陸臺灣香港文學評論集　香港　當代文藝出版社　2004 年 8 月　頁 128—140

274. 黃維樑著，曾焯文譯　　江晚正愁予——鄭愁予與詞　愁予的傳奇：鄭愁予詩學論集三　臺北　萬卷樓圖書公司　2013 年 5 月　頁 55—70

275. 金漢，馮雲青，李新宇　　鄭愁予　新編中國當代文學發展史　杭州　杭州大學出版社　1993 年 1 月　頁 697

276. 劉登翰　　紀弦、鄭愁予與「現代派」詩人群　臺灣文學史（下）　福州　海峽文藝出版社　1993 年 1 月　頁 136—141

277. 朱思伶　　鄭愁予　中國時報　1993 年 3 月 12 日　31 版

278. 王志健　　夢土上的坐月人——鄭愁予　中國新詩淵藪（中）　臺北　正中書局　1993 年 7 月　頁 1873—1905

279. 徐望雲　　鄭愁予詩風初探[14]　臺灣新聞報　1993 年 11 月 18 日　14 版

280. 徐望雲　　悠悠飛越太平洋的愁予風——鄭愁予詩風初探　名作欣賞　1994 年第 2 期　1994 年 1 月　頁 106—110

281. 王晉民　　鄭愁予的詩　臺灣當代文學史　南寧　廣西人民教育出版社

---

[13] 本文探討鄭愁予詩作婉約風格與古典詞間的關聯性。
[14] 本文後改篇名為〈悠悠飛越太平洋的愁予風——鄭愁予詩風初探〉。

1994 年　頁 578—595

282. 渡　也　　談鄭愁予的田園詩　新詩補給站　臺北　三民書局　1995 年 2 月　頁 97—103

283. 劉登翰　臺灣詩人十八家論札——鄭愁予論　臺灣文學隔海觀：文學香火的傳承與變異　臺北　風雲時代出版公司　1995 年 3 月　頁 237—241

284. 〔中華民國新詩學會〕　鄭愁予詩創作觀　中華新詩選　臺北　文史哲出版社　1996 年 3 月　頁 64

285. 陳啓佑　五十年代現代派中的古典〔鄭愁予部分〕　臺灣現代詩史論：臺灣現代詩史研討會實錄　臺北　文訊雜誌社　1996 年 3 月　頁 128，134—141

286. 洪淑苓　論鄭愁予的山水詩——以其寫作歷程與美感觀照為主的分析[15]　語文、情性、義理——中國文學的多層面探討國際學術會議論文集　臺北　臺灣大學　1996 年 7 月　頁 503—532

287. 沈　奇　美麗的錯位——鄭愁予論　臺灣詩人散論　臺北　爾雅出版社　1996 年 11 月　頁 244—266

288. 沈　奇　美麗的錯位——鄭愁予論　沈奇詩學論集（3）　北京　中國社會科學出版社　2005 年 8 月　頁 218—232

289. 沈　奇　美麗的錯位——鄭愁予論　華文文學　2010 年第 2 期　2010 年 4 月　頁 19—25

290. 劉登翰，朱雙一　割所有旅人的影子用以釀酒——鄭愁予論　彼岸的繆斯——臺灣詩歌論　南昌　百花洲文藝出版社　1996 年 12 月　頁 253—257

291. 劉志一　問君能有幾多愁——評鄭愁予的愛情詩　臺港與海外華文文學評論和研究　1997 年第 1 期　1997 年 3 月　頁 73—74

---

[15]本文分析鄭愁予各時期山水詩的寫作歷程與意象美感，探討其中年以後的寫作成果。全文共 2 小節：1.寫作歷程與作品類型；2.美感觀照與美學風格。

292. 洪淑苓　現代山水詩——尋訪詩人的心靈原鄉〔鄭愁予部分〕　中國時報　1997年6月5日　42版

293. 蕭　蕭　情采鄭愁予[16]　國文天地　第145期　1997年6月　頁58—65

294. 蕭　蕭　高中現代詩教學設計鑑賞篇——以鄭愁予〈錯誤〉為例　中學生現代詩手冊　臺南　翰林出版公司　1999年9月　頁249—264

295. 蕭　蕭　情采鄭愁予　〈錯誤〉的驚喜：鄭愁予詩學論集一　臺北　萬卷樓圖書公司　2013年5月　頁47—57

296. 曾慧絲　人生是整個流浪過程——初探鄭愁予的人生觀　詩雙月刊　第36期　1997年10月　頁67—72

297. 翁文嫻　詩與宗教〔鄭愁予部分〕　創作的契機　臺北　唐山出版社　1998年5月　頁179—183

298. 林佳惠　《野風》重要作家作品析論〔鄭愁予部分〕　《野風》文藝雜誌研究　臺灣師範大學國文學系　碩士論文　陳萬益教授指導　1998年7月　頁134—136

299. 潘麗珠　鄭愁予　臺灣現代詩教學研究　臺北　五南圖書公司　1999年3月　頁143—144

300. 江聰平　鄭愁予詩的修辭藝術　中國修辭學術研討會　臺北　臺灣師範大學國文系，中國修辭學會主辦　1999年6月6—7日

301. 江聰平　鄭愁予詩的修辭藝術　修辭論叢：第一屆中國修辭學學術研討會　臺北　洪葉文化公司　1999年8月　頁365—395

302. 江聰平　鄭愁予詩的修辭藝術（上、下）　臺灣時報　2008年2月24—25日　23版

303. 陳全得　臺灣《現代詩》的主要作家及作品分析（上）——鄭愁予其人及其詩作之分析　臺灣《現代詩》研究　政治大學中國文學系　博士論文　尉天驄，張雙英教授指導　1999年7月　頁66—72

304. 陳去非　關於摹寫（下）〔鄭愁予部分〕　勁報　2000年4月7日　24版

---

[16]本文縱論鄭愁予之作，後改篇名為〈高中現代詩教學設計鑑賞篇——以鄭愁予〈錯誤〉為例〉。

305. 廖祥荏　來自沙原的孤客——愁予邊塞詩評析　中國語文　第 86 卷第 6 期　2000 年 6 月　頁 71—75

306. 廖祥荏　船長的獨步——鄭愁予海洋詩評析　臺灣詩學季刊　第 31 期　2000 年 6 月　頁 158—162

307. 廖祥荏　船長的獨步——鄭愁予海洋詩評析　中國語文　第 89 卷第 5 期　2001 年 11 月　頁 70—75

308. 廖祥荏　船長的獨步——鄭愁予海洋詩評析　無常的覺知：鄭愁予詩學論集二　臺北　萬卷樓圖書公司　2013 年 5 月　頁 83—89

309. 蘇　林　文學遊子夢土逆旅〔鄭愁予部分〕　聯合報　2000 年 8 月 28 日　41 版

310. 朱文華　鄭愁予——「浪子詩人」　臺港澳文學教程　上海　漢語大辭典出版社　2000 年 10 月　頁 81—82

311. 廖祥荏　宇宙的遊子——愁予浪子詩評析　中國語文　第 87 卷第 4 期　2000 年 10 月　頁 69—73

312. 廖祥荏　宇宙的遊子——愁予浪子詩評析　無常的覺知：鄭愁予詩學論集二　臺北　萬卷樓圖書公司　2013 年 5 月　頁 91—95

313. 廖祥荏　一剪青絲融於雲的淨土——愁予山嶽詩評析　中國語文　第 88 卷第 3 期　2001 年 3 月　頁 78—84

314. 廖祥荏　一剪青絲融於雲的淨土——愁予山嶽詩評析　無常的覺知：鄭愁予詩學論集二　臺北　萬卷樓圖書公司　2013 年 5 月　頁 97—103

315. 廖祥荏　天涯踏雪記——愁予旅行詩評析　中國語文　第 88 卷第 6 期　2001 年 6 月　頁 56—61

316. 廖祥荏　天涯踏雪記——愁予旅行詩評析　無常的覺知：鄭愁予詩學論集二　臺北　萬卷樓圖書公司　2013 年 5 月　頁 105—110

317. 廖祥荏　愁予「人物詩」評析　中國語文　第 89 卷第 2 期　2001 年 8 月　頁 77—84

318. 張小弟　　美國華文文學——鄭愁予的詩作　五洲華人文學概況　太原　山西教育出版社　2001 年 10 月　頁 249—250

319. 廖祥荏　　一分鐘的星蝕——鄭愁予愛情詩評析　中國語文　第 89 卷第 4 期　2001 年 10 月　頁 80—87

320. 廖祥荏　　一分鐘的星蝕——鄭愁予愛情詩評析　無常的覺知：鄭愁予詩學論集二　臺北　萬卷樓圖書公司　2013 年 5 月　頁 111—119

321. 古繼堂　　臺灣現代派詩社——鄭愁予　簡明臺灣文學史　北京　時事出版社　2002 年 6 月　頁 289—291

322. 商瑜容　　鄭愁予旅美前詩作研究[17]　文與哲　第 1 期　2002 年 12 月　頁 449—472

323. 商瑜容　　鄭愁予旅美前詩作研究　愁予的傳奇：鄭愁予詩學論集三　臺北　萬卷樓圖書公司　2013 年 5 月　頁 71—96

324. 楊佳嫻　　過癮而不……焚身——讀鄭愁予　香港文學　第 225 期　2003 年 9 月　頁 35—37

325. 張　健　　鄭愁予情詩十二式[18]　回顧兩岸五十年文學學術研討會　臺北　中國文化大學中國文學系，財團法人善同文教基金會主辦　2003 年 11 月 28—29 日

326. 張　健　　鄭愁予情詩十二式　回顧兩岸五十年文學學術研討會論文集（上）　臺北　中國文化大學出版部　2004 年 3 月　頁 3—23

327. 張　健　　鄭愁予情詩十二式　情與韻：兩岸線代詩集錦　臺北　秀威資訊科技公司　2011 年 9 月　頁 93—117

328. 翁文嫻　　鄭愁予詩中「轉動」文化的能力[19]　臺灣前行代詩家論：第六屆現

---

[17] 本文旨在歸結鄭愁予旅美前的詩作特色和藝術成就。全文共 4 小節：1.前言；2.鄭愁予詩作的主題；3.鄭愁予詩作的意象模式；4.鄭愁予詩作的語言特色；5.鄭愁予詩作的風格；6.結論。

[18] 本文論述鄭愁予在五〇年代的情詩作品，並分析其情詩的寫作手法與其中情感。全文共 12 小節：1.等待式；2.凋殘式；3.離去式；4.思憶式；5.航海式；6.織錦式；7.告別式；8.散步式；9.划舟式；10.情婦式；11.卜居式；12.重逢式。

[19] 本文以鄭愁予寬鬆句型呈現詩境、中國性，及其詩風格與臺灣近十年的本土性，探討鄭愁予詩作轉動文化的能力。全文共小節：1.前言；2.有沒有一種鄭愁予的想像方式？；3.結語。

代詩學研討會論文集　臺北　萬卷樓圖書公司　2003 年 11 月　頁 81—99

329. 張國華　現代詩的形式建構與審美教學——修辭的審美原則〔鄭愁予部分〕　現代詩審美教學研究　高雄師範大學國文學系國文教學碩士班　碩士論文　林文欽教授指導　2003 年　頁 222—237

330. 林淑華　鄭愁予詩中的山水　中國語文　第 93 卷第 6 期　2003 年 12 月　頁 69—84

331. 林淑華　鄭愁予詩中的山水　無常的覺知：鄭愁予詩學論集二　臺北　萬卷樓圖書公司　2013 年 5 月　頁 129—144

332. 洪淑苓　鄭愁予山水詩的特色　現代詩新版圖　臺北　秀威資訊科技公司　2004 年 9 月　頁 171—178

333. 李立平　鄭愁予的情詩世界與詩美追求　世界華文文學論壇　2004 年第 3 期　2004 年 9 月　頁 49—53

334. 方　忠　鄭愁予的詩　二十世紀臺灣文學史論　南昌　百花文藝出版社　2004 年 10 月　頁 94—95

335. 吳若權　旅夢未醒——收藏鄭愁予的詩與歌　中國時報　2004 年 11 月 2 日　E7 版

336. 羅任玲　鄭愁予：浪子與哲人的自然美學　臺灣現代詩自然美學——以楊牧、鄭愁予、周夢蝶為中心　臺灣師範大學國文學系在職進修碩士班　碩士論文　楊昌年教授指導　2004 年 12 月　頁 64—159

337. 羅任玲　鄭愁予：浪子與哲人的自然美學　臺灣現代詩自然美學——以楊牧、鄭愁予、周夢蝶為中心　臺北　爾雅出版社　2005 年 10 月　頁 143—261

338. 江少川　臺灣詩壇三駕車——讀紀弦、鄭愁予、瘂弦的詩　臺港澳文學論稿　北京　北京大學出版社　2005 年 4 月　頁 47—53

339. 莫　渝　初讀鄭愁予的詩　漫漫隨筆集　苗栗　苗栗縣文化局　2005 年 4 月　頁 349—350

340. 李　倩　　臺灣當代詩壇的金童玉女〔鄭愁予部分〕　社會科學戰線　2005
　　　　　　　年第 3 期　2005 年 5 月　頁 311—312

341. 王德培　　鄭愁予、周夢蝶現代詩古典韻味之比較　伊犁教育學院學報
　　　　　　　2005 年第 2 期　2005 年 6 月　頁 39—42

342. 楊宗翰　　鍛接期臺灣新詩史——鄭愁予（一）與白萩（一）　臺灣詩學學
　　　　　　　刊　第 5 期　2005 年 6 月　頁 88—92

343. 白　靈　　著人議論的靈魂：奇魅詩人鄭愁予[20]　沿波討源，雖幽必顯——認
　　　　　　　識臺灣作家的十二堂課　桃園　中央大學　2005 年 8 月　頁 1—
　　　　　　　42

344. 冷芸樺　　基隆新文學中的海洋書寫——海洋詩人：鄭愁予、拾虹、林建隆
　　　　　　　戰後基隆文學發展之研究　淡江大學中國文學系碩士在職專班
　　　　　　　碩士論文　殷善培，翁聖峰教授指導　2005 年　頁 150—153

345. 吳韶純　　鄭愁予——浪漫綺麗的海洋詩人　臺灣現代海洋文學研究　高雄
　　　　　　　師範大學國文學系國文教學碩士班　碩士論文　杜明德教授指導
　　　　　　　2005 年　頁 135—138

346. 簡澤峰　　論鄭愁予詩中「窗」的象徵[21]　國文學誌　第 11 期　2005 年 12 月
　　　　　　　頁 429—450

347. 黃萬華　　臺灣文學——詩歌（中）〔鄭愁予部分〕　中國現當代文學・第 1
　　　　　　　卷（五四—1960 年代）　濟南　山東文藝出版社　2006 年 3 月
　　　　　　　頁 437—440

348. 羅振亞　　臺灣現代詩人抽樣透析——紀弦、鄭愁予、余光中、洛夫、瘂弦
　　　　　　　臺灣研究集刊　2006 年第 1 期　2006 年 3 月　頁 90—91

349. 方環海，沈玲　　依賴心理與鄭愁予詩歌的孤獨感研究[22]　臺灣詩學學刊　第

---

[20] 本文透過對鄭愁予生平事略、詩作特色以及早期與晚期詩作比較，以了解詩人透過語言與題材反應生命本質。

[21] 本文探討鄭愁予詩中「窗」所隱含的意涵。全文共 3 小節：1.前言；2.本文；3.結語及相關問題。

[22] 本文藉由探討鄭愁予寫故土親情、自然山水、愛情、時間以及死亡題材詩作，以了解鄭愁予詩中永恆孤獨感、虛無的世界與追尋的意義。全文共 5 小節：1.深刻的「浪子」；2.人類的孤獨：對世界的一種情緒；3.存在的追尋：對世界認知的路徑；4.無處失歸屬：世界虛無的本質；5.永遠的過

　　　　　　7 期　2006 年 5 月　頁 197—237

350. 林胤華　鄭愁予詩中的別離與等待——以浪子和思婦形象維探討重心　青
　　　　　　春詩會——臺灣現代詩人詩作研討會　桃園　中央大學中國文學
　　　　　　系現代文學教學研究室主辦　2006 年 6 月 12 日

351. 茅林鶯　融古典於現代，匯西方於東方——試析鄭愁予早期詩歌的藝術特
　　　　　　徵　哈爾濱學院學報　2006 年第 8 期　2006 年 8 月　頁 80—83

352. 張梅芳　鄭愁予詩語言的構成物件及其技法[23]　當代詩學年刊　第 2 期
　　　　　　2006 年 9 月　頁 63—80

353. 張梅芳　鄭愁予詩語言的構成物件及其技法　愁予的傳奇：鄭愁予詩學論
　　　　　　集三　臺北　萬卷樓圖書公司　2013 年 5 月　頁 97—122

354. 張鴻愷　試探鄭愁予詩中的愛情主題　海鷗詩刊　第 35 期　2006 年 12 月
　　　　　　頁 47—67

355. 白　靈　遊與俠——鄭愁予詩中遊俠精神與時空轉折[24]　明道通識論叢　第
　　　　　　2 期　2007 年 3 月　頁 107—148

356. 白　靈　游與俠——鄭愁予詩中的遊俠精神與時空轉折　桂冠與荊棘——
　　　　　　白靈詩論集　北京　作家出版社　2008 年 11 月　頁 83—141

357. 白　靈　遊與俠——鄭愁予詩中的遊俠精神與時空轉折　愁予的傳奇：鄭
　　　　　　愁予詩學論集三　臺北　萬卷樓圖書公司　2013 年 5 月　頁 123
　　　　　　—186

358. 溫羽貝　表裡內外之失衡：測量鄭愁予詩歌的孤獨感[25]　臺灣詩學學刊　第

---

客：不是結語的結尾。

[23] 本文探討鄭愁予詩作經常出現的「物件」、詩語言構成「技法」，及作品中詩人主體性格，以呈現
　　正愁予詩作整體風格形成的源由。全文共 6 小節：1.前言；2.鄭愁予詩中「物件」的選擇傾向；3.
　　鄭愁予的抒情技法；4.創作主題心理歷程所顯現的詩人情性；5 與中國抒情傳統的呼應；6.結論。

[24] 本文藉探討鄭愁予的詩作，以得知其作品中所呈現之遊俠精神與時空轉折。全文共 7 小節：1.引
　　言；2.可見與不可見的孤獨；3.鄭愁予詩作中的一精神、二觀面、四面向；4.「他在他爲」向「自
　　在自爲」的時空轉折；5.「自在自爲」向「無在無爲」的時空轉折；6.冥合的可能和不可能；7.結
　　語。

[25] 本文依據個人層次、異性層次以及團體層次，且結合「依愛」理論，探討鄭愁予詩作中所含孤獨
　　感。全文共 5 小節：1.引言；2.表與裡：個人的兩面；3.同一與分離：異性帶來的孤獨感；4.內與
　　外：個人與團體；5.結語。

9 期　2007 年 6 月　頁 221—247

359. 溫羽貝　　表裡內外之失衡——測量鄭愁予詩歌的孤獨感　愁予的傳奇：鄭
　　　　　　　愁予詩學論集三　臺北　萬卷樓圖書公司　2013 年 5 月　頁 241
　　　　　　　—271

360. 史　言　　沮喪與孤獨的色彩空間：聞一多、鄭愁予詩歌「黑」、「白」特
　　　　　　　質下的孤獨感研究[26] 臺灣詩學學刊　第 9 期　2007 年 6 月　頁
　　　　　　　249—295

361. 史　言　　沮喪與孤獨的色彩空間：聞一多、鄭愁予詩歌「黑」、「白」特
　　　　　　　質下的孤獨感研究　愁予的傳奇：鄭愁予詩學論集三　臺北　萬
　　　　　　　卷樓圖書公司　2013 年 5 月　頁 187—240

362. 蕭　蕭　　孤獨美學：現代主義裡的古典文學情愫——以鄭愁予為範式[27]　現
　　　　　　　代新詩美學　臺北　爾雅出版社　2007 年 7 月　頁 91—156

363. 蕭　蕭　　孤獨美學：現代主義裡的古典文學情愫——以鄭愁予為範式　愁
　　　　　　　予的傳奇：鄭愁予詩學論集三　臺北　萬卷樓圖書公司　2013 年
　　　　　　　5 月　頁 273—322

364. 古遠清　　婉轉迷人的鄭愁予　臺灣當代新詩史　臺北　文津出版社　2008
　　　　　　　年 1 月　頁 98—103

365. 戴海光　　論鄭愁予詩歌中的鄉愁主題　安康學院學報　2008 年第 3 期
　　　　　　　2008 年 6 月　頁 67—69

366. 肖曉英　　鄭愁予詩歌的文化解讀　雲南民族大學學報　第 25 卷第 4 期
　　　　　　　2008 年 7 月　頁 132—135

---

[26] 本文探以精神分析學、心理學、四元素詩學以及空間詩學，探討聞一多與鄭愁予詩作中常用色彩
　　及其人格特質的反映。全文共 7 小節：1.引言；2.聞一多、鄭愁予詩歌的色彩測量；3.一個命題的
　　提出；4.第一步證明：世紀末的異化與孤獨；5.第二步證明：「黑」、「白」特質反映出沮喪與孤獨
　　的關係；6.第三步證明：空間意象的印證與「四元素詩學」作為歸結；7.結語。
[27] 本文以「孤獨美學」探討鄭愁予詩作與中國傳統詩學中孤獨情愫，再以「依愛」與「人本心理
　　學」理論作為印證。全文共 8 小節：1.前言：孤獨感是文學發生的源頭、成長的脈落；2.孤獨美
　　學：古典詩學的情愫追索；3.隱逸思想裡的孤獨情境；4.邊塞風塵中的孤苦情思；5.閨怨懷春時的
　　孤寂情愛；6.飄浪行旅間的孤絕情愁；7.書齋神馳下的孤高情懷；8.結語：孤獨感在臺灣詩學裡的
　　追摹與穿梭。

367. 曾萍萍　　知識分子的失望與徘徊：《筆匯》內容分析——烏鴉像箭一般刺穿天空：文學創作〔鄭愁予部分〕　「文季」文學集團研究——以系列刊物為觀察對象　中央大學中國文學系　博士論文　李瑞騰教授指導　2008 年 7 月　頁 48

368. 吳翔逸　　浪子書生 VS.不繫佳人——鄭愁予與林泠詩風比較　掌門詩學　第 53 期　2008 年 11 月　頁 120—123

369. 孫　欣　　論鄭愁予詩歌與傳統詩歌的聯繫　黑龍江科技信息　2008 年第 36 期　2008 年　頁 320

370. 張瑋儀　　近海與遠洋——論鄭愁予、瘂弦的海洋詩　多重視野的人文海洋：海洋文化學術研討會　高雄　中山大學文學院主辦　2009 年 10 月 23 日

371. 史　言　　「水」與「夢」的「禪語」：巴什拉現象學精神分析之於周夢蝶、余光中、鄭愁予詩歌的比較研究　周夢蝶與二十世紀華文文學兩岸三地學術研討會　彰化　徐州師範大學，香港大學，武漢大學，明道大學中國文學系主辦　2009 年 12 月 20 日

372. 陳杏芬　　臺灣海洋詩與海洋詩人述要——海洋詩人：覃子豪、鄭愁予、瘂弦、汪啟疆[28]　余光中海洋詩研究（1948—2008）　臺灣海洋大學海洋文化研究所　碩士論文　吳智雄教授指導　2010 年 1 月　頁 34—54

373. 朱雙一　　金門：鄭愁予的生命原鄉　金門日報　2010 年 2 月 3 日　6 版

374. 朱雙一　　金門：鄭愁予的生命原鄉　華文文學　2010 年第 2 期　2010 年 4 月　頁 16—18

375. 莊偉傑　　鄭愁予詩歌的當代性意義及其啟示　華文文學　2010 年第 2 期　2010 年 4 月　頁 26—29

---

[28] 本論文以余光中的海洋詩為研究範疇，藉由作家的創作歷程，看到時代潮流的浮沉。全文共 6 章：1.緒論；2.臺灣海洋詩與海洋詩人述要；3.余光中寫作歷程；4.余光中海洋詩：1948—1974；5.余光中海洋詩：1974—2008；6.結論。

376. 洪淑苓　　鄭愁予山水詩的美感觀照[29] 中文創意教學示例（續）　高雄　麗文文化事業公司　2010 年 9 月　頁 217—237

377. 馬衛華　　三足鼎立的現代派詩社〔鄭愁予部分〕　20 世紀臺灣文學史略　北京　民族出版社　2010 年 10 月　頁 157—158

378. 朱雙一　　酒、海洋、戰爭與和平——鄭愁予金門詩作的三個要素　福建論壇　2010 年第 9 期　2010 年　頁 91—95

379. 趙衛民　　五十年代：西方與中國——鄭愁予的浪子風　新詩啓蒙　臺北　里仁書局　2011 年 2 月　頁 207—215

380. 田崇雪，傅少武　　詩心如海復如潮——鄭愁予論　世界華文文學論壇　2011 年第 1 期　2011 年 3 月　頁 68—73

381. 孫梓評　　黃昏裡掛起一盞燈——重讀鄭愁予　印刻文學生活誌　第 91 期　2011 年 3 月　頁 72—75

382. 孫梓評　　黃昏裡掛起一盞燈　作家小傳：鄭愁予　臺北　行人文化實驗室，目宿媒體　2012 年 3 月　頁 40—51

383. 楊照　　以記錄來詮釋一個時代〔鄭愁予部分〕　印刻文學生活誌　第 91 期　2011 年 3 月　頁 100

384. 應鳳凰，傅月庵　　鄭愁予——《鄭愁予詩選集》　冊頁流轉——臺灣文學書入門 108　臺北　印刻文學生活雜誌出版公司　2011 年 3 月　頁 54—55

385. 林明理　　鄭愁予——站在中西藝術匯合處的詩人　全國新書資訊月刊　第 147 期　2011 年 3 月　頁 47—50

386. 林明理　　鄭愁予——站在中西藝術匯合處的詩人　藝術與自然的融合——當代詩文評論集　臺北　文史哲出版社　2011 年 5 月　頁 133—139

387. 林明理　　鄭愁予詩中的自然意象與美學思維　世界華文文學論壇　2011 年

---

[29] 本文透過山水詩的賞析，了解鄭愁予如何書寫山水詩的面貌與精神。全文分兩部分：1.背景知識與準備工作；2.主題論述：鄭愁予山水詩的美感觀照。

第 2 期　2011 年 6 月　頁 49—51

388. 陳義芝編　　鄭愁予　Contemporary Taiwanese Literature and Art Series——
Poetry（當代臺灣文學藝術系列——詩歌卷）　臺北　中華民國筆
會　2011 年 7 月　頁 44

389. 周慧珠　　全球生命文學創作獎章得主：鄭愁予‧攜書帶劍‧俠行天下　人
間福報　2011 年 12 月 18 日　B4—5 版

390. 倪思然　　鄭愁予早期詩歌浪遊題材的文化闡釋　世界華文文學論壇　2011
年第 4 期　2011 年 12 月　頁 26—29

391. 韓立平　　蘇東坡、鄭愁予和芒克的太陽——論中國現代詩歌對宋調之繼承
文化學刊　2012 年第 1 期　2012 年 1 月　頁 156—160

392. 方環海，沈玲　　依賴心理與詩意的孤獨感——鄭愁予詩歌論[30]　詩意的視界
上海　學林出版社　2012 年 5 月　頁 113—138

393. 方環海，沈玲　　依賴心理與詩意的孤獨感——鄭愁予詩歌論　愁予的傳
奇：鄭愁予詩學論集三　臺北　萬卷樓圖書公司　2013 年 5 月
頁 323—351

394. 吳　倩　　論鄭愁予詩歌的傳統意象意境　湖北函授大學學報　第 25 卷第 6
期　2012 年 6 月　頁 167—168

395. 羅燕蘭　　鄭愁予詩歌美學技巧探析　合肥學院學報　第 29 卷第 4 期　2012
年 7 月　頁 71—75

396. 陸敬思著；梁文華譯　　尋找當代中國抒情的聲音：鄭愁予詩論[31]　異地繁花
——海外臺灣文論選譯（下）　臺北　臺灣大學出版中心　2012
年 8 月　頁 19—44

397. 丁旭輝　　新左岸詩話〔鄭愁予部分〕　臺灣詩學吹鼓吹論壇　第 15 期
2012 年 9 月　頁 10

---

[30]本文探討鄭愁予詩歌中永恆的孤獨、虛無的世界與尋根的意義。全文共 5 小節：1.引言；2.孤獨
的詩意情緒；3.認知的現實路徑；4.虛無的存在本質；5.結語。
[31]本文特別從「中國性」和「現代性」的兩種路徑分析鄭愁予詩作內容、韻式結構，以及書寫技
巧。

398. 落　蒂　現代的胚體古典的清釉──鄭愁予論　靜觀詩海拍天浪　臺北　文史哲出版社　2012 年 9 月　頁 225─230

399. 陳政彥　現代詩運動醞釀期（1950─1956）──詩人群像──鄭愁予　跨越時代的青春之歌──五、六○年代臺灣現代詩運動　臺南　國立臺灣文學館　2012 年 10 月　頁 54─58

400. 徐偉志　賦歸與重生──鄭愁予二元歸一的海洋書寫　理論界　2012 年第 10 期　2012 年　頁 107─111

401. 曾進豐　無常觀──論鄭愁予詩的宗教情懷　第 22 屆詩學會議──緣情言志‧終極關懷──詩與宗教學術研討會　彰化　彰化師範大學國文學系主辦　2013 年 5 月 24 日

402. 白　靈　鄭愁予詩中的色彩與意涵　鄭愁予八十壽慶國際學術演講會　彰化　明道大學國學研究所主辦　2013 年 5 月 31 日

403. 向　陽　鄭愁予詩中的意識傾向與情感走向　鄭愁予八十壽慶國際學術演講會　彰化　明道大學國學研究所主辦　2013 年 5 月 31 日

404. 余境熹　鄭愁予的武略　鄭愁予八十壽慶國際學術演講會　彰化　明道大學國學研究所主辦　2013 年 5 月 31 日

405. 李瑞騰　鄭愁予詩中的情意與情義之糾結　鄭愁予八十壽慶國際學術演講會　彰化　明道大學國學研究所主辦　2013 年 5 月 31 日

406. 李翠瑛　「情」之所在、「意」之所往──論鄭愁予情詩中的語言轉換與意象變造　鄭愁予八十壽慶國際學術演講會　彰化　明道大學國學研究所主辦　2013 年 5 月 31 日

407. 孟　樊　鄭愁予的海洋詩　鄭愁予八十壽慶國際學術演講會　彰化　明道大學國學研究所主辦　2013 年 5 月 31 日

408. 林于弘　鄭愁予詩作中的山海觀　鄭愁予八十壽慶國際學術演講會　彰化　明道大學國學研究所主辦　2013 年 5 月 31 日

409. 陳政彥　詩俠古風──試探鄭愁予詩中的古典　鄭愁予八十壽慶國際學術演講會　彰化　明道大學國學研究所主辦　2013 年 5 月 31 日

410. 曾進豐　人道詩魂鄭愁予　鄭愁予八十壽慶國際學術演講會　彰化　明道大學國學研究所主辦　2013 年 5 月 31 日

411. 渡　也　鄭愁予兩種詩風的形成因素　鄭愁予八十壽慶國際學術演講會　彰化　明道大學國學研究所主辦　2013 年 5 月 31 日

412. 解昆樺　山岳詩，詩躍山：鄭愁予與藍蔭鼎的玉山詩畫協奏　鄭愁予八十壽慶國際學術演講會　彰化　明道大學國學研究所主辦　2013 年 5 月 31 日

413. 蕭　蕭　不容所以相濟：鄭愁予「水文明」之漸的柔勁　鄭愁予八十壽慶國際學術演講會　彰化　明道大學國學研究所主辦　2013 年 5 月 31 日

414. 蕭蕭，羅文玲　編者序——用生命寫詩的仁俠詩人鄭愁予　〈錯誤〉的驚喜：鄭愁予詩學論集一　臺北　萬卷樓圖書公司　2013 年 5 月　頁 1—3

415. 蕭蕭，羅文玲　編者序——用生命寫詩的仁俠詩人鄭愁予　無常的覺知：鄭愁予詩學論集二　臺北　萬卷樓圖書公司　2013 年 5 月　頁 1—3

416. 蕭蕭，羅文玲　編者序——用生命寫詩的仁俠詩人鄭愁予　愁予的傳奇：鄭愁予詩學論集三　臺北　萬卷樓圖書公司　2013 年 5 月　頁 1—3

## 分論
### ◆單行本作品
**詩**
**《夢土上》**

417. 覃子豪　評《夢土上》　覃子豪全集 2　臺北　覃子豪全集出版委員會　1968 年 6 月　頁 395—396

418. 張　勉　鄭愁予的感情世界——從《夢土上》談起　臺灣日報　1992 年 5 月 14 日　9 版

419. 林煥彰　美麗的顫聲——讀鄭愁予的《夢土上》　善良的語言　宜蘭　宜蘭縣文化中心　1992 年 6 月　頁 121—128

420. 廖祥荏　鄭愁予《夢土上》評析[32]　東吳大學中國文學系第三屆研究生論文發表會　臺北　東吳大學中國文學系　1997 年 5 月 31 日

421. 廖祥荏　鄭愁予《夢土上》評析　中國現代文學理論　第 8 期　1997 年 12 月　頁 544—559

422. 廖祥荏　鄭愁予《夢土上》評析　無常的覺知：鄭愁予詩學論集二　臺北　萬卷樓圖書公司　2013 年 5 月　頁 65—82

423. 應鳳凰　鄭愁予的《夢土上》　臺灣文學花園　臺北　玉山社出版公司　2003 年 1 月　頁 182—187

424. 應鳳凰　鄭愁予——《夢土上》　人間福報　2012 年 5 月 28 日　15 版

## 《衣缽》

425. 柳文哲〔趙天儀〕　詩壇散步——《衣缽》　笠　第 20 期　1967 年 8 月　頁 27—28

426. 趙天儀　鄭愁予《衣缽》　裸體的國王　臺北　香草山出版公司　1976 年 6 月　頁 193—194

427. 謝材俊　讓士來承傳革命的《衣缽》　衣缽　臺北　皇冠出版社　1978 年 5 月　頁 141—147

## 《窗外的女奴》

428. 彭邦楨　論《窗外的女奴》　幼獅文藝　第 184 期　1969 年 4 月　頁 86—94

429. 彭邦楨　論《窗外的女奴》　詩的鑑賞　臺北　臺灣商務印書館　1971 年 8 月　頁 85—94

430. 彭邦楨　論《窗外的女奴》　彭邦楨自選集　臺北　黎明文化公司　1980 年 9 月　頁 210—221

---

[32]本文針對鄭愁《夢土上》，以呈現此書特色。全文共小節：1.前言；2.《夢土上》的浪子意識；3.《夢土上》的語言特色；4.結語。

431. 彭邦楨　論《窗外的女奴》——鄭愁予詩集・十月出版社出版　彭邦楨文集（卷三）　武漢　長江文藝出版社　1993 年 11 月　頁 118—130

432. 彭邦楨　論《窗外的女奴》　無常的覺知：鄭愁予詩學論集二　臺北　萬卷樓圖書公司　2013 年 5 月　頁 163—171

433. 柳文哲　詩壇散步——《窗外的女奴》　笠　第 31 期　1969 年 6 月　頁 60—61

434. 趙天儀　鄭愁予《窗外的女奴》　裸體的國王　臺北　香草山出版公司　1976 年 6 月　頁 288—290

435. 王夢窗　詩壇散步——《窗外的女奴》　笠　第 31 期　1969 年 6 月　頁 62

436. 蕭　蕭　詩集與詩運（上）——鄭愁予《窗外的女奴》　中央日報　1982 年 7 月 16 日　10 版

437. 蕭　蕭　詩集與詩運——鄭愁予《窗外的女奴》　現代詩縱橫觀　臺北　文史哲出版社　1991 年 6 月　頁 91—92

438. 彭邦楨　地籟與天窗〔《窗外的女奴》部分〕　彭邦楨文集（卷四）　武漢　長江文藝出版社　1993 年 11 月　頁 81—84

《長歌》

439. 朱西甯　《長歌》的和聲——介紹鄭愁予的新詩集　幼獅文藝　第 163 期　1967 年 7 月　頁 16—18

440. 柳文哲　詩壇散步——《長歌》　笠　第 31 期　1969 年 6 月　頁 60

441. 趙天儀　鄭愁予《長歌》　裸體的國王　臺北　香草山出版公司　1976 年 6 月　頁 287—288

《鄭愁予詩選集》

442. 吳玲娜　我最喜歡的一本書——以詩織錦　國語日報　1983 年 12 月 17 日　7 版

443. 吳玲娜　以詩織錦　我最喜愛的一本書　臺北　國語日報社　1990 年 3 月

頁 62—65

444.〔大學研讀社編〕　　感性與抒情的泉源──鄭愁予──中國抒情詩傳統的
　　　代表《鄭愁予詩選》　改變大學生的書　臺北　前衛出版社
　　　1984 年 8 月　頁 45—50

445. 孟　樊　夏日炎炎書解悶──好書推薦──現代詩書單──鄭愁予《鄭愁
　　　予詩選集》　國文天地　第 39 期　1988 年 8 月　頁 30

446. 吳興文　文學類──《鄭愁予詩選集》推薦理由　百人百書百緣──百位
　　　名家推薦百本好書　臺北　賴國洲書房　1997 年 9 月　頁 38

447. 楊　照　多情的流浪者──評鄭愁予的《鄭愁予詩選集》　中國時報
　　　1998 年 10 月 13 日　37 版

448. 楊　照　多情的流浪者──鄭愁予的《鄭愁予詩集》　洪範雜誌　第 64 期
　　　2001 年 4 月　2—3 版

### 《燕人行》

449. 世　堯　欲擲的頭顱──《燕人行》印象　現代詩　復刊第 5 期　1983 年
　　　12 月　頁 86—98

450. 世　堯　欲擲的頭顱──《燕人行》印象　無常的覺知：鄭愁予詩學論集
　　　二　臺北　萬卷樓圖書公司　2013 年 5 月　頁 173—184

### 《雪的可能》

451. 應鳳凰　《雪的可能》　洪範雜誌　第 22 期　1985 年 6 月 30 日　3 版

452. 季　紅　鄭愁予《雪的可能》中的語言經營　文訊雜誌　第 20 期　1985 年
　　　10 月　頁 204—211

453. 季　紅　鄭愁予《雪的可能》中的語言經營　無常的覺知：鄭愁予詩學論
　　　集二　臺北　萬卷樓圖書公司　2013 年 5 月　頁 185—191

454. 許玉恆　《雪的可能》　洪範雜誌　第 26 期　1986 年 4 月 5 日　3 版

### 《鄭愁予詩集》

455. 苦　苓　感性與抒情的泉源──中國抒情詩傳統的代表《鄭愁予詩集》
　　　書中書　臺北　希代書版公司　1986 年 9 月　頁 157—161

456. 蕭　蕭　　《鄭愁予詩集》　好書書目　臺中　明道文藝雜誌社　1991 年 5
　　　　　　　月　頁 52

457. 〔文藝作品調查研究小組〕　　《鄭愁予詩集》　心靈饗宴　臺北　國家文
　　　　藝基金管理委員會　1992 年 6 月　頁 16—17

458. 簡政珍　《鄭愁予詩集》　文學星空　臺北　國家文藝基金管理委員會
　　　　1992 年 9 月　頁 213—215

459. 孟　樊　　《鄭愁予詩集》　錦囊開卷　臺北　國家文藝基金管理委員會
　　　　1993 年 6 月　頁 135—137

460. 陳達鎮　《鄭愁予詩集》　翰海觀潮　臺北　行政院文建會　1997 年 5 月
　　　　頁 197

461. 焦　桐　　建構山水的異鄉人——論鄭愁予《鄭愁予詩集》　幼獅文藝　第
　　　　545 期　1999 年 5 月　頁 35—42

462. 焦　桐　　建構山水的異鄉人——論鄭愁予《鄭愁予詩集》　臺灣文學經典
　　　　研討會論文集　臺北　行政院文建會，聯經出版公司　1999 年 6
　　　　月　頁 286—297

463. 焦　桐　　建構山水的異鄉人——論鄭愁予《鄭愁予詩集》　無常的覺知：
　　　　鄭愁予詩學論集二　臺北　萬卷樓圖書公司　2013 年 5 月　頁
　　　　193—201

464. 鍾文音　從文學裡出發，對照鄉土今昔　自由時報　2000 年 1 月 22 日　35
　　　　版

465. 劉正偉　《鄭愁予詩集 I》之山嶽詩析論[33]　育達學院學報　第 16 期
　　　　2008 年 8 月　頁 1—20

### 《寂寞的人坐著看花》

466. 焦　桐　　《寂寞的人坐著看花》　聯合報　1993 年 3 月 11 日　28 版

467. 焦　桐　　聯合報〈讀書人〉每周新書金榜：鄭愁予著《寂寞的人坐著看

---

[33]本文以《鄭愁予詩集 I》探討其藉由登山活動與山嶽詩書寫，走出懷鄉、思想情境與政治干擾，
　繼而走出自我的創作心境。全文共 4 小節：1.前言；2.鄭愁予山嶽詩書寫的時空場域；3.從出走到
　走出；4.結論。

花》　洪範雜誌　第 51 期　1993 年 9 月　3 版

468. 高宜君　《寂寞的人坐著看花》中的禪思詩評析　中國語文　第 98 卷第 6
期　2006 年 6 月　頁 71—82

469. 高宜君　《寂寞的人坐著看花》中的禪思詩評析　無常的覺知：鄭愁予詩
學論集二　臺北　萬卷樓圖書公司　2013 年 5 月　頁 203—216

470. 高宜君　從《寂寞的人坐著看花》談鄭愁予的生命情懷　國文天地　第 256
期　2006 年 9 月　頁 67—71

471. 高宜君　從《寂寞的人坐著看花》談鄭愁予的生命情懷　無常的覺知：鄭
愁予詩學論集二　臺北　萬卷樓圖書公司　2013 年 5 月　頁 217
—224

472. 史　言　《寂寞的人坐著看花》的內在空間意識研究　鄭愁予八十壽慶
國際學術演講會　彰化　明道大學國學研究所主辦　2013 年 5 月
31 日

## 《和平的衣缽》

473. 羅文玲　游世與濟世——論鄭愁予《和平的衣缽》裡的水文明　鄭愁予八
十壽慶國際學術演講會　彰化　明道大學國學研究所主辦　2013
年 5 月 31 日

## 單篇作品

474. 王柳敏　圓環裡的詩與畫〔〈錯誤〉部分〕　臺灣日報　1966 年 3 月 30 日
3 版

475. 銀　髮　現代詩初探——試簡釋鄭愁予的〈錯誤〉　創世紀　第 37 期
1974 年 7 月　頁 92—98

476. 銀　髮　試簡釋鄭愁予的〈錯誤〉　〈錯誤〉的驚喜：鄭愁予詩學論集一
臺北　萬卷樓圖書公司　2013 年 5 月　頁 1—8

477. 簡文朗　鄭愁予詩〈錯誤〉的分析——形構批評之理論和運用　青年戰士
報　1976 年 4 月 5 日　8 版

478. 水　晶　馬蹄聲與玫瑰——分析兩首現代情詩〔〈錯誤〉部分〕　聯合報

1977 年 1 月 26 日　12 版

479. 水　晶　馬蹄聲與玫瑰〔〈錯誤〉部分〕　蘇打水集　臺北　大地出版社
1979 年 5 月　頁 61—65

480. 水　晶　馬蹄聲與玫瑰——分析兩首現代情詩〔〈錯誤〉部分〕　現代文
學論（聯副三十年文學大系・評論卷）　臺北　聯經出版公司
1981 年 12 月　頁 509—513

481. 黃維樑　鄭愁予的〈錯誤〉——讀詩隨筆　聯合報　1977 年 3 月 26 日　12
版

482. 黃維樑　鄭愁予的〈錯誤〉——讀詩隨筆　現代文學論（聯副三十年文學
大系・評論卷）　臺北　聯經出版公司　1981 年 12 月　頁 519—
525

483. 黃維樑　鄭愁予的〈錯誤〉　怎樣讀新詩　香港　學津書店　2002 年 2 月
頁 184—191

484. 陳啓佑　淺說新詩——美麗的〈錯誤〉　文藝月刊　第 115 期　1979 年 2
月　頁 46—49

485. 陳啓佑　美麗的〈錯誤〉　渡也論新詩　臺北　黎明文化公司　1983 年 9
月　頁 159—162

486. 林　廣　現代詩欣賞舉隅之一——鄭愁予的〈錯誤〉　臺灣日報　1979 年
5 月 1 日　12 版

487. 林　廣　在否定中拓新境——鄭愁予的〈錯誤〉　陽光小集　第 5 期
1981 年 3 月　89—91

488. 林　廣　在否定中拓新境——鄭愁予的〈錯誤〉　〈錯誤〉的驚喜：鄭愁
予詩學論集一　臺北　萬卷樓圖書公司　2013 年 5 月　頁 9—12

489. 雲　濤　那「達達的馬蹄」〔〈錯誤〉〕　中國語文　第 48 卷第 6 期
1981 年 5 月　頁 80—82

490. 畢　加　談談現代詩〔〈錯誤〉部分〕　臺灣時報　1982 年 11 月 22 日
12 版

491. 鄭明娳　鍛接的鋼——論現代詩中古典素材的運作〔〈錯誤〉部分〕　文訊雜誌　第 25 期　1986 年 8 月　頁 58—62

492. 鄭明娳　現代詩中古典素材的運用〔〈錯誤〉部分〕　當代文學氣象　臺北　光復書局　1988 年 4 月　頁 191—192

493. 川秋沙　一顆真摯的心——鄭愁予的「不美麗的〈錯誤〉」　中國時報　1986 年 8 月 31 日　8 版

494. 張春榮　比較三首現代離別情詩——徐志摩〈偶然〉、鄭愁予〈錯誤〉、洛夫〈煙之外〉　詩學析論　臺北　東大圖書公司　1987 年 11 月　頁 190—204

495. 任洪淵　〈錯誤〉賞析　中外現代抒情名詩鑑賞辭典　北京　學苑出版社　1989 年 8 月　頁 689—690

496. 黃正中　惆悵懺悔，溫婉綿柔——鄭愁予〈錯誤〉賞析　語文月刊　1989 年第 11—12 期　1989 年 11—12 月　頁 13—14

497. 陳千武　戰後臺灣詩的意識型態〔〈錯誤〉部分〕　笠　第 154 期　1989 年 12 月　頁 105—106

498. 璧　華　〈錯誤〉賞析　中國新詩名篇鑒賞辭典　成都　四川辭書出版社　1990 年 12 月　頁 700—701

499. 胡毓智　盼歸的思婦心態與無根的過客心理：也說鄭愁予的〈錯誤〉　寫作　1992 年第 8 期　1992 年 8 月　頁 22—23

500. 吳　當　是錯誤，但並不美麗——〈錯誤〉賞析　書評雜誌　第 7 期　1993 年 12 月　頁 29—30

501. 吳　當　是錯誤，但並不美麗——〈錯誤〉賞析　〈錯誤〉的驚喜：鄭愁予詩學論集一　臺北　萬卷樓圖書公司　2013 年 5 月　頁 13—15

502. 陶保璽　鄭愁予〈錯誤〉　新詩大千　安徽　安徽文藝出版社　1994 年 5 月　頁 542

503. 王宗法　美麗的錯誤——讀〈錯誤〉　臺港文學觀察　合肥　安徽教育出版社　1994 年 11 月　頁 55—61

504. 沈　謙　鄭愁予——美麗的〈錯誤〉　中央日報　1995 年 1 月 16 日　19 版

505. 沈　謙　從何其芳到鄭愁予——比較評析〈花環〉與〈錯誤〉　中國現代文學理論　第 1 期　1996 年 3 月　頁 39—60

506. 沈　謙　從何其芳到鄭愁予——比較評析〈花環〉與〈錯誤〉　〈錯誤〉的驚喜：鄭愁予詩學論集一　臺北　萬卷樓圖書公司　2013 年 5 月　頁 17—36

507. 楊華銘　名詩金句〔〈錯誤〉〕　青年日報　1996 年 6 月 18 日　15 版

508. 楊鴻銘　鄭愁予〈錯誤〉評析　國文天地　第 140 期　1997 年 1 月　頁 99—103

509. 楊鴻銘　鄭愁予〈錯誤〉析評　〈錯誤〉的驚喜：鄭愁予詩學論集一　臺北　萬卷樓圖書公司　2013 年 5 月　頁 37—42

510. 蕭　蕭　賞析鄭愁予的〈錯誤〉　中央日報　1997 年 3 月 12 日　21 版

511. 林　綠　鄭愁予〈錯誤〉的傳統訊契　國文天地　第 145 期　1997 年 6 月　頁 66—68

512. 林　綠　鄭愁予〈錯誤〉的傳統訊契　〈錯誤〉的驚喜：鄭愁予詩學論集一　臺北　萬卷樓圖書公司　2013 年 5 月　頁 59—62

513. 丁威仁　〈錯誤〉的因式分解　國文天地　第 145 期　1997 年 6 月　頁 69—70

514. 丁威仁　〈錯誤〉的因式分解　〈錯誤〉的驚喜：鄭愁予詩學論集一　臺北　萬卷樓圖書公司　2013 年 5 月　頁 43—45

515. 邱燮友　戰鬥詩與現代詩——以鄭愁予〈錯誤〉爲例　二十世紀中國新文學史　臺北　駱駝出版社　1997 年 8 月　頁 289—290

516. 李漢偉　臺灣新詩的懷鄉之情〔〈錯誤〉部分〕　臺灣新詩的三種關懷　臺北　駱駝出版社　1997 年 10 月　頁 135—136

517. 楊鴻銘　鄭愁予〈錯誤〉等文譬喻論　孔孟月刊　第 429 期　1998 年 5 月　頁 50—51

518.〔吳開晉，耿建華主編〕　美麗的〈錯誤〉　三千年詩話　南昌　江西高校出版社　1998 年 6 月　頁 307

519. 蕭　蕭　問今人：情是何物？〔〈錯誤〉部分〕　詩從趣味始　臺北　幼獅文化公司　1998 年 7 月　頁 42—47

520. 蕭　蕭　年少愛詩——詩從趣味始——問今人：情是何物？〔〈錯誤〉部分〕　臺港文學選刊　2000 年第 5 期　2000 年第 5 期　頁 64—66

521. 舒　蘭　鄭愁予〔〈錯誤〉〕　中國新詩史話（三）　臺北　渤海堂文化公司　1998 年 10 月　頁 298—301

522. 陳大爲　〈錯誤〉的誤讀及其他　明道文藝　第 286 期　2000 年 1 月　頁 148—154

523. 陳大爲　〈錯誤〉的誤讀及其他　〈錯誤〉的驚喜：鄭愁予詩學論集一　臺北　萬卷樓圖書公司　2013 年 5 月　頁 87—92

524. 仇小屏　談幾種章法在新詩裡的運用〔〈錯誤〉部分〕　國文天地　第 181 期　2000 年 6 月　頁 84—85

525. 丁旭輝　讓〈錯誤〉更美麗　國文天地　第 186 期　2000 年 11 月　頁 102—107

526. 丁旭輝　讓〈錯誤〉更美麗　〈錯誤〉的驚喜：鄭愁予詩學論集一　臺北　萬卷樓圖書公司　2013 年 5 月　頁 93—101

527. 徐惠隆　沈從文與鄭愁予〔〈錯誤〉〕　盈科齋隨筆　宜蘭　宜蘭縣文化局　2000 年 12 月　頁 62—63

528. 張曉峰　「我不是歸人，是個過客……」——鄭愁予〈錯誤〉一詩對中國詩詞思婦主題的回應　名作欣賞　2001 年第 2 期　2001 年 3 月　頁 28—30

529. 林明德　少年情懷總是詩〔〈錯誤〉部分〕　臺灣日報　2001 年 5 月 25 日　31 版

530. 楊顯榮〔落蒂〕　三月的柳絮不飛〔〈錯誤〉〕　國語日報　2001 年 11 月 1 日　5 版

531. 落　蒂　　三月的柳絮不飛——析鄭愁予〈錯誤〉　大家來讀詩——臺灣新詩品賞　臺北　文史哲出版社　2012 年 2 月　頁 70—71

532. 丁旭輝　　標點符號在現代詩中的圖象與情意暗示〔〈錯誤〉部分〕　國文天地　第 198 期　2001 年 11 月　頁 69

533. 浦基維，涂玉萍，林聆慈　　辭章創作與個人際遇——親情、愛情——愛情〔〈錯誤〉部分〕　散文・新詩義旨古今談　臺北　萬卷樓圖書公司　2002 年 1 月　頁 72—73

534. 浦基維，涂玉萍，林聆慈　　主旨的顯隱——主旨爲全顯〔〈錯誤〉部分〕　散文・新詩義旨古今談　臺北　萬卷樓圖書公司　2002 年 1 月　頁 98—99

535. 浦基維，涂玉萍，林聆慈　　材料的作用——作爲事物的象徵——以「物」爲象〔〈錯誤〉部分〕　散文・新詩義旨古今談　臺北　萬卷樓圖書公司　2002 年 1 月　頁 171

536. 魏聰祺　　鄭愁予〈錯誤〉賞析　國教輔導　第 349 期　2002 年 6 月　頁 12—18

537. 魏聰祺　　鄭愁予〈錯誤〉賞析　〈錯誤〉的驚喜：鄭愁予詩學論集一　臺北　萬卷樓圖書公司　2013 年 5 月　頁 103—115

538. 丁旭輝　　鄭愁予的〈錯誤〉　左岸詩話　臺北　爾雅出版社　2002 年 11 月　頁 5—10

539. 林碧珠　　「美」從何處來？——鑑賞與昇華〈錯誤〉一詩　中國語文　第 92 卷第 1 期　2003 年 1 月　頁 87—90

540. 林碧珠　　「美」從何處來？鑑賞與昇華〈錯誤〉一詩　〈錯誤〉的驚喜：鄭愁予詩學論集一　臺北　萬卷樓圖書公司　2013 年 5 月　頁 117—120

541. 寧淑華　　現代抒情詩的絕唱——鄭愁予詩歌〈錯誤〉賞析　湖南工業職業技術學院學報　第 3 卷第 2 期　2003 年 6 月　頁 63—34

542. 李標晶　　鄭愁予的〈錯誤〉　20 世紀中國文學通史　上海　東方出版中心

2003 年 9 月　頁 573—574

543. 唐　捐　現代美典，古典詩意——鄭愁予〈錯誤〉導讀　幼獅文藝　第 598
　　　期　2003 年 10 月　頁 84—87

544. 唐　捐　現代美典，古典詩意——鄭愁予〈錯誤〉導讀　〈錯誤〉的驚
　　　喜：鄭愁予詩學論集一　臺北　萬卷樓圖書公司　2013 年 5 月
　　　頁 121—124

545. 柴　榮　美麗的錯誤——鄭愁予〈錯誤〉讀賞　語文世界　2004 年第 6 期
　　　2004 年 6 月　頁 16

546. 陳千武　本土文學的獨自性〔〈錯誤〉部分〕　臺灣日報　2004 年 9 月 17
　　　日　17 版

547. 李　如　愛情吟唱的不同境界——五六十年代海峽兩岸愛情詩比較〔〈錯
　　　誤〉部分〕　世界華文文學論壇　2004 年第 3 期　2004 年 9 月
　　　頁 44

548. 郭　楓　從比較視角論笠詩社的特立風格——詩作比較：光影虛實間的藝
　　　術新定位〔〈錯誤〉部分〕　笠詩社四十週年國際學術研討會論
　　　文集　臺南　國家臺灣文學館籌備處　2004 年 11 月　頁 91—93

549. 郭鶴鳴　只有美麗，何嘗錯誤？——從文理詩情的解析談鄭愁予的〈錯
　　　誤〉[34]　人文及社會學科教學通訊　第 88 期　2004 年 12 月　頁
　　　92—102

550. 郭鶴鳴　只有美麗，何嘗錯誤？——從文理詩情的解析談鄭愁予的〈錯
　　　誤〉　〈錯誤〉的驚喜：鄭愁予詩學論集一　臺北　萬卷樓圖書
　　　公司　2013 年 5 月　頁 125—136

551. 徐　松　美麗的錯誤——鄭愁予〈錯誤〉賞析　語文知識　2005 年第 2 期
　　　2005 年 2 月　頁 29—30

552. 蔡　可　〈錯誤〉作品賞析　星光燦爛的文學花園：現代文學知識精華：

---

[34] 本文探討語言形式所投射出來的訊息，以了解鄭愁予〈錯誤〉中詩情的設計與意義的架構，以及
　詩人創作歷程。全文共 3 小節：1.緒論；2.本論；3.餘論。

散文・詩歌　臺北　雅書堂文化公司　2005 年 2 月　頁 506—507

553. 周梅香　美麗的錯誤，無盡的情思——試析鄭愁予〈錯誤〉之美　語文學刊　2005 年第 4 期　2005 年 4 月　頁 89—91

554. 楊四平　對經典閱讀要有主體意識——談鄭愁予〈錯誤〉的可寫性　名作欣賞　2005 年第 7 期　2005 年 4 月　頁 104—106

555. 楊四平　談談鄭愁予〈錯誤〉的可寫性　國文天地　第 253 期　2006 年 6 月　頁 82—84

556. 楊四平　談談鄭愁予〈錯誤〉的可寫性　〈錯誤〉的驚喜：鄭愁予詩學論集一　臺北　萬卷樓圖書公司　2013 年 5 月　頁 181—185

557. 楊曉紅　水中清蓮——鄭愁予詩歌〈錯誤〉賞析　語文天地　2005 年第 11 期　2005 年 6 月　頁 9—10

558. 趙小琪　錯誤也是一種心動——鄭愁予的〈錯誤〉賞析　名作欣賞　2005 年第 7 期　2005 年 7 月　頁 95—96

559. 張瀛丹，周建平　一曲矇矓迷離、深邃雅致的浪人情歌——讀鄭愁予的〈錯誤〉　名作欣賞　2005 年第 7 期　2005 年 7 月　頁 101—103

560. 李孟毓　鄭愁予〈錯誤〉篇章結構分析　國文天地　第 246 期　2005 年 11 月　頁 40—47

561. 李孟毓　鄭愁予〈錯誤〉篇章結構分析　〈錯誤〉的驚喜：鄭愁予詩學論集一　臺北　萬卷樓圖書公司　2013 年 5 月　頁 137—150

562. 邱　偉　等待是一種美麗的痛——鄭愁予〈錯誤〉欣賞及對比閱讀　現代語文　2005 年第 12 期　2005 年 12 月　頁 17—18

563. 夏元明　鄭愁予〈錯誤〉的意象和情感　語文教學與研究　2006 年第 1 期　2006 年 1 月　頁 30—31

564. 佟自光，陳榮賦　〈錯誤〉　一生要讀的 60 首詩歌　臺北　大地出版社　2006 年 5 月　頁 58—60

565. 林翠華　「點鐵成金」「奪胎換骨」在現代詩中的應用——以鄭愁予的

〈錯誤〉爲例[35]　南榮學報　第 9 期　2006 年 5 月　頁 1—19

566. 林翠華　「點鐵成金」「奪胎換骨」在現代詩中的應用——以鄭愁予的
〈錯誤〉爲例　〈錯誤〉的驚喜：鄭愁予詩學論集一　臺北　萬
卷樓圖書公司　2013 年 5 月　頁 151—179

567. 余衛華，李哲峰　一個美麗的「錯誤」——關於〈錯誤〉主題的再思考
現代語文　2006 年第 6 期　2006 年 6 月　頁 82—83

568. 袁媛，倪晉波　從〈伯兮〉到〈錯誤〉——一種主題文學的追憶與擺脫
湖州師範學院學報　2006 年第 4 期　2006 年 8 月　頁 6—9

569. 楊亞棉，李虎潤　橫看成嶺側成峰——對〈錯誤〉主旨的多層次解讀　現
代語文　2006 年第 8 期　2006 年 8 月　頁 68—69

570. 丁旭輝　鄭愁予的美麗錯誤〔〈錯誤〉〕　淺出深入話新詩　臺北　爾雅
出版社　2006 年 9 月　頁 99—110

571. 蕭　蕭　新詩創作技巧八通關——第四關——形象之後的創意詩想——商
禽（一九三〇—）：〈眉〉〔〈錯誤〉部分〕　青少年詩話　臺
北　爾雅出版社　2007 年 2 月　頁 171—173

572. 蕭　蕭　新詩創作技巧八通關——第四關——形象之後的創意詩想〔〈錯
誤〉部分〕　明道文藝　第 373 期　2007 年 4 月　頁 37—38

573. 陳德翰　美麗的騷動——試析〈錯誤〉神奇之美　明道文藝　第 372 期
2007 年 3 月　頁 72—80

574. 陳德翰　美麗的騷動——試析〈錯誤〉神奇之美　〈錯誤〉的驚喜：鄭愁
予詩學論集一　臺北　萬卷樓圖書公司　2013 年 5 月　頁 187—
195

575. 陳仲義　啓夕秀於未振——重讀臺灣名詩人名作——古意古調中的現代
「變奏」——讀鄭愁予〈錯誤〉　香港文學　第 279 期　2008 年
3 月　頁 83—84

---

[35]本文以鄭愁予的〈錯誤〉爲例，探討「點石成金」與「奪胎換骨」在現代詩中的應用。全文共 4
小節：1.前言；2.點鐵成金、奪胎換骨；3.鄭愁予的錯誤；4.餘論。

576. 陳仲義　　啓夕秀於未振——重讀臺灣名詩人名作——古意古調中的現代變奏——讀鄭愁予〈錯誤〉　世界華文文學論壇　2008 年第 1 期　2008 年 3 月　頁 22

577. 王基倫等[36]　現代詩選之三——〈錯誤〉賞析　國文 3　臺北　東大圖書公司　2008 年 8 月　頁 54—55

578. 陳婷婷　　穿越千年時空的審美對話——鄭愁予〈錯誤〉與李白〈春思〉之比較　名作欣賞　2008 年第 8 期　2008 年 8 月　頁 83—85

579. 林翠華　　〈錯誤〉如何融古典於現代？　濤聲學報　第 2 期　2008 年 9 月　頁 3—10

580. 林翠華　　〈錯誤〉如何融古典於現代　〈錯誤〉的驚喜：鄭愁予詩學論集一　臺北　萬卷樓圖書公司　2013 年 5 月　頁 197—210

581. 金　劍　　甚麼是朗誦詩〔〈錯誤〉部分〕　葡萄園詩刊　第 182 期　2009 年 5 月 15 日　頁 44

582. 修瑞瑩　　鄭愁予戰詩被當情詩〔〈錯誤〉〕　聯合報　2010 年 3 月 31 日　A6 版

583. 陳崑福，劉星君，喻文玟　錯誤戰詩？情詩？師：文學不適考試〔〈錯誤〉〕　聯合報　2010 年 4 月 5 日　A3 版

584. 趙明亮　　品「語言」思「意象」況「詩味」——鄭愁予〈錯誤〉解讀　雞西大學學報　第 10 卷第 5 期　2010 年 10 月　頁 110—111

585. 秦　國　　鄭愁予〈錯誤〉還原　學術交流　2011 年第 5 期　2011 年　頁 177—180

586. 葉　櫓　　鄭愁予〈錯誤〉　大海洋詩刊　第 84 期　2012 年 1 月　頁 18

587. 林佩苓　　〈錯誤〉的時間意識之強化與鬼魅變奏——讀遲鈍的〈街〉　國文天地　第 323 期　2012 年 4 月　頁 80—82

588. 林淑貞　　記「《幼獅文藝》之夜」〔〈望鄉人：記詩人于右任陵〉部分〕

---

[36]編著者：王基倫、王學玲、朱孟庭、林偉淑、林淑芬、范宜如、高嘉謙、曾守正、黃俊郎、謝佩芬、簡淑寬、顏瑞芳、羅凡政。

臺灣新聞報　1966 年 10 月 18 日　7 版

589. 辛　鬱　剖析〈春之組曲〉　新文藝　第 139 期　1967 年 1 月　頁 47—54

590. 辛　鬱　剖析〈春之組曲〉　無常的覺知：鄭愁予詩學論集二　臺北　萬
卷樓圖書公司　2013 年 5 月　頁 1—10

591. 辛　鬱　柔性的戰歌——談一首被忽略的詩〔〈春之組曲〉〕　中外文學
第 3 卷第 1 期　1974 年 6 月　頁 204—209

592. 辛　鬱　柔性的戰歌——談一首被忽略的詩〔〈春之組曲〉〕　無常的覺
知：鄭愁予詩學論集二　臺北　萬卷樓圖書公司　2013 年 5 月
頁 21—26

593. 趙天儀　談鄭愁予的〈想望〉　美學與批評　臺北　有志圖書出版公司
1972 年 3 月　頁 184—188

594. 高　準　論中國新詩的風格發展與前途方向（中）〔〈十槳之舟〉部分〕
大學雜誌　第 60 期　1972 年 12 月　頁 71—72

595. 高　準　論中國現代詩的流變與前途方向——結合抒情性與現代技巧的現
代抒情派〔〈十槳之舟〉部分〕　文學與社會——一九七二——
九八一　臺北　文史哲出版社　1986 年 10 月　頁 75—76

596. 羅　門　〈遊仙眠地〉　藍星季刊　復刊第 1 期　1974 年 12 月　頁 22

597. 〔天狼星詩刊〕　談〈賣唱老的人〉的節奏及其他　天狼星詩刊　第 1 期
1975 年 8 月　頁 32—34

598. 辛　鬱　鄭愁予的〈天窗〉　青年戰士報　1976 年 1 月 26 日　8 版

599. 辛　鬱　鄭愁予的〈天窗〉　臺灣新聞報　1988 年 4 月 9 日　12 版

600. 張　默　燦爛的驚呼——鄭愁予的〈天窗〉試談　中央日報　1978 年 12 月
21 日　10 版

601. 張　默　燦爛的驚呼——試談鄭愁予的〈天窗〉　無塵的鏡子　臺北　東
大圖書公司　1981 年 9 月　頁 115—119

602. 蕭　蕭　現代詩導讀（上）〔〈天窗〉〕　中外文學　第 8 卷第 2 期
1979 年 7 月　頁 99—101

603. 蕭　蕭　　新詩導讀——〈天窗〉　中華文藝　第 105 期　1979 年 11 月　頁
　　　　　　　124—127

604. 蕭　蕭　　導讀鄭愁予〈天窗〉　現代詩導讀（導讀篇一）　臺北　故鄉出
　　　　　　　版社　1979 年 11 月　頁 145—147

605. 桓　夫　　新的抒情〔〈天窗〉部分〕　現代詩淺說　臺北　學人文化公司
　　　　　　　1979 年 12 月　頁 14—16

606. 陳香君　　柔性的〈天窗〉——淺談我最鍾愛的一首詩　文心　第 16 期
　　　　　　　1988 年 9 月　頁 45—48

607. 黃維樑　　〈天窗〉賞析　中國新詩鑑賞大辭典　南京　江蘇文藝出版社
　　　　　　　1988 年 12 月　頁 1134—1135

608. 白　萩等[37]　　龔顯榮詩集《天窗》合評〔〈天窗〉部分〕　笠　第 168 期
　　　　　　　1992 年 4 月　頁 131—133

609. 襲韻蘅　　現代詩與現代畫〔〈天窗〉部分〕　國文天地　第 115 期　1994
　　　　　　　年 12 月　頁 68

610. 仇小屏　　鄭愁予〈天窗〉賞析　放歌星輝下——中學生新詩閱讀指引　臺
　　　　　　　北　三民書局　2002 年 8 月　頁 100—102

611. 陳建宏　　鄭愁予〈天窗〉　跨國界詩想：世華新詩評析　臺北　唐山出版
　　　　　　　社　2003 年 12 月　頁 77—80

612. 陳千武　　臺灣現代詩暗喻的內涵——二〇〇四臺日現代詩研討會演講稿—
　　　　　　　—面對誠信的詩表現〔〈天窗〉部分〕　文學臺灣　第 53 期
　　　　　　　2005 年 1 月　頁 286—288

613. 陳義芝　　〈天窗〉賞讀　為了測量愛　臺北　聯合文學出版社　2006 年 6
　　　　　　　月　頁 106

614. 覃子豪　　現代中國新詩的特質〔〈生命〉部分〕　論現代詩　臺中　普天
　　　　　　　出版社　1976 年 9 月　頁 209—210

615. 羅　青　　〈卑亞南蕃社〉　大華晚報　1977 年 10 月 23 日　7 版

---

[37]與會者：白萩、陳千武、林亨泰、錦連、江自得、洪中周、陳亮、龔顯榮；紀錄：吳慧玫。

616. 羅　青　鄭愁予的〈卑亞南蕃社〉　從徐志摩到余光中　臺北　爾雅出版
社　1978 年 3 月　頁 151—157

617. 蕭　蕭　鄭愁予〈卑亞南蕃社〉賞析　揮動想像翅膀　臺北　聯合文學出
版社　2006 年 6 月　頁 66—68

618. 黃維樑　霧中談霧詩〔〈如霧起時〉〕　中國時報　1978 年 4 月 12 日　12
版

619. 黃維樑　霧中談霧詩——鄭愁予〈如霧起時〉賞析　怎樣讀新詩　香港
學津書店　2002 年 2 月　頁 192—195

620. 江　冰　鄭愁予〈如霧起時〉賞析　濮陽教育學院學報　2002 年第 1 期
2002 年 2 月　頁 17—18

621. 陳仲義　變形：主觀的心靈化表現〔〈如霧起時〉部分〕　現代詩技藝透
析　臺北　文史哲出版社　2003 年 12 月　頁 97—98

622. 余光中　余光中說鄭愁予的〈如霧起時〉　名作欣賞　2005 年第 17 期
2005 年 9 月　頁 1

623. 張　默　單一與豐繁——談現代詩的意象（上、下）〔〈殘堡〉部分〕
臺灣時報　1978 年 11 月 29—30 日　12 版

624. 周洪威　〈殘堡〉賞析　世界華人詩歌鑑賞大辭典　太原　書海出版社
1993 年 3 月　頁 980—981

625. 丁旭輝　現代詩中的標點符號〔〈殘堡〉部分〕　淺出深入話新詩　臺北
爾雅出版社　2006 年 9 月　頁 206—208

626. 宋尙詩　中國古典詩意的現代轉換——以余光中〔〈五陵少年〉〕、洛夫
〔〈邊界望鄉〉〕和鄭愁予〔〈殘堡〉〕的幾首詩爲例　名作欣
賞　2013 年第 9 期　2013 年　頁 87—90

627. 朱沉多　論新詩的發展（下）〔〈偈〉部分〕　臺灣新聞報　1979 年 1 月
6 日　12 版

628. 陳啓佑　鄭愁予的一封詩簡〔〈山外書〉〕　新文藝　第 284 期　1979 年
11 月　頁 57—59

629. 李魁賢　　現代詩的欣賞〔〈山外書〉部分〕　李魁賢文集 3　臺北　行政院
　　　　　　　文建會　2002 年 10 月　頁 152—153

630. 文曉村　　寫給青少年的「新詩評析」青春篇三首〔〈相思〉部分〕　文藝
　　　　　　　月刊　第 126 期　1979 年 12 月　頁 30—35

631. 文曉村　　〈相思〉評析　寫給青少年的新詩評析一百首（下）　臺北　布
　　　　　　　穀出版社　1980 年 8 月　頁 262

632. 文曉村　　〈相思〉評析　新詩評析一百首（下）　臺北　黎明文化公司
　　　　　　　1981 年 3 月　頁 302—304

633. 唐　風　　小詩品賞〔〈相思〉〕　臺灣日報　1981 年 3 月 7 日　8 版

634. 謝賢坤　　我喜歡欣賞詩的意象〔〈踏青即事〉〕　笠　第 95 期　1980 年 2
　　　　　　　月　頁 72

635. 黃維樑　　春雨交響樂——喜讀鄭愁予新作〈雨說〉　聯合報　1980 年 7 月
　　　　　　　17 日　8 版

636. 黃維樑　　春雨交響樂——喜讀鄭愁予新作〈雨說〉　洪範雜誌　第 1 期
　　　　　　　1981 年 3 月　3 版

637. 黃維樑　　春雨交響樂——喜讀鄭愁予新作〈雨說〉　怎樣讀新詩　香港
　　　　　　　學津書店　2002 年 2 月　頁 196—202

638. 秀　實　　曲中濃情——析鄭愁予〈雨說〉　現代詩　復刊第 13 期　1988 年
　　　　　　　12 月　頁 12—14

639. 秀　實　　曲中濃情——析鄭愁予〈雨說〉　無常的覺知：鄭愁予詩學論集
　　　　　　　二　臺北　萬卷樓圖書公司　2013 年 5 月　頁 33—38

640. 徐世玉　　一路讀來，漸入佳境——〈雨說〉　中學語文教學　2005 年第 5
　　　　　　　期　2005 年 5 月　頁 45

641. 流沙河　　情詩總要趣味高尚〔〈小小的島〉〕　文譚　1982 年第 5 期
　　　　　　　1982 年 5 月　頁 43

642. 三　皮　　細筆輕愁，淡煙疏柳——讀臺灣詩人鄭愁予的〈小小的島〉　文
　　　　　　　學知識　1987 年第 12 期　1987 年 12 月　頁 8

643. 吳心海　〈小小的島〉賞析　中國新詩鑑賞大辭典　南京　江蘇文藝出版
　　　社　1988 年 12 月　頁 1129—1131

644. 田惠剛　臺灣愛情詩的審美去向與藝術價值〔〈小小的島〉部分〕　葡萄
　　　園　第 121 期　1994 年 2 月　頁 19

645. 陳芳明　臺灣新文學史——橫的移植與現代主義之濫觴：紀弦與現代派的
　　　崛起〔〈小小的島〉部分〕[38]　聯合文學　第 202 期　2001 年 8 月
　　　頁 142—143

646. 陳芳明　橫的移植與現代主義之濫觴：聶華苓與《自由中國》文藝欄
　　　〔〈小小的島〉部分〕　臺灣新文學史　臺北　聯經出版公司
　　　2011 年 10 月　頁 331—333

647. 許恬怡　鄭愁予〈小小的島〉評析　國文天地　第 201 期　2002 年 2 月
　　　頁 90—93

648. 許恬怡　鄭愁予〈小小的島〉評析　無常的覺知：鄭愁予詩學論集二　臺
　　　北　萬卷樓圖書公司　2013 年 5 月　頁 121—127

649. 栞　川　青春的島嶼愛的鄉愁——讀鄭愁予〈小小的島〉　秋水詩刊　第
　　　131 期　2006 年 10 月　頁 10—11

650. 栞　川　青春的島嶼愛的鄉愁——讀鄭愁予〈小小的島〉　詩在旅途中—
　　　—詩語飛翔　臺北　釀出版　2012 年 7 月　頁 103—107

651. 陳啓佑　情婦與候鳥〔〈情婦〉〕　渡也論新詩　臺北　黎明文化公司
　　　1983 年 9 月　頁 169—173

652. 〔游喚，徐華中，張鴻聲編〕　〈情婦〉賞析　現代詩精讀　臺北　五南
　　　圖書公司　1998 年 9 月　頁 176—178

653. 李元貞　從「性別敘事」的觀點論臺灣現代女詩人作品中「我」之敘事方
　　　式〔〈情婦〉部分〕　女性詩學　臺北　女書文化公司　2000 年
　　　11 月　頁 63—122

---

[38] 本文後收入《臺灣新文學史》中，改章節名爲〈橫的移植與現代主義之濫觴：聶華苓與《自由中
　　國》文藝欄〉。

654. 盧詩青　淺析鄭愁予〈情婦〉　中國語文　第 107 卷第 1 期　2010 年 7 月頁 97—102

655. 盧詩青　淺析鄭愁予〈情婦〉　無常的覺知：鄭愁予詩學論集二　臺北萬卷樓圖書公司　2013 年 5 月　頁 155—161

656. 蕭　蕭　〈變形鏡〉編者按語　七十二年詩選　臺北　爾雅出版社　1985年 6 月　頁 57

657. 李瑞騰　〈從考場的窗子向外望〉編者按語　七十四年詩選　臺北　爾雅出版社　1986 年 4 月　頁 114

658. 王文進　秋空下的旅人——談鄭愁予的〈編秋草〉　國文天地　第 13 期1986 年 6 月　頁 106—108

659. 王文進　秋空下的旅人——談鄭愁予的〈編秋草〉　豐田筆記　臺北　九歌出版社　2000 年 7 月　頁 186—195

660. 王文進　秋空下的旅人——談鄭愁予的〈編秋草〉　無常的覺知：鄭愁予詩學論集二　臺北　萬卷樓圖書公司　2013 年 5 月　頁 27—32

661. 張　默　鄭愁予／〈下午〉　小詩選讀　臺北　爾雅出版社　1987 年 5 月頁 82—85

662. 於可訓　〈下午〉賞析　世界華人詩歌鑑賞大辭典　太原　書海出版社1993 年 3 月　頁 982

663. 黃淑貞　從辭章學的內涵閱讀鄭愁予的〈下午〉　國文天地　第 304 號2010 年 9 月　頁 72—76

664. 吳宏一　〈黃土地〉等十首　昆蟲紀事：第十屆時報文學獎得獎作品集臺北　時報文化出版公司　1987 年 12 月　頁 164—165

665. 張漢良　〈寧馨如此——給梅芳〉編者按語　七十六年詩選　臺北　爾雅出版社　1988 年 3 月　頁 81

666. 朱棟霖　以一曲輕歌發出的試探——讀鄭愁予〈我以這輕歌試探你〉　名作欣賞　1988 年第 3 期　1988 年 5 月　頁 81

667. 高　巍　〈我以這輕歌試探你〉賞析　世界華人詩歌鑑賞大辭典　太原

書海出版社　1993 年 3 月　頁 975—976

668. 朱棟霖　別離的悲歌——臺灣詩人鄭愁予〈賦別〉賞析　名作欣賞　1988
年第 4 期　1988 年 7 月　頁 72—73

669. 蕭　蕭　老式中國的鄉愁〔〈賦別〉部分〕　現代詩創作演練　臺北　爾
雅出版社　1991 年 7 月　頁 190—194

670. 蕭　蕭　老中國的文化鄉愁〔〈賦別〉部分〕　現代詩創作演練　臺北
爾雅出版社　2010 年 9 月　頁 172—176

671. 陳孝慧　一條寂寞的路展向兩頭〔〈賦別〉〕　中華日報　1994 年 6 月 1
日　11 版

672. 吳佳燕　音樂與國文教學結合之實例——鄭愁予〈賦別〉＆蕭邦《別離
曲》　音樂於國文教學之輔助　高雄師範大學國文學系國文教學
碩士班　碩士論文　何淑貞教授指導　2002 年　頁 95—97

673. 凌性傑　鄭愁予〈賦別〉裡的金果　聯合文學　第 254 期　2005 年 12 月
頁 56

674. 許俊雅　鄭愁予〈賦別〉　我心中的歌：現代文學星空　臺北　文史哲出
版社　2006 年 6 月　頁 34—37

675. 王怡蘋　鄭愁予〈賦別〉藝術技巧探析——以色彩意象與音樂性為討論範
圍　國文天地　第 283 期　2008 年 12 月　頁 55—59

676. 廖鍾慶　談鄭愁予先生〈賦別〉一詩　鵝湖　第 412 期　2009 年 10 月　頁
57—61

677. 凌佩君　現代詩「愛情」意象的塑造——以鄭愁予的〈賦別〉中的色彩表
現為例　第五屆中國語文研究生論文發表會　屏東　屏東教育大
學中國語文學系主辦　2010 年 6 月 30 日

678. 于慈江　〈寺鐘〉賞析　中外現代抒情名詩鑑賞辭典　北京　學苑出版社
1989 年 8 月　頁 689

679. 李華年　現代中的傳統——鄭愁予〈水巷〉　名作欣賞　1989 年第 5 期
1989 年 9 月　頁 47—48

680. 左鵬威　　　尋覓燈火闌珊的人生境界——鄭愁予〈水巷〉賞析　語文月刊
　　　　　　　　1990 年第 4 期　1990 年 4 月　頁 6—7

681. 胡中山　　　〈曇花〉賞析　古今中外朦朧詩鑑賞辭典　鄭州　中州古籍出版
　　　　　　　　社　1990 年 11 月　頁 501—502

682. 莫　渝　　　〈海的內層〉解說　情願讓雨淋著　臺北　業強出版社　1991 年
　　　　　　　　9 月　頁 185

683. 芝　華　　　鄭愁予〈海的內層〉賞析　古今中外散文詩鑒賞辭典　鄭州　中
　　　　　　　　外古籍出版社　1994 年 6 月　頁 723—724

684. 鴻　鴻　　　顏色與形式——試讀鄭愁予近作〈草地〉　現代詩　復刊第 18 期
　　　　　　　　1992 年 9 月　頁 33—34

685. 徐望雲　　　浪子意識的變奏——〈夢斗塔湖荒渡〉賞析　名作欣賞　1994 年
　　　　　　　　第 6 期　1994 年 11 月　頁 100—102

686. 潘麗珠　　　豪華落盡見真淳——鄭愁予〈寂寞的人坐著看花〉　國文天地
　　　　　　　　第 121 期　1995 年 6 月　頁 24—26

687. 潘麗珠　　　豪華落盡見真淳——鄭愁予〈寂寞的人坐著看花〉　無常的覺
　　　　　　　　知：鄭愁予詩學論集二　臺北　萬卷樓圖書公司　2013 年 5 月
　　　　　　　　頁 47—51

688. 〔張默，蕭蕭編〕　〈寂寞的人坐著看花〉鑑評　新詩三百首（一九一七
　　　　　　　　—一九九五）（下）　臺北　九歌出版社　1995 年 9 月　頁 975
　　　　　　　　—978

689. 徐望雲　　　寂寞的人回來了——鄭愁予〈寂寞的人坐著看花〉賞析　中華日
　　　　　　　　報　1999 年 5 月 26 日　16 版

690. 林菁菁　　　〈寂寞的人坐著看花〉隨詩去旅遊　風櫃上的演奏會——讀新詩
　　　　　　　　遊臺灣（自然篇）　臺北　幼獅文化公司　2007 年 6 月　頁 132
　　　　　　　　—133

691. 吳岱穎　　　走向天地的時候——讀鄭愁予〈寂寞的人坐著看花〉　幼獅文藝
　　　　　　　　第 678 期　2010 年 6 月　頁 41—44

692. 吳岱穎　走向天地的時候——鄭愁予〈寂寞的人坐著看花〉　更好的生活
　　　臺北　聯經出版公司　2011 年 5 月　頁 64—74

693. 謝聰明　水手刀磨亮的情懷——鄭愁予〈水手刀〉一詩的賞析　思想起，
　　　二崁古厝　澎湖　澎湖縣立文化中心　1995 年 6 月　頁 173—179

694. 姜耕玉　臺灣現代詩的「母語情節」——自由體形式與現代漢語的特點
　　　〔〈水手刀〉部分〕　創世紀　第 117 期　1998 年 12 月　頁 105

695. 楊昌年講；汪惠蘭記　現代詩的創作與欣賞〔〈天涯踏雪記〉部分〕　國
　　　文天地　第 126 期　1995 年 11 月　頁 18—19

696. 焦　桐　臺灣現代詩裡的中國鄉愁（6）〔〈邊界酒店〉部分〕　中央日報
　　　1996 年 8 月 21 日　18 版

697. 李瑞騰　耐心・細心・同情心〔〈邊界酒店〉部分〕　新詩學　臺北　駱
　　　駝出版社　1997 年 3 月　頁 32—35

698. 施靜宜　當那魅誘蠱惑如此巨大如此逼臨自身——鄭愁予〈邊界酒店〉評
　　　析　笠　第 245 期　2005 年 2 月　頁 121—128

699. 施靜宜　當那魅誘蠱惑如此巨大如此逼臨自身——鄭愁予〈邊界酒店〉評
　　　析　無常的覺知：鄭愁予詩學論集二　臺北　萬卷樓圖書公司
　　　2013 年 5 月　頁 145—153

700. 張　默　鄭愁予的〈上佛山遇雨〉　臺灣現代詩概論　臺北　爾雅出版社
　　　1997 年 5 月　頁 320—321

701. 陳敬介　一個著人議論的靈魂——鄭愁予〈浪子麻沁〉探析　中國現代文
　　　學理論　第 7 期　1997 年 9 月　頁 466—477

702. 陳敬介　一個著人議論的靈魂——鄭愁予〈浪子麻沁〉探析　無常的覺
　　　知：鄭愁予詩學論集二　臺北　萬卷樓圖書公司　2013 年 5 月
　　　頁 53—64

703. 陳義芝　〈浪子麻沁〉賞析　繁花盛景：臺灣當代文學新選　臺北　正中
　　　書局　2003 年 8 月　頁 22—23

704. 沈　謙　講評意見〔〈鄉土詩的火車頭——臺灣後現代文學的啓動〉部

　　　　　分〕　兩岸後現代文學研討會論文集　臺北　輔仁大學外語學院
　　　　　1998 年 9 月　頁 152—155

705. 陳義芝　〈苔〉賞析　八十七年詩選　臺北　創世紀詩雜誌社　1999 年 6
　　　　　月　頁 51

706. 瘂　弦　〈俄若霞〉解析　天下詩選 1：1923—1999 臺灣　臺北　天下遠
　　　　　見出版公司　1999 年 9 月　頁 93—98

707. 楊永英　太牢少牢及其他〔〈獄中詩與生命的坦然〉〕　中央日報　2000
　　　　　年 8 月 19 日　22 版

708. 奚　密　臺灣新疆域──《二十世紀臺灣詩選》導論〔〈山居的日子〉部
　　　　　分〕　二十世紀臺灣詩選　臺北　麥田出版公司　2001 年 8 月
　　　　　頁 53—54

709. 陳巍仁　臺灣現代散文詩藝術論〔〈窗外的女奴〉部分〕　臺灣現代散文
　　　　　詩新論　臺北　萬卷樓圖書公司　2001 年 11 月　頁 183—185

710. 張春榮　鄭愁予〈厝骨塔〉與鄒敦怜〈同學會〉──兼談「改寫」　國文
　　　　　天地　第 202 期　2002 年 3 月　頁 80—84

711. 張春榮　鄭愁予〈厝骨塔〉與鄒敦怜〈同學會〉──兼談「改寫」　極短
　　　　　篇欣賞與教學　臺北　萬卷樓圖書公司　2007 年 3 月　頁 187—
　　　　　195

712. 〔蕭　蕭主編〕　〈厝骨塔〉詩作賞析　優游意象世界　臺北　聯合文學
　　　　　出版社　2006 年 6 月　頁 92—93

713. 唐　捐　〈山鬼〉評析　臺灣現代文學教程：當代文學讀本　臺北　二魚
　　　　　文化公司　2002 年 8 月　頁 56—59

714. 顧蕙倩　總結：臺灣現代詩的浪漫主義──神話書寫的再生、新生與跨界
　　　　　──以鄭愁予〈山鬼〉為例　臺灣現代詩的浪漫特質　臺北　秀
　　　　　威資訊科技公司　2009 年 12 月　頁 120—123

715. 顧蕙倩　總結：臺灣現代詩的浪漫主義──神話書寫的再生、新生與跨界
　　　　　──以鄭愁予〈山鬼〉為例　臺灣現代詩的浪漫特質（修訂版）

　　　　　　　臺北　秀威資訊科技公司　2012 年 5 月　頁 120—123

716. 蕭　蕭　酒所盪開的現代詩潮浪（下）〔〈最美的形式給予酒器〉部分〕
　　　　　　　臺灣日報　2002 年 11 月 5 日　25 版

717. 蕭　蕭　酒在現代詩中的文化意義——酒，為現代詩人盪開現代詩潮浪
　　　　　　　〔〈最美的形式給予酒器〉部分〕　臺灣詩學季刊　第 40 期
　　　　　　　2002 年 12 月　頁 100—102

718. 落　蒂　黃昏裡掛起一盞燈——析鄭愁予〈野店〉　詩的播種者　臺北
　　　　　　　爾雅出版社　2003 年 2 月　頁 84—87

719. 曾琮琇　從扮裝到變裝〔〈野店〉部分〕　嬉遊記：八〇年代以降臺灣
　　　　　　　「遊戲」詩論　成功大學中國文學系　碩士論文　陳昌明教授指
　　　　　　　導　2006 年 7 月　頁 111—112

720. 曾琮琇　從扮裝到變裝〔〈野店〉部分〕　臺灣當代遊戲詩論　臺北　爾
　　　　　　　雅出版社　2009 年 1 月　頁 112—113

721. 仇小屏　鄭愁予〈戀〉　世紀新詩選讀　臺北　萬卷樓圖書公司　2003 年
　　　　　　　8 月　頁 242—244

722. 金尚浩　戰後現代詩人的臺灣想像與現實〔〈無終站列車〉部分〕　第四
　　　　　　　屆臺灣文化國際學術研討會論文集：臺灣思想與臺灣主體性　臺
　　　　　　　北　臺灣師範大學臺灣文化及語言文學研究所　2005 年 10 月　頁
　　　　　　　275—276

723. 李木隆　鄭愁予‧〈三角形的波浪〉看金門——發表新詩‧闡述對金馬澎
　　　　　　　三島嶼觀感　聯合報　2005 年 12 月 1 日

724. 李翠瑛　秋聲依舊自唱——談鄭愁予〈秋聲〉一詩　細讀新詩的掌紋　臺
　　　　　　　北　萬卷樓圖書公司　2006 年 3 月　頁 181—194

725. 楊樹清　情歸浯江——鄭愁予〈飲酒金門行〉　金門文藝　第 11 期　2006
　　　　　　　年 3 月　頁 112—116

726.〔焦　桐主編〕　　〈冰凍的季節正是你選擇的——送劉賓雁先生魂歸故
　　　　　　　國〉作品賞析　2006 年臺灣詩選　臺北　二魚文化公司　2007 年

7 月　頁 27

727. 劉正偉　鄭愁予〈右邊的人〉賞析　乾坤詩刊　第 45 期　2008 年 1 月　頁
125—127

728. 劉克襄　〈俯拾〉作品賞析　閱讀文學地景・新詩卷　臺北　行政院文建
會　2008 年 4 月　頁 56—57

729. 向　陽　〈俯拾〉作品導讀　青少年臺灣文庫 2——新詩讀本 2：太平洋的
風　臺北　國立編譯館　2008 年 12 月　頁 88

730. 張　默　回應〈二十八宿，自在歸天〉一文　聯合報　2010 年 8 月 3 日
D3 版

731. 游元弘　火車之詩〔〈小站之站——有贈〉部分〕　聯合報　2011 年 12 月
11 日　D3 版

732. 鯨向海　唱遊歌——永恆的冒險〔〈小站之站——有贈〉〕　中國時報
2012 年 3 月 12 日　E4 版

733. 程　諾　做一個單純的詩人亦恐難以為繼——從鄭愁予〈貝殼〉論起　通
化師範學院學報　第 33 卷第 1 期　2012 年 1 月　頁 49—52

734. 落　蒂　立在東西的迷濛處——談鄭愁予的詩〈穿彩霞的新衣〉　大家來
讀詩——臺灣新詩品賞　臺北　文史哲出版社　2012 年 2 月　頁
144—146

**多篇作品**

735. 羅　行　有情世界〔〈清明〉、〈天窗〉、〈右邊的人〉〕　青年戰士報
1969 年 9 月 21 日　7 版

736. 羅　行　有情世界〔〈清明〉、〈天窗〉、〈右邊的人〉〕　感覺　臺北
創世紀詩雜誌社　1981 年 7 月　頁 121—132

737. 楊昌年　現代名家名作抽象析介——鄭愁予〔〈天窗〉、〈殘堡〉、〈錯
誤〉〕　新詩品賞　臺北　牧童出版社　1978 年 9 月　頁 377—
384

738. 陳啓佑　鄭愁予的一封書簡〔〈山外書〉、〈情婦〉〕　青年戰士報

1979 年 5 月 7 日　10 版

739. 陳啓佑　鄭愁予的一封書簡〔〈山外書〉、〈情婦〉〕　渡也論新詩　臺北　黎明文化公司　1983 年 9 月　頁 166—168

740. 張漢良　導讀〈邊界酒店〉、〈卑亞南蕃社——南湖大山輯之二〉　現代詩導讀（導讀篇一）　臺北　故鄉出版社　1979 年 11 月　頁 140—143

741. 楊子澗　〈如霧起時〉、〈賦別〉、〈召魂——爲楊喚十年祭作〉解說　中學白話詩選　臺北　故鄉出版社　1980 年 4 月　頁 174—187

742. 蕭　蕭等[39]　那美麗的鄉愁伸手可觸及——鑑賞鄭愁予作品〔〈裸的先知〉、〈邊界酒店〉、〈鹿場大山——大霸尖山輯之一〉、〈馬達拉溪谷——大霸尖山輯之二〉〕　北市青年　第 133 期　1980 年 6 月　頁 22—29

743. 蕭　蕭等　那美麗的鄉愁伸手可觸及——鑑賞鄭愁予作品〔〈裸的先知〉、〈邊界酒店〉、〈鹿場大山——大霸尖山輯之一〉、〈馬達拉溪谷——大霸尖山輯之二〉〕　現代詩縱橫觀　臺北　文史哲出版社　1991 年 6 月　頁 351—370

744. 落　蒂　〈賦別〉、〈邊界酒店〉、〈錯誤〉、〈如霧起時〉賞析　青青草原　雲林　青草地雜誌出版社　1981 年 4 月　頁 61—70

745. 落　蒂　〈賦別〉、〈邊界酒店〉、〈錯誤〉、〈如霧起時〉賞析　中學新詩選讀　雲林　青草地雜誌出版社　1982 年 2 月　頁 61—70

746. 流沙河　浪游的魚〔〈殘堡〉、〈錯誤〉、〈厝骨塔〉、〈燕雲〉〕　星星　1982 年第 11 期　1982 年 11 月　頁 96—100

747. 流沙河　浪遊的魚〔〈殘堡〉、〈錯誤〉、〈厝骨塔〉、〈燕雲〉〕　臺灣詩人十二家　重慶　重慶出版社　1983 年 8 月　頁 267—273

748. 紀璧華　〈水手刀〉、〈如霧起時〉、〈雨絲〉、〈山外書〉、〈夢土

---

[39] 與會者：商禽、辛鬱、羅門、張默、渡也、許丕昌、向明、劉希聖、蕭蕭、周鼎、大荒、羊令野。

上〉、〈錯誤〉　臺灣抒情詩賞析　香港　南粵出版社　1983 年
9 月　頁 63—67

749. 蕭　蕭　　佛芒特日記四帖——蕭蕭賞析〔〈穿霞彩的新衣〉、〈驚夢〉、
〈山路〉、〈席爾斯家庭〉〕　聯合文學　第 1 期　1984 年 11 月
頁 90

750. 向　明　　〈穿霞彩的新衣〉、〈驚夢〉編者按語　七十三年詩選　臺北
爾雅出版社　1985 年 3 月　頁 189—190

751. 張　默　　〈曇花〉、〈搬書運動〉編者按語　七十一年詩選　臺北　爾雅
出版社　1985 年 6 月　頁 260

752. 張國立　　鄭愁予的〈藍衫子〉和〈情婦〉　中華日報　1986 年 9 月 17 日
11 版

753. 李元洛　　清新婉約，綺思無窮——臺灣詩人鄭愁予三首愛情詩欣賞〔〈雨
絲〉、〈錯誤〉、〈如霧起時〉〕　湖南文學　1987 年第 1 期
1987 年 1 月　頁 58

754. 何寄澎　　〈小小的島〉、〈水手刀〉、〈殘堡〉、〈小河〉、〈錯誤〉、
〈情婦〉、〈右邊的人〉、〈野柳岬歸省〉、〈北峰上——南湖
大山輯之三〉、〈旅程賞析〉　中國新詩賞析 1　臺北　長安出版
社　1987 年 2 月　頁 243—278

755. 林素美　　時代的聲音——心愁：試析鄭愁予的〈小河〉與〈野店〉　文藝
月刊　第 238 期　1989 年 4 月　頁 39—46

756. 林素美　　時代的聲音——心愁——試析鄭愁予的〈小河〉與〈野店〉　無
常的覺知：鄭愁予詩學論集二　臺北　萬卷樓圖書公司　2013 年
5 月　頁 39—45

757. 李元貞　　從女性的觀點談鄭愁予兩首情詩〔〈錯誤〉、〈情婦〉〕　解放
愛與美　臺北　婦女新知基金會出版部　1990 年 1 月　頁 65—72

758. 浦伯良　　〈我以這輕歌試探你〉、〈賦別〉　中外愛情施鑑賞辭典　臺北
國文天地雜誌社　1990 年 1 月　頁 686—689

759. 楊廣敏　〈如霧起時〉、〈小小的島〉、〈賦別〉、〈錯誤〉、〈右邊的人〉、〈風雨憶〉賞析　愛情新詩鑑賞辭典　西安　陝西師範大學出版社　1990 年 3 月　頁 782—793

760. 古遠清　〈天窗〉、〈賦別〉賞析　臺港現代詩賞析　鄭州　河南人民出版社　1991 年 3 月　頁 118—122

761. 古遠清　鄭愁予〈下午〉、〈貝殼〉賞析　海峽兩岸朦朧詩品賞　武漢　長江文藝出版社　1991 年 11 月　頁 245—249

762. 非　非　〈夜歌〉、〈鄉音〉賞析　世界華人詩歌鑑賞大辭典　太原　書海出版社　1993 年 3 月　頁 977—980

763. 陳義芝　五十年代名家詩選注——鄭愁予詩選〔〈殘堡〉、〈錯誤〉、〈山鬼〉〕　不盡長江滾滾來：中國新詩選注　臺北　幼獅文化公司　1993 年 6 月　頁 240—248

764. 張　默　〈夜宿谷關一未落成的寺內——中臺灣小品之一〉、〈上佛山遇雨——中臺灣小品之二〉編者按語　八十一年詩選　臺北　現代詩季刊社　1993 年 6 月　頁 163—164

765. 蕭蕭，李瑞騰講；趙荃記　現代名詩講座（第一回合）〔〈情婦〉、〈天窗〉部分〕　臺灣詩學季刊　第 5 期　1993 年 12 月　頁 16—17

766. 商　禽　〈寂寞的人坐著看花〉、〈雪坡上的孩子〉編者按語　八十二年詩選　臺北　現代詩季刊社　1994 年 6 月　頁 11

767. 徐望雲　迷人的錯誤——〈錯誤〉、〈情婦〉賞析　名作欣賞　1994 年第 4 期　1994 年 7 月　頁 109—111

768. 廖咸浩　無情家國有情詩（上、下）〔〈錯誤〉、〈情婦〉部分〕　中國時報　1996 年 5 月 7—8 日　35 版

769. 黃　粱　新詩點評（十二）〔〈裸的先知〉、〈晚雲〉、〈窗外的女奴〉、〈天窗〉、〈情婦〉、〈錯誤〉、〈清明〉、〈水手刀〉〕　國文天地　第 142 期　1997 年 3 月　頁 83—86

770. 潘麗珠　鄭愁予 8 首臺灣小品——《寂寞的人坐著看花》〔〈夜宿谷關一

未落成的寺內——中臺灣小品之一〉、〈上佛山遇雨——中臺灣
小品之二〉、〈北迴歸線——南臺灣小品之一〉、〈苦夏——南
臺灣小品之二〉、〈窗前有鳳凰木——南臺灣小品之三〉、〈寂
寞的人坐著看花——東臺灣小品之一〉、〈洗紅溪與女孩——東
臺灣小品之二〉、〈群的風景——東臺灣小品之三〉〕　現代詩
學　臺北　五南圖書公司　1997 年 9 月　頁 75—95

771. 徐國能　鄭愁予〈錯誤〉、〈客來小城〉、〈情婦〉三詩中「詩原質」釋
例　思辨集　第 3 期　頁 131—145

772. 蕭　蕭　臺灣海洋詩的美學特質——以海爲美感經驗之寄託〔〈如霧起
時〉、〈船長的獨步〉、〈海灣〉、〈水手刀〉部分〕　臺灣詩
學季刊　第 22 期　1999 年 12 月　頁 32—34

773. 徐國能　鄭愁予〈錯誤〉、〈客來小城〉、〈情婦〉三詩中「詩原質」釋
例　〈錯誤〉的驚喜：鄭愁予詩學論集一　臺北　萬卷樓圖書公
司　2013 年 5 月　頁 63—86

774.〔文鵬，姜凌主編〕　　鄭愁予——〈水手刀〉、〈錯誤〉　中國現代名詩
三百首　北京　北京出版社　2000 年 1 月　頁 537—539

775. 丁旭輝　現代詩標點符號之圖象效果研究〔〈樹〉、〈客來小城〉、〈殘
堡〉部分〕　中國現代文學理論季刊　第 20 期　2000 年 12 月
頁 544

776. 仇小屏　鄭愁予〈卑亞南藩社〉、〈錯誤〉　下在我眼眸裡的雪　臺北
萬卷樓圖書公司　2001 年 2 月　頁 272—274

777. 丁旭輝　標點符號在現代詩中的意義與節奏功能〔〈錯誤〉、〈殘堡〉部
分〕　國文天地　第 197 期　2001 年 10 月　頁 75—77

778. 古繼堂　析評鄭愁予三首愛情詩〔〈採貝〉、〈如霧起時〉、〈水手
刀〉〕　名作欣賞　2002 年第 1 期　2002 年 1 月　頁 30—31

779. 古繼堂　放浪形骸的俠義精神——鄭愁予海洋詩賞析〔〈如霧起時〉、
〈採貝〉、〈水手刀〉、〈歸航曲〉〕　中國海洋文學大系：二

十世紀海洋詩精品賞析選集　臺北　詩藝文出版社　2002 年 4 月
頁 296—298

780. 余光中　被誘於那一泓魔幻的藍〔〈如霧起時〉、〈水手刀〉部分〕　聯
合文學　第 210 期　2002 年 4 月　頁 17—18

781. 〔仇小屏主編〕　欣賞新詩的幾個角度〔〈殘堡〉、〈錯誤〉部分〕　放
歌星輝下——中學生新詩閱讀指引　臺北　三民書局　2002 年 8
月　頁 22—23

782. 陳幸蕙　〈山外書〉、〈北迴歸線——臺灣小品之一〉、〈寂寞的人坐著
看花——東臺灣小品之一〉、〈群的風景——東臺灣小品之三〉
芬多精小棧　小詩森林：現代小詩選 1　臺北　幼獅文化公司
2003 年 11 月　頁 98—99

783. 向　陽　〈天窗〉、〈霸上印象〉、〈邊界酒店〉賞析　臺灣現代文選・
新詩卷　臺北　三民書局　2005 年 6 月　頁 105—107

784. 〔吳東晟，陳昱成，王浩翔編〕　〈賦別〉、〈夢土上〉導讀賞析　織錦
入春闈：現代詩精選讀本　臺中　京城文化公司　2005 年 8 月
頁 84—90

785. 李敏勇　〈島谷〉、〈嘉義〉、〈基隆港夜歌〉作品導讀　青少年臺灣文
庫——新詩讀本 3：花與果實　臺北　五南圖書出版公司　2006
年 1 月　頁 41

786. 曾琮琇　遊戲，不只是遊戲〔〈詩的贈達與自我尋位〉、〈賦別〉部分〕
嬉遊記：八○年代以降臺灣「遊戲」詩論　成功大學中國文學系
碩士論文　陳昌明教授指導　2006 年 7 月　頁 188，197—198

787. 曾琮琇　遊戲，不只是遊戲〔〈詩的贈達與自我尋位〉、〈賦別〉部分〕
臺灣當代遊戲詩論　臺北　爾雅出版社　2009 年 1 月　頁 216—
217，228—229

788. 蕭　蕭　創作技巧八通關——人物相互轉換彼此開放——鄭愁予〈小小的
島〉〔〈小小的島〉、〈卑亞南蕃社——南湖大山輯之二〉、

　　　　　　〈雨說〉、〈厝骨塔〉、〈生命中的小立〉〕　青少年詩話　臺
　　　　　　北　爾雅出版社　2007 年 2 月　頁 177—183

789. 蕭　蕭　新詩創作技巧八通關——第五關——人與物互相轉換彼此開放
　　　　　　〔〈小小的島〉、〈卑亞南蕃社——南湖大山輯之二〉、〈雨
　　　　　　說〉、〈厝骨塔〉、〈生命中的小立〉〕　明道文藝　第 374 期
　　　　　　2007 年 5 月　頁 30—33

790. 陳芳明　夢的消亡〔〈清明〉、〈厝骨塔〉部分〕　聯合文學　第 281 期
　　　　　　2008 年 3 月　頁 11—12

791. 蕭　蕭　心物交感互動：好詩的基本條件——以林亨泰、鄭愁予的兩首組
　　　　　　詩為例〔〈錯誤〉、〈小城連作〉〕　海南師範大學學報　第 21
　　　　　　卷第 6 期　2008 年　頁 14—45

792. 李敏勇　〈清明〉、〈小小的島〉導讀　青少年臺灣文庫 2——新詩讀本
　　　　　　3：天門開的時候　臺北　國立編譯館　2008 年 12 月　頁 67，
　　　　　　100

793. 林明理　風中銀樹碧・雨後天虹新——淺釋鄭愁予的詩三首〔〈當西風走
　　　　　　過〉、〈小小的島〉、〈下午〉〕　海星詩刊　第 3 期　2012 年
　　　　　　3 月　頁 16—19

794. 林明理　風中銀樹碧・雨後天虹新——淺釋鄭愁予的詩三首〔〈當西風走
　　　　　　過〉、〈小小的島〉、〈下午〉〕　湧動著一泓清泉——現代詩
　　　　　　文評論　臺北　文史哲出版社　2012 年 3 月　頁 235—238

## 作品評論目錄、索引

795. 〔張　默主編〕　　作品評論引得　感月吟風多少事　臺北　爾雅出版社
　　　　　　1982 年 9 月　頁 50—51

796. 張梅芳　鄭愁予相關研究資料　鄭愁予詩的想像世界　中國文化大學中國
　　　　　　文學系　碩士論文　翁文嫻教授指導　1997 年 6 月　頁 196—203

797. 張梅芳　鄭愁予相關研究資料　鄭愁予詩的想像世界　臺北　萬卷樓圖書
　　　　　　公司　2001 年 9 月　頁 259—269

798.〔張默編〕　　作品評論引得　現代百家詩選　臺北　爾雅出版社　2003 年
　　　　6 月　頁 198—199
799.〔封德屏主編〕　　鄭愁予　臺灣現當代作家評論資料目錄（六）　臺南
　　　國立臺灣文學館　2010 年 11 月　頁 4315—4346

國家圖書館出版品預行編目資料

鄭愁予 / 丁旭輝編選. -- 初版. -- 臺南市：臺灣文學
館, 2013.12
　　面；　　公分. -- (臺灣現當代作家研究資料彙編；40)
ISBN 978-986-03-9150-3 (平裝)

1.鄭愁予　2.作家　3.文學評論

783.3886　　　　　　　　　　　　　　102024131

【臺灣現當代作家研究資料彙編】40

# 鄭愁予

| | |
|---|---|
| 發 行 人／ | 李瑞騰 |
| 指導單位／ | 文化部 |
| 出版單位／ | 國立台灣文學館 |
| | 地址／70041 台南市中西區中正路 1 號 |
| | 電話／06-2217201　　　　　傳真／06-2218952 |
| | 網址／www.nmtl.gov.tw　　電子信箱／pba@nmtl.gov.tw |

| | |
|---|---|
| 總 策 畫／ | 封德屏 |
| 顧 問／ | 林淇瀁　張恆豪　許俊雅　陳信元　陳義芝　須文蔚　應鳳凰 |
| 工作小組／ | 王雅嫻　杜秀卿　汪黛姒　張純昌　張傳欣　莊雅晴　陳欣怡 |
| | 黃寁婷　練麗敏　蘇琬鈞 |
| 編 選／ | 丁旭輝 |
| 責任編輯／ | 王雅嫻 |
| 校 對／ | 王雅嫻　林英勳　張傳欣　黃敏琪　趙慶華　潘佳君　練麗敏　蘇琬鈞 |
| 計畫團隊／ | 財團法人台灣文學發展基金會 |
| 美術設計／ | 翁國鈞・不倒翁視覺創意 |
| 印 刷／ | 松霖彩色印刷事業有限公司 |

著作財產權人／國立台灣文學館
本書保留所有權利。欲利用本書全部或部分內容者，須徵求著作財產權人同意或書面授
權。請洽國立台灣文學館研典組（電話：06-2217201）

| | |
|---|---|
| 經銷展售／ | 國家書店松江門市（02-25180207） |
| | 國立台灣文學館—雪芙瑞文學咖啡坊（06-2214632） |
| | 南天書局（02-23620190）　　　唐山出版社（02-23633072） |
| | 府城舊冊店（06-2763093）　　　台灣的店（02-23625799） |
| | 啓發文化（02-29586713）　　　三民書局（02-23617511） |
| | 草祭二手書店（06-2216872）　　五南文化廣場（04-22260330） |
| 網路書店／ | 國家書店網路書店 www.govbooks.com.tw |
| | 五南文化廣場網路書店 www.wunanbooks.com.tw |
| | 三民書局網路書店 www.sanmin.com.tw |

初版一刷／2013 年 12 月
定　　價／新臺幣 330 元整
　　　　　第一階段 15 冊新臺幣 5500 元整　第二階段 12 冊新臺幣 4500 元整
　　　　　第三階段 23 冊新臺幣 8500 元整　全套 50 冊新臺幣 18500 元整
　　　　　全套 50 冊合購特惠新臺幣 16500 元整

GPN／1010202814（單本）　　ISBN／978-986-03-9150-3（單本）
　　　1010000407（套）　　　　　　978-986-02-7266-6（套）

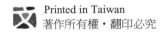